工程建设理论与实践丛书

公路工程
施工技术与管理

GONGLU GONGCHENG
SHIGONG JISHU YU GUANLI

郝铁宝　黄永飞　焦友金　张学超　主编

华中科技大学出版社
http://press.hust.edu.cn
中国·武汉

内 容 简 介

本书全面系统地介绍了公路工程中路基工程、路面工程、桥涵工程、隧道工程、交通安全设施工程、机电工程等施工技术方面的知识，同时进一步探讨了公路工程施工过程中质量管理、技术管理等方面的内容。全书注重技术和管理相结合，内容具有科学性、先进性、实用性的特点，符合理论与实践相结合的原则，着力为交通建设培养应用型技术人才提供基础支撑。

图书在版编目（CIP）数据

公路工程施工技术与管理 / 郝铁宝等主编. -- 武汉：华中科技大学出版社，2024.8.
ISBN 978-7-5772-1196-1

Ⅰ．U415

中国国家版本馆 CIP 数据核字第 2024RF8860 号

公路工程施工技术与管理   郝铁宝   黄永飞   焦友金   张学超   主编
Gonglu Gongcheng Shigong Jishu yu Guanli

策划编辑：周永华
责任编辑：周江吟
封面设计：杨小勤
责任校对：李 琴
责任监印：朱 玢

出版发行：华中科技大学出版社（中国·武汉）   电话：（027）81321913
　　　　　武汉市东湖新技术开发区华工科技园   邮编：430223

录　　排：华中科技大学惠友文印中心
印　　刷：武汉科源印刷设计有限公司
开　　本：710mm×1000mm 1/16
印　　张：21
字　　数：377 千字
版　　次：2024 年 8 月第 1 版第 1 次印刷
定　　价：98.00 元

本书若有印装质量问题，请向出版社营销中心调换
全国免费服务热线：400-6679-118   竭诚为您服务
版权所有   侵权必究

编 委 会

主　编　郝铁宝　中交一公局集团第九工程有限公司
　　　　　　黄永飞　广州市北二环交通科技有限公司
　　　　　　焦友金　中铁三局集团第四工程有限公司
　　　　　　张学超　烟台交通集团有限公司
副主编　陈　辉　保利长大工程有限公司
　　　　　　黄哲隽　中交一公局第四工程有限公司
　　　　　　付宗运　中交路桥华东工程有限公司
　　　　　　王　斌　中交路桥华南工程有限公司
编　委　午洋泽　中铁三局集团第四工程有限公司
　　　　　　曹彦华　中铁三局集团第四工程有限公司
　　　　　　付宏伟　陕西交通控股集团有限公司
　　　　　　岳佳跃　浙江交工高等级公路养护有限公司
　　　　　　陈剑华　中交路建(昆明)城市投资发展有限公司
　　　　　　林喜江　龙泉市交通运输行政执法队

前　言

"十三五"时期,面对错综复杂的国际形势、艰巨繁重的国内改革发展稳定任务,我国公路交通发展水平跃上新的大台阶,有力支撑了国家重大战略实施,也为开启全面建设社会主义现代化国家的新征程提供了良好基础。全国公路固定资产投资累计超过10万亿元。公路总里程接近520万km,高速公路通车里程达到16.1万km且通达99%的城镇人口20万以上城市及地级行政中心,二级及以上公路通达97.6%的县城,农村公路总里程达到438万km。覆盖广泛、互联成网、质量优良、运行良好的公路网络已基本形成。

在此基础上,"十四五"交通运输发展规划明确表示,2035年基本建成"安全、便捷、高效、绿色、经济"的现代化公路交通运输体系。加快推进公路桥梁建设管理,是落实高质量发展理念、构建现代化综合交通体系的有力抓手。公路桥梁工程施工技术的实用性、先进性与项目管理的科学化对有效提升工程质量、综合效益具有重要意义。

本书全面系统地介绍了公路工程中路基工程、路面工程、桥涵工程、隧道工程、交通安全设施工程、机电工程等施工技术方面的知识,同时进一步探讨了公路工程施工过程中质量管理、技术管理等方面的内容。全书注重技术和管理相结合,内容具有科学性、先进性、实用性的特点,符合理论与实践相结合的原则,着力为交通建设培养应用型技术人才提供基础支撑。

本书在撰写过程中,参考了很多学者的著作和研究成果,在此表示深深的感谢。由于本书内容较多,涉及知识较广泛,因此各章节内容的深度和广度可能并不一致,敬请广大读者批评指正。

目　　录

第1章　公路工程概述 (1)
1.1　公路的分级、分类与组成 (1)
1.2　公路工程施工的方法与程序 (3)
1.3　施工技术准备与施工组织准备 (5)
1.4　施工物资准备与施工现场准备 (11)

第2章　路基工程施工技术 (15)
2.1　路基工程概述 (15)
2.2　一般路基施工 (17)
2.3　特殊路基施工 (27)
2.4　路基的排水与防护工程施工 (38)
2.5　路基工程施工实践 (47)

第3章　路面工程施工 (60)
3.1　路面工程概述 (60)
3.2　路面基层施工 (63)
3.3　路面面层施工 (72)

第4章　桥涵工程施工 (83)
4.1　桥梁工程概述 (83)
4.2　桥梁下部结构施工 (86)
4.3　桥梁上部结构施工 (104)
4.4　涵洞施工 (127)
4.5　桥梁工程施工实践 (131)

第5章　隧道工程施工 (165)
5.1　隧道的基础知识 (165)
5.2　隧道工程主要施工机械 (170)
5.3　隧道施工方法简介 (175)
5.4　隧道洞口洞身施工 (177)
5.5　隧道支护与衬砌 (187)

5.6 隧道防排水施工 …………………………………………………… (199)
5.7 隧道辅助施工 ……………………………………………………… (207)

第6章 交通安全设施工程施工 ………………………………………… (223)
6.1 交通标志与标线施工 ……………………………………………… (223)
6.2 交通安全设施施工 ………………………………………………… (231)
6.3 道路绿化施工 ……………………………………………………… (239)

第7章 机电工程施工 …………………………………………………… (244)
7.1 监控设施施工 ……………………………………………………… (244)
7.2 通信管道施工 ……………………………………………………… (253)
7.3 收费设施施工 ……………………………………………………… (260)
7.4 低压配电及照明设施施工 ………………………………………… (266)
7.5 隧道机电设施施工 ………………………………………………… (277)

第8章 公路工程质量管理 ……………………………………………… (284)
8.1 概述 ………………………………………………………………… (284)
8.2 公路工程施工质量控制 …………………………………………… (288)
8.3 公路工程施工质量问题的处理 …………………………………… (296)
8.4 隧道施工质量管控 ………………………………………………… (300)
8.5 机电工程施工质量管控 …………………………………………… (303)

第9章 公路工程施工技术管理 ………………………………………… (308)
9.1 概述 ………………………………………………………………… (308)
9.2 技术管理的基础工作 ……………………………………………… (310)
9.3 施工技术管理 ……………………………………………………… (318)

参考文献 …………………………………………………………………… (324)
后记 ………………………………………………………………………… (327)

第1章　公路工程概述

1.1　公路的分级、分类与组成

1.1.1　公路的分级与分类

1. 公路分级

交通运输部颁布的《公路工程技术标准》(JTG B01—2014)将公路根据功能和适应的交通量分为五个等级,即高速公路、一级公路、二级公路、三级公路、四级公路。

(1) 高速公路:专供汽车分方向、分车道行驶,全部控制出入的多车道公路。高速公路的年平均日设计交通量宜在15000辆小客车以上。

(2) 一级公路:供汽车分方向、分车道行驶,可根据需要控制出入的多车道公路。一级公路的年平均日设计交通量宜在15000辆小客车以上。

(3) 二级公路:供汽车行驶的双车道公路。二级公路的年平均日设计交通量宜为5000～15000辆小客车。

(4) 三级公路:供汽车、非汽车交通混合行驶的双车道公路。三级公路的年平均日设计交通量宜为2000～6000辆小客车。

(5) 四级公路:供汽车、非汽车交通混合行驶的双车道或单车道公路。双车道四级公路年平均日设计交通量宜在2000辆小客车以下;单车道四级公路年平均日设计交通量宜在400辆小客车以下。

2. 公路分类

公路按其在公路网的地位与作用分为以下五类。

(1) 国道:在国家公路网中,具有全国性政治经济、国防意义,并经确定为国家干线的公路。

(2) 省道：在省公路网中，具有全省性政治、经济、国防意义，并经确定为省级干线的公路。

(3) 县道：具有全县性政治、经济意义，并经确定为县级的公路。

(4) 乡道：主要为乡村生产、生活服务，并经确定为乡级的公路。

(5) 专用公路：专为企业或其他单位提供运输服务的道路，如专门或主要为工矿、林区、油田、农场、军事要地等与外部连接的公路。

1.1.2　公路的组成

1. 路基工程

路基是按照道路的平面位置、纵面线形和一定的技术要求修筑的作为路面基础的岩土构造物。路基是路面的基础，又是公路的重要组成部分，通常可分为路堤、路堑和半填半挖路基三种形式。

2. 路面工程

路面是在路基之上用各种筑路材料铺筑的供汽车行驶的层状构造物，其作用是保证汽车能全天候地在道路上安全、迅速、舒适、经济地行驶。路面结构一般由面层、基层、底基层和必要的功能层组成。

3. 桥涵工程

桥梁和涵洞合称为桥涵。桥梁是为道路跨越河流山谷或人工障碍物而建造的构造物；涵洞是为宣泄地面水流而设置的横穿公路的小型排水构造物。

(1) 桥涵按桥梁总长和跨径的不同分类：特大桥、大桥、中桥、小桥和涵洞。

(2) 桥涵按桥梁受力体系分类：梁式桥、拱式桥、刚构桥、吊桥四种基本体系，其中梁式桥以受弯为主，拱式桥以受压为主，吊桥以受拉为主。另外，上述四种基本体系相互组合，又派生出在受力上具有组合特征的组合体系桥型。

4. 隧道工程

隧道是为公路从地层内部或水下通过而修建的结构物。当公路需要翻越高山或穿过深水层时，为了改善平纵线形和缩短路线长度，经过技术、经济比选，可选用隧道。

5. 交通安全设施工程

交通安全设施是指为保障行车和行人的安全，充分发挥道路的作用，在道路沿线所设置的人行地道、人行天桥、照明设备、护栏、标志标线等设施的总称。

6. 机电工程

机电工程是公路管理设施的重要组成部分，是为保障公路通行能力及服务水平，提高公路运营管理效率，发挥公路综合效益而设置的相关电子电气设施。机电工程一般包括监控设施、通信设施、收费设施、供配电设施、照明设施及隧道机电工程等。

1.2 公路工程施工的方法与程序

1.2.1 公路工程施工的方法

1. 人工施工法

人工施工法是使用手工工具进行公路施工的方法。这种施工方法效率低、劳动强度大，不仅要占用大量的劳动力，而且施工进度慢，工程质量也难以保证。但在山区低等级公路路基工程中，当机械无法进入施工现场或施工场地难以展开机械化作业时，就不可避免地要采用人工施工法。

2. 简易机械化施工法

简易机械化施工法是以人力为主，配以简易机械的公路施工方法。与人工施工法相比较，简易机械化施工法能适当地降低劳动强度，而且可以加快施工进度，提高施工质量。在我国目前的施工生产条件下，特别是在山区一般公路建设中，简易机械化施工法仍是一种值得推广的施工方法。

3. 机械化施工法

机械化施工法是使用配套机械，主机配以辅机，相互协调，共同形成主要工序的综合机械化作业的公路施工方法。机械化施工法可以极大地提高劳动生产率,减轻劳动强度,显著地加快施工进度,提高工程质量,而且安全程度高,是加速公路工程建设和实现公路施工现代化的主要方法。

4. 爆破施工法

爆破施工法是通过爆破震松岩石、硬土或冻土,开挖路堑或采集石料的施工方法。这种方法是道路施工特别是山区公路施工不可或缺的重要施工方法。

5. 水力机械化施工法

水力机械化施工法是利用水泵、水枪等水力机械喷射出强力水流,冲散土层,并流运至指定地点沉积的施工方法。这种方法需要有充足的水源和电源,适于挖掘比较松散的土质和地下钻孔工程。

施工方法应根据工程性质、工程数量、施工期限,以及可能获得的人力和机械设备等条件综合考虑。为了满足我国公路建设标准高和速度快的要求,近年来许多施工单位都先后发明或从国内外购置了大量现代化筑路机械与设备,在高等级公路施工中,基本实现了机械化或半机械化作业,迅速提高了施工质量和劳动效率,大大加快了公路工程建设的步伐。

1.2.2 公路工程施工的程序

施工程序是指施工单位从接受施工任务到工程竣工阶段必须遵守的工作程序,主要包括接受施工任务、施工准备工作、组织施工和竣工验收。

1. 接受施工任务

(1)接受施工任务的方式。

①上级主管单位统一布置任务,安排计划并下达。

②经主管部门同意,自行对外接收任务。

③参加招投标,中标而获得任务。

(2)接受任务的要求。

①查证核实工程项目是否列入国家计划。

②必须有批准的可行性研究、初步设计(或施工图设计)及工程概(预)算文件。

(3)接受任务的方式。

①签订工程承包合同,对接收工程加以肯定。

②施工承包合同的内容主要包括承包的依据、方式、工程范围、工程质量、施工工期、工程造价、技术物资供应、拨款结算方式、奖惩条款等。

2. 施工准备工作

施工准备工作是为拟建工程的施工建立必要的技术和物质条件,统筹安排施工力量并提供必要的现场条件。施工准备工作也是施工企业做好目标管理、推行技术经济承包的依据。其作用是发挥企业优势,协调资源供应,加快施工速度,提高工程质量,降低工程成本。应编制好施工组织设计,以保证工程建设的顺利进行。

3. 组织施工

(1)施工准备就绪后,向监理工程师提交开工报告,经监理工程师同意即可开工。

(2)按施工顺序和施工组织设计中所拟定的施工方法进行施工。

(3)组织施工应具备的文件:①设计文件;②施工规范和技术操作规程;③各种定额;④施工图预算;⑤施工组织设计;⑥公路工程质量检验评定标准和施工验收规范。

4. 竣工验收

(1)确保所有建设项目和单位工程都已按设计文件内容建成。

(2)以设计文件为依据,根据有关规定和评定质量等级进行工程验收。

1.3 施工技术准备与施工组织准备

1.3.1 施工技术准备

施工技术准备主要是为了了解和分析建设工程特点、进度要求,摸清施工客观条件,做好施工现场准备工作,编制施工组织设计,合理部署和全面规划施工力量,配备足够的工、料、机,制订合理的施工方案,充分、及时地从技术、物资、人力和组织等方面为工程施工创造一切必要条件,使施工过程连续、均衡、有节奏地进行,保证工程在规定期限内交付使用的同时,使工程在保证质量的前提下做到提高劳动生产率和降低工程成本。在施工准备的诸项工作中,以网络计划技术为手段的施工组织设计编制应列为中心工作。

1. 图纸会审和设计技术交底

施工单位接受工程任务后应全面熟悉、审核施工图纸、资料和有关文件,领会设计意图,参加建设单位工程主管部门或建设单位组织的设计交底和图纸会审,并做好记录。复核图纸时,对图纸中存在的问题及时向有关单位以书面的形式澄清。

设计交底和图纸会审中,要着重解决以下几个问题。

①图纸数量是否齐全,施工说明是否清楚明确。

②设计依据与施工现场的实际情况是否一致。

③建设单位提供的水文、地质等资料是否满足工程施工要求,明确是否需要进一步补充。

④设计中所提出的工程材料、施工工艺的特殊要求,施工单位能否实现和解决。

⑤工程主要结构的受力条件及主要设计数据能否满足工程质量及安全要求,是否符合国家的有关规范、标准。

⑥施工图纸中土建及其他专业(水、电、通信、供油等)之间有无矛盾,图纸及说明是否齐全;图纸上的尺寸、高程、轴线、预留孔(洞)、预埋件和工程量的计算有无差错、遗漏和矛盾。

⑦设计对施工条件、施工方法和设备性能的考虑及要求。

⑧工程结构物在施工过程中的稳定性和可能发生的变形以及对施工安全、变形观测的要求。

⑨需要设计优化或计划进行重大变更设计的,项目部要提前策划,多方沟通,并通过图纸会审文件的形式加以确认。

2. 单位工程、分部工程及分项工程划分

工程开工前,应对工程项目进行单位工程、分部工程及分项工程划分,以便在施工过程中顺利开展对工程质量的评定与验收。划分时应根据施工部署和规范要求进行,报建设单位、监理单位认可。划分的原则是有利于工程质量的客观评定,有利于施工安排和部署,同时满足有关规范要求。

通常公路工程施工项目划分单位工程、分部工程及分项工程有两种方法:

①按建设单位下发的文件或合同文件的规定划分；

②按《公路工程质量检验评定标准　第一册　土建工程》(JTG F80/1—2017)划分。

具体方法以建设单位的要求为准。当建设单位没有要求时，按《公路工程质量检验评定标准　第一册　土建工程》(JTG F80/1—2017)执行。

3．编制施工技术文件

（1）编制实施性施工组织设计。

编制实施性施工组织设计主要根据设计文件、现场条件、各单位工程的施工程序及相互关系、工期要求以及定额等进行。实施性施工组织设计包括施工进度计划、劳动力安排计划、材料机具供应计划、施工平面图及其他文件图表。编制计划要根据落实的工程数量、工地特点、工期要求和施工设备情况进行，实施性计划应切实可行，编制的详细程度视工程实际需要而定。

实施性施工组织设计的主要内容如下。

①编制依据：招标文件、投标书、设计文件和设计图纸、施工合同文件；现场调查资料或报告；各种定额及概预算资料；政策规定、环保条例、上级部门对施工的有关规定和工期要求；国家及行业标准、规范和规程。

②工程概况：工程项目主要情况、施工条件、工程施工特点和难点分析、合同特殊要求。

③施工总体部署。

④施工技术方案：大型临时工程建设、各分部分项工程施工方法及工艺流程。

⑤施工进度计划。

⑥各项资源需求量计划：劳动力需求计划、材料需求计划、施工机械设备需求计划、资金需求计划。

⑦施工总平面布置图。

⑧季节性施工技术措施。

⑨质量管理与质量控制保证措施。

⑩安全管理与安全保证措施。

⑪文明施工与文物保护措施。

⑫环境保护措施。

⑬廉政建设措施。

⑭预案措施。

(2) 编制专项施工方案。

针对施工项目中危险性较大的分部分项工程，施工单位还应按照《公路工程施工安全技术规范》(JTG F90—2015)的要求编制专项施工方案，对超过一定规模的危险性较大的分部分项工程，施工单位还应组织专家进行论证。

4. 施工技术交底

施工技术交底是指在单位工程、分部工程及分项工程施工前，由相关专业技术人员向参与施工的人员进行的技术性交代，其目的是使施工人员对工程特点、技术质量要求、施工方法与安全措施等有较详细的了解，以便于科学地组织施工，避免技术质量事故发生。

(1) 施工技术交底的分级要求。

施工技术交底必须在相应工程内容施工前进行。施工技术交底通常应按照三级进行。

第一级：项目总工向项目各部门负责人及全体技术人员进行交底。

第二级：项目技术部门负责人或各分部分项主管工程师向现场技术人员和班组长进行交底。

第三级：现场技术人员负责向班组全体作业人员进行技术交底。

(2) 施工技术交底的主要内容。

第一级交底主要内容为实施性施工组织设计、技术策划、总体施工方案、重大施工方案及超过一定规模的危险性较大的分部分项工程施工方案等。其包括合同文件中规定使用的有关技术规范、监理办法及总工期；设计文件、施工图纸的说明和施工特点以及试验工程项目的施工技术标准、采用的工艺；施工技术方案、工程的重难点、施工主要使用的材料标准和要求，主要施工设备的能力要求和配置；主要危险源、质量保证措施、安全技术措施、季节性施工措施以及有关"四新技术"要求等。

第二级交底主要内容为分部分项工程施工方案、危险性较大的分部分项施工方案等。其包括施工详图和加工图，试验参数及配合比，测量放样桩、测量控制网、监控量测等，爆破设计，施工方案实施的具体措施及施工方法，交叉作业的协作及注意事项，施工质量标准及检验方法，重大危险源的应急救援措施，成品保护方法及措施，施工注意事项等。

第三级交底主要内容为分部分项工程施工工序等。其包括作业标准、施工规范及验收标准，工程质量要求，施工工艺标准及施工先后顺序，施工工艺细则、操作要点及质量标准,质量问题预防及注意事项,施工技术措施和安全技术措施,重大危险源、紧急情况下的应急救援措施、紧急逃生措施等。

(3) 施工技术交底的方法。

①施工技术交底以书面形式进行,可采用讲课、现场讲解或模拟演示的方法。

②项目总工在交底前应按照内容写出书面材料,交底后应由接受交底的人员履行签字手续。

③各分部分项主管工程师在交底前应写出书面材料,并经项目总工审核,交底后由接受交底的人员签认。

④施工技术交底完成签认手续后应及时备份并移交项目资料室保存。

(4) 施工技术交底的其他要求。

①施工技术交底应严格执行合同要求,不得任意修改、删减或降低工程标准。施工技术交底应按优先次序满足合同要求(含合同技术条件、施工图纸等)、国家有关标准、行业标准、企业标准,以及由此衍生出来的规范、规程等。

②如施工方案、工艺和技术措施等前提情况发生变化,应及时对交底内容做补充修改。

③施工技术交底应根据工程特点、施工条件(水文、气候、资源等)等情况,突出重点,有的放矢,内容全面,具有可操作性,不流于形式。

④对于技术难度大、采用"四新技术"的关键工序,特殊隐蔽工程和质量事故、工伤事故多发易发的工程部位及影响制约工程进度的关键环节,应重点交底,并明确所采取的技术措施和防范对策。

⑤施工技术交底材料应字迹清晰、层次分明、内容完整,建立台账并存档。

1.3.2 施工组织准备

施工企业通过投标方式获得工程施工任务后,应根据签订的施工合同的要求,迅速组建符合工程实际的施工管理机构,组织施工队伍进场施工。同时,为保证按设计要求的质量、计划规定的进度和低于合同总价的成本,安全、顺利地完成施工任务,还应针对施工管理工作复杂、困难多的特点,建立一整套完善的施工管理制度,采用科学的管理方法,切实有效地开展工作。

1. 施工机构的组建和人员的配备

施工机构是指为完成公路施工任务,负责现场指挥、管理工作的组织机构。

根据我国具体情况及以往的公路施工经验,施工机构一般由生产系统、职能部门和行政系统等组成。

2. 建立健全各项管理制度

(1) 施工计划管理制度。

施工计划管理是施工管理工作的中心环节,其他管理工作都要围绕计划管理来开展。计划管理包括编制计划、实施计划、检查和调整计划等环节。由于公路施工受自然条件的影响大,其他客观情况的变化也难以准确预测,这就要求施工计划必须经过充分调查研究后制订,同时在执行过程中应随时检查,发现问题及时采取措施解决,必要时还应对计划进行调整修改,使之符合新的客观情况,保证计划的实现。

(2) 工程技术管理制度。

工程技术管理是对施工技术进行一系列组织、指挥、调节和控制等活动的总称。其主要内容包括施工工艺管理、工程质量管理、施工技术措施计划、技术革新和技术改造、安全生产技术措施、技术文件管理等。要做好各项技术管理工作,关键是建立并严格执行各种技术管理制度,只有执行好各种技术管理制度,才能更好地发挥技术管理的作用,圆满地完成技术管理的任务。

(3) 工程成本管理制度。

工程成本管理是施工企业为降低工程成本而进行的各项管理工作的总称。工程成本管理与其他管理工作有着密切的联系,施工企业总的技术水平和经营管理水平,均能直接或间接地反映在成本这个指标上。工程成本的降低,表明施工企业在施工过程中活劳动(支付劳动者的报酬)和物化劳动(生产资料)的节约。活劳动的节约说明劳动生产率的提高,物化劳动的节约说明机械设备利用率的提高和建筑材料消耗率的降低。因此,建立工程成本管理制度,加强对工程成本的管理,不断降低工程造价,具有十分重要的意义。

(4) 施工安全管理制度。

安全生产关系到人民群众的生命和财产安全,关系到改革发展和社会稳定大局。加强施工安全和劳动保护对公路工程的质量、成本和工期控制具有重要意义,也是企业管理的一项基本工作。其基本任务是坚持"以人为本"的思想和"安全第一、预防为主、综合治理"的方针,建立安全施工责任制,加强安全检查,开展安全教育,在保证安全施工的条件下,创优质工程。

1.4 施工物资准备与施工现场准备

1.4.1 施工物资准备

物资准备是指施工中必需的劳动手段和施工对象的准备,即根据各种物资需要量计划,分别落实货源、组织运输和安排储备,以保证连续施工的需要。准备工作的主要内容如下。

1. 建筑材料准备

首先根据工程量用预算的方法进行工、料、机分析,按批准的施工进度计划的使用要求、材料储备定额和消耗定额,分别按材料名称、规格、使用时间进行汇总,编制材料需要量计划,同时根据不同材料的供应情况,随时注意市场行情,及时组织货源,签订供货合同。主要包括以下内容。

(1) 路基、路面工程所需的砂石料、石灰、水泥、工业废渣、沥青等材料的准备。

(2) 沿线结构物所需的钢材、木材、砂石料和水泥等材料的准备。

2. 施工机具设备准备

根据采用的施工方案和施工进度计划,确定施工机械的类型、数量和进场时间,确定施工机具的供应方法和进场后的存放地点和方式,提出施工机具需要量计划,以便及时组织机械进场,保证工程的顺利进行。

3. 周转材料准备

周转材料主要是指模板和架设工具。根据批准的施工进度计划和施工方案,编制周转材料的需要计划,组织周转材料进场。

1.4.2 施工现场准备

1. 恢复定线测量

(1) 承包人应检查工程原测设的所有永久性标桩,并在接管工地 14 d 之内将遗失的标桩告知监理工程师,然后根据监理工程师提供的工程测设资料和测量标志,在 28 d 之内将复测结果提交监理工程师。上述测量标志经检查批准后,承包人应自费进行施工测量和补充测量,并经监理工程师批准之后,在工地正确放样。

(2)通过复测,对持有异议的原地面标高,承包人应向监理工程师提交一份列出有误标高和相应修正标高的表格。在监理工程师确定正确标高之前,不得扰动有争议的标高的原有地面。

(3)在合同执行期间,承包人应对施工中的转角桩、曲线主点桩、桥涵结构物和隧道的起终点桩、控制点桩以及监理工程师认为对放样和检验有用的标桩等进行加固保护,并对水准点、三角网点等树立易于识别的标志。承包人应对永久性测量标志进行保护,直至工程竣工验收后,完整地移交给监理工程师。

(4)承包人应根据批准的格式向监理工程师提供全部的测量标记资料,所有测量标记应涂上油漆,其颜色要得到监理工程师的同意,易于辨别。所有标桩保护和迁移的费用均由承包人承担,施工引起的标桩变动所产生的费用业主将不予以支付。

(5)承包人应按照上述测量标志资料自费完成全部恢复定线施工测量设计和施工放样。承包人应对施工测量、设计和施工放样工作的质量负责到底。

(6)各合同段衔接处的测量应在监理工程师的统一协调下由相邻两合同段的承包人共同进行,将测量结果协调统一在允许的误差范围内。

2. 建造临时设施

(1)临时房屋设施。

临时房屋设施包括行政办公用房、宿舍、文化福利用房及作业棚等。临时房屋设施的需要量根据职工与家属的总人数和房屋指标确定。临时房屋修建的一般要求是布置紧凑、充分利用非耕地、尽量利用施工现场或附近已有的建筑物。必须修建的临时房屋,应以经济、实用为原则,合理选择形式(如装拆式移动式建筑)以便重复使用。

(2)仓库。

仓库是为存放施工所需要的各种物资器材而设的。按物资的性质和存放量要求,其形式可以是露天或库房。仓库物资储存量应根据施工条件通过计算确定,一方面应保证工程施工的需要,有足够的储量;另一方面又不宜储存过多,以免增加库房面积,造成积压浪费。

为了保证物料及时顺利地卸入库内和发放使用,仓库必须设计有足够的卸装长度。在保证安全的条件下,应设在交通方便的地方,并利用天然地形组织装卸工作。对于材料使用量很大的仓库,应尽量靠近使用地点。

(3) 临时交通便道。

工程在正式施工前,必须解决好场内外的交通运输问题。在工地布设临时交通便道时应遵循下列原则。

①临时交通便道以最短距离通往主体工程施工场所,并连接主干道路,使内外交通便利。

②充分利用原有道路,对不满足使用要求的原有道路,应在充分利用的基础上进行改建,节约投资和施工准备时间。

③在本工程的施工与现有的道路、桥涵发生冲突和干扰之处,承包人都要在本工程施工之前完成改道施工或修建临时道路。临时道路应满足现有交通量的要求,路面宽度应不小于现有道路的宽度,且应加铺沥青面层。

④利用现有的乡村道路作为临时道路时,应对该乡村道路进行修整、加宽、加固及设置必要的交通标志,并经监理工程师验收合格后方可通行。

⑤工程施工期间,应配备人员对临时道路进行养护,以保证临时道路和结构物的正常通行。

⑥尽量避开洼地和河流,不建或少建临时桥梁。

(4) 工地临时用电。

施工现场用电,包括生产用电和生活用电。其中,生活用电主要是照明用电;生产用电包括各种生产设施用电、主体工程施工用电、其他临时设施用电。

(5) 混凝土拌和站。

混凝土拌和站,也称为混凝土搅拌站或混凝土预制场,是一种用于集中搅拌混凝土的现代化建筑设备。它主要由搅拌主机、物料称量系统、物料输送系统、物料储存系统和控制系统组成,另外还包括一些附属设施。这些系统共同工作,将水泥、骨料(如砂石)、粉料(如粉煤灰、矿粉)等原料按一定比例混合,制成混凝土。

(6) 水稳拌和站。

水稳拌和站是工业建设中专门用来拌和水稳料的大型机械。水稳料一般为水泥、粉煤灰、级配碎石、稳定土层料等。

(7) 钢筋加工场。

钢筋加工场主要的功能是进行钢筋的裁剪和弯曲加工,钢筋加工场会根据工程的需求,将原本的钢筋加工成符合设计需要的合适形状和尺寸,以确保建筑结构的稳定性和耐久性。钢筋加工场还提供机械连接钢筋的服务,钢筋在加工场通过专业的设备进行连接,确保钢筋连接紧固,不易松动。钢筋加工场还承担着定制钢筋构件的任务,钢筋加工场根据工程设计要求,通过专业的加工设备和技术,将钢筋加工成适应特殊构件需求的形状和尺寸。

(8)梁场。

梁场是生产桥梁预制混凝土简支梁的地方,在场地内生产完简支梁后用运梁机和架梁机将简支梁运输和架设到桥墩上。场地内可划分很多区,各个区共同预制加工简支梁并通过各种机器设备对生产后的梁进行检测、养护、搬运、存放、上桥、装车等一系列操作。

第 2 章　路基工程施工技术

2.1　路基工程概述

2.1.1　路基的概念与分类

路基是路面的基础,是线形承重主体,承受自身土体的自重和路面结构的重量,以及由路面传递下来的行车荷载。没有稳定坚固的路基,就不会有一个好的路面,松软的路基会产生不均匀下沉现象,造成路面开裂和不平整,进而影响行车的速度、安全、舒适和道路的畅通。

根据填挖情况的不同,路基还可分为路堤、路堑和填挖结合路基三种类型。路基在结构上分为上路堤和下路堤、路床。上路堤是指路面底面以下 0.8～1.5 m 的填方部分。下路堤是指上路堤以下的填方部分。路床是指路面底面以下 0～0.8 m 内的路基部分,又可分为上路床和下路床。对于一级公路和高速公路,路基又可分为整体式断面路基和分离式断面路基两类。路堤是指全部用岩、土(或其他填料)填筑而成的路基;路堑是指全部开挖形成的路基;当天然地面横坡比较大,一侧开挖而另一侧填筑时,称作填挖结合路基,也称半堤半堑路基。

对于路堤来讲,按路基的填土高度不同,又可划分为矮路基(小于 1.5 m)、高路基(大于 18 m)和一般路基(1.5～18 m)。按填料不同,又可分为土质路基、石质路基和土石路基。

路堑按其开挖方式的不同,也可分为全挖式路基、台口式路基及半山洞式路基。按其材质不同,路堑又可分为土质路堑和石质路堑。

2.1.2　路基施工的特点和基本要求

(1) 路基施工的特点。

①土石方数量大,不同路段工程数量差别大:通常平原微丘区的二级公路,

每千米土石方数量(体积)为10000~22000 m³,山岭重丘区更是数量巨大。

②材质差别大:不论是填方路段还是挖方路段,路基工程都是"宜土则土、宜石则石"。土质路基本身也有不同土质类型,如粉性土、砂性土、黏性土、黄土,还有须加固处理的软土等。石质路基材质有可能是石灰岩、沉积岩、变质岩或是火山岩,不论其风化程度如何,只要其强度满足要求,都可以用作路基填料。在同一道路的同一路段上,出现多种材质混合的可能性比较大。

③施工方法因地制宜:由于地形地貌、地质水文、气象、现有交通条件等诸多条件的制约,施工方法为"宜挖则挖、宜爆则爆",多种多样,因地制宜。

路基工程和桥梁、涵洞、防护工程、路面工程等在施工中相互干扰、相互影响,应认真组织,妥善安排。应注意环境和生态保护,防止取土、弃土及排水沟、边沟等影响农田水利和排灌系统。

(2)路基工程施工的基本要求。

①路基工程施工应满足设计和使用要求,并把试验检测作为主要的监控手段来指导路基工程施工。

②路基施工宜"移挖作填",即使用路堑段的挖方作为路堤填筑段的填方,减少占用土地并有利于环境保护,减少对自然景观的破坏,保持与地形地貌的协调。

③路基施工应严格按照规范要求来组织,特殊地区的路基施工采取相应的技术措施。

④石方挖方路基的施工,不宜采取大爆破的方法进行;必须使用时,需要请有相应设计施工资质的单位,做出专门的设计,反复论证后,按大爆破的有关规定组织和实施。

此外,行车荷载对路基工程也有基本要求:

①具有足够的整体稳定性;

②具有足够的强度,也就是抵抗变形的能力;

③具有足够的水温稳定性,即在最不利的水温条件下,保持路基的强度仍能满足设计和行车荷载对路基的要求。

2.2 一般路基施工

2.2.1 填方路基施工

1. 土质路堤施工

(1) 施工取土。

路基填方取土,应根据设计要求,结合路基排水及当地土地规划、环境保护要求进行,不得任意挖取。

施工取土应不占或少占良田,尽量利用荒坡、荒地,取土深度应结合地下水等因素考虑,利于复耕。原地面耕植土应先集中存放,以利再用。

自行选定取土方案时,应符合下列技术要求:①地面横向坡度陡于1:10时,取土坑应设在路堤上侧;②桥头两侧不宜设置取土坑;③取土坑与路基之间的距离,应满足路基边坡稳定的要求,取土坑与路基坡脚之间的护坡道应平整密实,表面设1%~2%向外倾斜的横坡;④取土坑兼作排水沟时,其底面宜高出附近水域的常水位或与永久排水系统及桥涵出水口的标高相适应,纵坡不宜小于0.2%,平坦地段不宜小于0.1%;⑤线外取土坑等与排水沟、鱼塘、水库等蓄水(排洪)设施连接时,应该采取防冲刷、防污染的措施。

对取土造成的裸露面,应采取整治或者防护措施。

(2) 施工方法。

路堤填筑是用一定方式把填料运送上堤进行铺平并碾压密实的过程。路堤填筑分为分层填筑法、竖向填筑法和混合填筑法三种方法。

①分层填筑法。

路堤填筑根据不同的土质,从原地面逐层填起并分层压实,每层填土的厚度可按压实机具的有效压实深度和压实度确定。分层填筑法又可分为水平分层填筑和纵向分层填筑两种。

a. 水平分层填筑:填筑时按照横断面全宽分成水平层次,逐层向上填筑,如原地面不平,应由最低处分层填起,每填一层,经过压实符合规定要求之后,再填上一层,依此循环进行直至达到设计高程。

b. 纵向分层填筑:此方法适用于用推土机从路堑取土填筑距离较短的路堤,

依纵坡方向分层,逐层向上填筑,原地面纵坡坡度大于12%的地段常采用此法。

②竖向填筑法。

竖向填筑法指从路基一端或两端同时按横断面的全部高度逐步推进填筑。此方法适用于无法自下而上填筑的深谷、陡坡、断岩、泥沼等运土和机械无法进场的路堤。

竖向填筑因填土过厚不易压实,施工时要选用沉陷量较小、透水性较好及颗粒粒径均匀的砂石材料或附近开挖路堑的废石方,并且一次填足路堤全宽度;选用振动式或夯击式压实机械;暂时不修建较高级的路面,容许短期内自然沉落。

③混合填筑法。

混合填筑法指在路堤下层竖向填筑,上层水平分层填筑,使上部填土经分层压实后获得需要的压实度。此方法适用于因地形限制或填筑堤身较高,不宜采用分层填筑法和竖向填筑法自始至终进行填筑的情况。在深谷陡坡地段填筑路堤,尽量采用混合填筑法。施工时可以单机作业,也可多机作业,一般沿线路分段进行,每段以20~40 m为宜,多在地势平坦或两侧有可利用的山地土场的场合采用。

(3) 施工要点。

地基表层处理应符合下列规定。

①二级及二级以上公路路堤基底的压实度应不小于90%;三、四级公路路堤基底的压实度应不小于85%。路基填土高度小于路面和路床总厚度时,基底应按设计要求处理。

②原地面坑、洞、穴等,应在清除沉积物后,用合格填料分层回填并分层压实。

③泉眼或露头地下水,应按设计要求,采取有效导排措施后方可填筑路堤。

④地基为耕地、松散土、水稻田、湖塘、软土、高液限土等时,应按设计要求进行处理,局部软弱的部分也应采取有效的处理措施。

⑤地下水位较高时,应按设计要求进行处理。

⑥陡坡地段、土石混合地基、填挖界面、高填方地基等都应按设计要求进行处理。

路堤填筑应符合下列规定。

①性质不同的填料,应水平分层、分段填筑,分层压实。同一水平层路基的全宽应采用同一种填料,不得混合填筑。每种填料的填筑层压实后的连续厚度不宜小于500 mm。填筑路堤最后一层时,压实之后的厚度应不小于100 mm。

②潮湿或冻融敏感性小的填料应填筑在路基上层,强度较小的填料应填筑在下层。在有地下水的路段或临水路基范围内,宜填筑透水性好的填料。

③在透水性不好的压实层上填筑透水性较好的填料前,应在其表面设坡度为2%~4%的双向横坡,并采取相应的防水措施。不得在由透水性较好的填料所填筑的路堤边坡上覆盖透水性不好的填料。

④每种填料的松铺厚度应通过试验确定。

⑤每一填筑层压实后的宽度不得小于设计宽度。

⑥路堤填筑时,应从最低处起分层填筑,逐层压实;当原地面纵坡坡度大于12%或横坡坡度大于20%时,应按设计要求挖台阶,或设置坡度向内并大于4%、宽度大于2 m的台阶。

⑦填方分几个作业段施工时,接头部位如不能交替填筑,则先填路段,按1∶1坡度分层留台阶。如能交替填筑,就应分层相互交替搭接,搭接长度不小于2 m。

施工机械应考虑工程特点、土石种类及数量、地形、填挖高度、运距、气候条件、工期等因素,经济合理地确定。填方压实应配备专用碾压机具。

压实度检测应符合以下规定。

①用灌砂法、灌水(水袋)法检测压实度时,取土样的底面位置为每一压实层底部;用环刀法检测压实度时,环刀中部处于压实层厚的1/2深度;用核子仪检测压实度时,应根据其类型,按说明书要求进行。

②施工过程中,每一压实层均应检验压实度,检测频率为每1000 m^2 至少检验2点,不足1000 m^2 时检验2点,必要时可根据需要增加检验点。

2. 填石路堤施工

(1)填料要求。

路堤填料粒径应不大于500 mm,并不应该超过层厚的2/3,不均匀系数宜为15~20。路床底面以下400 mm范围内,填料粒径应小于150 mm;路床填料粒径应小于100 mm。膨胀岩石、易溶性岩石不宜直接用于路堤填筑,强风化石料、崩解性岩石和盐化岩石不得直接用于路堤填筑。

(2)填筑方法。

填石路堤的填筑施工方式有倾填(含抛填)和分层填筑、分层压实两种。倾填又可分为石块从岩面爆破后直接散落在准备填筑的路堤内、用推土机将爆破后堆置在半路堑上的石块及用自卸汽车从远处运来的爆破石块推入路堤两种情况。高速公路、一级公路和铺设高级路面的其他等级公路的填石路堤不宜采用倾填方式施工,而应采用分层填筑、分层压实的方法。二级及二级以下且铺设低级路面的公路在陡峻山坡段施工特别困难或大量爆破以挖作填时,可采用倾填方式将石料填筑于路堤下部,但倾填路堤在路床底面下不小于1.0 m深度范围内仍应分层填筑、分层压实。

采用分层填筑、分层压实方式施工时,又可分为机械作业及人工作业两种方法。机械作业时,高速公路及一级公路分层松铺厚度一般为50 cm,其他公路为100 cm。施工中应安排好石料运行路线,专人指挥,按水平分层,先低后高、先两侧后中央卸料。由于每层填筑厚度较大,故摊铺平整工作必须采用大型推土机进行,个别不平处应配合人工用细石块、石屑找平。如果石块级配较差、粒径较大、填层较厚,石块间的空隙较大,可于每层表面的空隙扫入石碴、石屑、中砂、粗砂,再以压力水将砂冲入下部,反复数次,使空隙填满。人工作业时,若铺填粒径为25 cm以上的石料,应先铺填大块石料,大面向下,小面向上,摆平放稳,再用小石块找平,石屑塞填,最后压实;若铺填粒径为25 cm以下的石料,可直接分层摊铺、分层碾压。

(3) 施工要点。

基层处理时,其承载力应满足设计要求;在非岩石地基上填筑填石路堤前,应按设计要求设置过渡层。

路堤施工前,应先修筑试验路段,确定满足孔隙率标准的松铺厚度、压实机械型号及组合、压实速度及压实遍数、沉降差等参数。

路床施工前,应先修筑试验路段,确定能达到最大压实干密度的松铺厚度、压实机械型号及组合、压实速度及压实遍数、沉降差等参数。

岩性相差较大的填料应分层或分段填筑,严禁把软质石料与硬质石料混合使用。

中硬、硬质石料填筑路堤时,应进行边坡码砌;码砌边坡的石料强度、尺寸及码砌厚度应符合设计要求;边坡码砌与路基填筑宜基本同步进行。

压实机械宜选用自重不小于18 t的振动压路机。

在填石路堤顶面与细粒土填土层之间应按设计要求设置过渡层。

(4) 质量检验。

填石路堤施工过程中的每一压实层,可以用试验路段确定的工艺流程和工艺参数控制压实过程;用试验路段确定的沉降差指标检测压实质量。

填石路堤填筑至设计标高并整修完成后,其施工质量应符合规定。

填石路堤成形后的外观质量标准：路堤表面无明显孔洞；大粒径石料不松动，铁锹挖动困难；边坡码砌紧贴、密实，无明显孔洞和松动，砌块间承接面向内倾斜，坡面平顺。

3. 土石路堤施工

土石路堤是指石料含量占总质量30%～70%的土石混合材料填筑的路堤。

（1）填料要求。

膨胀岩石、易溶性岩石等不宜直接用于路堤填筑，崩解性岩石和盐化岩石等不得直接用于路堤填筑。

天然土石混合填料中，中硬、硬质石料的最大粒径不应大于压实层厚度的2/3；石料最大粒径不得大于压实层厚度。

（2）填筑方法。

土石路堤不得采用倾填方式，只能采用分层填筑、分层压实方式。

当土石混合料中石料含量不小于70%时，宜采用人工铺填，即先铺填大块石料，且大面向下，放置平衡，再铺小块石料、石碴或石屑嵌缝找平，然后碾压。

当土石混合料中石料含量小于70%时，可用推土机铺填土石混合料，每层铺填厚度应根据压实机械类型和规格确定，不宜超过 40 cm。用机械铺填时应注意避免硬质石块，特别是集中在一起的尺寸大的硬质石块。

（3）施工要点。

在陡坡、斜坡地段，土石路堤靠山一侧应按设计要求做好排水和防渗处理。

施工前应根据土石混合材料的类别分别进行试验路段施工，确定能达到最大压实干密度的松铺厚度、压实机械型号及组合、压实速度及压实遍数、沉降差等参数。

碾压前应使大粒径石料均匀分散在填料中，石料间孔隙应填充小粒径石料、土和石碴。

压实后透水性差异大的土石混合材料，应分层或分段填筑，不宜纵向分幅填筑。如确需纵向分幅填筑，应将压实后渗水良好的土石混合材料填筑于路堤两侧。

土石混合材料来自不同料场，其岩性或土石比例相差较大时，宜分层或分段填筑。

填料由土石混合材料变化为其他填料时，土石混合材料最后一层的压实厚度应该小于 300 mm，该层填料最大粒径宜小于 150 mm，压实后，该层表面应无孔洞。

中硬、硬质石料的土石路堤,应进行边坡码砌。边坡码砌与路堤填筑宜基本同步进行,软质石料土石路堤的边坡按土质路堤边坡处理。

(4) 质量检验。

中硬、硬质石料土石路堤在施工过程中的每一压实层,可用试验路段确定的工艺流程和工艺参数控制压实过程;用试验路段确定的沉降差指标,检测压实质量。路基成形后质量应符合规定。

软质石料填筑的土石路堤应符合地基表层处理的规定。

土石路堤的外观质量标准:路基表面无明显孔洞;大粒径填石无松动,铁锹挖动困难;中硬、硬质石料土石路基边坡码砌紧贴、密实,没有明显孔洞、松动,砌块间承接面应向内倾斜,坡面平顺。

2.2.2 挖方路基施工

1. 土质路堑开挖

(1) 土方开挖方法。

路堑开挖施工,除需考虑当地的地形条件、采用的机具等因素外,还需要考虑土层的分布及利用。在路堑开挖前,应做好现场伐树除根等清理工作和排水工作。移挖作填时,还应将表层土单独摒弃,或按不同的土层分层挖掘,以满足路堤填筑的要求。路堑的开挖方法根据路堑深度、纵向长短及现场施工条件,可采用纵向全宽掘进开挖(横挖法)、横向通道掘进开挖(纵挖法)和混合式掘进开挖。

纵向全宽掘进开挖(横挖法):在路线一端或两端,沿路线纵向向前开挖。单层掘进开挖,其高度即等于路堑设计深度,掘进时逐段成形向前推进,由相反方向运土送出。单层掘进的高度受到人工操作安全及机械操作有效因素的限制,如果施工紧迫,对于较深路堑,可采用双层纵向掘进开挖,上层在前,下层随后,下层施工面上留有上层操作的出土和排水通道。双层或者多层开挖,增加了施工工作面,加快了施工进度,层高应视施工方便且能保证安全而定,一般为 1.5~2.0 m。

横向通道掘进开挖(纵挖法):先在路堑纵向挖出通道,然后分段同时横向掘进。此法工作面多,既可人工施工,也可机械施工,还可分层纵向开挖,即将路堑分为宽度和深度都合适的纵向层次向前掘进开挖,可采用各式铲运机施工。在短距离及大坡度时,可用推土机施工,如为较长、较宽的路堑,可用铲运机并配以运土机具进行施工。

混合式掘进开挖:横挖法和纵挖法的混合使用,即先顺路堑开挖通道,然后沿横向坡面挖掘,以增加开挖坡面,每一开挖坡面应能容纳一个施工组或一台开挖机械作业。在较大的挖土地段,还可沿横向再挖沟,配以传动设备或布置运土车辆。当路线纵向长度和深度都很大时,应该采用混合式掘进开挖。

(2) 土方开挖施工要点。

土方开挖应自上而下进行,不得乱挖超挖,严禁掏底开挖,土方应分类开挖、分类使用,非适用材料应按设计要求或作为弃方按规定处理。开挖过程中,应采取措施保证边坡稳定。开挖至边坡线前,应预留一定宽度,预留的宽度应保证刷坡过程中设计边坡线外的土层不受到扰动。

路基开挖中,基于实际情况,如需修改设计边坡坡度、截水沟和边沟的位置及尺寸等,应及时按规定报批。边坡上稳定的孤石应保留。开挖至零填、路堑路床部分后,应尽快进行路床施工;如不能及时进行,宜在设计路床顶标高以上预留至少 300 mm 厚的保护层。采取临时排水措施,确保施工作业面不积水。挖方路基路床顶面终止标高,应考虑因压实而产生的下沉量,其值通过试验确定。

边沟与截水沟应从下游向上游开挖,截水沟通过地面坑凹处时,应将凹处填平夯实。边沟及截水沟开挖后,应及时进行防渗处理,不得渗漏、积水或冲刷边坡及路基。

挖方路基施工遇到地下水时,应采取排导措施,将水引入路基排水系统,不得随意堵塞泉眼。路床土含水量高或为含水层时,应该采取设置渗沟、换填、改良土质、土工织物处理措施,路床填料应具有良好的透水性能。

2. 石质路堑施工

(1) 石质路堑施工注意事项。

石质路堑采用松土法或破碎法施工应注意的事项与土质路堑开挖基本相同。当采用爆破法施工时,应注意以下事项。

①爆破影响区内既有建筑物、管线的调查。

一旦确定采用爆破法开挖岩石后,应查明爆破区内有无电力、电信、供排水管道等地面、地下管线,既有建筑物的类型、权属、年限等。若有,还应明确其具体的平面位置、埋置深度、迁移可行性。此外,对开挖边线范围外的既有建筑物、各类管线、距离、权属也应充分调查,以便制定爆破方案,确保线外建筑物、管线的安全。

②报请当地公安等部门审批爆破方案。

对大、中型爆破,确定方案后,应分别报送当地公安局、建筑物及管线的直接单位及主管部门、监理工程师审批。

③持证上岗。

持证上岗是杜绝爆破伤亡事故的根本保证。凡从事爆破作业的施工人员均必须经过专业培训,取得爆破证书后才能上岗。必须一人一证,严禁一证多人使用。

④清碴工作。

清碴应自上而下,将松动的、破碎的岩石撬落。不准掏"神仙碴"(即在下面往里掏成悬岩状,石碴在自重的作用下坍落),以免坍塌伤人。目前多用大功率推土机集石,装载机装车;或直接用斗容量 $1.5\sim2.0\ m^3$ 的正铲挖掘机装车。对特大的孤石,可采用钢钎炮二次爆破解小。

⑤安全。

爆破施工安全包括爆破器材安全管理、施工操作安全及警戒线之内的其他人员、物资安全。爆破施工是一项危险作业,要求杜绝各种事故的发生,做到安全生产。对爆破作业的每一道工序,都必须认真执行各有关爆破安全规程,有组织、有计划、有步骤地进行施工。为了避免事故,石方爆破作业以及爆破器材的管理、加工、运输检验及销毁等工程均应按国家现行的《爆破安全规程》(GB 6722—2014)执行。

⑥排水。

节理发育的岩石,例如石灰岩地区,地表水会沿裂缝缝隙往下渗入,一般不用设置截水天沟,但在开挖区内应在纵、横向形成坡面,确保工作面不积水。其他石质路堑视现场而定。

(2)炮型的选择。

公路工程爆破炮型种类繁多,分类方法也不尽相同。影响炮型选择的因素很多,包括石方的集中程度、路堑开挖深度、地质及地形条件、公路路基横断面形状及施工机械。其中施工机械往往是炮型选择的决定性因素,凿岩机便是广泛使用的一类施工机械。

按工作动力不同,凿岩机可分为风动凿岩机、液压凿岩机、电动凿岩机和内燃凿岩机。风动凿岩机采用压缩空气为动力,结构简单,质量轻,工作安全可靠,操作维修方便,适用于任何硬度的岩石。液压凿岩机是近年发展起来的一种新型凿岩机,具有单一动力、低消耗、实现一人多机操作、现场调整参数等优点。目前爆破大多采用这类凿岩机械。电动凿岩机、内燃凿岩机或因可靠性差,或者因笨重,实际使用没有前两种普遍。

(3) 公路工程爆破技术。

公路工程施工中比较常用的爆破技术有光面爆破、预裂爆破、定向爆破、微差爆破、松动爆破、静态爆破等。下面仅就光面爆破、预裂爆破、定向爆破和静态爆破做简要介绍。

①光面爆破。

光面爆破是指在开挖界面的周边,适当排列一定间隔的炮孔,在有侧向临空面的情况下,用控制抵抗线和落量的方法使爆破后的坡面保持光滑、顺直、平整而不受明显破坏的爆破方法。光面爆破具有以下特点:爆破后成形规整,路基断面符合设计轮廓,特别在松软岩层中更能显示出光面爆破的作用;爆破后不产生或很少产生爆震裂隙,新岩面保持原有稳定性,岩体承载能力不致下降,因而可有效地保证施工安全,为快速施工创造有利条件;新岩壁平整,通风阻力小,岩面上应力集中现象减少,在深部岩壁表面可以减少岩爆危害。

光面爆破属于控制爆破,其机理是沿开挖轮廓线布置间距减少的平行炮眼,在这些岩面炮眼中进行药量减少的不耦合装药(即采用间隔药包、间隔钻孔装药,通常是使炮孔直径大于药卷直径1~2倍),然后同时起爆,爆破时沿这些炮眼的中心连线破裂成平整的光面。光面爆破时由于采用不耦合装药,药包爆炸之后,炮眼壁上的压力显著降低,此时药包的爆破作用为准静压作用,当炮孔压力值低于岩石抗压强度时,在炮眼壁上不至于造成"压碎"破坏,因此爆炸引起的应力和凿岩时在炮眼壁上造成的应力状态相似,只能引起少量的径向细微裂隙。裂隙数目及其长度随不耦合系数(一般为1.1~3.0,其中1.5~2.5用得较多)和装药量不同而不同,一般在药包直径一定时,不耦合系数值越大,药量越小,则细微裂隙数越少且长度也越短。光面炮眼同时起爆时,由于起爆器材的起爆时间误差,不可能在同一时刻爆炸,先起爆的药包的爆炸应力作用在炮眼周围产生细微径向裂隙,由于相邻炮眼的导向作用,沿相邻两炮眼中心连线的那条径向裂隙得到优先发育,在爆炸气体作用下,这条裂隙继续延伸和扩展,在相邻两炮眼的炮眼连线与眼壁相交处产生应力集中,此处拉应力值最大,该相邻两炮眼中爆炸气体的气楔作用将这些径向裂隙加以扩展,成为贯通裂隙,最后造成光面。

光面爆破施工的主要技术要点:a.选择要求工作空间较小的优良钻机,精确凿岩,控制炮眼底部的偏离,严格保持炮孔在同一平面内;b.光面爆破应在主炮起爆之后,间隔时间在 25~50 ms,内洞一排炮孔必须同时爆破,以免影响起爆质量,最好用传爆线起爆;c.采用恰当的药包结构,并控制装药量,一般光面爆破装药量比正常减少 1/3~1/2,炮孔直径不大于 50 mm,且大于药卷直径的 2 倍,或采用间隔药包、间隔钻孔装药;d.边孔间距可通过计算确定,也可以由工地试验决定,曲线边孔应加密到 0.2 m,采用小孔径,可间隔 1~2 孔装药。

②预裂爆破。

预裂爆破是沿岩体设计开挖面与主孔之间布置一排预裂主炮孔,并使预裂炮孔超前主炮孔起爆(一般超前 50~150 ms 起爆),从而沿设计开挖面将岩石拉断,形成贯通预裂,使爆破主体与山体分离形成隔震减震带,为全部爆破完成后岩石开挖面形成要求的轮廓的一种爆破方法。

预裂爆破是在没有侧向空面和最小抵抗线的情况下,按一定间距钻一排小孔距平行炮孔,孔内装入少量炸药,在开挖区主爆起爆之前,这些炮孔首先爆破,预裂出一条裂缝,预裂缝在一定范围减小主炮炮孔的爆破震动效应,使开挖界限以外的山体或建筑物免遭爆破震动的破坏,并且防止额外超爆,有效保护开挖边坡,减小破坏,预裂爆破是在光面爆破基础上发展起来的一项特殊爆破技术。

施工时,为了获得良好的预裂爆破效果,除选择合理的爆破参数、起爆顺序和布孔方式外,更应精确掌握施工方法、操作要点,掌握好"孔深、方向和倾斜角度"三大要素,一般孔底的钻孔偏差不应大于 15 cm。对于钻孔的质量应十分重视,符合设计要求。

③定向爆破。

定向爆破是利用爆破的作用,将大量的岩石和土按照指定的方向搬移到一定的地点,并堆积成一定形状的填方。定向爆破的基本原理,就是炸药在岩石或土内部爆炸时,岩石和土是沿着最小抵抗线,即沿着从药包到临空面最短距离的方向而抛出去,因此,合理选择临空面并布置炮孔是定向爆破的一个重要问题。临空面可以利用自然的地形,也可以在爆破地点,用人工方法制造需要的孔穴或空向槽作为临空面,以便能够按照需要的方向,将爆破的岩石抛向指定的位置。

④静态爆破。

静态爆破是一种利用静力作用使岩石破碎的方法。与传统的爆破方式不同,静态爆破不需要使用炸药或其他爆炸物,而是通过静力挤压、拉伸和剪切等作用,使岩石内部产生裂纹并逐渐扩大,最终导致岩石破碎。

静态爆破具有以下优势。a.安全可靠:静态爆破不需要使用炸药或其他爆炸物,避免了爆炸风险和安全隐患。同时,由于该技术的破碎力较小,对周围环境的影响也较小。b. 环保节能:静态爆破的破碎过程不需要消耗大量的能量,且不会产生噪声、振动和烟尘等污染。该技术符合环保节能的理念,有利于可持续发展。c. 适用范围广:静态爆破岩石适用于各种硬度的岩石,且不受环境温度和湿度的限制。该技术的应用范围较广,能够满足不同领域的需求。d. 操作简便:静态爆破岩石的设备操作简单方便,易于掌握和维护。同时,该技术的破碎效果较好,能够满足各种规格的需求。

2.3　特殊路基施工

2.3.1　软土路基施工

软土是指水下沉积的软弱饱和黏性土层。软土具有压缩性高、强度低和透水性差的特点。通过软土地区的路基易发生坍滑和沉陷等病害。因此,软土地区的路线应尽可能选择软土层薄的地带通过。软土路基施工方法主要有换填土法施工和抛石挤淤法施工两种。

1. 换填土法施工

当软土地基的承载力和变形满足不了设计要求,而软土层的厚度又不是很大时,将路基底面下处理范围内的软土层部分或全部挖除,然后分层换填强度较大的砂(碎石、素土、灰土、二灰土等)或其他强度较高、性能稳定、无侵蚀性的材料,并用人工或机械方法压实至要求的密实度为止,这种地基处理的方法称为换填土法,它多用于公路构筑物的地基处理。

虽然不同材料的垫层,其应力分布稍有差异,但从试验结果分析其极限承载力还是比较接近的。通过沉降观测资料发现不同材料垫层的特点基本相似,故可以近似地按砂垫层的计算方法进行计算。

换填土法不仅适用于淤泥、淤泥质土、素填土、杂填土地基及暗沟、暗塘等浅层和低洼区域处理,还适用于处理湿陷性黄土、膨胀土和季节性冻土等一些区域性特殊土。换填土法的处理深度通常宜控制在 3 m 以内,且不宜小于 0.5 m,若垫层太薄,则换土垫层的作用不显著。

(1) 垫层材料的选择。

换填土法的垫层常用材料为砂、砂石、素土、灰土、二灰土等无黏性土,这类土的强度大、压缩性小、透水性好,密实度较好,且在不少地区料源丰富,因而使用广泛。

①砂和砂石垫层材料。

用砂和砂石作为垫层材料时,应选用颗粒级配良好、质地坚硬的中、粗砂,也可掺入一定数量的碎(卵)石,但要分布均匀,颗粒的不均匀系数(C_u)不宜小于10。若采用粉细砂,使用时应均匀掺入 25%～30% 的碎石基卵石,卵石最大粒径不宜大于 50 mm;当碾压(或夯实、振动)功能较大时,卵石最大粒径不宜大于 80 mm。

②素土垫层材料。

素土可采用施工过程中挖出的黏性土,土料中有机质含量不得超过 5%,也不得含有冻土或膨胀土。当含有碎石时,其粒径不宜大于 50 mm。素土垫层材料不宜采用地表耕植土、淤泥及淤泥质土、杂填土等。

③灰土垫层材料。

灰土垫层是将路基底面下一定范围内的软土层挖去,用按一定体积配合比配置的灰土在最佳含水率条件下分层回填夯实或压实,主要适用于处理厚 1～4 m 的软土层。在施工现场用作灰土的熟石灰应过筛,其粒径不宜大于 5 mm。熟石灰中不得夹有未熟化的生石灰,也不得含有过多的水分。土料常采用施工中挖出的不含有机质的黏性土或塑性指数不小于 4 的粉土拌制,不得使用地表耕植土、冻土、膨胀土以及有机质含量超过 8% 的土料,且土料应过筛,粒径不宜大于 15 mm。

④碎石和矿渣垫层材料。

碎石垫层用的碎石,一般为 5～40 mm 的自然级配碎石,含泥量不宜大于 5%。

矿渣垫层应根据工程的具体条件选用矿渣垫层材料。大面积填铺时,多采用不经筛分的不分级的高炉混合矿渣,最大粒径不宜大于 200 mm 或不大于碾压分层虚铺层厚度的 2/3;小面积垫层采用粒径为 20～60 mm 的分级矿渣。

在碎石和矿渣垫层的底部,为防止基坑表层软土发生局部破坏而产生过量沉降,一般应设置一层 15～30 mm 厚的砂垫层,砂料应采用中粗砂,然后再铺筑碎石或矿渣垫层。

(2)垫层施工方法。

①当地基表层具有一定厚度的硬壳层,其承载力较好,能上一般运输机械时,宜采用机械分堆摊铺法,即先堆成若干砂堆,然后用机械或人工摊平。

②当硬壳承载力不足时,宜采用顺序推进摊铺法。

③当软土地基表面很软时,如新沉积或新吹填不久的超软地基,首先要改善地基表面的持力条件,使其能上施工人员和轻型运输工具。工程上常采用如下措施。

a. 地基表面铺荆笆。搭接处用铅丝绑扎,以承受垫层等荷载引起的拉力,搭接长度取决于地基土的性质,一般搭接长为 20 cm。当采用两层荆笆时,应将搭接处错开,错开距离以搭缝的一半为宜。

b. 表面铺设塑料编织网或尼龙纺织网,网上再做砂垫层。

c. 表面铺设土工合成材料再铺排水垫层。

d. 尽管对超软地基表面采取了加固措施,但维持效果仍然很差,一般轻型机械上不去,在这种情况下,通常采用人工或轻便机械顺序推进铺设。

以上为目前超软地基上施工常用的方法,它们可单一使用,也可混合使用,还可根据当地材料资源,选择具有一定抗拉强度、断面小的材料。选择时应注意:饱水后材料要有足够的抗拉强度;当被加固地基处于边坡位置或将会有水平力作用时,由于材料腐烂而形成软弱夹层,会给加固后地基的稳定性带来潜在影响。

无论采用何种施工方法,在排水垫层的施工过程中应避免对软土表层的过大扰动,以免造成砂和淤泥混合,影响垫层的排水效果。

(3) 施工中的注意事项。

①换填土法施工的关键是将垫层材料压实到设计要求的密实度。压实常用方法有机械碾压法、重锤夯实法和振动压实法。这些方法要求垫层材料分层铺设,然后逐层振密或压实。

a. 机械碾压法是采用压路机、推土机、羊足碾或其他压实机械利用机械自重压实地基的方法。施工时先将一定深度内的软土挖去,开挖的深度和宽度应根据设计的具体要求确定。先在基坑底部碾压,再将砂石或素土(灰土、二灰土)等在基坑内分层铺筑,然后逐层压实。机械碾压法施工时,应根据压实机械的压实能量控制碾压土的最佳含水率,选择适当的碾压分层厚度和碾压遍数。

b. 重锤夯实法是采用起重机械将夯锤提升到一定高度,自由落锤,以重锤自由下落的冲击力来夯实浅层地基和垫层填土的方法。重锤夯实分层填土时,每层的虚铺厚度以锤底直径为宜,夯实完后应将路基表面修整至设计标高。重锤夯实的现场试验应确定最少夯击遍数、最后两遍平均夯沉量和有效夯实深度等。夯实遍数一般为 8~12 遍,一般重锤夯实的有效夯实深度为 1 m,并可消除

1.0～1.5 m 的湿陷性厚土层。

　　c. 振动压实法是采用振动压实机械在地基表面施加振动力以振实浅层松散土的地基处理和垫层压实的方法。实践证明,振动压实法适用于处理以砂、砂石、碎石和炉渣等渗透性较好的无黏性土为主的松散填土,也适用于处理黏粒含量少、透水性较好的松散杂填土。振实范围应从路基边缘放出约 0.6 m,先振两边,后振中间,其振实的标准是以振动机原地振实不再继续下沉为合格。地下水位过高会影响振实效果,当地下水位距振实面小于 60 cm 时,应降低地下水位。另外,施振前应对工程场地周围环境进行调查。一般情况下,振源与邻近建筑物、地下管线或其他设施的距离应大于 3 m。如有危房和重要地下管线,应事先进行加固处理。

　　②以黏性土为主的软土,宜采用平碾或羊足碾;对砂土、砂石料、碎石土和杂填土,宜采用振动碾或振动压实机;对狭窄场地、边角及接触带,可用蛙式夯实机。压实效果、分层铺填厚度、压实遍数、最优含水率等应根据具体施工方法及施工机械通过现场试验确定。一般情况下,采用平板振动器,最优含水率为 15%～20%;用平碾及蛙式夯时最优含水率为 8%～12%;用插入式振动器时,宜对饱和的碎石、卵石或矿渣充分洒水湿透后进行夯压。

　　③垫层施工前必须对下卧地基进行检验,如发现局部软弱土层应予挖除,再用素土或灰土填平夯实。垫层底部有古井、古墓、洞穴、旧基础、暗塘等软硬不均的部位时,应清理后,再用砂石逐层回填夯实,并经检验合格后,方可铺填上一层砂石料,再行施工。

　　④严禁扰动垫层下卧的软土,为防止践踏、受冻、浸泡或暴晒过久,坑底可保留 200 mm 厚土层暂不挖去,待铺砂石料前再挖至设计标高,如有浮土必须清除。当坑底为饱和软土时,须在土面接触处铺一层细砂起反滤作用,其厚度不计入砂石垫层设计厚度内。

　　⑤砂石垫层的底面宜铺设在同一标高上,如深度不同,基底土层面应挖成阶梯或斜坡进行搭接,各分层搭接位置应错开 0.5～1.0 m,搭接处注意捣实,施工应按先深后浅的顺序进行。垫层竣工后,应及时施工上层路面。

　　⑥垫层施工应注意控制分层铺填厚度。每层压实遍数宜通过试验确定。分层松铺厚度,可按采用的压实机具现场试验来确定,一般情况下松铺 30 cm,分层压实厚度为 20 cm。为保证分层压实质量应控制机械碾压速度,一般平碾碾

压速度为 2 km/h；羊足碾碾压速度为 3 km/h；振动碾碾压速度为 2 km/h；振动压实机碾压速度为 0.5 km/h。

⑦人工级配的砂石应拌和均匀。用细砂做填料时，应注意地下水的影响，且不宜使用平振法、插振法和水振法。灰土、二灰土材料应拌和均匀，注意配合比，控制含水率，如土料水分过多或不足，应晾干或洒水润湿。

⑧当施工中地下水位高于挖土底面时，宜采取排水或降水措施，注意边坡稳定，以防止坍土混入砂石垫层中。

⑨压实后的灰土、二灰土应采取排水措施，3 d 内不得受水浸泡；灰土、二灰土垫层铺筑完毕后，要避免日晒雨淋，及时铺筑上层路面。

2．抛石挤淤法施工

抛石挤淤法就是通过向流塑状且高灵敏度的饱和软土中抛入较大的片石、块石，使片石、块石强行挤出饱和软土并占据其位置，以此来提高地基承载力、降低沉降量、提高土体稳定性的地基处理法。

在修建道路处，若为常年积水的洼地，排水困难，地基为软土，承载力极小而且近于流塑状态，附近又有石料可以利用，经济上适宜时可考虑采用抛石挤淤法修筑路基。

采用抛石挤淤法，地基的地质条件除土接近流塑，承载力极小之外，软土的厚度一般不宜大于 4 m，且其下有较硬的承载层，表层无硬壳层，所抛片石能沉至底部。

石料的选择，应选用不易风化的片石，片石厚度或直径不宜小于 300 mm。

抛石挤淤应按照路堤断面及所处的地形进行施工。一般的情况下，应从路堤的中部开始，使中部先从积水洼地露出之后，再渐渐向两侧扩展，以便淤泥向前及两侧挤出。当软土或泥沼底面有较大横坡（坡度大于 1∶10）时，抛石则应自高侧向低侧填筑，并在低侧坡脚外一定宽度内同时抛填形成片石平台，使所筑路堤处于稳定状态。

在片石抛填出水面之后，宜用强力振实设备进行振实，使片石落位稳定。然后在已稳定的片石层上铺填一层碎石，再次进行强力振实和碾压，使碎石嵌入片石缝中，反复进行，以使填石密实。此层完成之后，按一般路堤施工方法进行路堤的填筑。

2.3.2 多年冻土及季节性冻融翻浆地区路基施工

1. 多年冻土地区路基施工

(1) 多年冻土的定义及特性。

凡温度为负温或 0 ℃,含有冰且与土颗粒呈胶结状态的土均称为冻土。如果土中负温而不含冰时则称为寒土。冬季冻结、夏季全部融化的土层称为季节冻土,季节冻结层又称季节作用层、活动层。冬季冻结,一两年内不融化的土层称为隔年冻层。冻结状态持续 3 年以上的土层称为多年冻土。

季节冻土地区的表层土夏季融化,冬季冻结,根据其与下伏多年冻土的关系又可分为:季节冻结层——夏季融化,冬季冻结时不与多年冻土层衔接或其下为融土层;季节融化层——夏季融化,冬季冻结时与多年冻土完全衔接的土层。不衔接多年冻土属于前者;衔接多年冻土属于后者。

(2) 多年冻土地区公路路基的主要病害。

①融沉。

融沉多发生在含冰量大的黏质土地段。当路基基底的多年冻土上部或路堑边坡上分布有较厚的地下冰层时,由于地下冰层埋藏较浅,在施工及使用过程中,因原来的自然环境条件发生变化,多年冻土局部融化,上覆土层在土体自重力及外力的作用下产生沉陷,造成路基变形。融沉主要表现在路堤向阳侧路肩及边坡开裂、下滑,路堑边坡溜坍等。融沉现象一般以较慢的速度下沉,但有时也会经过一段时间的慢速下沉后,突发大量的沉陷,并使两侧部分地基土隆起。产生的原因是路基基底由于含冰量大的黏质土融化后处于过饱和状态,几乎没有承载能力,又因路堤两侧融化深度不同,使得基底形成一个倾斜的冻结滑动面。在外荷载的作用下,过饱和的黏质土顺着冻结面挤出,路堤瞬间产生大幅度的沉陷,通常称为突陷。这样的突陷危及行车的安全。

②冻胀。

冻胀多发生在季节冻结深度较大的地区及多年冻土地区,其中多年冻土地区较严重。冻胀是由地基土及填土中的水冻结时体积膨胀所致。水分源自地表水或地下水对路基土的浸湿。冻胀的程度与土质及土中的含水率有关。

③冰害。

冰害主要是指在路堤上方出露地表的泉水,或开挖路基后地下水自边坡流出,在隆冬季节随流随冻,形成积冰掩埋路基、边坡挂冰、堑内积冰等病害。

冰害在严寒的多年冻土地区尤为严重。对路基工程来说,路堑地段冰害较路堤地段要多,尤其发生在浅层地下水发育的低填浅挖及零填挖地段的冰害,危害程度更大。

(3) 多年冻土地区路基施工。

①资料收集。

多年冻土地区有关资料的收集,是路基施工前的一项关键性工作。只有对多年冻土地区气象资料、地质资料及冻土的物理力学性质资料等了解清楚,在施工中进行综合考虑,采取切实可行的技术措施,才能确保工程质量。

②路堤施工。

a. 路堤最小填土高度。

保护多年冻土上限不下降的最小高度 H_1 见式(2.1)。

$$H_1 = H_d - H_0 \tag{2.1}$$

式中:H_1 为从天然地面算起的填土高度,m;H_d 为保温层厚度,m;H_0 为将上限深度换算成保温材料时的当量厚度,m。

防治翻浆和冻胀的最小填土高度 H_2 可根据当地已有的公路调查资料确定。

按保护多年冻土的原则施工路基时,路堤最小填土高度应同时满足 H_1 与 H_2 的要求。

当路堤高度达不到 H_1 的要求时,冻土上限可能下降,路基基底则应进行调整。

b. 饱冰冻土及含土冰层地段路堤。

当全用粗颗粒土填筑路堤,其填土高度不能满足 H_1 的要求时,可在路堤下部换填一层细颗粒土,细颗粒土的厚度一般不小于 1.0 m,以便使核算的填土高度大于或等于最小填土高度 H_1。

当路堤高度小于最小填土高度时,基底的饱冰冻土或含冰层则须进行部分或全部换填。当饱冰冻土层或含土冰层较厚,全部换填有困难且不经济时,则可部分换填。换填后的路堤换算高度仍应满足 H_1 的要求。换填材料,应选用保温、隔水性能均较好的细颗粒土,并注意做好地表排水工程。

c. 冻土沼泽地段路堤。

不论基底地质条件如何,首先应根据水源特点及补给情况,在路堤一侧或两侧设置排水沟或挡水埝,将上游水源截断,必要时增设桥涵,排除地表积水。修建在塔头草头朝泥沼地段的路堤应自路堤坡脚 20 m 以外,挖取塔头草,反铺在基底,塔头草草头朝空隙间,并加以夯实,使其成为良好的基底隔温层。路堤填土后塔头草垫层受压下降,因此在反铺塔头草时,基底的中间部分可以适当加高 0.2 m,并且向两侧坡脚做成拱形,反铺塔头草的宽度,应伸出路堤脚外 1.2 m。

当采用细颗粒土填筑路堤时,在排水困难的低洼地或沼泽地段,应采取防止路基冻胀、翻浆的措施。一般可在路堤底部填筑毛细水隔断层,其厚度以在路堤沉落后尚未高出地面以下 0.5 m 为宜。为防止隔断层受污染、阻塞面失效,其上应加铺反滤层(草皮、碎石或砂)。

③路堑施工。

a. 饱冰冻土及含冰土层地段的路堑。在饱冰冻土及含冰土层地段挖方,由于土中含冰量大,季节融化后或上限下降均会使基底处于过湿软弱状态,同时出现严重沉陷。在这类地段一般多采取部分或全部换填的措施,坡面亦应采取保温及其他措施。

b. 富冰冻土地段的路堑。细粒土中的路堑,当融化后不致造成边坡滑坍和基底松软时,可按一般路堑考虑。但由于细粒土在季节融化层中的湿度较大,为防止基底冻胀、翻浆,基底应换填渗水性土,换土厚度一般不小于 0.5 m。

(4)多年冻土地区路基施工注意事项。

①施工前应核查沿线冻土分布、类型、冻土上下限、冰层上限、地面水、地下水以及有无其他如热融湖、热融塘、冰丘、冰锥等不良地质地段。

②施工必须严格遵循保护冻土的原则,使路基施工后仍处于热学稳定状态。路基原则上均应采取路堤形式,尤其在冰层发育地段,并尽可能避免零填或浅挖断面,以免造成严重热融沉陷等病害。弱融沉或不融沉的多年冻土地区,路基施工可按融化原则进行。

③路基排水与加固除满足水力和土力条件外,还应考虑由施工因素如排水系统修筑等引起的热力变化导致多年冻土层上限的下降。

④填方路基施工应符合以下要求。

a. 排水。当路基位于永久冻土的富冰冻土、饱冰冻土或含土冰层地段时,必须保持路基及周围的冻土处于冻结状态。排水系统与路基坡脚应保持足够距离。高含冰量冻土集中地段,严禁坡脚滞水、路侧积水,边坡应及时铺填草皮。

在少冰与多冰冻土地段,也应避免施工时破坏土基热流平衡。排水沟与坡脚距离不应小于 2 m;沼泽湿地地段不应小于 8 m。饱冰冻土及含土冰层地段,应避免修建排水沟和截水沟,宜修建挡水埝,距坡脚不应小于 6 m,若修建排水沟则不应小于 10 m。

b. 基底处理。填方基底为含冰过多的细粒土,且地下冰层不厚时,可挖除并用渗水性土回填压实,再填路基。

当基底为排水困难的低洼沼泽地段时,其底部应设置毛细水隔离层。其厚度宜在路堤沉落后至少高出水面 0.5 m,并在其上铺设反滤层。泥沼地段路堤基底生长塔头草时,可利用其做隔温层。上述地段路堤应预加沉落度,路基沉降应在修筑路面结构之前基本趋于稳定。

c. 路基高度。路基高度应达到防止翻浆与不超过路基冻胀值要求的最小填土高度。按保持冻结原则施工的路段,应同时满足冻土上限不下降的要求。

d. 取土。宜设置集中取土场。富冰冻土、饱冰冻土及含土冰层路段,确需就近解决部分土源时,应在路基坡脚 10 m 以外取土。斜坡地表路堤,取土坑应设在上坡一侧。取土坑深度均不得超过当地多年冻土上限以上土层厚度的 80%,坑底应有坡度,积水应有出口,水能及时排出;同时取土坑的外露面,宜用草皮铺填。

e. 填料。填料应选用保温隔水性能均较好的细粒土。采用黏质土或透水性不良土填筑路堤时,要控制土的湿度,碾压时含水率不能超过最佳含水率的 ±2%。不得用冻土块或草皮层及沼泽地含草根的湿土填筑路基。通过热融湖(塘)路堤,水下部分必须用渗水性良好的土填筑,并应高出最高水位 0.5 m。

f. 压实。压实检查应采用重型击实标准。成形后路床强度应符合设计要求,用不小于 20 t 的压路机或等效碾压机械碾压 2~3 遍,无轮迹和软弹现象。

g. 侧向保护。靠近基底部位有冰冻土层且有可能融化时,宜设保温护道和护脚。保温材料宜就地取材。用草皮时,草根应向上一层一层叠铺,最外一层应带泥,以便拍实形成保护层。沿线两侧 20 m 内植被和原生地貌应严加保护。

⑤挖方路基施工应符合以下要求。

a. 排水。挖方路基地下水发育地段,路基边沟均应有防渗措施。路堑坡顶避免设置截水沟或排水沟,宜修挡水埝并与坡顶距离不小于 6 m;或必须修排水沟或截水沟时,距挡水埝外距离不应小于 4 m。

b. 土质边坡加固铺砌厚度应满足保温层要求。如用草皮铺砌,应水平叠砌,错缝嵌紧,缝隙用黏土或草皮填塞严密,连成整体。草皮要及时铺填。

c. 饱冰冻土、含土冰层地段路堑,为防止开挖后基底冻胀翻浆,可根据需要换填足够厚度的渗水性土。

2. 季节性冻融翻浆地区路基施工

(1) 翻浆发生的过程及其影响因素。

①翻浆发生的过程。

秋季是路基水的聚积时期。由于降水和灌溉的影响,地面水下渗,地下水位升高,路基水分增多。

冬季气温下降,路基上层的土开始冻结,路基下层土温仍较高。水分在土体内,由温度较高处向温度较低处移动,路基上层水分增多,并冻结成冰,使路面冻裂或隆起,发生冻胀。

春季(有的地区延至夏季)气温逐渐回升,路基上层的土首先融化,土基强度很快降低,以致失去承载能力,在行车作用下形成翻浆。

春季以后天气渐暖,蒸发量增大,冻层融化,路基上层水分下渗,土变干,土基强度又逐渐恢复,这就是翻浆发展的全过程。

②影响翻浆的因素。

影响公路翻浆的主要因素有土质、温度、水、路面与行车荷载等,其中土质、温度、水是形成翻浆的三个自然因素,三者同时作用,才能形成翻浆。

a. 土质。粉土是最容易翻浆的土,这种土的毛细水上升较高且快,在负温作用下水分聚流严重,而且土中水分增多时强度降低很快,容易丧失稳定。黏性土毛细水上升虽高,但上升速度慢。因此,只有在水源供给充足,并且在土基冻结速度缓慢的情况下,才能形成比较严重的翻浆。粉土和黏性土含有大量腐殖质和易溶盐时,则更易形成翻浆。砂土在一般情况下都不会发生翻浆,这种土的毛细水上升高度小,在冻结过程中水分聚流现象很轻微,同时,这种土即使含有大量水分,也能保持一定的强度。

b. 温度。一定的冻结深度和一定的冷量(冬季各月负温的总和)是形成翻浆的重要条件。在同样的冻结深度和冷量的条件下,冬季负温作用的特点和冻结速度的大小对形成翻浆的影响也是很大的。除此之外,春天气温的特点和化冻速度对翻浆也是有影响的。

c. 水。翻浆的过程中,就是水在路基土中转移、变化的过程。路基附近的地表积水及较浅的地下水提供的充足水源,是形成翻浆的重要条件。秋雨及灌溉会使路基土的含水率增加,使地下水位升高,所以也会导致翻浆的发生。

d. 路面。公路翻浆是通过路面的变形破坏而表现出来,并按路面的变形破坏程度来划分等级的。因此,翻浆和路面是密切相关的。路面结构对翻浆也有一定的影响。

e. 行车荷载。公路翻浆是通过行车荷载的作用,最后形成和暴露出来的。当其他条件相同时,在翻浆季节,交通量越大,车辆越重,则翻浆也会越多,越严重。

(2) 翻浆防治措施。

①防止地面水、地下水或其他水分在冻结前或冻结过程中进入路基上部,如在路基中设置隔离层、做好路基排水、提高路基等。

②在化冻时期,可以将聚冰层中的水分及时排除或暂时蓄积在渗水性好的路面结构层中,如设置排水或蓄水砂(砾)垫层等。

③加强路面,改善土基,如采取石灰土、煤渣石灰土结构层或路基换土填土措施。

④在有些情况下,用一种处理措施往往不能达到预想效果或不够经济合理,可采取两种或两种以上措施综合处理。

(3) 季节性冻融翻浆路基施工要点。

①排水。

在施工前应认真了解地形及水文地质情况,凡是可能危害路基强度稳定性的地面水和地下水,均应采取有效的临时性或永久性措施,使水能迅速排除。路床面应保持良好的排水状态。从路堑到路堤必须修建过渡边沟并无阻塞现象。各层填土应有路拱,表面无积水。施工时,各式沟、管、井、涵等能形成完整有效的排水系统。

②路堤。

a. 原地面处理。水文地质不良和湿软地段,可视情况在地表铺填厚度不小于 30 cm 的砂砾,或做局部挖除换填处理。

当路堤高度低于 20 cm 时(包括挖方土质路段)应翻松 30～50 cm,并分层压实,其压实度为 93%～95%,高速公路、一级公路取高限,其他公路取低限。

b. 填料。宜选用水稳性良好的土填筑路基。路基上部受冰冻影响部位,应选用水稳性和冻稳性均较好的粗粒土。冻土、非渗水性过湿土、腐殖土严禁用于填筑各层路堤。压实时的含水率应控制在最佳含水率±2%。

c. 取土场。宜设置集中取土场,排水困难地段更宜集中取土。

d. 碾压。各层表面碾压前应用平地机进行整平和修整路拱,切实控制松铺厚度以及填料的均匀性。压实后各层表面的平整度,用 3 m 直尺测量,其间隙高度不宜大于 20 mm;形成路床顶面后应进行弯沉检查或用不小于 20 t 的压路机碾压检验有无软弹现象。

e. 路堤高度。应满足路基能全年处于干燥或中湿状态。修低路堤时，应根据具体情况采取相应技术措施。

f. 为使路基预拱度和稳定性满足设计要求，施工中各类冻融翻浆防治方法可综合选用。

③路堑。

a. 石方段超挖回填部位应选用符合要求的石碴，压实度不得低于95%，严禁使用劣质开山料或覆盖土回填或找平。超挖部分不规则或超挖不超过8 cm时，可用混凝土修补找平。整平层宜采用级配碎石或水泥稳定碎石、二灰稳定碎石类等半刚性材料。

b. 土质路或遇水崩解软化的风化泥质页岩等路堑的路床压实度如不符合规定要求，应翻松压实或根据土质情况，换填符合路床强度并满足压实度要求的足够厚度的土，然后加强排水措施，如封闭路肩、浆砌边沟等。

c. 有裂隙水、层间水、潜水层、泉眼的路段，应分别采取切断、拦截等措施，如加深边沟和设置渗沟、渗管、渗井等。

2.4 路基的排水与防护工程施工

2.4.1 路基排水工程施工

1. 路基地下水排水设置与施工要求

(1) 排水沟、暗沟。

①设置。

当地下水位较高，潜水层埋藏不深时，可采用排水沟或暗沟截流地下水及降低地下水位，沟底宜埋入不透水层内。沟壁最下一排渗水孔（或裂缝）的底部宜高出沟底不小于0.2 m。排水沟或暗沟设在路基旁侧时，宜沿路线方向布置，设在低洼地带或天然沟谷处时，宜顺山坡的沟谷走向布置。排水沟可兼排地表水，在寒冷地区不宜用于排除地下水。

②施工要求。

排水沟或暗沟采用混凝土浇筑或浆砌片石砌筑时，应在沟壁与含水量地层接触面的高度处,设置一排或多排向沟中倾斜的渗水孔。沟壁外侧应填以粗粒透水材料或土工合成材料做反滤层。沿沟槽每隔 10~15 m 或当沟槽通过软硬岩层分界处时应设置伸缩缝或沉降缝。

(2)渗沟。

①设置。

为降低地下水位或拦截地下水,可在地面以下设置渗沟。渗沟有填石渗沟、管式渗沟和洞式渗沟三种形式,三种渗沟均应设置排水层(或管、洞)、反滤层和封闭层。

②施工要求。

a. 填石渗沟的施工要求:填石渗沟通常为矩形或梯形,在渗沟的底部和中间用较大碎石或卵石(粒径 3~5 cm)填筑,在碎石或卵石的两侧和上部,按一定比例分层(层厚约 15 cm),填较细颗粒的粒料(中砂、粗砂、砾石),做成反滤层,粒径比例由下至上大致按 4∶1 逐层递减。砂石料颗粒小于 0.15 mm 的含量不应大于 5%。用土工合成材料包裹有孔的硬塑管时,管四周填以大于塑管孔径的等粒径碎(砾)石,组成渗沟。顶部做封闭层,用双层反铺草皮或其他材料(如土工合成的防渗材料)铺成,并在其上夯填厚度不小于 0.5 m 的黏土防水层。

b. 管式渗沟的施工要求:管式渗沟适用于地下水引水较长、流量较大的地区。当管式渗沟长度为 100~300 m 时,其末端宜设横向泄水管分段排除地下水。管式渗沟的泄水管可用陶瓷、混凝土、石棉、水泥或塑料等材料制成,管壁应设泄水孔,交错布置,间距不宜大于 20 cm。渗沟的高度应使填料的顶面高于原地下水位。沟底垫层材料一般采用干砌片石;如沟底深入不透水层宜采用浆砌片石、混凝土或土工合成的防水材料。

c. 洞式渗沟的施工要求:洞式渗沟适用于地下水流量较大的地段,洞壁宜采用浆砌片石砌筑,洞顶应用盖板覆盖,盖板之间应留有空隙,使地下水流入洞内,洞式渗沟的高度要求同管式渗沟。

(3)渗井。

①设置。

当路基附近的地面水或浅层地下水无法排除,影响路基稳定时,可设渗井,将地面水或地下水经渗井通过下透水层中的钻孔流入下层透水层中排除。

②施工要求。

渗井直径为 50~60 cm,井内填置材料按层次在下层透水范围内填碎石或卵石,上层不透水层范围内填砂或砾石,填充料应采用筛洗过的不同粒径的材料,应层次分明,不得粗细材料混杂填塞,井壁和填充料之间应设反滤层。

渗井离路堤坡脚不应小于 10 m,渗水井顶部四周(进口部除外)用黏土筑堤围护,井顶应加筑混凝土盖,严防渗井淤塞。

(4)检查井。

①设置。

为检查维修渗沟,宜每隔 30～50 m 或在平面转折和坡度由陡变缓处设置检查井。

②施工要求。

检查井一般采用圆形,内径不小于 1.0 m,在井壁处的渗沟底应高出井底 0.3～0.4 m,井底铺一层厚 0.1～0.2 m 的混凝土。井基如遇不良土质,应采取换填、夯实等措施。兼起渗井作用的检查井的井壁,应在含水层范围设置渗水孔和反滤层。深度大于 20 m 的检查井,除设置检查梯外,还应设置安全设备。井口顶部应高出附近地面 0.3～0.5 m,并设井盖。

2. 路基地面排水设置与施工要求

(1)边沟。

①设置。

挖方地段和填土高度小于边沟深度的填方地段均应设置边沟。路堤靠山一侧的坡脚应设置不渗水的边沟。为了防止边沟漫溢或冲刷,在平原区和重丘山岭区,边沟应分段设置出水口,多雨地区梯形边沟每段长度不宜超过 300 m,三角形边沟不宜超过 200 m。

②施工要求。

平曲线处边沟施工时,沟底纵坡应与曲线前后沟底纵坡平顺衔接,不允许曲线内侧有积水或外溢现象。曲线外侧边沟应适当加深,其增加值等于超高值。土质地段,当沟底纵坡大于 3%时应采取加固措施;采用干砌片石对边沟进行铺砌时,应选用有平整面的片石,各砌缝要用小石子嵌紧;采用浆砌片石铺砌时,砌缝砂浆应饱满,沟身不漏水;当沟底采用抹面时,抹面应平整压光。

(2)截水沟。

①设置。

在无弃土堆的情况下,截水沟的边缘与挖方路基坡顶的距离视土质而定,以不影响边坡稳定为原则。如为一般土质,该距离至少应为 5 m;如为黄土地区,该距离不应小于 10 m 并应进行防渗加固。截水沟挖出的土,可在路堑与截水沟之间修成土台并夯实，台顶应筑成2%倾向截水沟的横坡。

路基上方有弃土堆时，截水沟与弃土堆脚的距离应为1~5 m，弃土堆坡脚与路基挖方坡顶的距离不应小于10 m，弃土堆顶部应设2%倾向截水沟的横坡。

山坡上路堤的截水沟距路堤坡脚至少2.0 m，并用挖截水沟的土填在路堤与截水沟之间，修筑向沟倾斜坡度为2%的护坡道或土台，使路堤内侧地面水流入截水沟排除。

②施工要求。

截水沟长度超过500 m时应选择适当的地点设出水口，将水引至山坡侧的自然沟中或桥涵进水口，截水沟必须有牢靠的出水口，必要时须设置排水沟、跌水或急流槽。截水沟的出水口必须与其他排水设施平顺衔接。为防止水流下渗和冲刷，截水沟应进行严密的防渗和加固，地质不良地段和土质松软、透水性较大或裂隙较多的岩石路段，对沟底纵坡较大的土质截水沟及截水沟的出水口，均应采取加固措施防止渗漏和冲刷沟壁。

（3）排水沟。

排水沟的施工应符合下列规定。

①排水沟的线形要求平顺，尽可能采用直线形，转弯处宜做成弧线，其半径不宜小于10 m，排水沟长度根据实际需要而定，通常不宜超过500 m。

②排水沟沿路线布设时，应尽可能离路基远一些，距路基坡脚不宜小于3 m。大于沟底、沟壁土的容许冲刷流速时，应采取边沟表面加固措施。

（4）跌水与急流槽。

跌水与急流槽的施工应符合下列规定。

①跌水与急流槽必须用浆砌圬工结构，跌水的台阶高度可根据地形地质等条件决定，多级台阶的各级高度可以不同，其高度与长度之比应与原地面坡度相适应。

②急流槽的纵坡不宜超过1∶1.5，同时应与天然地面坡度相配合。当急流槽较长时，槽底可用几个纵坡，一般是上段较陡，向下逐渐放缓。

③当急流槽很长时，应分段砌筑，每段不宜超过10 m，接头用防水材料填塞，密实无空隙。

④急流槽的砌筑应使自然水流与涵洞进口、出口之间形成一个过渡段，基础应嵌入地面以下，基底要求砌筑抗滑平台并设置端护墙。

⑤路堤边坡急流槽的修筑，应能为水流入排水沟提供一个顺畅通道，路缘石开口及流水进入路堤边坡急流槽的过渡段应连接圆顺。

(5) 拦水缘石。

拦水缘石的施工应符合下列规定。

①为避免高路堤边坡被路面水冲毁,可在路肩上设拦水缘石,将水流拦截至挖方边沟或在适当地点设急流槽引离路基。与高路堤急流槽连接处应设喇叭口。

②拦水缘石必须按设计安置就位。

③设拦水缘石路段的路肩宜适当加固。

(6) 蒸发池。

蒸发池的施工应符合下列规定。

①用取土坑做蒸发池时与路基坡脚间的距离不应小于 5 m。面积较大的蒸发池至路堤坡脚的距离不得小于 20 m,坑内水面应低于路基边缘至少 0.6 m。

②坑底部应做成两侧边缘向中部倾斜 0.5% 的横坡。取土坑出入口应与所连接的排水沟或排水通道平顺连接。当出口为天然沟谷时,应妥善导入沟谷内,不得形成漫流,必要时予以加固。

③蒸发池的容量不宜超过 200 m^3,蓄水深度不应大于 1.5 m。池周围可用土埂围护,防止其他水流入池中。

④蒸发池的设置不应使附近地区泥沼化或影响当地环境卫生。

2.4.2 路基防护工程施工

1. 坡面防护

路基坡面防护主要是针对受自然因素作用易产生不利于稳定及环境保护等问题的边坡坡面采取适当的防护措施,以达到保持边坡的长期稳定和安全、防止水土流失、保护环境的目的。

坡面变形的严重程度与边坡的岩土性质、地质构造、水文条件、方位、坡度和高度,以及当地的气候环境等密切相关,必须综合考虑这些因素,选择适宜的防护类型。

(1) 植物防护。

植物防护是一种简便、经济和有效的坡面防护措施。植物能覆盖表土,防止雨水冲刷;调节土壤湿度,防止裂缝产生;固结土壤,防止坡面风化剥落;同时还能起到绿化、美化环境的作用。为防止采用植物防护的路堑边坡坡脚因振动和雨水冲蚀作用首先被破坏,从而导致整个防护工程的垮塌或出现边坡坍塌,一般宜在坡脚处设置1～2 m高的浆砌片石护坡或护墙。

①种草。

边坡坡度不大于1∶1的土质边坡,不浸水或短期浸水但地面径流速度不超过0.6 m/s的路基边坡可以选择种草防护。草的品种应适应当地土壤和气候条件,通常用易生长、根系发达、茎叶低矮或有匍匐茎的多年生长的草种,也可用几种草籽混种。对不宜种草的边坡,可以先铺5～10 cm厚的种植土层,种植土层应与原坡面结合稳固。

②铺草皮。

铺草皮的防护措施适用于需要快速绿化、边坡较陡、冲刷严重的土质边坡和严重风化的软质岩石边坡。草皮应选择根系发达、茎矮叶茂的耐旱草种,不宜采用喜水草种,严禁采用生长在沼泽地的草皮。草皮规格以不过于损坏根系,便于成活及运输而定,一般面积为20 cm×40 cm,厚6～10 cm。铺草皮前应将坡面整平,必要时可加6～10 cm种植土层。草皮铺砌形式可根据边坡坡度与水流流速等,选用平铺、水平叠铺、方格式、卵石方格、垂直叠铺、倾斜叠铺和网格式铺砌等方式。铺砌时草皮端应斜切,形成平行四边形,自下而上用竹木小桩将草皮钉在坡面上,使其稳固。草皮应随挖随铺,注意相互贴紧。

③植树。

植树主要用在堤岸边的河滩上,用以降低流速,促使泥沙淤积,防止水直接冲刷路堤。把树栽种成多行并与水流方向斜交,还可起挑水、促进泥沙淤积作用。应选择根系发达、枝叶茂盛、生长迅速的树种。为防冲刷,宜选用杨树、柳树或不怕水淹的灌木。城市或风景区的植物防护应与有关部门协调配合。公路弯道内侧为保证视距,边坡严禁种植高大树木。

(2) 砌石防护。

为防止地面径流、雨雪水或河水冲刷、侵蚀路基,公路填方边坡、沿河路堤边坡、土质路堑边坡下部的局部,以及桥涵附近坡面,可采用砌石防护。砌石防护可分为干砌和浆砌两种。

干砌片石护坡适用于易遭受雨雪水侵蚀的较缓土质边坡,风化较重的软质岩石边坡,周期受水流冲刷但冲刷程度较轻、流速小于4 m/s的河岸和路基边坡。边坡应符合路基边坡稳定性要求,坡度一般为1∶2～1∶1.5。干砌片石防护一般有单层铺砌、双层铺砌两种,单层铺砌厚度为0.25～0.35 m;双层铺砌时,上层厚度为0.25～0.35 m,下层厚度为0.15～0.25 m。

当水流流速较大、波浪作用较强、有漂浮物等冲击、不适宜采用干砌片石护坡或护坡效果不好时,可采用浆砌片石护坡。浆砌片石护坡厚度一般为0.20～0.50 m,用于冲刷防护时最小厚度一般不小于0.35 m。浆砌片石防护较长时,应每隔10～15 m设置伸缩沉降缝,缝宽约2 cm,内填沥青麻筋或沥青木板;护坡的中、下部设10 cm×10 cm的方形或直径为10 cm的圆形泄水孔(其间距为2～3 m,孔后0.5 m范围内设置反滤层)。

不论是干砌还是浆砌,都应先在片石下面设置0.10～0.15 m厚的碎(砾)石或砂砾混合物垫层,以起到整平、反滤的作用,并可增加抗冲击能力;然后由下而上平整铺砌片石,要错缝嵌紧,并用砂浆勾缝,以防渗水。石砌护坡坡脚处应设置墁石基础。在无河水冲刷时,基础埋置深度一般为护坡厚度的1.5倍;当受水流冲刷时,基础应埋置在冲刷线以下0.5～10 m处,或采用石砌深基础。

(3)坡面处治。

当不宜采用植物防护或考虑就地取材时,可采用碎(砾)石、砂、水泥、石灰、工业废渣等无机物或沥青类有机材料,进行坡面处治,将边坡上的岩石裂隙、缝穴、风化层及坡面堵塞或封闭,以防止进一步风化或地表水下渗。常用方法有抹面、捶面与勾缝及圬工防护等。圬工防护包括灌浆与喷浆、锚杆挂网喷护、护面墙等。

①抹面、捶面与勾缝。

抹面适用于易风化而表面平整、尚未剥落的岩石边坡,如页岩、泥岩、泥灰岩、千枚岩等软质岩层。

对易受冲刷的土质边坡和易风化岩石边坡可用捶面,一般选用三合土、四合土或水泥砂浆等复合材料。抹面、捶面的周边与未防护坡面衔接处应严格封闭,必要时坡顶设截水沟,并用相同材料对沟底、沟壁抹面。

勾缝适用于质地坚硬、不易风化但节理裂隙多而细的岩石边坡,以防止水分下渗进入岩层内造成坡面病害。

②灌浆与喷浆。

灌浆适用于质地坚硬、局部有较大较深的缝隙或洞穴,并有扩展的趋势,从而影响边坡稳定性的岩石路堑边坡。主要借助灌入浆液的黏结力,把不稳定的裂开的岩层黏成整体,防止进一步风化而引起更大破坏,保证路基边坡的稳定。

对边坡坡度小于1∶0.5、易风化的新鲜平整的岩石边坡,可用喷浆的形式加以防护。通过喷涂厚度为5～10 cm的砂浆,在边表面形成保护层,达到阻止面层风化、防止边坡剥落与碎落的目的。砂浆可用水泥浆或水泥砂浆,也可用水泥石灰砂浆(其质量配合比为水泥∶石灰∶河砂∶水=1∶1∶6∶3)。喷护前应将坡面整平,去除已经风化的表层,洒水湿润,一次喷成。为增加与坡面的黏结,可采用锚喷的方法。

③锚杆挂网喷护。

对于岩层较陡、坡面为易风化的碎裂结构的硬质岩石或层状不连续地层,以及坡面岩石与基岩分开并有可能下滑的挖方边坡,可采用锚杆挂网喷护。为了防止碎裂的岩层脱落或剥落,施工时可先在清挖出的坡面上钻孔、安装锚杆,然后挂上纤维网柱或钢丝网柱,最后用高压泵喷射水泥砂浆或细石混凝土(混凝土强度等级不低于 C15)。

④护面墙。

护面墙适用于易风化或严重风化破碎、容易塌方的岩石路堑边坡或易受冲刷、膨胀性较大的不良土质路堑边坡。为覆盖各种软质岩层和较破碎岩石的挖方边坡,使其免受自然因素影响,防止雨水渗入而修建护面墙。护面墙应紧贴边坡坡面修建,只承受自重,不承受墙背土侧压力。护面墙厚度可参照表 2.1。墙基要求设置在可靠地基上,在底面做成向内斜的反坡。冰冻地区墙基应埋置在冰冻线 0.25 m 以下。

表 2.1 护面墙厚度

护面墙高 H/m	路堑边坡坡度	护面墙厚度/m	
		顶宽 b	底宽 d
≤2	1:0.5	0.40	0.40
2<H≤6	>1:0.5	0.40	$0.40+H/10$
6<H≤10	1:0.75~1:0.5	0.40	$0.40+H/20$
10<H≤16	1:1~1:0.75	0.40	$0.40+H/20$

护面墙较高时,应分级修筑,每级高 5~10 m,每一分级设宽度不小于 1 m 的平台,墙背每 3~6 m 高设耳墙,耳墙一般宽 0.5~10 m。沿墙长每 10~15 m 设一条伸缩缝,缝宽 2 cm,填以沥青麻筋。墙身应预留 6 cm×6 cm 或 10 cm×10 cm 的泄水孔,并在其后做反滤层。

2. 冲刷防护

(1)直接防护。

直接防护是指直接加固稳定边坡的措施,其特点是很少干扰或不干扰原来水流的性质。直接防护包括植物防护、砌石防护、抛石防护与石笼防护,以及必要时设置的支挡结构(浸水挡土墙、驳岸等)。直接防护的植物防护与砌石防护的措施与坡面防护对应部分类似,只是要求更高。下面重点介绍抛石防护和石笼防护。

①抛石防护。

抛石防护是指为防止河岸或构造物受水流冲刷而抛填较大石块的防护措施。临河路基经常浸水但水流方向平顺且河床承载力较好,无严重冲刷时,在盛产石料的地区,宜采用抛石防护。抛石垛的边坡坡度不应陡于抛石浸水后的天然休止角;石料粒径视水深与流速而定,一般为 0.30~0.50 cm;抛石顶宽不应小于所用最小石料粒径的 2 倍。

②石笼防护。

石笼防护是指为防止河岸或构造物受水流冲刷而设置装填石块的笼子的防护措施。石笼是用铁丝编织成的框架,内填石料,设在坡脚处,以防急流和大风浪破坏堤岸,也可用来加固河床,防止淘刷。铁丝框架可以是箱形或圆形。笼内填石最好为密度大、坚硬未风化的石块,最小粒径不小于 4 cm,一般为 5~20 cm。外层应用大石块并使棱角突出网孔,内层用较小石块填充。石笼应平铺并与坡脚线垂直,必要时底层各角应用钢棒固定于基底土中。

(2) 间接防护。

间接防护主要是指设置导治结构物,如丁坝、顺坝等坝体,必要时疏浚河床、改变河道,以改变流水方向,消除或减缓水流对路基边坡的直接冲刷的措施。导治结构物是桥涵和路基的重要附属工程,由于涉及水流改向,影响范围较大,工程费用也较高,故应进行多方技术经济比较后使用。

丁坝又称挑水坝,其轴线与导治线垂直或斜交,起到将水流挑离堤岸的作用。丁坝由坝头、坝身、坝根三部分组成。断面形状为梯形,坝身顶宽 2~3 m,坝头顶宽 3~4 m,迎面边坡坡度为 1∶3~1∶2,背面边坡坡度为 1∶2~1∶0.5。丁坝往往多个成群布置。

顺坝又称导流坝,坝轴线基本沿导治线边缘布置,使水流平缓地改变流向,主要起调整水流曲线作用。顺坝坝长与被防护段长度基本相同,一般采用石砌或混凝土结构,横断面多为梯形。当顺坝为漫溢式时,应在其与堤岸间设置格坝。格坝一端与顺坝相连,另一端嵌入河岸,形如勾头丁坝,在平面上成网格状,防止高水位时水流溢入冲刷坝内边坡和堤岸甚至促进泥沙淤积。

改移河道工程,一般限于小型工程,如裁弯取直、挖滩改道、清除孤石等,可在局部河段进行。

2.5 路基工程施工实践

2.5.1 工程概况

江津至泸州北线高速公路全长 71.2 km,经九龙坡、江津、永川三个区县,项目起点接二纵线陶家立交,沿长江北岸向四川泸州方向延伸,止于渝川界。

本工程项目线路区位于四川盆地东部丘陵区,发育受岩性和构造的控制明显,背斜一般成山,向斜为丘陵地形,背斜山核部由于节理发育,易于风化破坏。线路经过区域以沉积岩为主,临峰山(缙云山)和碑槽山核部石灰岩出露的地方形成岩溶槽谷,坚硬的须家河组石英砂岩构成山地两侧的外山,路线内以页岩、砂岩、泥岩为主。

其中路基工程线路区地质多为泥岩砂岩,自稳能力差。深挖路堑段落 18 段,多属构造剥蚀浅丘地貌,且大部分岩层倾向与线路走向一致的顺层边坡,对工程影响较大;线路区内穿越鱼塘、水库等特殊路基段落较多,涉及特殊路基处理工程量大。

2.5.2 路基土石方工程施工方案

土方开挖采用挖掘机直接开挖装车;石方开挖根据岩石的类别、风化程度和发育程度等因素确定开挖方式。对于软石和强风化岩石能采用机械直接开挖的采用机械开挖,不能采用机械直接开挖或靠近村庄的采用弱爆破开挖,其中靠近高压电塔 100 m 范围内以及顺层边坡段路基采用挖机带破碎锤方式的机械开挖,避免对边坡扰动太大。

路基填筑采用分层填筑,推土机和平地机整平摊铺,洒水车洒水,压路机碾压密实,按照"三阶段、四区段、八流程"法施工(三阶段:准备阶段、施工阶段和整修阶段;四区段:填铺区、整平区、碾压区和检测区;八流程:施工准备→基底处理→开挖→填筑→整平→碾压→检测→边坡整形)。

1. 挖方路基施工

(1)土方开挖。

①测量放样。

a. 挖方路段路基应先进行坡脚线放样,放样完成后,撒白灰线标示,复测原地面高程,对挖方段进行界定。

b. 土方开挖前,先进行排水系统的施工,防止在施工中路线外的水流入线内。

②场地清理。

路基开工前首先对图纸所示的各类植被、垃圾、有机杂物等进行现场核对和补充调查,如发现与图纸不符,及时报告监理工程师核查。

清理完毕后,将遗留下的坑穴用监理工程师同意的材料填平夯实,检查合格后即可进行下一道工序施工。

③逐层开挖。

路基开挖土方均采用机械化施工。较短路堑采取横挖法开挖,如图2.1所示;较长路堑采取纵挖法开挖,如图2.2所示(图中数字为开挖顺序)。根据地形情况,薄层开挖采用推土机下坡法推土;坚土和厚层用反向铲开挖;土质及软岩地段50 m以内采用推土机直接推运,50 m以上采用推土机集料,装载机配自卸车运输,或挖掘机直接装车。经试验测定后合格土料直接运至填方路段进行填筑,不能用作填料的土方运至就近弃土场堆放。

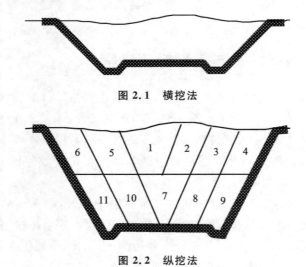

图2.1 横挖法

图2.2 纵挖法

④边坡的清理与防护。

开挖高度每3～5 m在挖机作业高度范围内应对开挖的坡面进行一次边坡的复测,按设计坡率、线形采用机械进行,同时应采用全站仪对已开挖的边坡进行一次复核,以确保坡面不欠挖、不超挖,保证边坡顺直、圆滑、大面平整。

高边坡施工做好土方开挖与支护加固工程施工的有机结合和进度协调,坚持"分级开挖,分级防护"的原则,自上而下,开挖一级、防护一级、绿化一级,工序衔接紧凑,严禁一挖到底。

⑤基底的处理。

当路床表层以下为非适用土、含水层强富水性、不满足 CBR(California bearing ratio,加州承载比,是评定土基及路面材料承载能力的指标)值的材料或整理完成的路槽弯沉测试值不合格时,应换填强度符合规范要求的填料。换填深度应满足设计要求,一般为 80～120 cm,并应分层回填压实,且压实度应满足规范要求。

⑥远运和利用。

路基土方调配原则如下:

a. 根据填缺、挖余分布,保证各自然段填挖平衡,剩余挖方短距离调运;

b. 非适用性材料不混填于路基;

c. 外借填料时尽量考虑在原挖方处,拓宽断面取料,减少远运和少占农田;

d. 充分利用弃方,作为以后路肩培土、绿化用土、临时征地复耕用料。

(2) 石方开挖。

①石方开挖根据岩石的类别、风化程度和节理发育程度等确定开挖方式。对于软石施工,拟采用挖掘机开挖,不能使用机械直接开挖的石方,则采用弱爆破法施工。靠近高压电塔 100 m 范围内以及顺层边坡段路基采用机械开挖,即挖机带破碎锤开挖。

②在石方开挖区注意施工排水,在纵向和横向形成坡面开挖面,其坡度满足排水要求,以确保爆破出的石料不受积水浸泡。

2. 路基填筑施工

(1) 路基填筑施工要点。

①测量放样。

路基填方前,应进行定线、测量放样,定出作业范围,做好施工测量工作,其内容包括导线、中线、水准点复测,横断面检查与补测,增设水准点等。路基施工时应根据测量的路线中桩、设计图表、施工工艺和有关规定,测出路基红线、路堤坡脚桩位的具体位置(直线段 20 m,曲线段 10 m)。在距路中心一定安全距离处设立控制桩,其间距不宜大于 50 m。

②场地整理。

a. 伐树、挖根、除草。

将填方路基面上的树根、草皮、灌木及表层腐朽植土、耕植土清除干净,清表厚度为 30 cm,并按环保规定,弃土置于路基用地范围之外。对田埂等位置应进行填前翻松碾压到规定密实度要求为止(不低于 90%),深度为 10~30 cm。对路基范围内的孔洞、坑槽应先行填平并压实。当原地面坡度大于 1∶5 时,应在原地挖内倾斜台阶,台阶宽度不小于 2 m。

b. 挖台阶。

路堤填筑时,当地面自然横坡或纵坡陡于 1∶5 时,将原地面挖成台阶,台阶宽度大于 2 m,以满足摊铺和压实设备操作的需要,高度为 0.3 m。台阶顶做成 3% 倾斜坡。砂性土原则上不挖台阶,而是将原地面以下 200~300 mm 的表土翻松。对于覆盖层不厚的倾斜岩石基底,当地面横坡为 1∶5~1∶2.5 时,要挖除覆盖层,并将基岩挖成台阶。

c. 原地面处理。

在原地面清表工作结束后及时恢复路基的中桩和施工边桩,人工用石灰沿桩画线标明,以便指导机械施工。采用推土机沿灰线间就地整平,并形成单坡或两边坡路拱以利排水。完成以上工作后,人工配合机械进行原地面处理工作,处理完成后保证满足设计规范压实度要求。

③临时排水设施。

填方施工前应在低洼处先完成截水沟、排水沟等排水工程并完善施工场地附近的临时排水设施,排水沟出口应尽量与原有管道、排水沟或现建管道接通,以便排水畅通。特别注意路基内、外边沟沟底纵坡应与前后沟底相衔接,沟内不得有积水,所有排水沟渠从下游向上游开挖。排水设施完成后方可做主体工程。

(2) 土质路堤施工。

①土方运输。

a. 根据路基宽度、运料车每车方量及松铺厚度,在填筑作业面上打网格控制,以确定每车土的卸车位置及每个网格的卸土方量,严格控制虚铺厚度。

b. 运土车现场由专人指挥,按指定的行驶路线运送。

c. 自卸汽车从取土场把土运到现场后,从一端开始,左右成排,前后成行,采用倒车卸土。

②填料摊铺。

填料用自卸汽车运至填筑区,等间距倾倒,卸土间距应充分考虑分层松摊厚度不超过 30 cm,推土机配合平地机摊铺,并注意设置足够的横坡,以利于排水。为保证修整路堤边坡后的路堤边缘有足够的压实度,填筑时每一层填筑压实后的宽度不得小于设计宽度,不同土质的填料分层填筑、分层压实。

③土方整平。

用推土机打开料堆粗平后应用平地机快速精细整平,以防止填料水分过度蒸发,精细整平时横纵方向保持平顺均匀以保证压实效果,精平后的填料面应整平,平整度应控制在 5 cm 以内,并形成 2%～3% 的排水横坡。

④含水量检测。

平地机精平后,由试验室试验人员现场测定填料的含水量,当含水量不足时,用洒水车补水;当含水量较大时,应进行翻晒,以达到碾压最佳含水量。

⑤整形碾压。

a. 待平地机整形达到 100 m 左右时,压路机紧随其后进行碾压作业,依次向前推进,形成流水作业。

b. 碾压遵循先轻后重、先静压后振压的原则进行,碾压时直线段由路基两侧向中间进行,曲线段由路基内侧向外侧进行。相邻碾压应重叠 1/3～1/2 压痕,相邻纵向碾压段互相碾压 2 m。碾压遍数及前进速度按试验确定的数据控制,碾压过程中,压路机不得调头。

⑥压实度检测。

施工过程中,每一压实层均应进行压实度检测,检测频率为每 1000 m^2 不少于 2 点。压实度检测可采用灌砂法、环刀法等方法,检测应符合现行《公路路基路面现场测试规程》(JTG 3450—2019)的有关规定。

(3) 石质路堤施工。

①路堤施工应按路基横断面设计整幅填筑,禁止半幅施工。不同的填料应水平分层、分段填筑。同一层路基的全宽范围内应采用同一种填料,不得混合填筑。

②路堤施工前,应先修筑试验路段,确定满足孔隙率标准、达到最大压实干密度的松铺厚度、压实机械型号及组合、压实速度及压实遍数、沉降差等参数。

③岩性相差较大的填料应分层或分段填筑,严禁将软质石料与硬质石料混合使用。

④中硬、硬质石料填筑路堤时,应进行边坡码砌。

⑤压实机械宜选用自重不小于 26 t 的振动压路机。

⑥在填石路堤顶面与细粒土填土层之间应按设计要求设置过渡层或铺设无纺土工布隔离层。

⑦填石路堤采用强夯、冲击压路机进行补压时,应避免对邻近构造物造成影响。

⑧过程质量控制如下：

a. 施工过程中每一压实层,应采用试验路段确定的工艺流程、工艺参数控制,压实质量可采用沉降差指标进行检测;

b. 施工过程中,每填高 3 m 宜检测路基中线和宽度。

（4）土石路堤施工。

①路基填筑施工前先用 GPS(global positioning system,全球定位系统)放出中线和左、右边线,按要求每侧超宽 50 cm,并用水平仪测量地面高程,确定路槽标高。

②土石路堤松铺厚度按每层 40 cm 控制,计算出所需土石方量。路基填筑过程中,进行超宽填筑,项目路基填筑按每侧超出设计宽度 50 cm 进行填筑,按事先确定的层厚拉杆挂线。汽车卸料时根据已打好的方格按先高后低、先两侧后中央的原则卸料,确保填料按最大松铺厚度所需用量均匀堆放并成形,防止路基因下雨积水造成局部弹簧现象。

③碾压前采用酒精燃烧法检测填料含水量是否符合规范要求,控制填料含水量在最佳含水量±2%。当含水量高出此要求时,将填料进行翻晒;当含水量低于此要求时,采用洒水补充。路基施工采用光轮振动压路机进行路基碾压。碾压时,顺路基纵向方向碾压,先静压 2 遍,碾压速度控制在 2.5 km/h 内,再强振碾压 5 遍,碾压速度控制在 2.0 km/h。前后两次碾压轮迹重叠 1/3 以上,路基碾压最后两遍的沉降差在 2 mm 以内,均满足设计要求。碾压过程中,严禁压路机在已完成的或正在碾压的路段上调头和急刹车。

④在作业中,若天气急剧变化,应迅速将路基整平、封压,防止雨水渗入路基造成弹簧现象。沿纵向同层次要改变填料种类时作出斜面衔接。

⑤压实度检测:土石混填路基无法使用正常土方路基的灌砂法检测压实度,故采用沉降差法检测土石混填路段的压实度,并按最后两遍碾压时沉降差小于 2 mm 为准进行控制。

⑥过程质量控制如下。

a. 中硬及硬质岩石的土石路堤施工过程中每一压实层,应采用试验路段确定的工艺流程、工艺参数控制,压实质量可采用沉降差指标进行检测。

b. 施工过程中,每填高 3 m 宜检测路基中线和宽度。

c. 软质石料的土石路堤填筑质量标准应符合表 2.2 的规定。

表 2.2　土石路堤压实度标准

填筑部位(路面底面以下深度)/m			压实度/(%)		
			高速、一级公路	二级公路	三、四级公路
填方路基	上路床		0～0.3	≥96	≥95	≥94
	下路床	轻、中及重交通	0.3～0.8	≥96	≥95	≥94
		特重、极重交通	0.3～1.2			—
	上路堤	轻、中及重交通	0.8～1.5	≥94	≥94	≥93
		特重、极重交通	1.2～1.9			—
	下路堤	轻、中及重交通	>1.5	≥93	≥92	≥90
		特重、极重交通	>1.9			
零填及挖方路基	上路床		0～0.3	≥96	≥95	≥94
	下路床	轻、中及重交通	0.3～0.8	≥96	≥95	
		特重、极重交通	0.3～1.2			

注：①表列压实度以现行《公路土工试验规程》(JTG 3430—2020)重型击实试验法为准；②三、四级公路铺筑水泥混凝土路面或沥青混凝土路面时，其压实度应采用二级公路的规定值；③路堤采用特殊填料或处于特殊气候地区时，压实标准在保证路基强度要求的前提下根据试验路段和当地工程经验确定；④特殊干旱地区的压实度标准可降低 2～3 个百分点。

2.5.3　路基排水与防护工程施工方法

本工程路基排水与防护工程的形式主要有边沟、排水沟、急流槽、拱形骨架、浆砌片石护坡、锚杆框架梁等结构。

1．路基排水工程

（1）边沟。

①测量放样。

由测量人员进行放线，按设计要求放出边沟内外边线及沟底标高，边沟的线形要与路基的线形保持一致，边沟和涵洞结合处应与涵洞洞口建筑配合，以便水流通畅进入涵洞。在曲线处放线时，沟底纵坡与曲线前后沟底纵坡平顺衔接。

②沟槽开挖。

沟槽开挖采用机械开挖，配合人工清理。在挖掘机挖斗上焊接梯形钢板，钢板尺寸与边沟截面一致，沟槽开挖后采用人工对沟槽进行修整。沟槽开挖尺寸必须严格按照设计尺寸施工，严格控制超欠挖，发生超欠挖时人工进行平整、嵌补。

③沟壁浇筑。

a. 浇筑混凝土时,混凝土自高处倾灌时的自由倾落高度不应超过 2 m。

b. 应按顺序和方向分层浇筑混凝土,侧墙浇筑时,应对称进行,高差不宜大于 25 cm,以防模板偏移。

c. 插入式振捣器机头距模板的距离不小于 5 cm,插入的间距不得超过其作用半径,振完后应徐徐上提,以免留下孔洞。分层浇筑混凝土时,应将振捣器机头插入下一层,以使层间结合。

d. 浇筑混凝土应做到连续进行。

④养护。

a. 混凝土养护期间,应重点加强混凝土的湿度和温度控制,及时对混凝土暴露面进行洒水养护,并保持暴露面湿润,直至混凝土终凝为止。

b. 混凝土带模养护期间,应带模包裹、浇水。通过喷淋洒水措施进行保湿、潮湿养护,保证模板接缝处不至于失水干燥。

（2）排水沟。

①施工放样。

排水沟工程分段施工、分段放样,先根据路基中线及护坡道高程放出两侧坡脚线,再根据边沟流水高程坡比及护坡道宽度,放出排水沟中线及边线,线位设好以后请监理检测,符合要求后再进行下一道工序。

②沟槽开挖。

基槽开挖采用机械开挖,配合人工清理。开挖时用铲斗改造后的挖机沿着排水沟纵向开挖,基槽开挖完成后,人工对沟槽进行修整,确保沟槽尺寸与设计尺寸相符合,槽底、边坡夯实、平整,线形顺直。

③沟底砌筑。

沟槽检验合格后,先用木桩每 10 m 一处钉好砌石位置,挂好横断面线及纵断面线,即可按线砌筑,砌筑工艺要求严格执行技术规范及招标文件的施工技术要求。

④沟体片石铺砌。

排水沟所需浆砌片石由车辆运输至施工现场,人工挑运至水沟砌筑处。砌筑石料采用石质一致、颜色均匀、不易风化、无裂缝和其他缺陷的硬石,强度不低于设计要求（30 MPa）,不得含有妨碍砂浆正常黏结的污泥、油渍和其他有害物质,且使用前用水冲洗。片石厚度不小于 15 cm。砌筑砂浆强制拌和,经人工挑运至水沟砌筑处使用,砂浆强度应符合规范标准。

采用挂线砌筑,以保证断面尺寸符合设计要求。在砌筑前每一石块均用水洗净,其垫层也应干净并湿润。在砂浆凝固前,所有缝应满浆,石块固定就位。先将已砌好的石块侧面抹浆,然后侧压砌置下一相邻石块,或石块就位后灌入砂浆。当用小石子混凝土填满垂直缝时,应用扁钢捣实,所有砌缝应填满砂浆。

所有石料均应按层砌筑。当砌体相当长时,应分为几段。砌筑时相邻段高差不大于 1.2 m,段与段之间设伸缩缝或沉降缝,各段水平砌缝应一致。

砌体要做到大面平整,砂浆饱满,不得有通缝。其尺寸符合设计要求,其施工工艺和方法严格遵守设计图纸和施工规范规定。

⑤勾缝及养护。

勾缝一律采用凹缝,勾缝采用的砂浆强度不低于 M7.5,砌体勾缝嵌入砌缝 20 mm 深,缝槽深度不足时应凿够深度后再勾缝。每砌筑好一段,定时洒水养护,养护 7~14 d。养护期间避免外力碰撞、振动或承重。

(3)急流槽。

①施工放样。

施工时根据设计要求,用钢尺放出所要修筑的结构尺寸,然后进行定点、挂线。

②开挖沟槽。

在施工放样完成后,开挖沟槽。在人工开挖沟槽的过程中,根据急流槽的标高开挖,开挖时注意控制深度,不要多挖或少挖。沟槽开挖好后要对沟槽进行处理。

③沟体片石铺砌。

沟体采用挤浆法分层砌筑,砌筑厚度为 300 mm,分层与分层间的砌筑砌缝应大致找平,各工作层应相互错开,不得贯通。较大的片石适用于下层且大面朝下,安砌时选取形状及尺寸较为合适的片石,尖锐凸出部分敲除。竖缝较宽时,在砂浆中塞以小石块,砌缝宽度不大于 20 mm。砌筑过程中注意选用较大、较平整的石块为外露面和坡顶、边口,石块使用时应洒水湿润。

④抹面。

抹面平整、光滑、流畅。

⑤勾缝。

勾缝缝宽均匀、美观,并注意排水流畅,与横向排水管连接紧密。

2. 路基防护工程

（1）拱形骨架。

①修整边坡。

按照设计边坡标准线进行刷坡，路基边坡主要采用挖掘机配合人工进行刷坡。边坡修整时用坡度尺拉线修整，修整后的边坡坡度不得大于设计值。同时，将坡脚地面整平，其纵向坡度同坡脚排水沟纵坡。刷坡时防止出现较大超欠挖，超挖部分要夯填密实，欠挖部分清挖至设计断面。刷坡及挖槽土方统一清理外运至指定地点，不得在现场随意堆放。

②测量放线。

根据设计边坡与线路中心线的相对位置，由测量人员用全站仪放出边坡坡顶、坡脚线及边坡平台位置线，根据设计形式、尺寸挂线放样，要求放出拱形骨架线，并撒白灰线标示。

③拱形骨架砌筑。

a. 布拱。为达到整体美观效果，施工时要求沿线路方向拱的位置和高度基本一致，填方要求从路肩处向下开始布置拱的位置。不足一个完整拱时，路堤坡脚处采用半个拱或部分拱形补充。

b. 按照设计要求，一个拱架主骨架尺寸为 2.5 m，按伸缩缝位置布置将该段内所有拱划分为一组拱，每组拱的过拱数量、水平高度应大致相同。

c. 施工时要求水泥砂浆饱满，镶边石砖之间、镶边石砖与片石之间应砌筑牢固，砌筑后边缘应回填好，夯填密实，防止表面水侵入冲毁骨架。

d. 镶边石砖外露面采用 M7.5 水泥砂浆抹面 2 cm。

（2）浆砌片石护坡。

①坡面放样修整。

路基填筑成形后，开始边坡的修整，并对坡面进行夯实处理。在确保路基边坡坡度准确、坡面平整后即可进行护坡的放样，放样严格按照设计图纸几何尺寸进行。

②护坡基础开挖。

应严格按照图纸设计尺寸，采用人工与机械进行开挖。

③砂垫层铺设。

在护坡基础开挖完成后，清除基底松散结构，并进行洒水，在基底平整、密实后即可进行砂垫层的铺设。砂垫层铺设厚度为10 cm,铺设平整、密实。

④浆砌施工。

a. 施工时须挂线砌筑,并经常对其复核,以保证线形平顺、砌体平整。

b. 砌体与坡面紧密结合,砌筑片石咬口紧密、错缝砂浆饱满,不得有通缝、叠砌、贴砌和浮塞,砌体勾缝要牢固美观。

c. 根据设计图纸位置设置伸缩缝和沉降缝的尺寸,按设计分段砌筑。

d. 砌缝宽度、错缝距离应符合规定,勾缝坚固、整齐,深度和形式符合要求。

⑤养护。

应在砂浆初凝后洒水覆盖养护7～14 d。养护期间应避免碰撞、振动或受压。特别是每个工作班结束时要求整体养护一遍,并用水渗透过的麻袋覆盖,在每个工作班开始砌筑前也应将砌体表层砂浆用水浸透,方可开始砌筑。

(3)锚杆框架梁。

施工工艺:边坡开挖→测量放样→确定孔位→钻孔→清孔→安装锚杆→注浆→制作框架梁。

施工方法如下。

①边坡开挖必须从上至下进行,清除岩面松动石块,平整坡面。开挖一级后,及时施工锚杆、框架梁。在进行锚杆框架梁施工时,在土质、软质岩及风化硬质岩边坡路堑地段,框架梁必须采用人工开槽的方式嵌入坡面。

②按设计要求,在锚杆施工范围内,用仪器定出各个锚杆位置,孔位误差不得超过30 mm。测定的孔位点,埋设半永久性标志,严禁边施工边放样。

③利用脚手架杆搭设平台,平台用锚杆与坡面固定,钻机用三脚支架提升到平台上。锚杆孔钻进施工,搭设满足相应承载能力和稳固条件的脚手架,根据坡面测放孔位,准确安装固定钻机,并严格认真进行机位调整,确保锚杆孔开钻就位纵横误差不得超过30 mm,钻孔倾角和方向符合设计要求,倾角允许误差为±1.0°,锚杆与水平面交角为20°。钻机安装要求水平、稳固,施钻过程中应随时检查。

④钻孔要求干钻,特别是在土层或风化层中钻孔时,禁止采用水钻,以确保锚杆施工不至于恶化边坡岩体的工程地质条件并保证孔壁的黏结性能。钻孔速度根据使用钻机性能和锚固地层严格控制,防止钻孔扭曲和变径,造成下锚困难或其他意外事故。钻进过程中对每个孔的地层变化、钻进状态(钻压、钻速)、地

下水及一些特殊情况做好现场施工记录。如遇塌孔缩孔等不良钻进现象,须立即停钻,及时进行固壁灌浆处理,待水泥砂浆初凝后,重新扫孔钻进。钻孔孔径为 100 mm,锚杆深度不小于设计长度,也不宜大于设计长度 500 mm,为确保锚杆孔直径,要求实际使用钻头直径不得小于设计孔径。

  锚杆孔钻孔结束后,须经现场监理检验合格后,方可进行下一道工序。孔径、孔深检查一般采用设计孔径、钻头和标准钻杆在现场监理旁站的条件下验孔,要求验孔过程中钻头平顺推进,不产生冲击或抖动,钻具验送长度满足设计锚杆孔深度,退钻要求顺畅,用高压风吹验不存在明显飞溅尘渣及水体现象。同时要求复查锚孔孔位、倾角和方位,全部锚孔施工分项工作合格后,即可认为锚孔钻造检验合格。

  ⑤在钻孔完成后,使用高压空气将孔内岩粉及水体全部清除出孔,以免降低水泥砂浆与孔壁岩土体的黏结强度。除相对坚硬完整之岩体锚固外,不得采用高压水冲洗。

  ⑥锚杆杆体采用直径为 18 mm 的螺纹钢筋,锚杆杆体长度允许偏差为 －30~100 mm,沿锚杆轴线方向每隔 1.5 m 设置一对对中支架,保证锚杆的保护层厚度。锚杆端头应与框架梁钢筋焊接,如与框架钢筋、箍筋相干扰,可局部调整钢筋、箍筋的间距,竖、横主筋交叉点必须绑扎牢固。安装前,要确保每根钢筋顺直、除锈、除油污,安装锚杆体前再次认真核对锚孔编号,确认无误后再用高压风吹孔,人工缓慢将锚杆体放入孔内,用钢尺量测孔外露出的锚杆长度,计算孔内锚杆长度(误差控制在－30~100 mm),确保锚固长度。制作完整的锚杆经监理工程师检验确认后,应及时存放在通风、干燥之处,严禁日晒雨淋。锚杆在运输过程中,应防止钢筋弯折、定位器松动。

  ⑦注浆材料宜选用灰砂比为 1:1~1:0.5 的水泥砂浆或水灰比为 0.45~0.50 的水泥浆,注浆液应搅拌均匀,随搅随用,并在初凝前用完,严防杂物混入浆液。水泥砂浆的砂料最大尺寸小于 2.0 mm,含量不得大于 3%,砂中云母、有机质、硫化物和硫酸盐等有害物质的含量不得大于 1%。水泥浆中硫化物的含量不得超过水泥重量的 0.1%。拌和水中的酸、有机物和盐类等对水泥浆体和杆体有害物质不得超标,不得影响水泥正常凝结和硬化。锚杆注浆前应采用空气清孔,排出孔内杂物、积水,然后将灌浆管插入距孔底 300~500 mm 处,浆液自下而上连续灌注,随着浆液的灌进,慢慢拔出灌浆管,灌浆压力不小于

0.2 MPa。中途不得停浆,在初凝前要进行二次补浆。

⑧框架梁的制作需要按照设计要求进行框架刻槽施工,要求框架嵌入坡体 30 cm。刻槽完后,槽内用水泥砂浆调平,再进行槽内钢筋施工,然后制模浇筑混凝土。四根竖肋及其所连的六根横梁组成一片框架,每片框架整体浇筑,一次完成,两片框架之间设置 2 cm 伸缩缝,内用沥青麻絮嵌塞。

第 3 章　路面工程施工

3.1　路面工程概述

3.1.1　路面的结构与类型

1. 路面的结构

（1）面层。

面层位于路面结构最上层,承受行车荷载,同时受天气变化的影响。因此,面层应具备较高的强度和刚度、良好的耐久性和抗滑性、较好的水稳定性和温度稳定性。一般来说,面层分两层或三层铺筑。例如,高速公路沥青路面的厚度较大,可分为三层铺筑;水泥混凝土路面的两层铺筑,分别使用不同标号的水泥混凝土材料。需要指出的是,用作封闭表面空隙、防止水分侵入面层的封层,简易的沥青表面处治及砂石路面上的磨耗层,都应看作面层的一部分。

（2）基层和底基层。

基层主要承受由面层传来的作用力(包括垂直力和水平力),并将垂直力扩散到下面的路基。基层承受拉应力作用并维持良好的耐久性。因此,基层是路面结构中的承重层,应具有一定的强度和刚度以及良好的抵抗疲劳破坏的能力。

当基层分为多层时,其最下面的一层称为底基层。

基层遭受大气因素的影响虽然比面层小,但是仍然有可能经受地下水和通过面层渗入雨水的侵蚀,所以基层结构应具有足够的水稳定性。基层表面虽不直接供车辆行驶,但仍然要求有较好的平整度,这是保证面层平整性的基本条件。

基层或底基层主要承受拉应力或拉应变,因此基层或底基层材料主要应考虑其抗疲劳特性。如果基层或底基层采用粒料材料,则必须考虑垂直力作用产生的永久变形。

基层太厚时,为保证工程质量可分为两层或三层铺筑。当采用不同材料来修筑基层(或底基层)时,应根据基层(或底基层)的受力特点和结构要求,合理使用当地材料修筑。

(3) 功能层。

为保证面层和基层不受路基水温状况变化造成的不良影响,必要时应设置功能层,它的主要功能是加强路面结构层之间的联结、改善路基的湿度和温度状况。

2. 路面的类型

(1) 柔性路面。

在柔性基层上铺筑沥青面层或用具有较强塑性能力的细粒土稳定集料的路面结构称为柔性路面。柔性路面的强度和刚度较小,在行车荷载作用下容易变形。土基的强度、刚度及稳定性对路面结构的整体质量有较大影响。荷载通过各种结构层传递到土基,土基受到较大单位的压力。

(2) 刚性路面。

刚性路面主要指用水泥混凝土作为面层或基层的路面结构。刚性路面比柔性路面的强度和刚度高,具有较强的抗弯拉性能。在刚性路面中,水泥混凝土一般处于板体工作状态,依靠水泥混凝土板的抗弯拉强度承受行车荷载作用。通过水泥混凝土的扩散作用,传递到基础上的单位压力较小。

(3) 半刚性路面。

铺筑在半刚性基层上的沥青路面称为半刚性路面。半刚性路面介于柔性路面和刚性路面之间,在前期时具有柔性路面的力学性质,后期的强度和刚度均有增长,但比刚性路面的强度和刚度弱。半刚性路面的材料主要包括炉渣、水泥土、石灰土、稳定粒料等。

(4) 复合式基层路面。

上部使用柔性基层,下部使用半刚性基层的基层称为复合式基层,它是受力特点处于半刚性基层和柔性基层中间的一种结构,可以提高柔性路面的承载能力,在加铺沥青面层之后被称为复合式基层路面。

半刚性基层的整体性好,但易形成温度裂缝和干缩裂缝,并经反射造成沥青面层开裂,水渗入后在行车荷载的作用下出现唧浆现象,进而形成公路路面的早期损坏。将半刚性基层用作下基层,上覆以柔性基层,成为复合式基层,不仅可以提高基层承载力,也可以扩散半刚性基层裂缝产生的水平应力,进而截断反射裂缝向上传递的途径。同时,柔性基层多采用级配碎(砾)石结构,具有一定的排水功能。进一步完善基层边缘排水设计,应能起到预防路面早期破坏的效果。重交通量和多雨潮湿地区目前已开始复合式基层路面的研究和实践。

3.1.2 路面的基本要求

(1) 足够的强度。

行驶在路面上的车辆,通过车轮将水平力和垂直力传给路面。另外,路面还受到车辆冲击力、震动力以及车身后真空吸力的作用。受上述外力的作用,路面结构内会产生多种应力作用。路面结构的强度不足,路面就会出现磨损、开裂、沉陷、波浪等病害,进而造成路面大面积破坏,导致中断交通。因此,路面应具有足够强度,以抵抗行车荷载作用。

(2) 足够的刚度。

刚度是指路面结构整体或某一部分抵抗变形的能力。刚度与强度既有联系,又有区别。即使路面的强度足够,但其刚度不足时,路面也会发生变形。设计人员在设计路面时,应保持路面有足够的刚度,分析荷载和变形关系,让路面整体结构及其组成部分的变形量在容许范围内。石灰、水泥稳定类等材料的刚度过大时,容易产生裂缝。因此,施工时应考虑路面材料的组成比例。

(3) 足够的稳定性。

路面结构袒露在自然环境之中,经受水和温度等影响,其力学性能和技术品质会发生变化,路面稳定性包括以下内容。

①高温稳定性。在夏季高温条件下,沥青材料如没有足够的抗高温的能力,其就会发生泛油、面层软化,在行车荷载的作用下产生车辙、波浪和推挤,水泥路面则可能发生拱胀开裂。

②低温抗裂性。冬季低温条件下,路面材料如没有足够的抗低温能力,会出现收缩、脆化或开裂。水泥路面也会出现收缩裂缝,气温骤变时出现翘曲而破坏。

③水稳定性。雨季路面结构应有一定的防水、抗水或排水能力,否则在水的浸泡作用下,强度会下降甚至出现剥离、松散、坑槽等破坏。

(4) 良好的平整度。

路面应具备良好的平整度,以减少行车振动作用的冲击力,保证行车速度,提高行车的安全性和舒适性。道路等级越高,对路面的平整度要求越高。不平整的路面会使车辆产生附加振动作用,导致行车颠簸,造成车辆磨损,增大油量消耗。这种振动作用会对路面施加冲击力,加剧路面损坏。另外,不平整的路面还会积滞雨水,加剧路面破坏。路面的平整度与路面的强度和刚度有关,强度和刚度较弱的路面,不能承受行车荷载的反复作用,容易出现磨损、开裂、推挤、沉陷等病害,破坏路面平整性。

(5) 良好的抗滑性。

路面应具有良好的抗滑性。如果路面光滑,车轮与路面之间的附着力就会减小,容易出现打滑、空转现象,增加油耗量,降低行车速度和安全性。在雨雪天气高速行车、紧急制动或突然启动时,车轮极易出现打滑或空转,严重时会引起交通事故。路面上的行车速度越快,对路面的抗滑性要求越高。

(6) 良好的耐久性。

阳光暴晒、水分浸入和空气氧化都会对路面结构和材料产生作用,尤其是沥青材料会出现老化,并失去原有技术品质,导致路面开裂、脱落,甚至大面积松散破坏。因此,在修筑路面时,应选择耐久性较好的路用材料,延长路面使用寿命。

3.2 路面基层施工

直接位于沥青面层并用高质量材料铺筑的主要承重层,或直接位于水泥混凝土面板下并用高质量材料铺筑的结构层称为基层。基层可以是一层或两层,也可以是一种或两种材料。在沥青路面基层下用质量较差材料铺筑的次要承重层或在水泥混凝土路面基层下用质量较差材料铺筑的辅助层称为底基层。底基层可以是一层或两层,也可以是一种或两种材料。基层(底基层)按组成材料分为粒料基层、无机结合料稳定基层。无机结合料稳定基层也称半刚性类型基层,主要分为水泥稳定土、石灰稳定土、石灰工业废渣稳定土等,前两者应用更为广泛。

3.2.1 粒料基层施工

1. 对原材料的技术要求

各类粒料基层(底基层)的集料压碎值应符合表 3.1 的规定。

表 3.1 集料压碎值

材料类型		公路等级		
		高速公路、一级公路	二级公路	三、四级公路
填隙碎石	基层	—	—	≤26%
	底基层	≤30%	≤30%	≤30%
级配碎石	基层	≤26%	≤30%	≤35%
	底基层	≤30%	≤35%	≤40%
级配砾石或天然砂砾	基层	—	—	≤35%
	底基层	≤30%	≤35%	≤40%

（1）填隙碎石的单层铺筑厚度宜为 10～12 cm，最大粒径宜为厚度的 50%～70%。用作基层时，最大粒径不应超过 53 mm；用作底基层时，最大粒径不应超过 63 mm。填隙料可用石屑，最大粒径小于 9.5 mm，宜用轧制石灰岩碎石的石屑，主骨料和填隙料的颗粒组成可参照有关规范的规定。应采用振动轮每米宽质量不小于 1.8 t 的振动压路机碾压，填隙料应填满粗碎石层内部的全部孔隙。碾压后，表面粗碎石间的孔隙得到改善。

（2）级配碎石宜用几种粒径不同的碎石和石屑，掺配拌制而成的混合料必须拌和均匀，没有粗细颗粒离析现象。其粒料的级配组成应符合相应的试验规程的要求，且级配应接近圆滑曲线。用于底基层的未筛分碎石的级配，宜符合相应的试验规程的要求。

级配碎石用作基层时，其重型击实标准的压实度不应小于 98%；用作底基层时，其重型击实标准的压实度不应小于 96%。用作中间层时，重型击实标准的压实度不应小于 100%。碾压应在最佳含水量时进行。应使用 12 t 以上三轮压路机碾压，每层的压实厚度不应超过 15 cm。用重型振动压路机和轮胎压路机碾压，每层的压实厚度可达 20 cm。

（3）级配砾石或天然砂砾用作基层或底基层，其颗粒组成应符合相应的试验规程的要求，且级配宜接近圆滑曲线。混合料必须拌和均匀，没有粗细颗粒离析现象。级配砾石或天然砂砾用作基层时，其重型击实标准的压实度不应小于 98%，CBR 值不应小于 60%；用作底基层时，其重型击实标准的压实度不应小于 96%，其碾压厚度同级配碎石。砾石颗粒中细长及扁平颗粒的含量不应超过 20%。

填隙碎石、级配碎石、级配砾石或天然砂砾基层未洒透层沥青或未铺封层时,禁止开放交通,以保护表层不受破坏。

2. 填隙碎石基层施工

(1)准备下承层。

下承层表面应平整、坚实,具有规定的路拱,平整度和压实度应符合规范规定。不宜做成槽式断面。

(2)施工放样。

①恢复中线,每 10 m 设标桩,桩上标出基层设计高度和基层松铺厚度,见式(3.1)。

$$松铺厚度 = 压实厚度 \times 松铺系数 \quad (3.1)$$

②中心线两侧按路面设计图设计标桩,推测出基层设计参数后,在标桩上画出基层设计高度和松铺厚度。这样做是为了使基层的高度、厚度和平整度达到质量标准。

(3)备料。

①根据基层、底基层的宽度、厚度及松铺系数(1.20～1.30),碎石最大粒径与压实厚度之比为 0.5 左右时,系数取 1.30;比值较大时,系数接近 1.20。计算各段需要的粗碎石数量,并按施工平面图堆放。

②填隙料的用量为粗碎石重量的 30%～40%。

(4)铺筑试验路段。

填隙碎石基层正式施工前应铺筑试验路段。

(5)运输和摊铺粗碎石。

①在摊铺段两侧先培土,以控制基层的宽度和厚度,再每隔一定距离铺筑盲沟,考虑雨后排除基层积水。

②碎石装车时,应控制每车料的数量基本相等。

③卸料时,通常有专人指挥,严格控制卸料距离,避免铺料过多或不足。

④用平地机或其他合适的机具,将粗碎石均匀地摊铺在预定的宽度上,可辅以人工配合。表面应力求平整,并有规定的横坡坡度。

⑤检验松铺材料层的厚度是否符合预计要求,必要时应进行减料或补料工作。

(6)撒铺填隙料和碾压(分干法和湿法,此处介绍干法施工)。

①初压。用 8 t 两轮压路机碾压 3～4 遍,使粗碎石稳定就位,碾压时,由边向中、由低向高进行。在第一遍碾压后,应再次找平。初压结束,表面应平整,并

具有要求的纵坡、横坡坡度。

②撒铺填隙料。用石屑撒布机或类似的设备将干燥的填隙料均匀地摊铺在已压稳的粗碎石层上，松铺厚度为25～30 cm；也可用自卸汽车运送石屑至粗碎石层上，由人工摊铺，用人工进行扫匀。

③用振动压路机慢速碾压，将全部填隙料振入粗碎石的孔隙中。

④再次撒布填隙料。松铺厚度为2.0～2.5 cm，人工或机械扫匀。

⑤再次碾压。用振动压路机碾压，对局部填隙料不足之处，人工进行找补，并将多余的填隙料用扫帚扫到不足之处。

⑥碾压后，如表面仍有未填满的孔隙，则还需要补撒填隙料，并用振动压路机继续碾压，直到全部孔隙被填满为止。宜在表面先洒少量水，洒水量在3 kg/m^2以上，再用12 t以上三轮压路机碾压1～2遍。在碾压过程中，不应有任何蠕动现象。同时应将局部多余的填隙料铲除或扫除。填隙料不应在粗碎石表面自成一层。表面必须能看得见粗碎石。

根据《公路工程质量检验评定标准　第一册　土建工程》（JTG F80/1—2017）的有关规定，填隙碎石（矿渣）基层和底基层实测项目见表3.2。

表3.2　填隙碎石（矿渣）基层和底基层实测项目

项次	检查项目		规定值或允许偏差				检查方法和频率
			基层		底基层		
			高速公路一级公路	其他公路	高速公路一级公路	其他公路	
1△	固体体积率/(%)	代表值	—	≥98	≥96	—	密度法：每200 m测2点
		极值	—	≥82	≥80	—	
2	弯沉值/0.01 mm		满足设计要求		满足设计要求		按附录J检查
3	平整度/mm		≤12	≤12		≤15	3 m直尺：每200 m测2处×5尺
4	纵断高程/mm		—	+5,−15	+5,−15	+5,−20	水准仪：每200 m测2个断面
5	宽度/mm		满足设计要求		满足设计要求		尺量：每200 m测4点
6△	厚度/mm	代表值	—	−10	−10	−12	按附录H检查每200 m测2点
		合格值	—	−20	−25	−30	

续表

项次	检查项目	规定值或允许偏差				检查方法和频率
		基层		底基层		
		高速公路一级公路	其他公路	高速公路一级公路	其他公路	
7	横坡/(%)	—	—	±0.3	±0.5	水准仪:每200 m测2个断面

注:带"△"标识的代表分项工程中对结构安全、耐久性和主要使用功能起决定性作用的检查项目。

3. 级配碎(砾)石基层施工

级配碎(砾)石基层施工方法有级配碎石路拌法施工和中心站集中拌和法施工,级配碎石路拌法现已不再推荐使用,下面主要介绍中心站集中拌和法的施工要点。

中心站集中拌和法的施工要点主要有以下方面。

①级配碎石混合料可以在中心站用多种机械进行集中拌和,如强制式拌和机、卧式双转轴桨叶式拌和机、普通水泥混凝土拌和机等。

②对用于高速公路及一级公路的级配碎石基层和中间层,宜采用不同粒级的单一尺寸碎石和石屑,按预定配合比在拌和机内拌制级配碎石混合料。

③在正式拌制级配碎石混合料之前,必须先调试所用的厂拌设备,使混合料的颗粒组成和含水量都能达到规定的要求。在采用未筛分碎石和石屑时,如未筛分碎石或石屑的颗粒组成发生明显变化,应重新调试设备。

④将级配碎石用于高速公路及一级公路时,应用沥青混凝土摊铺机或其他碎石摊铺机摊铺碎石混合料。摊铺机后面应设专人消除粗细集料离析现象。

⑤采用振动压路机、三轮压路机进行碾压。

⑥级配碎石用于二级及二级以下公路时,如没有摊铺机,也可用自动平地机(或摊铺箱)摊铺混合料。

接缝处理:横接缝,用摊铺机摊铺混合料时,靠近摊铺机当天未压实的混合料,可与第二天摊铺混合料一起碾压,但应注意此部分混合料的含水量。必要时,应补水使含水量达到规定要求。应避免纵向接缝,不能避免的情况下,纵缝必须垂直相接,不应斜接。

根据《公路工程质量检验评定标准 第一册 土建工程》(JTG F80/1—2017)的有关规定,级配碎(砾)石基层和底基层实测项目见表3.3。

表 3.3　级配碎(砾)石基层和底基层实测项目

项次	检查项目		规定值或允许偏差				检查方法和频率
			基层		底基层		
			高速公路一级公路	其他公路	高速公路一级公路	其他公路	
1△	压实度/(%)	代表值	≥98		≥96		按附录 B 检查，每 200 m 测 2 点
		极值	≥94		≥92		
2	弯沉值/0.01 mm		满足设计要求		满足设计要求		按附录 J 检查
3	平整度/mm		≤8	≤12	≤12	≤15	3 m 直尺：每 200 m 测 2 处×5 尺
4	纵断高程/mm		+5，-10	+5，-15	+5，-15	+5，-20	水准仪：每 200 m 测 2 个断面
5	宽度/mm		满足设计要求		满足设计要求		尺量：每 200 m 测 4 点
6△	厚度/mm	代表值	-8	-10	-10	-12	按附录 H 检查，每 200 m 测 2 点
		合格值	-10	-20	-25	-30	
7	横坡/(%)		±0.3	±0.5	±0.3	±0.5	水准仪：每 200 m 测 2 个断面

注：带"△"标识的代表分项工程中对结构安全、耐久性和主要使用功能起决定性作用的检查项目。

3.2.2　无机结合料稳定基层施工

1. 无机结合料稳定基层混合料的材料要求

（1）土石材料。

①土的一般要求。对细粒土的粒径、塑性指数要求如下：

水泥稳定土：塑性指数宜为 10～17；做基层时，粒料颗粒最大粒径不宜超过 37.5 mm；做底基层时，高速公路及一级公路不应超过 37.5 mm，二级及二级以下公路不应超过 53 mm。水泥稳定细粒土：塑性指数小于 17，宜小于 12，稳定中粗粒土可稍大；塑性指数大于 17 的土，宜采取石灰稳定或水泥和石灰综合稳定。

石灰稳定土：塑性相对较高的黏性土更适宜采用水泥和石灰综合稳定；塑性指数在 10 以下的亚砂土和砂土，用石灰稳定时，应采取适当措施或用水泥稳定，粒径要求同水泥稳定土。石灰工业废渣稳定类：塑性指数小于 12 的黏土和亚黏土，要控制有机质含量小于 10%，土块的最大粒径不应大于 15 mm，二灰稳定土的颗粒最大粒径同水泥稳定土。

②压碎值要求。依据公路等级、基层或底基层、填细碎石或级配碎石的不同情况确定不同的压碎值：要求高的压碎值不小于 26% 或 30%，要求低的压碎值不小于 35% 或 40%。水泥稳定土中碎石或砾石压碎值：对基层，高速公路及一级公路不大于 30%，二级及二级以下公路不大于 35%；对底基层，高速公路及一级公路不大于 30%，二级及二级以下公路不大于 40%。石灰稳定土中碎石或砾石压碎值：对基层，二级公路不大于 30%，二级以下公路不大于 35%；对底基层，高速公路及一级公路不大于 35%，二级及二级以下公路不大于 40%。石灰工业废渣稳定土中碎石或砾石压碎值：对基层，同水泥稳定土；对底基层，同石灰稳定土。

③硫酸盐与腐殖质含量。水泥稳定：腐殖质含量小于 2%，含量偏高时，不应单用水泥稳定类，硫酸盐含量小于 0.25%。石灰和二灰类：有机质含量小于 10%，硫酸盐含量小于 0.8%。

④颗粒组成（强度和温度稳定性及施工性能方面的考虑）。对基层、底基层，稳定土应参考规范的级配（表 3.4），最大粒径有严格要求。

表 3.4 无机结合料稳定基层规范推荐级配

稳定土类别		筛分通过率/(%)							
		筛孔尺寸/mm							
		40	30	20	10	5	2	0.5	0.075
水泥稳定土	基层	100	90~100	75~90	50~70	30~55	15~35	10~20	0~7
	底基层	—	100	90~100	60~80	30~50	15~30	10~20	0~7
二灰稳定土	基层	100	90~100	60~85	50~70	40~60	27~47	10~30	0~15
	底基层	—	100	90~100	55~80	40~65	28~50	10~20	0~10

（2）无机结合料。

①水泥。普通硅酸盐水泥、矿渣硅酸盐水泥、火山灰质硅酸盐水泥等均可采用；低标号宜采用 32.5 或 42.5 的水泥；凝结时间长（初凝大于 3 h，终凝大于 6 h），快硬、早强及受潮水泥不能采用。

②石灰。三级以上公路生石灰或消石灰等石灰及其他石灰应满足各指标要求；高速公路及一级公路、城市快速主干道宜用磨细生石灰粉。

③工业废渣（粉煤灰、煤渣、水淬渣、高炉钢渣等）。粉煤灰：活性成分大于

70％,烧失量不大于 20％,比表面积宜大于 2500 cm^2/g(或 90％通过 0.3 mm 筛孔,70％通过 0.075 mm 筛孔)。干粉湿粉均可用,湿粉煤灰的含水量不宜超过 35％,铺筑二灰时宜使用较粗的粉煤灰。煤渣:颗粒均匀,孔隙多,成分接近粉煤灰,使用时注意级配调整,最大粒径不应大于 30 mm,颗粒组成宜有一定级配,且不宜含杂质。大粒径应打碎,烧失量小于 20％。水淬渣(热熔矿渣经水骤冷而成):成分接近粉煤灰,活性高,长久堆放会自行胶结,品质下降。高炉钢渣(热熔矿渣自然冷却成的重矿渣):坚硬,密度大,可代替碎石,宜用堆置 3 个月以上的陈渣。

(3) 水。

满足人畜饮用水要求即可。

2. 采用厂拌法施工(以水泥稳定土、粒料为例)

(1) 准备工作。

①向驻施工现场监理单位报送"基层开工报告单",经同意后方可进行基层施工。

②土基、垫层、底层及其中埋设的各种沟、管等隐蔽构造物,必须经过自检合格,报请驻场监理单位检验,签字认可后,方可铺筑其上面的基层。

③各种材料进场前,及早检查其规格和品质,不符合技术要求的不得进场。材料进场时,应检查其数量,并按施工平面图堆放,而且还应按规定项目对其抽样检查,将其抽样检查结果报驻场监理单位。

④水泥稳定土基层施工前应铺筑试验路段。

(2) 施工放样。

①恢复中心线,每 10 m 设标桩,桩上画出基层设计高度和松铺厚度。

②中心线两侧按路面设计图设计标桩,在标桩上画出基层设计高度和松铺厚度,这样做是为了使基层的高度、厚度和平整度达到质量标准。

(3) 集中拌和。

采用中心站集中拌和(厂拌)法施工,集中拌和时必须掌握下列要点。

①土块、粒料的最大尺寸应符合规定。

②配料必须准确。

③混合料的含水量要略大于最佳值,使混合料运到现场摊铺后碾压时的含水量不小于最佳值(比最佳值大 1％左右)。

④拌和必须均匀。

⑤根据集料和混合料含水量的大小,及时调整用水量。

⑥正式拌和前必须调试设备,使混合料的颗粒组成和含水量都达到规范规定的要求,当原材料的颗粒组成发生变化时,应重新调整生产配合比。

(4)摊铺。

①在铺筑路段两侧先培土,以控制基层的宽度和厚度。

②应尽快将拌成的混合料,用自卸汽车运送到铺筑现场,装车时应控制每车料的数量,使之基本相同。

③宜用摊铺机来摊铺混合料(水泥稳定粒料应使用摊铺机),也可用自卸汽车把混合料运到现场,由人工摊铺、整平。

④根据松铺系数(水泥稳定砂砾松铺系数为1.30~1.35,水泥土松铺系数为1.53~1.58),严格控制卸料距离。通常由专人指挥卸料,避免料多或不够。

⑤人工整平或机械整平时,要消除粗、细集料离析现象。

(5)整形、碾压。

①宜用平土机整形,也可用人工整形(高速公路一般不容许人工整平)。

②用轻型机械如拖拉机、平土机在初步整平地段,快速碾压一遍,以暴露潜在的不平整,再给予整形,通常整形1~2次。

③对局部低洼处,应用齿耙将其表层5 cm耙松,并用新拌的混合料进行找补、整平,严禁用贴"薄饼"的方法找平。

④在整形过程中,严禁任何车辆通行。

⑤整形后,立即用12 t以上三轮压路机、重型轮胎压路机或振动压路机碾压。碾压时应控制车速,由近向中、由低向高碾压,直到达到所需的压实度。在碾压过程中,基层表面应始终保持潮湿,如表层水蒸发较快,应及时补洒少量的水。如在碾压过程中有弹簧、松散、起皮等现象,应及时翻开重新拌和(加适量的水泥),或用其他方法处理,使其达到质量要求。

(6)横缝的处理。

①用人工将末端混合料整形,横缝必须垂直整齐,紧靠混合料放两根方木,方木的高度应与混合料的压实厚度相同,整平紧靠方木的混合料。

②方木另一侧用砂砾或碎石回填约3 cm长,其高度略高于方木。

③将混合料碾压密实。

④第二天重新摊铺混合料之前,将砂砾(或碎石)和方木除去。将下承层顶面清扫干净后,重新开始摊铺混合料。

⑤也可保留前面的一段(2~3 m)不进行碾压,继续施工时,剔除未经压实的

混合料,并将已碾压密实且高程和平整度符合要求的末段挖成横向(与中心线垂直)的、垂直向下的断面,然后再摊铺新的混合料。

(7)纵缝处理。

①尽量避免纵向接缝。

②在不能避免纵向接缝的情况下,纵缝必须垂直相接,严禁斜接。

③在前一幅摊铺时,在靠后一幅的一侧用方木或钢模板做支撑,高度应与混合料压实厚度相同。

④在摊铺另一幅之前,拆除支撑,继续摊铺混合料、整形、碾压。

(8)养护。

①经压实后,检查压实度合格,立即开始养护,采用不透水薄膜保湿养护。

②养护期不宜少于 7 d,养护期间应封闭交通。

③养护期结束,如不立即铺筑面层,则应延长养护期,不宜使基层长期暴晒而开裂。

3.3 路面面层施工

3.3.1 沥青路面施工技术

1. 沥青路面施工要求

(1)施工测量。

施工前及时进行工作面高程、横坡等测量,按设计给定的面层高程、厚度、横坡等指标进行测量,根据测量结果钉桩挂基准线,每 10 m 钉一个桩,事先确定不同横坡段及渐变段,小弯道及超高部位每 5 m 钉一个桩。拟定施工质量控制措施,并经测量专业工程师确认。

(2)工作面清理。

在对路肩破损混凝土方砖处理完毕后,必须对工作面进行清理,达到工作面干净无杂物的要求。

(3)交通封闭。

工作面清理完毕后必须断绝交通,除运料车辆外,完全封闭。然后组织专门人员对需做局部处理的地方进行处理。

(4) 透层油喷洒。

摊铺前对已验收的基层进行清扫,清除杂物后开始喷洒透层油,油量为 1.0 kg/m^2,在透层油上撒石屑或粗砂,进行滚动轮压,封闭交通 48 h,开始沥青混凝土摊铺。

(5) 机械调配。

摊铺机的全部操作应自动化,摊铺机应能自动找平,可通过传感器根据基准线测出横坡、纵坡坡度。施工时应至少配备三台摊铺机,两台使用,一台备用。基层和中低层施工宜使用多台同机型的摊铺机梯队联合作业,全宽一次完成,保证路面平整度。

(6) 混合料运输。

混合料运输可使用载重为 20 t 左右的自卸汽车运输,每车必须备有苫布。运输车辆数量要保证施工现场有运料车等候卸料,供料连续,车辆型号尽量统一。车厢应涂刷适量的防黏剂,经外观和温度检验合格后方可运往摊铺现场。

(7) 卸料的监管。

卸料必须由专人指挥,混合料卸料揭开苫布前,经监理现场外观和温度检验合格后,方可进行摊铺。卸料车应缓慢倒车向摊铺机靠近,停在距摊铺机 0.3~0.5 m 处,由摊铺机前行与之接触,两机接触后即可卸料,卸料车挂空挡,由摊铺机推动向前行驶,直至卸料完毕离去。每车料从生产到卸料时间应控制在 8 h 内。

(8) 混合料摊铺。

在进行大面积正式铺筑前,一般要选择长度不小于 200 m 且与铺筑路段条件相同或相近的路段进行试验路段施工。其目的是检验施工组织、施工工艺、机械设备与组合是否适宜,同时通过实验路段的铺筑确定摊铺系数、摊铺与碾压温度及碾压遍数等施工参数,并验证沥青混凝土配合比质量。

(9) 初期保护。

铺筑层在碾压完毕,尚未冷却到 50 ℃ 以下时应暂不开放交通。如必须提前开放交通,需洒水冷却强制降温。在开放交通前,应禁止重型施工机械,特别是重型压路机停放。在开放交通初期,应禁止车辆急刹车和急转弯。

2. 沥青表面处治施工

(1) 材料规格和用量。

沥青表面处治可采用道路石油沥青、乳化沥青、煤沥青铺筑,沥青标号应按相关规定选用。沥青表面处治的集料最大粒径应与处治层的厚度相等。

（2）施工程序与工艺。

沥青表面处治施工应确保各工序紧密衔接，每个作业段长度应根据施工能力确定，并在当天完成。人工撒布集料时应等距离划分段落备料。三层式沥青表面处治的施工工艺应按下列步骤进行。

①清扫基层。

在清扫干净的碎（砾）石路面上铺筑沥青表面处治时，应喷洒透层油。在旧沥青路面、水泥混凝土路面、块石路面上铺筑沥青表面处治路面时，可在第一层沥青用量中增加10%～20%，不再另洒透层油或黏层油。

②撒布沥青。

沥青表面处治应使用沥青洒布车和集料撒布机配合作业。沥青洒布车在喷洒沥青时，应控制喷洒速度和数量，保持喷洒均匀。小规模喷洒可使用手工沥青洒布机洒布沥青。洒布设备的喷嘴应适用于沥青的稠度，确保其能形成雾状，不应出现花白条。

③撒布集料。

主层沥青撒布后，应立即采用人工撒布或集料撒布机撒布第一层集料。应做到将集料撒布均匀，保持厚度一致，全面覆盖，不露出沥青，不重叠集料。集料过多的部分应及时扫出，缺料的部分应适当找补。沥青搭接处，第一层撒布应保留100～150 mm宽度不撒布石料，待第二层一起撒布。

④压路机碾压。

撒布集料后，应立即使用6～8 t的钢筒双轮压路机由道路外侧向内侧碾压3～4遍，起始碾压速度不应超过2 km/h，之后可适当增加。每次碾压轮机重叠约30 cm。

⑤循环喷洒。

第二层和第三层的施工程序及施工要求与第一层相同，可使用8 t以上的压路机碾压。

3．沥青贯入式路面施工

（1）材料规格和用量。

①沥青贯入式路面的集料应选择有棱角、嵌挤性好的坚硬石料。当使用破碎砾石时，其破碎面应符合铺筑要求。

②沥青贯入层的主层集料中大于粒径范围平均值的粒料数量应大于50%，

最大粒径应与沥青贯入层厚度相当。当使用乳化沥青时,主层集料的数量应按照压实系数为1.25～1.30计算,最大粒径应按照厚度的80%～85%计算。

③可使用乳化沥青、石油沥青及煤沥青作为贯入式路面结合料。

④应根据施工气温和沥青标号等规定条件,确定沥青贯入式路面中各层的沥青使用量。当施工气温较低时,沥青针入度较小,此时用量宜用高限。当施工气候较为潮湿,使用乳化沥青贯入时,上层应适当增加沥青用量,下层应适当减少沥青用量,保持总用量基本不变。

(2) 施工程序与工艺。

①施工准备。

a. 施工前,路面基层应清扫干净,如需安装路缘石,安装后应进行遮盖。

b. 如果路面厚度不超过5 cm,应浇洒黏层或透层沥青。乳化沥青贯入式路面必须浇洒黏层或透层沥青。

②施工方法。

a. 摊铺集料。使用摊铺机、平地机或者人工摊铺集料。集料摊铺后,采用6～8 t的轻型钢筒式压路机由道路两侧向中间碾压。

b. 浇洒沥青。在使用乳化沥青贯入时,可先撒布一部分嵌缝料,防止乳液下漏严重,再浇洒沥青。

c. 撒布嵌缝料。使用集料撒布机或人工撒布嵌缝料。在使用乳化沥青贯入时,嵌缝料撒布应在乳液破乳之前完成。

d. 碾压。宜用8～12 t的钢筒式压路机碾压嵌缝料4～6遍。如果因气温较高难以推移,应停止碾压。

e. 循环"洒、撒、压"。按照上述方法浇洒第二层和第三层沥青,撒布嵌缝料,进行碾压。

f. 撒布封层料。使用撒布机或人工撒布封层料。

g. 最后碾压。使用6～8 t的压路机最后碾压2～4遍。

h. 初期养护。开放交通后,应按照规范控制交通。

在铺筑上拌下贯式路面时,贯入层不撒布封层料,贯入部分使用乳化沥青时,应等待成形稳定后再铺筑拌和层。拌和层应紧跟贯入层施工,使上下层成为一体。当拌和层与贯入层不能连续施工时,贯入层应增加嵌缝料用量,在拌和层之前浇洒黏层沥青。

3.3.2 水泥混凝土路面施工

1. 水泥混凝土路面材料要求

(1) 水泥。

选用水泥时,应对混凝土进行适应性试验,选择最合适的水泥品种。采用滑模摊铺机铺筑时,宜采用散装水泥。高温期施工时,散装水泥的入罐最高温度不宜高于60 ℃;低温期施工时,水泥进入搅拌缸前的温度不宜低于10 ℃。

(2) 粗集料。

混凝土粗集料种类根据岩石产状分类有页岩、板岩、砂岩、块状岩石等。从粒形上分为碎石、破口石和卵石,有角状、片状、针状等形状。按岩石的表面结构可分为玻璃质、光滑、粒状粗糙、结晶、蜂窝状等。

再生粗集料可单独或掺配新集料后使用,但应通过配合比试验验证,确定混凝土性能满足要求后方可使用。粗集料与再生粗集料应根据混凝土配合比的公称最大粒径分为2~4个单粒级,并掺配使用,不得使用不分级的统料。粗集料的压碎值、坚固性、针片状颗粒含量、含泥量、碱集料反应等物理力学指标应符合相关规定。

(3) 细集料。

水泥混凝土路面对粗集料的要求比沥青路面低,一般国内外所做的水泥混凝土路面不对粗集料的磨光值提出要求。对普通混凝土路面、钢筋混凝土路面与钢纤维混凝土路面表面的基本要求是不裸露粗集料,要求表面砂浆层充分包裹。细集料本身的硅质含量、细粉含量、颗粒度、稳定性的要求比其他土建工程结构要严格得多。机制砂宜采用碎石为原料,并用专用设备生产。

(4) 混凝土用水。

饮用水可直接用作混凝土用水。非饮用水应进行水质检验,并符合《公路水泥混凝土路面施工技术细则》(JTG/T F30—2014)的有关规定。

(5) 粉煤灰。

混凝土路面(包括碾压)应掺用Ⅰ、Ⅱ级干排或磨细粉煤灰,不得使用Ⅲ级粉煤灰。贫混凝土、碾压混凝土基层或复合式路面底层应掺用Ⅲ级以上粉煤灰,不得使用等外粉煤灰。

①在混凝土路面或贫混凝土基层中使用粉煤灰时,工作人员应确切了解所用水泥中已经加入的掺合料种类和数量。

②混凝土路面或贫混凝土基层中不得使用湿排粉煤灰、潮湿粉煤灰或已结块的湿排干燥粉煤灰。

③路面混凝土中使用粉煤灰必须有适宜掺量控制。在高速公路水泥混凝土路面上要根据所使用的水泥种类决定掺灰量。

④粉煤灰在混凝土配合比计算中应采用超掺法,超掺系数应根据所用的粉煤灰登记确定。超掺的意思是大于1的部分应代替并扣除砂量。

(6) 外加剂。

滑模摊铺机施工的水泥混凝土面层应采用高效引气减水剂。高温施工混凝土拌和物的初凝时间短于3 h时,宜采用缓凝引气高效减水剂;低温施工混凝土拌和物终凝时间长于10 h时,应采用高效早强减水剂。

有抗冰(盐)冻要求时,各级公路水泥混凝土面层及暴露结构物混凝土应掺入引气剂;无抗冻要求的二级及二级以上公路水泥混凝土面层宜掺入引气剂。

路面水泥混凝土往往需要掺入减水剂,以满足施工规范规定的最大单位用水量要求。减水剂应与水泥进行化学成分适应性检验。若化学成分不适应,必须更换减水剂品种。若剂量不适应,则应进行减水剂不同掺量的混凝土试验,找到所用水泥的减水剂最佳掺量。外加剂的产品质量应符合《公路水泥混凝土路面施工技术细则》(JTG/T F30—2014)的有关规定。

(7) 钢筋。

混凝土路面、桥面和搭板所用钢筋网、传力杆、拉杆等钢筋应符合国家有关标准的技术要求,钢筋应顺直,不得有裂纹、断伤、刻痕、表面油污和锈蚀。传力杆钢筋加工应锯断,不得挤压切断,断口应垂直、光圆,用砂轮打磨掉毛刺,并加工成2~3 mm圆倒角。

2. 水泥混凝土路面小型机具施工技术

1) 模板架设

(1) 模板的技术要求。

①钢制模板。

公路混凝土面板的施工模板应优先选择钢制模板,其通常具备足够的刚度,不易变形。模板厚度与面板厚度相同,长度为3~5 mm。每个模板需要设置1处支撑固定装置。

②木制模板。

低等级公路水泥混凝土路面板施工时,边模可用木制。模板厚度为4~8

cm,但在弯道和交叉路口路缘处,可减薄至 1.5~3.0 cm,以便弯成弧形。模板高度应与混凝土板厚相等。对企口式纵缝,模板应做成相应的凸榫圆槽,待拆模后将拉杆回直,再浇筑另一侧混凝土板。

③端头模板。

横向施工缝端模板应为焊接钢制或槽钢模板,并按设计规定的传力杆走向和间距,设置传力杆插入孔和定位套管。横向施工缝端头模板上的传力杆设置精确度要求较高,施工定位精确度不足时,传力杆将损坏水泥路面。

(2) 模板架设与安装。

①测量放样。

在支模前,应先进行测量放样。每隔 20 m 设一中心桩,每隔 100 m 设一临时水准点,并核对高程、面板分块、胀缝和构造物位置。

②曲线支模。

纵横曲线路段应使用短模板。每块模板中点安装在曲线切点上,以便顺畅过渡曲线。

③模板架设。

在摊铺混凝土之前,应先将两边模板安装好。在安装模板时,按放线位置把模板放在基层上,用水准仪检查其高度,沿模板两侧用铁钎打入基层以固定模板。铁钎间距,内侧一般为 1.0~1.5 m,外侧一般为 0.5~1.0 m。外侧铁钎顶端应稍低于模板顶高,以便混凝土振捣器和夯板的操作。为增强模板的稳定性,可设置立柱支撑,立柱支撑借助斜支撑和横卧在木板上的横支撑来固定,其间距为 50 cm。横卧木板两侧也用上述铁钎固定在基层上。

④模板检查。

模板架设后,应对模板安装情况进行检验,其安装精度应符合表 3.5 的要求。其中,安装规定偏差是施工机械或机具所要求的偏差,不同施工方法应满足各自规定。只有规定偏差在任何情况下均小于要求,方可在交工和竣工验收时,顺利通过验收。

表 3.5 模板安装精度要求

检测项目	施工方式		
	人工与小型机具	轨道摊铺机	滑模摊铺机
平面偏位/mm	≤15	≤5	≤5
摊铺宽度/mm	≤15	≤5	≤5

续表

检测项目		施工方式		
		人工与小型机具	轨道摊铺机	滑模摊铺机
面板厚度/mm	代表值	≤4	≤3	≤3
	极限值	≤9	≤8	≤8
纵断面高程偏差/mm		≤10	≤5	≤5
横坡偏差/mm		≤0.2	≤0.1	≤0.1
相邻板高差/mm		≤2	≤1	≤1
顶面接槎3 m直平整度/mm		≤2	≤1	≤1
模板接缝宽度/mm		≤3	≤2	≤2
侧向垂直度/mm		≤4	≤2	≤2
纵向顺直度/mm		≤4	≤2	≤2

⑤涂隔离剂。

模板达到安装精度要求后,应涂抹隔离剂。接头应使用塑料薄膜或胶带进行密封,以便于拆模。

⑥模板拆除。

a. 当混凝土抗压强度不低于设计强度的70%时方可拆模。当缺乏强度实测数据时,边侧模板的允许最早拆模时间宜符合表3.6的规定。

表3.6 混凝土面板的允许最早拆模时间(单位:h)

昼夜平均气温/℃	硅酸盐水泥、R型水泥	道路水泥、普通硅酸盐水泥	矿渣硅酸盐水泥
−5	240	360	—
0	120	168	—
5	60	72	120
10	36	48	60
15	34	36	50
20	28	30	45
25	24	24	36
30	18	18	24

b. 应使用专用拔楔工具拆卸模板,不得损坏板角、板边和拉杆等周围的混凝土,禁止使用大锤强击拆卸模板。

c. 拆下的模板应将黏附的砂浆清除干净,并校正变形或局部损坏。

2) 传力杆安装

当胀缝无须设置传力杆时,可先在胀缝处安装一个高度等同于混凝土板并与路拱表面形式相同的木模板,用钢钎固定。浇筑一侧混凝土后去除木模板,在混凝土侧壁下部贴上接缝板,并放置压缝板条。当缝下需要设置垫枕时,应事先将垫枕做好。

当胀缝需要设置传力杆时,一般做法是在接缝板上预留圆孔以便穿过传力杆,上面设置木制或铁制压缝板条,其旁再放一块胀缝模板,按传力杆位置和间距,在胀缝模板下部挖成倒 U 形槽,使传力杆由此通过。当路面宽度为奇数车道时,中央接缝板、压缝板和胀缝模板均应做成与路拱相同的形状,模板旁也应以钢钎固定。为防止传力杆在混凝土浇捣过程中移动,可将其两端分别用长不大于一个车道宽度、直径 14~16 mm 的钢筋来固定,传力杆与钢筋可用铅丝绑扎或焊接在一起,随即浇捣胀缝一侧混凝土至传力杆的高度,然后浇捣另一侧混凝土。

3) 混凝土摊铺

①在混凝土摊铺之前,应全面检查模板、钢筋、拉杆、传力杆等安设情况,并用厚度标尺检测板厚,符合设计要求时才能进行摊铺。

②混凝土拌和物的松铺系数应为 1.10~1.25。如果拌和物偏干,应取较高值;如果拌和物偏湿,则取较低值。

③特殊情况导致拌和物无法立即振实时,应废弃混凝土拌和物,并在已摊铺好的面板端头设置施工缝。

4) 混凝土振实

①振捣棒振实。

a. 每一车道路面应使用 2 根振捣棒,在待振横断面上连续振捣密实。施工时需注意路面内部、边角及板底不得漏振。

b. 振动板的移动间距应依据其作用半径而定,一般应小于 500 mm,避免碰撞钢筋、模板和传力杆等。振捣棒在一个位置的持续时间应大于 30 s,以拌和物全面振动液化、不泛浆为移动标准。

c. 禁止使用振捣棒在拌和物中拖拉和推行振捣。振捣棒的插入深度应距离基层 30~50 mm。

d. 应随时检查振捣棒振实效果,并设人工及时补料,如出现模板、钢筋、传力杆、拉杆等移位现象,应及时纠正。

②振动板振实。

a. 每车道应配备一块振动板。在振捣棒振实后,可用振动板纵横交错全面提浆振实。

b. 振动板须由两人进行振捣和移位。振动板在一个位置的振捣时间应大于 15 s。

c. 缺料部位应辅以人工补料找平,多余部位应及时铲除。

③振动梁振实。

a. 振动梁要具有足够刚度,并安装深度约 4 mm 的粗集料压实齿,以保证砂浆厚度。

b. 振动梁振实应拖行 2~3 遍,使路面泛浆均匀平整。在整平过程中,料多的部位应铲除,缺料的部位应及时填补。

c. 为保证路面密实度和均匀性,防止漏振和欠振,振捣器的数量应与路面宽度相匹配。

5）整平饰面

①滚杠提浆整平。振动梁振实后,应使用滚杠往返拖 2~3 遍。开始应缓慢短距离地拖、推,然后适当增加距离,匀速拖滚。

②抹面整机压浆整平饰面。滚杠提浆整平后,应使用抹面机压实整平路面,或者使用 3 m 的刮尺,将路面整平。

③精整饰面。路面整平后,应修补缺边,清除黏浆,将抹面机留下的痕迹用抹刀抹平。精整饰面后的路面应无痕迹、致密均匀。

6）模板拆除

模板拆除时间应根据混凝土的强度增强情况及气温决定。模板拆除时,应保持模板完好,避免混凝土边角损坏,应等到混凝土板达到设计强度时,才能开放交通,禁止拆模后立即开放交通。如果遇到特殊情况需要提前开放交通,应使混凝土板的强度至少达到设计要求的 80%,行车荷载不应大于设计荷载。

7）接缝施工

①填缝工艺。

隔离缝和胀缝应在填缝之前,去除接缝板顶部嵌入的木条,涂黏结剂,灌入填缝料或胀缝专用多孔橡胶条。由于胀缝的变形量很大,胀缝中的填缝料不宜使用各种易溶型填缝材料。

②灌缝工艺。

a. 填缝前清缝。为保证填缝前接缝清洁干燥,施工时可采用0.5 MPa的压力空气或压缩水流清洗缝槽。有灰尘的缝壁,填缝料黏结不牢,达不到防水密封效果。

b. 灌缝料灌塞。灌缝料灌塞前,要先挤压嵌入直径9~12 mm多孔泡沫塑料背衬条,再灌缝。灌缝料要根据规范建议选用,即一级公路使用树脂、橡胶和改性沥青类填缝材料,二、三级公路可用热灌沥青和胶泥类填缝材料。

c. 灌缝料养护。常温反应固化型及加热施工填缝料均需要封闭交通进行养护。

第4章 桥涵工程施工

4.1 桥梁工程概述

4.1.1 桥梁施工的特点

桥梁是线路跨越河流或其他障碍的一种主要承载结构,有着公路工程建设项目施工的一般特点,但是在具体施工过程中,桥梁工程的施工又有不同于其他类型工程的特点。

(1) 施工流动性大、受外界干扰及自然因素的影响大。

桥梁工程基本都是野外露天作业,自然地理环境因素和一些人为因素都会影响工程的施工。例如,突变性天气、复杂的地质情况以及不协调的地方关系都会影响到桥梁工程的进度、质量、工期及成本。桥梁工程通常是整个线路工期的控制点,因而施工组织管理的工作尤其重要。

(2) 结构形式多样化、施工协作性要求高。

桥梁工程结构形式多种多样,由于水文、地质、公路等级和使用要求的不同而必然会有不同的设计。例如,地质环境较好的山区的桥梁,大多采用浅基础形式,而冲积平原的桥梁,大多采用深基础;大型桥梁跨越主河道的,主桥与引桥的结构形式会有较大的不同。为了施工计划的正常进行,建设、设计、监理、施工单位必须紧密配合,材料、动力、运输各部门应全力协作,同时各级地方政府部门和沿线的相关单位的团结协作也很重要。因此,桥梁工程施工过程中,应该加强团结、协作、协调、平衡,保障施工工作顺利进行。

(3) 施工的一次性、不可重复性。

桥梁工程施工任务是一次性的,桥梁的位置基本是固定不动的,而且由于每个项目都有其特殊性,每次任务都有区别于其他任务的特点,不可能像工业产品一样重复批量生产,施工过程中的错误、失误等造成的损失将无法弥补,因此需要因地制宜,重视桥梁工程施工的特性,进行专门的研究、设计,采用科学的施工组织与管理方式。

(4) 施工周期较长、施工质量影响大。

桥梁工程尤其是大型桥梁的施工,在较长的时间内占用、消耗了大量的资源,直到工期结束,才能得到可以使用的产品。同时桥梁工程的质量关系到社会经济的各项活动及人民生活,如果建设质量有问题,不仅会造成巨大的经济损失,甚至会影响到人民的生命安全,造成极为不良的社会影响。因此,在施工的各个阶段,应该严格按照计划进行科学管理,在桥梁施工的整个过程中做到各个环节紧密相扣,控制工程质量,合理消耗资源,使经济效益和社会效益达到最佳。

4.1.2 桥梁施工的主要方法

1. 桥梁下部结构施工

桥梁下部结构施工包括桥梁基础工程、承台和墩台的施工。

(1) 桥梁基础工程施工。

目前国内已经拥有了合乎我国国情的一整套施工工艺和设备,而特大桥梁基础已经向"组合基础发展"。扩大基础、桩基和沉井在各自的发展中又彼此"联合",而这种联合就是根据不同的水文、地质来发挥各种基础的特点而组成的一个整体,故而出现了很多基础形式。桥梁基础工程由于在水中或在地下,涉及水和岩土问题,从而增加了它的复杂性,使桥梁基础施工无法采用统一的模式。但是根据桥梁基础工程的形式,大致可以归纳为扩大基础桩、管柱基础、沉井基础、地下连续墙基础和组合基础等几大类。

(2) 承台施工。

在旱地、浅水河中采用土石筑岛法进行桩基施工的桥梁,其承台的施工方法与扩大基础的施工方法类似,可采用明挖基坑或简易板桩围堰的方法进行施工。对深水中的承台,可供选择的施工方法通常有钢板桩围堰、钢管桩围堰、双壁钢围堰及套箱围堰等。围堰的目的是止水,以实现承台施工处的干燥。钢板桩和钢管桩围堰实际上是同一类型的围堰形式,只不过所用材料不同。双壁钢围堰通常是将桩基和承台的施工一并考虑,即先在堰顶设钻孔平台,桩基施工结束后拆除平台,在堰内进行承台施工。套箱现多采用钢材制作,分有底和无底两种类型,根据受力情况不同又可设计成单壁或双壁。

(3) 墩台施工。

墩台的施工方法根据其结构形式不同而有所区别。对结构形式较简单,高度适中的中、小桥墩台,通常采用传统的方法,即立模(一次或几次)现浇施工。但对高墩及斜拉桥、悬索桥的索塔,则有较多可供选择的方法。而施工方法的多样化主要反映在模板结构形式的不同。近年来,滑升模板、爬升模板和翻升模板等在高墩及索塔上应用较多,其共同特点是将墩身分成若干节段从下至上逐段进行施工。采用滑升模板(简称滑模)施工时,对结构物外形尺寸的控制较准确,施工进度平稳、安全,机械化程度较高,但因多采用液压装置实现滑升,故成本较高,所需的机具设备亦较多;而爬升模板(简称爬模)一般要在模板外侧设置爬架,因此这种模板相对而言需耗用较多的材料,体积亦较庞大,但无须搭设另外的提升设备;翻升模板(简称翻模)结构较简单、施工较方便,不过需搭设专门用于提升的起吊设备。高墩的施工,应根据现场的实际情况,进行综合比较后选择适宜的施工方案。在中、小型桥梁施工中,有时采用石砌墩台,虽然其施工工艺较简单,但必须严格控制砌石工程的质量。

2. 桥梁上部结构施工

20 世纪 70 年代以后,随着预应力混凝土的广泛应用,桥梁上部结构的施工方法得到了迅速发展,并发生了重大变革。桥梁类型的增加、跨径的增大、构件生产的预制化、结构设计方法的进步、机械设备的发展,引起了施工方法的进步和发展,形成了多种多样的施工方法。但除一些比较特殊的施工方法外,主要是就地浇筑法(现浇法)和预制安装法两大类。

(1) 就地浇筑法(现浇法)。

就地浇筑法是在桥位处搭设支架,在支架上浇筑桥体混凝土,达到强度后拆除模板和支架。其优点是不需要预制场地以及大型起吊、运输设备,梁体的主筋可不中断,桥梁整体性好。它的缺点主要是工期长,施工质量不易控制,混凝土的收缩、徐变引起的预应力损失比较大;施工中的支架、模板耗用量大,施工费用高;搭设支架影响排洪、通航,施工期间可能会受到洪水和漂流物的威胁。

(2) 预制安装法。

预制安装法是在预制工厂或运输方便的桥址附近设置预制场地,进行梁的预制工作,然后采用一定的架设方法进行安装。预制安装法施工一般是指钢筋混凝土或预应力混凝土简支梁的预制安装。预制构件安装的方法很多,需要不同的安装设备,可根据施工的实际情况合理选择。

预制安装法施工的主要特点如下:由于构件是工厂生产制作,有利于确保构件的质量和尺寸精度,可采用机械化施工。上下部结构可以平行作业,可缩短施工工期。有效利用劳动力而降低工程造价。施工速度快,可适用于紧急施工工程。由于构件预制后要存放一段时间,在存放时间内会发生部分徐变,而在安装后徐变引起的变形较小。

3. 桥梁施工方法的选择

选择合适的施工方法,要考虑的因素有桥位的地形环境,安装方法的安全性、经济性,施工速度及社会环境影响等。因此,在桥梁设计时就要对桥位进行详细的调查,掌握现场的地理环境、地质条件和气象条件。由于施工现场处在市区内、平原、山区、跨河道、跨海湾等不同的地形,各方面条件差别很大,运输条件和环境约束也不相同。这些条件除作为选择施工方法的依据外,也涉及设计方案的考量、桥跨和结构形式的选定。

此外,桥梁的类型跨径、施工的技术水平、机械设备条件也是选择施工方法时要考虑的重要因素。虽然桥梁的施工方法很多,但对于不同的桥梁类型,有的合适,有的不合适,有的则在特定的条件下可以使用。

4.2 桥梁下部结构施工

4.2.1 桥梁基础施工

1. 明挖扩大基础施工

明挖扩大基础施工的内容包括:基础定位放样、基坑开挖、基坑排水、基底检验处理以及基础浇筑等。

(1) 基础定位放样。

在基坑开挖前,先进行基础的定位放样工作,以便将设计图上的基础位置准确地设置到桥址上。放样工作是根据桥梁中心线与墩台的纵横轴线,推出基础边线的定位点,再放线画出基坑的开挖范围。基坑各定位点的高程及开挖过程中高程检查,一般用水准测量的方法进行。

(2) 基坑开挖。

基坑开挖的主要工作有挖掘、出土、支护、排水、防水、清底以及回填等。施工时,应根据地质条件、水文条件、基坑开挖深度、开挖所采用的方法和机具等,采用不同的开挖工艺。

基坑在开挖前通常需完成下列准备工作：施工场地的清理、地面水的排除、临时道路的修筑、供电与供水管线的敷设、临时设施的搭建、基坑的放线等。

施工场地的清理包括拆除房屋、拆迁或改建通信设备、电力设备、上下水道以及其他建筑物、迁移树木等工作。场地内低洼地区的积水必须排除，同时应注意雨水的排除，使场地保持干燥，以便基坑开挖。地面水的排除一般采用排水沟、截水沟、挡水土坝等措施。应尽量利用自然地形来设置排水沟，使水直接排至基坑外，或流向低洼处，再用水泵抽走。主排水沟最好设置在施工区域的边缘或道路的两旁，其横断面和纵向坡度应根据最大流量确定。一般排水沟的横断面不小于 0.5 m×0.5 m，纵向坡度一般不小于 3‰。平坦地区如出水困难，其纵向坡度不应小于 2‰，沼泽地区可降至 1‰。在基坑开挖过程中，要注意排水沟保持畅通，必要时应设置涵洞。

（3）基坑排水。

桥梁基础施工中常用的基坑排水方法如下。

①集水坑排水法。

除严重流砂外，一般情况下均可采用集水坑排水法。基坑坑底多位于地下水位以下，而地下水会经常渗进坑内，因此必须设法将坑内的水排除，以便于施工。集水坑（沟）的大小主要根据渗水量的大小而定，排水沟底宽不小于 0.3 m，纵坡为 1‰～5‰。如排水时间较长或土质较差，沟壁可用木板或荆笆支撑。

②其他排水法。

对于土质渗透较大、挖掘较深的基坑可采用板桩法或沉井法。此外，视现场条件、工程特点及工期等因素，还可采用帷幕法，即将基坑周围土用硅化法、水泥灌浆法、沥青灌浆法以及自然冻结法等处理成封闭的不透水的帷幕。除自然冻结法外，其余方法均因设备多、费用高，在桥涵基础施工时较少采用。

（4）基底检验处理。

①基底检验。

基坑已挖至基底设计高程，或已按设计要求加固、处理完毕后，须经过基底检验，方可进行基础结构施工。

基坑施工是否符合设计要求，在基础浇筑前应按规定进行检验。其目的在于：确定地基的容许承载力的大小、基坑位置和高程与设计文件相符，以确保基础的强度和稳定性，不致发生滑移等病害。基底检验的主要内容包括：检查基底平面位置、尺寸大小及高程；检查基底土质均匀性、地基稳定性及承载力等；检查基底处理和排水情况；检查施工日志及有关试验资料等。

为使基底检验及时，以免因等候检验使基底暴露时间过久而风化变质，施工负责人应提前通知检验人员，安排检验。

②基底处理。

天然地基上的基础是直接靠基底土壤来承担荷载的，故基底土壤状态对基础及墩台、上部结构的影响极大，不能仅检查土壤名称与容许承载力大小，还应为土壤更有效地承担荷载创造条件，即要进行基底处理工作。

a. 未风化岩石基底。

对未风化岩层开挖至岩层面后，应清除岩面松碎石块，凿出新鲜岩面，并用水冲洗干净，岩面不得存有淤泥、苔藓等表面附着物。岩面倾斜时，应将岩面基本凿平或凿成台阶。基坑内岩面有部分破碎带时，应会同设计人员研究处理，采用混凝土封填或设混凝土拱等方法进行处理，以满足承载力的要求。

b. 风化岩层基底。

岩石的风化程度对其承载力影响很大。在开挖至风化岩层时，应会同设计人员认真观察其风化程度，检查基底是否符合设计承载力要求。按设计要求适当凿去风化表层，或清理到新鲜岩面，将基坑填满封闭，防止岩层继续风化。

c. 碎石或砂类土层。

将基底修理平整并夯实，砌筑基础混凝土时，应先铺一层 20 mm 厚水泥砂浆。

d. 黏土基底。

基坑开挖时，留 200～300 mm 深度不挖，以防止地面、地下水渗流至基面，浸泡基面，降低强度。砌筑前，再用铁锹铲平。如基底原状土含水量较大或在施工中浸水泡软，可在基坑中夯入 100 mm 以上厚度的碎石，但碎石顶面不得高于设计高程。当基底土质不均，部分软土层厚度不大时，可挖除后换填砂土，并分层夯实。

e. 湿陷性黄土。

湿陷性黄土地基开挖时，必须保持基坑不受水浸泡，并尽量避免在雨季施工，否则应有专门的防洪排降水设施，并应按设计要求采用重锤夯实、换填或挤密桩法进行加固。

f. 软土层。

软土地基应按设计要求进行加固，可采用换土、砂井、砂桩或其他软土地基处理方法。在软土地基上修建桥梁时，应按设计预留沉降量。采用砂井加固的软土地基,按设计要求采取预压。桥涵主体必须分期均匀施工。在砌筑墩台、填土和架梁工程中,随时观测软土地基的沉降量,用以控制施工进度,使软土地基缓慢平均受载,防止发生剧烈变化或不均匀下沉。

g. 泉眼。

对于泉眼,应用堵塞或导流的方法处理。泉眼水流较小时,可用木塞、速凝水泥砂浆、带螺帽钢管等堵塞泉眼。堵眼有困难时,采用竹管、塑料管或钢管引流,待基础圬工灌注完成,向管内压浆将其封闭,也可在基底以下设置暗沟或盲沟,将水引至基础施工以外的汇水井中抽排,施工完成后用水泥砂浆封闭。

h. 溶洞地基处理。

在地基下出现溶洞时,应会同设计部门研究处理,一般采取以下加固措施:用勘测方法探明溶洞的形态、深度和范围,以便采取相应的处理方法。当溶洞埋深较浅时,可用高压射水清除溶洞中的淤泥,灌注混凝土进行填充;当溶洞较深且狭窄、洞内土壤不易清除时,可在洞内打入混凝土桩;当洞处在基础底面,溶洞窄且深时,可用钢筋混凝土板盖在溶洞上面,跨越溶洞;当埋藏较深,溶洞内有部分软黏土时,可用钻机钻孔,从孔中灌入砂石混合料,并压灌水泥砂浆封闭。

(5) 基础浇筑。

基础浇筑分为无水浇筑、排水浇筑和水下浇筑三种情况,其中排水浇筑和水下浇筑较为常用。

排水浇筑的要点:确保在无水状态下砌筑圬工;禁止带水作业及用混凝土将水赶出模板外灌注方法;基础边缘部分应严密隔水;水下部分圬工必须待水泥砂浆或混凝土终凝后才允许浸水。

水下浇筑混凝土只有在排水困难时采用。基础圬工的水下灌注分为水下封底和水下直接浇筑基础两种。前者封底后仍要排水再砌筑基础,封底只是起封闭渗水的作用,其混凝土只作为地基而不作为基础本身,适用于板桩围堰开挖的基坑。浇筑基础时,应做好与台身、墩身的接缝联结,一般要求如下。

①混凝土基础与混凝土墩台身的接缝,周边应预埋直径不小于 16 mm 的钢筋或其他铁件,埋入与露出的长度不应小于钢筋直径的 20 倍。

②混凝土或浆砌片石墩台身的接缝,应预埋片石,片石厚度不应小于 150 mm,片石的强度要求不低于基础或墩(台)身混凝土或砌体的强度。

2. 钻孔灌注桩基础施工

(1) 场地准备。

钻孔前要进行准备工作,其内容包括如下:

①场地为旱地时,应除杂物,换除软土,整平夯实;

②场地为陡坡时,可用枕木、型钢等搭设工作平台;

③场地为浅水时,宜采用筑岛施工,筑岛面积应根据钻孔方法、设备大小等要求确定;

④场地为深水或淤泥较厚时,可搭设工作平台,平台必须牢固稳定,能承受工作时的所有静、动荷载,并考虑施工机械能安全进出。

(2) 设备准备。

根据地质资料,确定科学合理的钻孔方法和钻孔设备,架设好电力线路,配备适合的变压器。若用柴油机提供动力,则应购置与设备动力相匹配的柴油机和充足的燃油。混凝土拌和机、电焊机、钢筋切割机,以及水泥、砂石材料均要在钻孔开始前准备妥当。

(3) 埋设护筒。

可以采用钢护筒,也可以采用现场预制的钢筋混凝土护筒,在放样好的桩位处,开挖一个圆形基坑将护筒埋入。护筒应坚实、不漏水,护筒内径应比桩径大 20~30 cm。采用反循环钻时应使护筒顶高程高出地下水位 2.0 m;采用正循环钻时应使护筒顶高程高出地下水位 1.0~1.5 m;处于旱地时,护筒在满足上述条件的基础上还应高出地面 0.3 m。

(4) 泥浆制备。

钻孔泥浆由水、黏土(膨润土)和外加剂组成,具有浮悬钻碴、冷却钻头、润滑钻具、增大静水压力,并在孔壁形成泥膜、隔断孔内外渗流、防止坍孔的作用。调制的钻孔泥浆及经过循环净化的泥浆,应根据钻孔方法和地层情况采用不同的性能指标。泥浆稠度应视地层变化或操作要求,灵活掌握。泥浆太稀,排碴能力小,护壁效果差;泥浆太稠,会削弱钻头冲击功能,降低钻进速度。

通常采用塑性指数大于 25、粒径小于 0.002 mm、颗粒含量大于 50% 的黏土,通过泥浆搅料机或人工调和,储存在泥浆池内,再用泥浆泵输入钻孔。泥浆泵应有足够的流量,以免影响钻进速度。大直径深孔采用正循环旋转法施工时,泥浆泵应经过流量和泵压计算来选择。对孔深百米以内的钻孔,一般可采用不小于 2 MPa 的泵压。

(5) 施工方法。

①基础施工。

钻孔就位前,应对钻孔的各项准备工作进行检查,包括场地与钻机坐落处的平整和加固、主要机具的检查与安装。必须及时填写施工记录表,交接班时应交代钻进情况及下一班注意事项。钻机底座和顶端要平稳,在钻进和运行过程中不应产生位移和沉陷。回转钻机顶部的起吊滑轮缘、转盘中心和桩位中心三者应在同一铅垂线上,偏差不超过 2 cm。钻孔作业应分班连续进行,经常对钻孔泥浆性能指标进行检验,不符合要求时要及时改正。

a. 冲击法:用冲击钻机或卷扬机带动冲锥,借助锥头自重下落产生的冲击力,反复冲击破碎土石或把土石挤入孔壁,用泥浆浮起钻碴,或用抽碴筒或空气吸泥机排出钻碴而形成钻孔。

b. 冲抓法:用冲抓锥靠自重产生的冲击力,切入土层或破碎土层,叶瓣抓土、弃土以形成钻孔。

c. 旋转法:用钻机通过钻杆带动锥或钻头旋转切削土,用泥浆浮起并排出钻碴形成钻孔。

②钻孔。

一般采用螺旋钻头或冲击锥等成孔,或用旋转机具辅以高压水冲成孔。井孔中土(钻碴)的取出方法不同,常用的方法包括螺旋钻孔、正循环回转钻孔、反循环回转钻孔、潜水钻机钻孔、冲抓钻孔、冲击钻孔、旋挖钻机钻孔。下面简单介绍正循环回转钻孔、反循环回转钻孔和旋挖钻机钻孔。

正循环回转钻孔:利用钻具旋转切削土体钻进,泥浆泵将泥浆压进泥浆龙头,通过钻杆中心从钻头喷入钻孔,泥浆挟带钻碴沿钻孔上升,从护筒顶部排浆孔排出至沉淀池,钻碴在此沉淀而泥浆流入泥浆池循环使用。其特点是钻进与排碴同时连续进行,在适用的土层中钻进速度较快,但须设置泥浆槽、沉淀池等,施工占地较多,且机具设备较复杂。

反循环回转钻孔:与正循环回转钻孔不同的是泥浆输入钻孔,然后从钻头的钻杆下口吸进,通过钻杆中心排出至沉淀池内。其钻进与排碴效率较高,但接长钻杆时装卸麻烦,钻碴容易堵塞管路。另外,因泥浆从上向下流动,孔壁坍塌的可能性较正循环回转钻孔大,为此需要使用较高质量的泥浆。

旋挖钻机钻孔:旋挖钻机是一种高度集成的桩基施工机械,采用一体化设计、履带式360°回转底盘及桅杆式钻杆,一般为全液压系统。旋挖钻机采用筒式钻斗,钻机就位后,调整钻杆垂直度,注入调制好的泥浆,然后进行钻孔。当钻头下降到预定深度后,旋转钻斗并施加压力,将土挤入钻斗,仪表自动显示筒满时,钻斗底部关闭,提升钻斗,将土卸于堆放地点。钻进施工过程中应保证泥浆面始终不得低于护筒底部,保证孔壁稳定性。通过钻斗的旋转、削土、提升、卸土和泥浆撑护孔壁,反复循环直至成孔。

旋挖钻机特殊的桶型钻头直接取土出碴,无须接长钻杆,钻孔时孔口注浆以保持孔内泥浆高度即可,因而能大大缩短成孔时间,提高施工效率。由于带有自动垂直度控制和自动回位控制,成孔垂直度和孔位等能得到保证。桶钻取土上提过程中对孔壁扰动较小,桶钻周边设有溢浆孔,溢出泥浆可起到护壁作用。

旋挖钻机一般适用黏土、粉土、砂土、淤泥质土、人工回填土及含有部分卵石、碎石的地层。具有大扭矩动力头和自动内锁式伸缩钻杆的钻机可适用于微风化岩层的钻孔施工。

③孔径检查与清孔。

钻孔的直径、深度和孔形直接关系到成桩质量,是钻孔桩的关键。为此,除钻孔过程中严谨操作、密切观测监督外,在钻孔达到设计要求深度后,应采用适当器具对孔深、孔径、孔形等认真检查,符合设计要求后,填写终孔检查表。

清孔的方法有抽浆法、换浆法、掏碴法、喷射清孔法以及用砂浆置换钻碴清孔法等,应根据设计要求、钻孔方法、机具设备和土质条件决定。其中抽浆法清孔较为彻底,适用于各种钻孔方法的灌注桩。对孔壁易坍塌的钻孔,清孔时操作要细心,防止坍孔。

④钢筋笼制作与吊装。

钢筋笼的制作应符合设计和规范要求,长桩骨架宜分段制作,分段长度应根据吊装条件确定;后场制作时应在固定胎架上进行,以保证钢筋笼的顺直;注意在钢筋笼外侧设置控制保护层厚度的垫块;钢筋笼起吊入孔一般用吊机,无吊机时,可采用钻机钻架、灌注塔架。

⑤灌注混凝土。

a.灌注普通混凝土。

在土中形成一定直径的井孔,达到设计标高后,将钢筋骨架(笼)吊入井孔,灌注混凝土形成桩基础。每根灌注桩应留取混凝土抗压强度试件不少于2组。同时应以钻取芯样法或超声波法、机械阻抗法、水电效应法等无破损检测法对桩的匀质性进行检测。检测应符合下列规定:宜对各墩台有代表性的桩用无破损法进行检测,重要工程或重要部位的桩宜逐根检测;对质量有怀疑的桩及因灌注故障处理过的桩,均应进行检测。

b. 灌注水下混凝土。

灌注水下混凝土时配备的搅拌机等设备,应能满足桩孔在规定时间内灌注完毕的要求。灌注时间不得长于首批混凝土初凝时间。若估计灌注时间长于首批混凝土初凝时间,则应掺入缓凝剂。

水下混凝土一般用钢导管灌注,导管内径为 200～350 mm,视桩径大小而定。使用导管前应进行水密承压和接头抗拉试验,严禁用压气试压。

混凝土拌和物运至灌注地点时,应检查其均匀性和坍落度等,如不符合要求,应进行第二次拌和,二次拌和后仍不符合要求时,不得使用。

首批灌注混凝土的数量应能满足导管首次埋置深度和填充导管底部的需要。首批混凝土拌和物下落后,混凝土应连续灌注。

在灌注过程中,导管的埋置深度宜控制在 2～6 m,应经常测探井孔内混凝土面的位置,及时地调整导管埋深。

为防止钢筋骨架上浮,当灌注的混凝土顶面距钢筋骨架底部 1 m 左右时,应降低混凝土的灌注速度。当混凝土拌和物上升到骨架底口 4 m 以上时,提升导管,使其底口高于骨架底部 2 m 以上,即可恢复正常灌注速度。

在灌注过程中,特别是潮汐地区和有承压水地区,应注意保持孔内水头。

在灌注过程中,应将孔内溢出的水或泥浆引流至适当地点处理,不得随意排放,污染环境及河流。

灌注中发生故障时,应查明原因,确定合理处理方案,及时处理。

混凝土应连续灌注直至设计的混凝土顶面,以保证截切面以下的全部混凝土具有优良质量。

3. 沉井基础施工

(1) 施工方法。

沉井法施工就是在墩台位置上,按照基础的外形尺寸,用钢筋混凝土或混凝土预先制成一段井筒,然后在井筒内挖土,同时井筒借助于自重逐渐下沉,沉完一段,接筑一段,一直下沉到设计高程为止。

若为陆地基础,在地表建造,由取土井排土以减少刃脚土的阻力,一般借自重下沉;若为水中基础,可用筑岛法,或浮运法建造。在下沉过程中,如侧摩阻力过大,可采用高压射水法、泥浆套法或空气幕等加速下沉。

泥浆套法是把拌制好的泥浆,用高压泥浆泵(压力 150～500 kN/cm^2),通过预埋在井壁中的压浆管,直送井筒下部,喷向井壁外部,在井壁外周形成一圈厚度为 10～20 mm 的泥浆润滑套,使沉井下沉得又快又稳。

空气幕法则是向预埋在井壁四周的气管中压入高压气流,气流由喷气孔喷出壁外,沿沉井外壁上升,在井壁外周形成一圈压气层(亦称空气幕),使周围的土松动或激化,减少摩擦力,促使沉井顺利下沉。

当水很深,筑岛困难时,一般采用浮运法下沉沉井。图 4.1 为钢丝网水泥双壁浮运沉井,井筒由内外两层井壁组成,用横隔板相连,同时又将井筒分隔成多个空格。通过对不同空孔的灌注,可以调节井筒的下沉。用钢筋网和铁丝网组成壁体,抹以强度等级不低于 M40 的水泥砂浆,使水泥砂浆充满网眼,并具有 1～3 cm 的保护层,就形成了井筒的两壁。

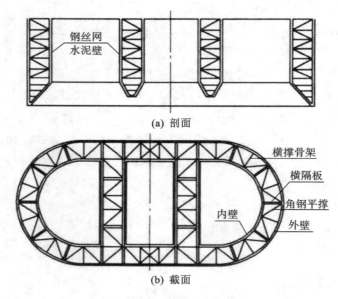

图 4.1　钢丝网水泥双壁浮运沉井

浮运沉井可以在岸上制造而滑入水中,也可在驳船上制造,再由驳船载运就位、吊放入水。

沉井下沉到达基底设计高程后,把井底清理干净,灌注一层封底混凝土,然后用混凝土或砂石填实井筒(也有留成空心的),再在筒顶灌注混凝土盖板,桥梁墩身和台身就是建立在盖板上的。

(2)排除障碍。

①施工过程中如遇孤石,可采用潜水员水下排除、爆破等方法。在水下爆破时,每次总药量不应超过 0.2 kg 炸药当量。井内无水时,通过计算后,可适当加

大药量。

②施工过程中如遇铁件,可采用水下切割排除的方法。

③施工前已经查明在沉井通过的地层中夹有胶结硬层。可采取钻孔投放炸药爆破的办法预先破碎硬层。

(3) 清底、封底及浇筑。

①不排水清底。

a. 沉井下沉至设计高程后基底面地质应满足设计要求,如有不符须作处理,其方法须征得设计单位同意,必要时取样检查。

b. 基底土面或岩面尽量整平。基底面距隔墙底面的高度和刃脚斜面露出的高度,满足设计规定的最小高度。

c. 基底浮泥或岩面残存物(风化岩碎块、卵石、砂等)均应清除,封底混凝土与基底间不得产生有害夹层。清理后的有效面积(即沉井底面积扣除在刃脚斜面下一定宽度内不可能完全清除干净的面积)不得小于设计要求。

d. 隔墙底部及封底混凝土高度范围内井壁上的泥污应清除。

②沉井在封底混凝土强度满足受力要求后方可抽水浇筑填充混凝土。

4.2.2 承台施工

1. 围堰及开挖方式的选择

当承台处于干处时,一般直接采用明挖基坑,并根据基坑状况采取一定措施后,在其上安装模板,浇筑承台混凝土。

当承台位于水中时,一般先设围堰(钢板桩围堰或吊箱围堰)将群桩围在堰内,然后在堰内河底灌注水下混凝土封底,凝结后,将水抽干,使各桩处于干处,再安装承台模板,在干处灌注承台混凝土。

承台底位于河床以上的水中时,采用有底吊箱或其他方法在水中将承台模板支撑和固定,如利用桩基或临时支撑。承台模板安装完毕后抽水,堵漏,即可在干处灌注承台混凝土。

承台模板支承方式的选择应根据水深、承台的类型、现有的条件等因素综合考虑。

2. 承台底的处理

(1) 低桩承台。

当承台底层土质有足够的承载力,又无地下水或能排干水时,可按天然地基上修筑基础的施工方法施工。当承台底层土质为松软土,且能排干水施工时,可挖除松软土,换填10~30 cm厚砂砾土垫层,使其符合基底的设计标高并整平,即立模灌注承台混凝土。

(2) 高桩承台。

当承台底以下河床为松软土时,可在板桩围堰内填入砂砾至承台底面标高。填砂时视情况决定,可抽干水填入或静水填入,要求能承受灌注封底混凝土的质量。

3. 模板及钢筋

(1) 模板一般采用组合钢模,纵、横楞木采用型钢,在施工前必须进行详细的模板设计,以保证模板有足够的强度、刚度和稳定性,能可靠地承受施工过程中可能产生的各项荷载,保证结构各部形状、尺寸的准确。模板要求平整,接缝严密,拆装容易,操作方便。一般先拼成若干大块,再由吊车或浮吊(水中)安装就位,支撑牢固。

(2) 钢筋的制作严格按技术规范及设计图纸的要求进行,墩身的预埋钢筋位置要准确、牢固。

4. 混凝土的浇筑

(1) 混凝土的配制除要满足技术规范及设计图纸的要求外,还要满足施工的要求,如泵送对坍落度的要求。为改善混凝土的性能,根据具体情况掺加合适的混凝土外加剂,如减水剂、缓凝剂、防冻剂等。

(2) 混凝土采用拌和站集中拌和,混凝土罐车通过便桥或船只运输到浇筑位置,采用流槽、漏斗或泵车浇筑;也可由混凝土地泵直接在岸上泵入。

(3) 混凝土浇筑时要分层,分层厚度要根据振捣器的功率确定,要满足技术规范的要求。

5. 混凝土养护和拆模

混凝土浇筑后要适时进行养护,混凝土体积较大、气温较高时要尤其注意,以防止混凝土开裂。混凝土强度达到拆模要求后再进行拆模。

4.2.3 桥梁墩台施工

1. 钢筋混凝土墩台施工

（1）墩台模板。

混凝土及钢筋混凝土墩台的模板主要有拼装式模板、整体吊装模板、组合型钢模板、滑动钢模板等。

①拼装式模板。

拼装式模板是将各种尺寸的标准模板利用销钉连接,并与拉杆、加劲构件等组合,形成墩台所需形状的模板。将墩台表面划分为若干小块,尽量使每部分板扇尺寸相同,以便周转使用。板扇高度通常与墩台分节灌注高度相同,一般可为3~6 m,宽度可为1~2 m,具体视墩台尺寸和起吊条件而定。拼装式模板由于在厂内加工制造,因此板面平整,尺寸准确,体积小,质量轻,拆装容易、快速,运输方便,应用广泛。

②整体吊装模板。

根据墩台高度分层支模和浇筑混凝土,每层的高度应视墩台尺寸、模板数量和浇筑混凝土的能力而定,一般为2~4 m;用吊机吊起大块板扇,按分层高度安装好第一层模板,其组装方法同低墩台组装模板;模板安装完成后浇筑第一层混凝土时,应在墩台身内预埋支承螺栓,用以支承第二层模板和安装脚手架。

③组合型钢模板。

组合型钢模板是以各种长度、宽度及转角的标准构件,用定型的连接件拼成的结构用模板。组合型钢模板具有体积小、质量轻、运输方便、装拆简单、接缝紧密等优点,适用于在地面拼装、整体吊装的结构。

④滑动钢模板。

滑动钢模板适用于各种类型的桥墩。

在工程中,各种模板可根据墩台高度、墩台形式、机具设备、施工期限等条件,因地制宜,合理选用。

验算模板的刚度时,其变形值不得超过下列数值:结构表面外露的模板,挠度为模板构件跨度的 1/400;结构表面隐蔽的模板,挠度为模板构件跨度的 1/250;钢模板的面板变形为 1.5 mm,钢模板的钢棱、柱箍变形为 3.0 mm。

模板安装前应对模板尺寸进行检查;安装时要坚实牢固,以免振捣混凝土时引起跑模、漏浆;安装位置要符合结构设计要求。

(2) 混凝土的浇筑。

桥梁墩台具有垂直高度较大、平面尺寸相对较小的特点,其混凝土浇筑方法有别于梁或承台等构件的混凝土浇筑方法。墩台混凝土运输方式不仅有水平运输,还有难度较大的垂直运输。

通常采用的混凝土运输方法:利用卷扬机和升降电梯平台通过手推车运送混凝土;利用塔式起重机吊斗输送混凝土;利用混凝土输送泵将混凝土送至高空用料点等。混凝土在运输过程中应有足够的初凝时间,保证混凝土的浇筑质量。

采用泵送混凝土时,应防止堵管现象的发生。在进行大体积墩台混凝土浇筑时应分层分块浇筑。同时,应控制混凝土的水化热。一般情况下,其应符合相关桥涵施工质量标准的要求。当平截面面积过大,次层混凝土不能在前层混凝土初凝或被重塑前浇筑完成时,可进行分块浇筑。分块浇筑时应符合相关规定:分块时宜合理布置,各分块平截面面积应小于 50 m^2;各分块的高度不宜超过 2 m;块与块之间的水平接缝面应与基础平截面的短边平行,且与截面边界垂直;邻层混凝土间的竖向接缝位置应错开,做成企口,并按施工缝处理。

大体积混凝土应参照下述方法控制混凝土的水化热温度:用改善集料级配、降低水灰比,掺加混合料、外加剂、片石等方法来减少水泥用量;采用水化热低的大坝水泥、矿渣水泥、粉煤灰水泥或低强度等级的水泥;减小浇筑层厚度,以加快混凝土的散热速度;混凝土用料应避免日光暴晒,以降低初始温度;在混凝土内埋设冷却管并通水冷却。

2. 砌筑墩台施工

(1) 对石料与砂浆的要求。

①石砌墩台是用片石、块石、粗料石、水泥砂浆砌筑的,石料与砂浆的规格要符合有关规定。

②浆砌片石一般适用于高度小于 6 m 的墩(台)身、基础、镶面及各式填腹;浆砌块石一般用于高度大于 6 m 的墩(台)身、镶面或应力要求大于浆砌片石砌体强度的墩台;浆砌粗料石则用于磨耗及冲击严重的分水体及破冰体的镶面工程及有整齐美观要求的墩(台)身等。

(2) 对脚手架的要求。

将石料吊运并安砌到正确位置是砌石工程中比较困难的工序。当重量小或距地面不高时,可用简单的马凳、跳板直接运送;当重量较大或距地面较高时,可采用固定式动臂吊机、桅杆式吊机或井式吊机将材料运到墩台上,然后再分运到安砌地点。

用于砌石的脚手架应环绕墩台搭设,用以堆放材料并支承施工人员砌镶面定位行列及勾缝。脚手架一般采用固定式轻型脚手架(适用于高度在 6 m 以下的墩台)、简易活动脚手架(适用于高度在 25 m 以下的墩台)及悬吊式脚手架(用于较高的墩台)。

(3) 墩台砌筑施工要点。

在砌筑前应按设计图放出实样,挂线砌筑。砌筑基础的第一层砌块时,如基底为土质,只在已砌石块的侧面铺上砂浆即可,不需要坐浆;如基底为石质,应将其表面清洗、润湿后,先坐浆再砌石。砌筑斜面墩台时,斜面应逐层放坡,以保证坡度符合设计及规范要求。砌块间用砂浆黏结并保持一定的缝厚,所有砌缝要求砂浆饱满。形状比较复杂的工程,应先做出配料设计图,注明块石尺寸;形状比较简单的工程,也要根据砌体高度、尺寸、错缝等,先行放样,配好料石后再砌筑。

砌体质量应符合以下规定。

①砌体所用各项材料的类别、规格及质量符合要求。

②砌缝砂浆或小石子混凝土铺填饱满,强度符合要求。

③砌缝宽度、错缝距离符合规定,勾缝坚固、整齐,深度和形式符合要求。

④砌筑方法正确。

⑤砌体位置、尺寸不超过允许偏差。

(4) 墩(台)帽施工。

墩(台)帽是用来支撑桥跨结构的,其位置、高程及垫石表面平整度等,均应符合设计要求,以避免桥跨结构安装困难,或使顶帽、垫石等出现破裂或裂缝,影响墩台的正常使用和耐久性。墩(台)帽施工的主要工序如下。

①放样。桥墩、桥台混凝土浇筑或砌石砌至离墩(台)帽下缘 300～500 mm 时,即须测出墩(台)帽纵横中心轴线,并开始竖立墩(台)帽模板,安装锚栓孔或安装预埋支座垫板,绑扎钢筋等;墩(台)帽放样时,应注意不要以基础中心线为墩(台)帽背墙线;模板立好后,在浇筑混凝土前应再次复核,以确保墩(台)帽中心、支座垫石等的位置、方向和高程不出差错。

②墩(台)帽模板安装。墩(台)帽是支承上部结构的重要部分,其位置、尺寸和高程的准确度要求较严,墩(台)身混凝土浇筑至墩(台)帽下 300～500 mm 处就应停止浇筑,待墩(台)帽模板立好后再浇筑,以保证墩(台)帽底有足够厚度的

紧密混凝土。

③钢筋和支座垫板的安设。墩(台)帽上支座垫板的安设一般采用预埋支座垫板和预留锚栓孔的方法。前者需在绑扎墩(台)帽和支座垫石钢筋时,将焊有锚固钢筋的钢垫板安设在支座的准确位置上,即将锚固钢筋和墩(台)帽骨架钢筋焊接固定。同时,用木架将钢垫板固定在墩(台)帽模板上。在施工时采用此法,垫板位置不易准确,应经常校正。后者需在安装墩(台)帽模板时,安装好预留孔模板,在绑扎钢筋时注意将锚栓孔位置留出,支座安装施工方便,支座垫板位置准确。

3. 装配式墩台施工

装配式墩台可用于预应力混凝土、钢筋混凝土薄壁空心墩或轻型桥墩,采用拼装法施工。

(1) 拼装接头。

①承插式接头。承插式接头连接是将预制构件插入相应的承台预留孔内,插入长度一般为1.2~1.5倍的构件宽度,底部铺设2 cm厚的砂浆,四周以半干硬性混凝土填充,这种方法常用于立柱与基础的接头连接。

②钢筋锚固接头。钢筋锚固接头连接是使构件上的预留钢筋形成钢筋骨架,插入另一构件的预留槽内,或将钢筋互相焊接后再浇筑混凝土的方法,多用于立柱与墩帽处的连接。

③焊接接头。焊接接头连接是将预埋在构件中的钢板与另一构件的预埋钢板用电焊连接,外部再用混凝土封闭的方法,易于调整误差,多用于水平连接杆与立柱间的连接。

④扣环式接头。扣环式接头连接即相互连接的构件按预定位置预埋环式钢筋。安装时,柱脚先安置在承台的柱心上,上、下环式钢筋互相错接,扣环间插入U形钢筋焊接,之后立模浇筑外侧接头混凝土。

⑤法兰盘接头。采用法兰盘接头时,在连接构件两端安装法兰盘,连接时要求法兰盘预埋件的位置必须与构件垂直,接头处可以不采用混凝土封闭。

(2) 砌块式墩台施工。

砌块式墩台安装前的准备工作与石砌墩台相同,只是预制砌块的形式因墩台形状不同而有很多变化。基坑坑底整平后,经检验合格后铺设砂、砾石或碎石垫层并夯实整平,铺好坐浆后安装墩台。其施工方法和注意事项主要包括以下几点。

①预制砌块时,吊环宜设于凹窝内,使其不凸出顶面,以免妨碍拼装,同时,也省去切除吊环工序。

②吊运安装机具可采用各种自行式吊车、龙门架、简易缆索吊机设备或各种扒杆。

③砌块安装时应对准位置安放平稳,若位置不准确,应吊起重放,不得用撬棍拨移。

④安砌时,平缝用较干砂浆。砌缝宽度应不大于1 cm,为防止水平缝砂浆全被上层砌块挤出,可在水平缝中垫以铁片,其厚度应小于铺筑的砂浆。

竖向砌缝中的砂浆应插捣密实,砌筑外露面时应预留2 cm的空缝以备勾缝之用,隐蔽面砌缝可随砌随刮平。竖向砌缝错缝应不小于20 cm;每安装1 m左右高的砌块应进行找平,控制灰缝厚度和标高。

(3)装配式柱式墩台施工。

装配式柱式墩台是将桥墩、桥台分解成若干轻型部件,在工厂或工地集中预制,再运送到现场装配。其形式有双柱式、排架式、板凳式和刚架式等。装配式柱式墩台施工应注意以下几个问题。

①墩台柱构件与基础顶面预留环形基座应编号,并检查各个墩台高度是否符合设计要求;基础杯口四周与柱边的空隙不得小于2 cm。

②墩台柱吊入基坑内就位时,应在纵横方向测量,使柱身垂直度或倾斜度及平面位置均符合设计要求;对重大、细长的墩柱,需用风缆或撑木固定,方可摘除吊钩。

③在墩台柱顶安装盖梁前,应先检查盖梁口预留槽眼位置是否符合设计要求,否则应先修凿。柱身与盖梁(顶帽)安装完毕并检查符合要求后,可在基坑空隙与盖梁槽眼处灌注稀砂浆,待其硬化后,撤除楔子、支撑或风缆,再在楔子孔中灌填砂浆。

④在基础或承台上安装预制混凝土管节、环圈作墩台的外模时,为使混凝土基础与墩台连接牢固,应将基础或承台中伸出的钢筋插入管节、环圈中间的现浇混凝土内,插入钢筋的数量和锚固长度应按设计规定或通过计算确定。管节或环圈的安装、管节或环圈内的钢筋绑扎和混凝土浇筑,应按《公路桥涵施工技术规范》(JTG/T 3650—2020)有关的规定执行。

(4)后张法预应力钢筋混凝土装配式墩台施工。

后张法预应力钢筋混凝土装配式墩台采用的预应力钢材主要有高强度低松弛率钢丝和冷拉Ⅰ级粗钢筋两种。

高强度低松弛率钢丝的强度高,张拉力大,因此,所需预应力束的数量较少,施工时穿束较容易。在预应力钢丝束连接处,受预应力钢丝束连接器的影响,需要局部加厚构件的混凝土壁。对于冷拉Ⅰ级粗钢筋,要求混凝土预制构件中的预留孔道精度高,以利于冷拉Ⅰ级粗钢筋的连接。

后张法预应力钢筋混凝土装配式墩台的预应力张拉方式有两种,即在墩帽顶上张拉预应力钢丝束和在墩台底的实体部位张拉预应力钢丝束,一般在墩帽顶上张拉预应力钢丝束。

①在墩帽顶上张拉预应力钢丝束。在墩帽顶上张拉预应力钢丝束的主要特点是:张拉作业为高空作业,虽然张拉操作方便但安全性较差;预应力钢丝束锚固端可以直接埋入承台,而不需要设置过渡段;在墩台底截面受力最大的位置可以发挥预应力钢丝束抗弯能力强的优势。

②在墩台底的实体部位张拉预应力钢丝束。在墩台底的实体部位张拉预应力钢丝束的主要特点是:张拉作业为地面作业,施工安全且方便;在墩台底要设置过渡段,既要满足预应力钢丝束张拉千斤顶的安放要求,又要布置较多的受力钢筋,以满足截面在运营阶段的受力要求;过渡段构件中预应力钢丝束的张拉位置与竖向受力钢筋间的相互关系较为复杂。应特别注意的是,压浆时最好由下向上压注,构件装配的水平拼装缝采用 35 号水泥砂浆灌缝,砂浆厚度为 15 mm。一方面,可以起到调节水平的作用,另一方面,可避免因渗水而影响预制构件的连接质量。

4. 滑升模板(滑模)施工

滑升模板整体支设在桥墩墩脚处,借助液压千斤顶和顶杆使模板沿墩身向上滑升。

(1) 滑模组装。

滑模在墩位上就地进行组装时,安装步骤如下。在基础顶面搭枕木垛,定出桥墩中心线;在枕木垛上先安装内钢环,并准确定位,再依次安装辐射梁、外钢环、立柱、千斤顶、模板等;提升整个装置,撤去枕木垛,再将模板落下就位,随后安装余下的设施;内外吊架待模板滑升至一定高度后,及时安装;模板在安装前,表面需涂润滑剂,以减少滑升时的摩阻力;组装完毕后,必须按设计要求及相关组装质量标准进行全面检查,并及时纠正偏差。

(2) 灌注混凝土。

滑模宜灌注低流动度或半干硬性的混凝土,灌注应分层、分段、对称地进行,分层厚度宜为20～30 cm,灌注后混凝土表面距模板上缘宜有不小于15 cm的距离。混凝土入模时,要均匀分布,采用插入式振动器振捣,振捣时应避免触及钢筋及模板,振动器插入下一层混凝土的深度不得超过5 cm。脱模时混凝土强度应为0.2～0.5 MPa,以防在其自重压力下坍塌变形。为此,可根据气温、水泥强度等级经试验后掺入一定量的早强剂。脱模后8 h左右开始养护,用吊在下吊架上的环绕墩身的带小孔的水管来供水。水管一般设在距模板下缘1.8～2.0 m处,效果较好。

(3) 提升与收坡。

整个桥墩灌注过程可分为初次滑升、正常滑升和最后滑升三个阶段。从开始灌注混凝土到模板首次试升为初次滑升阶段。初灌混凝土的高度一般为60～70 cm,分几次灌注,在底层混凝土强度达到0.2～0.4 MPa时即可试升。将所有千斤顶同时缓慢起升5 cm,以观察底层混凝土的凝固情况。现场鉴定可用手指按刚脱模的混凝土表面,若基本按不动,但留有指痕,砂浆不沾手,用指甲划过有痕迹,滑升时有"沙沙"的摩擦声,这些现象表明混凝土已具有0.2～0.4 MPa的出模强度,可以开始再缓慢提升20 cm左右。初次滑升后经全面检查设备合格,可进入正常滑升阶段,即每灌注一层混凝土,滑模提升一次,使每次灌注的厚度与每次提升的高度基本一致。在正常气温条件下,提升时间不宜超过1 h。最后滑升阶段是混凝土已经灌注到需要的高度,不再继续灌注,但模板尚需继续滑升的阶段。灌完最后一层混凝土后,每隔1～2 h将模板提升5～10 cm,滑动2次或3次后即可避免混凝土模板胶合。滑模提升时应做到垂直、均衡一致,顶架间高差不大于20 mm,顶架横梁水平高差不大于5 mm。应三班连续作业,不得随意停工。随着模板的提升,应转动收坡丝杆,调整墩壁曲面半径,使之符合设计要求的收坡坡度。

(4) 接长顶杆、绑扎钢筋。

模板每提升一定高度后,就需要穿插进行接长顶杆、绑扎钢筋等工作。为了不影响提升时间,钢筋接头均应事先配好,并注意将接头错开。对预埋件及预埋的接头钢筋,滑模抽离后,要及时清理,使之外露。在整个施工过程中,若由于工序的改变,或发生意外事故,混凝土的灌注工作停滞较长时间,需要进行停工处理。例如,每隔半小时左右稍微提升模板一次,以免黏结;停工时在混凝土表面要插入短钢筋等,以加强新旧混凝土的黏结;复工时还需将混凝土表面凿毛,并用水冲走残渣,湿润混凝土表面,灌注一层厚度为2～3 cm的1∶1水泥砂浆,然后再灌注原配合比的混凝土,继续滑模施工。

4.3 桥梁上部结构施工

4.3.1 现浇梁桥施工

现浇梁桥施工是指在桥址设计位置采用支架法或悬臂法安装模板、绑扎及安装钢筋、浇筑混凝土。

1. 支架现浇法施工

(1) 地基处理。

为保证现浇梁体不产生过大的变形,除了保证支架本身的强度、刚度和稳定性,支架的基础还必须坚实牢靠,并将其沉降控制在容许范围内。

满堂式支架由于其作用面积广,因此常采用碾压夯实、换填稳定土、桩基础或浇筑混凝土层等方法对地基进行加固处理;正常情况下,常使用推土机配合平地机将支架范围内地基整平,并用5%白灰处理,用压路机碾压夯实,靠近墩柱1 m范围内用人工夯实,压实度不小于93%。如果存在弹簧现象,原土清除后用灰土换填。为防止下雨浸泡地基而降低地基承载力,在压实的地基上铺设5 cm厚砂浆。若地基土层为淤泥和淤泥质土,不宜直接作为支架地基持力层,应在其上覆盖较好土层作为持力层,并采取避免对淤泥和淤泥质土产生扰动的措施。一般采用对地基进行3 m换填的办法,保证覆盖层的厚度满足地基持力结构要求。地基硬化处理后,加强基础范围内的排水工作,在两侧开挖排水沟,设流水槽,防止施工场内积水,以免造成地基不均匀沉降,影响支架稳定性。

梁式或梁柱式支架因其荷载较集中,可设置桩基础、混凝土扩大基础或直接支撑在墩台身或永久性基础上。

(2) 支架搭设。

地基处理达到要求后,首先测出支架地面高程,根据桥梁净空高度确定各单元块支架所需整平碾压处理的地基高程,按设计的支架平面位置进行立杆位置放样。横桥向设置10 cm×20 cm方木,以增加立杆与地基的接触面并保证受力均匀。

杆件安装时,立杆垂直度要求小于0.2%,以避免偏心受压;横杆水平度要求小于3%,同时检查锁定是否可靠。支架搭设好后,顶面采用调节范围不小于

45 cm 的可调节顶托作为支撑,顺桥向设左、中、右 3 个控制点,精确调出顶托高程,然后用明显的标记标明顶托伸出量,以便校验。最后再用拉线内插方法,依次调出每个顶托的高程。

顶托高程调整完毕后,在其上按设计间距安放纵横梁。横梁长度随桥梁宽度而定,比顶板一边各宽出至少 50 cm,以支撑外模支架及供检查人员行走。安装纵横梁时,应注意横梁接头与纵梁接头错开,且任何相邻的两根横梁接头不在同一平面上。用底模高程(设计梁底高程+支架变形+前期施工误差调整量)来控制底模立模。

为增强支架体系的整体稳定性,顺桥向和横桥向按要求设置剪刀撑。

(3) 支架预压和卸载。

①砂袋:用编织袋装砂,一般不超过袋子体积的 2/3,以便码放。砂袋逐袋称重。

②水箱(袋):预压液袋、水囊、水袋采用高密度聚乙烯制成,可折叠,将其充满水。桥梁预压水袋一般可重叠压两个,能满足桥梁预压的吨位。

③混凝土预制块:干码混凝土预制块密度按 2.4 t/m^3 计算,由此计算所需预制块堆码的高度。

④加载及支架沉降观测:加载时按照计算预压总荷载的 20%、40%、60%、80%、100%、120%分级进行。中间每级加载完成后,对支架进行一次观测,最后一级加载完成后要进行 24 h 跟踪观测。每次观测都要根据观测记录计算支架在两次观测时间之间的沉降情况。

沉降观测包括地基沉降观测和杆件压缩沉降观测。测设时分别在地基、杆件顶端沿梁纵向每隔 3.0 m 设置 1 个测点,横向设左、中、右 3 个测点,在预压前先将测点标出,并记录高程,将其作为沉降观测的基准。具体观测方法为:用水准仪每隔 2 h 测一次地面各测点高程,并算出地面沉降量,此沉降量为不可恢复沉降,在计算支架的弹性变形时应减除。

同样,用水准仪每隔 2 h 观测一次支架各检测点高程,计算出支架沉降量并用此沉降量减去地面沉降量,将其作为支架的弹性变形量。立模时,应将支架的弹性变形量计入模板顶高程内。预压过程中,根据加载重力和压载时间进行观测、记录并分析。分析出地基沉降量与杆件弹性压缩量,将其作为立模板的有效数据。

⑤卸载顺序及时间。预压持载时间根据支架观测情况确定,若沉降量或支架变形没有趋于平缓,则适当延长预压时间,直至支架变形及沉降均满足规范要求(连续两天沉降量小于 5 mm)即可卸载。卸载按预压总荷载的 20%、40%、60%、80%、100%、120%逐级卸载,每级卸载完成都要对支架进行观测,计算支

架的弹性变形情况。

⑥观测成果的整理。预压完成后的支架变形观测成果进行整理,计算出支架、地基、底模板在每级加卸载后的弹性变形及非弹性变形,作为设置施工预拱度调整计算的依据。

(4)模板制作、安装。

①底模板。

底模板采用 18 mm 以上的高强度木胶板或 15 mm 以上的竹胶合板,安装前进行全面的涂刷脱模剂。底板横坡按设计图纸规定的 2% 横坡,横向宽度要大于梁底宽度,梁底两侧模板要各超出梁底边线不小于 5 cm,以便于在底模上支立侧模。模板之间连接部位采用海绵胶条以防漏浆,模板之间的错台不超过 1 mm。模板拼接缝要纵横成线,避免出现错缝现象。

底模板铺设完毕后进行平面放样,全面测量底板纵横向高程,纵横向间隔 5 m 检测一点,根据测量结果将底模板调整到设计高程。底板高程调整完毕后,再次检测高程,若高程不符合要求则进行二次调整。

在箱梁底板铺设的同时应安装桥梁支座。支座安装前,应对支座垫石的强度、高程、表面平整度进行全面检查,按照设计尺寸在垫石上画出十字线,将支座垫石清理干净,将画有十字线的支座准确地安放在支座垫石上,要求支座中心线同支座垫石中心线重合。如果支座垫石高于设计高程,应使用砂轮机进行打磨,直到符合设计要求;如果支座垫石低于设计高程,则要使用大于支座周边 2 cm 的钢板铺垫在支座下,并用环氧树脂粘贴。

②侧模板和翼缘板模板。

侧模板和翼缘板模板采用 15 mm 以上的高强度竹胶板。根据测量放样定出箱梁底板边缘线,在底模板上弹墨线,然后安装侧模板。侧模板与底模板接缝处粘贴海绵胶条防止漏浆。在侧模板外侧背设纵横方木背肋,用钢管及扣件与支架连接,用以支撑固定侧模板。翼缘板底模板安装与箱梁底模板安装相同,外侧挡板安装与侧模板安装相同。挡板模板安装完毕后,全面检测高程和线形,确保翼缘板线形美观。

③箱室模板。

如果箱梁混凝土分两次浇筑,箱室模板分两次安装。第一次用钢模板做内模板,用方木做横撑,同时用定位筋进行定位固定,并拉通线校正钢模板的位置和整体线形。当第一次混凝土达到一定强度后拆除内模,再用方木搭设小排架,在排架上铺设 2 cm 厚木板,然后在木板上铺一层油毛毡。油毛毡接头相互搭接

5 cm,用一排铁钉钉牢,防止漏浆。浇筑混凝土过程中派专人检查内模的位置变化情况。为方便内模拆除,在每孔的设计位置布设人孔。

如果采用一次性浇筑施工,内模和侧模采用方木或钢管做立杆,并设置两道横向顶丝钢管支撑。面板采用 15 mm 木胶合板,用钢管作为支架。每个箱室顶板设置 1 m×1 m 施工天窗,待施工结束取出内模,最后焊接天窗处的钢筋,用微膨胀混凝土封顶。

(5) 钢筋加工、安装。

钢筋加工时应按照设计要求尺寸进行下料、成形,钢筋安装时控制好间距、位置及数量。要求绑扎的要绑扎牢固,要求焊接的钢筋,可事先焊接的应提前成批次焊接,以提高工效。焊缝长度、饱满度等方面应满足规范要求。钢筋加工安装完毕,经自检合格报请监理工程师抽检合格后,方可进行下一道工序施工。

(6) 混凝土浇筑。

①混凝土浇筑前,用人工及吹风机将模板内杂物清除干净,对支架、模板、钢筋和预埋件进行全面检查,同时对吊车、拌和站、罐车、发电机和振捣棒等机械设备进行检查,确保万无一失。

②混凝土浇筑应沿中心线,先中心、后两侧对称浇筑。混凝土分层厚度为 30 cm,浇筑过程中,随时检查混凝土的坍落度。

③混凝土振捣采用插入式振捣棒,移动间距不应超过振捣棒作用半径的 1.5 倍,作用半径为振捣棒半径的 8~9 倍。

④振捣棒振捣时与侧模保持 5~10 cm 的距离,避免振捣棒接触模板和预应力管道等。振捣上层混凝土时,振捣棒要插入下层混凝土 10 cm 左右。对每一振动部位振捣至混凝土停止下沉,不再冒气泡,表面平坦、不再泛浆为止,避免漏振或过振,每一处振完后应徐徐提出振捣棒。

⑤混凝土浇筑过程中,安排专人跟踪检查支架和模板的情况,模板若出现漏浆现象,要用海绵条进行填塞。浇筑混凝土前,在 1/2、1/4 截面位置的底模板下挂垂线,每截面分左边、左中、中线、右中、右边设 5 道垂线。垂线下系钢筋棍,在地面对应位置埋设钢筋棍,在两根钢筋棍交错位置画上标记线,以此来观测混凝土浇筑过程中底板沉降情况;若发生异常情况立即停止浇筑混凝土,查明原因后再继续施工。

⑥箱梁浇筑可以分两次进行,也可以一次浇筑完成。箱梁混凝土分两次浇筑时,第一次浇筑底板和腹板,浇筑至肋板顶部;第二次浇筑顶板和翼板,两次浇筑接缝按施工缝处理。混凝土高度略高出设计腹板顶部 1 cm 左右,将顶面的水

泥浆和松散混凝土凿除,露出坚硬的混凝土粗糙面,用水冲洗干净。

⑦第二次浇筑箱梁顶板混凝土时,在 1/2、1/4、墩顶等断面处,从内侧向外侧间距 5 m 布设钢筋棍,将钢筋棍焊在顶层钢筋上,使顶端高程为顶板高程,以此控制顶板混凝土浇筑高程及横坡。混凝土经振实整平后进行真空吸水。真空吸水时间为 10～15 min,以剩余水灰比检验真空吸水效果。真空吸水机开机后真空度逐渐增加,当达到要求的真空度(500～600 mm 汞柱)开始正常出水后,真空度要保持均匀。结束吸水工作前,真空度逐渐减弱,防止在混凝土内部留下出水通路,影响混凝土密实度。

真空吸水完毕后,用提浆辊滚压,使其表面出浆,便于抹面。提浆辊滚压后,紧跟着人工抹面。抹面时要架设木板,不得踩混凝土面,以免影响平整度。待抹面后约半小时,采用抹光机再次进行抹面整平,最后再人工进行收浆抹面。

混凝土收浆抹面后进行人工拉毛,采用钢丝刷横桥向拉毛,深度控制在 1～2 mm。要掌握好拉毛时间,过早则带浆严重,影响平整度;过晚则拉毛深度不够。一般凭经验掌握,以在混凝土表面用手指压有轻微硬感时拉毛为宜,分两次抹面。第一次抹面对混凝土进行找平,在混凝土接近终凝、表面无泌水时,进行二次抹面收光,然后横桥向进行拉毛处理。

⑧浇筑箱梁顶板预留孔混凝土前,应清除箱内杂物,避免堵塞底板排水孔。主梁顶面预留孔四壁凿毛,填筑预留孔混凝土要振捣密实。

⑨混凝土养护采用土工布覆盖洒水养护,保证混凝土表面始终处于湿润状态。养护时间不少于 7 d。用于控制张拉、落架的混凝土强度试块放置在箱梁室内,同条件进行养护。养护期内,桥面严禁堆放材料。

(7)拆除模板和落架。

模板、支架的拆除期限和拆除程序等应严格按施工图设计的要求进行。设计未要求时,应根据结构物特点、模板部位和混凝土所应达到的强度要求决定。

①非承重侧模板应在混凝土抗压强度达到 2.5 MPa,且能保证其表面及棱角不致因拆模受损坏时方可拆除。

②芯模和预留孔道的内模,应在混凝土强度能保证其表面不发生塌陷或裂缝现象时拆除。

③钢筋混凝土结构的承重模板、支架,应在混凝土强度能承受其自重荷载及其他可能的叠加荷载时方可拆除。

④对预应力混凝土结构,其侧模应在预应力钢束张拉前拆除;底模及支架应在结构建立应力后方可拆除。

⑤模板、支架的拆除应遵循后支先拆、先支后拆的原则。墩台模板宜在其上部结构施工前拆除。

⑥拆除梁、板等结构承重模板时,在横向应同时卸落,在纵向应对称均衡卸落。简支梁、连续梁结构模板宜从跨中向支座方向依次循环卸落;悬臂梁结构模板宜从悬臂端开始按顺序卸落。

⑦低温、干燥或大风环境下拆除模板时,应采取必要的措施,防止混凝土表面产生裂缝。

⑧拆除模板、支架时,不得损伤混凝土结构。

2. 悬臂现浇法施工

悬臂现浇法又称悬臂挂篮法,是指以移动式挂篮为主要施工设备,以桥墩为中心,两侧对称逐段利用挂篮浇筑混凝土,待混凝土达到一定强度后张拉预应力筋,再移动挂篮并进行下一节梁段的施工,一直推进到悬臂端为止的施工方法。其施工要点如下。

1) 0号块施工

0号块即墩顶梁段,是为后续悬臂节段的施工提供安全、稳定的支撑,因此0号块是悬臂浇筑施工的首要关键工作。

墩顶0号块施工根据承台形式、墩身高度和地形情况,通常可选择落地支架和墩旁托架2种施工方法。当墩身高度较低,周围地形平坦且地基承载力满足要求时,可采用落地支架;当墩身较高,周围地形陡峻或无条件搭设满堂支架时宜选择墩旁托架,托架可分别支承在承台、墩身或地面上,托架由型钢、万能杆件、贝雷桁架及六四军用桁架等组成,也可采用钢筋混凝土构件作临时支撑。

支架(托架)的顶面尺寸,视拼装挂篮的需要和拟浇梁段长度而定,横桥向宽度一般应比箱梁底板宽出1.5~2.0 m,以便设立箱梁边肋外侧模板。支架(托架)顶面(或增设垫梁)应与箱梁底面纵向线形的变化一致。支架(托架)可在现场整体拼装,亦可在邻近场地或船上拼装再运吊就位整体组装。

(1)地基处理。

采用满布支架进行0号块施工时,需对原地面进行整平及碾压处理。地基沉降过大或承载力不能满足要求时,可采用换填、设置桩基或采取其他有效的地基加固措施进行处理。

(2)支架(托架)搭设。

按照设计图纸及施工技术规范的要求搭设支架。

(3) 支架(托架)预压。

支架(托架)安装完成后,应进行预压,预压以节段质量的 120%～130% 进行压重,以检验支架的刚度、强度、稳定性并消除支架的塑性变形,取得支架弹性变形关系。支架(托架)预压可采用砂袋、预制混凝土块及成捆的钢材等进行预压。

预压时,按照预压施工荷载的 20%、40%、60%、80%、100%、120% 逐级加载预压,加载持续时间为 30 min。每次监控量测安排于加载间隔时间的最后 10 min 完成。加载完成后连续测量至变形稳定,测量间隔时间为 2 h。支架的稳定标准为连续观测 24 h 单次变形量小于 2 mm。

(4) 支架(托架)高程调整。

根据预压监控成果,及时调整支架(托架)顶面高程,以保证 0 号块成品的位置符合设计要求。0 号块底模铺设根据支架纵横梁布置以及底模架设计施工,放置好底模下纵梁和底模板,然后在底模纵梁下放置螺旋千斤顶,按要求设置预拱度,调整底模板标高,以限位钢楔块为调整工具进行加固。

(5) 墩梁临时锚固及临时支座设置。

大跨径预应力混凝土桥梁采用悬臂施工法施工,如结构采用 T 形刚构,因为墩身与梁本身采用刚性连接,所以不存在梁墩临时固结问题。悬臂梁桥及连续梁桥采用悬臂施工法,为保证施工过程中结构稳定可靠,使 0 号块梁段能承受两侧悬臂施工时产生的不平衡力矩,必须采取 0 号块梁段与桥墩临时固结或支承措施。临时支座的作用是在施工阶段临时固结墩、梁,承受施工时由墩两侧传来的悬浇梁段荷载,在梁体合龙后便于拆除和体系转换。

目前,常采用在墩帽(身)埋设直径为 32 mm 的精轧螺纹钢筋,精轧螺纹钢筋下端部与锚板固结,顶部穿过临时支座垫块混凝土,再通过预留孔道穿过 0 号块底板接长引入 0 号块顶部,之后进行张拉固结(0 号块施工时底板与顶板预留孔道,在 0 号块顶部预埋设锚具)。在墩帽施工后 0 号块底模安装前,浇筑临时支座垫块混凝土。

位于临时支座垫块底面的墩顶面及垫块顶面,必须刮浆抹平。浇筑垫块混凝土和 0 号块时,先在墩顶面及垫块顶面涂抹隔离剂,以便拆除临时支座。垫块的顶面和底面不得夹有杂物,以保证接触面平整。

(6) 0 号块模板。

0 号块底模及内模通常采用木模板,外模可采用挂篮外模板。底模、内模支撑必须牢固,不能因支撑不均匀变形而造成梁体开裂。

外模采用挂篮外模时,将侧模用吊车吊至墩顶,支撑在支架上,并用倒链将侧模临时固定在墩身两侧;用千斤顶调整模板标高、垂直度、位置,最后固定牢靠。

(7) 绑扎底板、腹板、横隔板钢筋。

调整侧模的同时,快速绑扎好底板、横隔板、腹板钢筋,同时上好堵头木模板;在横隔板中间墩顶加立粗钢筋支撑横隔板内模。

底板钢筋与腹板钢筋的连接应牢固,应采用焊接;底板上、下两层的钢筋网应采用两端带弯钩的竖向筋进行连接,使之形成整体;顶板底层的横向钢筋宜采用通长钢筋。

钢筋与预应力管道相互影响时,钢筋仅可移动,不得切断。若挂篮的下限位器、下锚带、斜拉杆等部位影响下一步操作必须切断钢筋时,应在该工序完成后,将切断的钢筋连接好再补孔。

(8) 预应力管道设置。

为确保预应力筋布置、穿管、张拉、灌浆的施工质量,必须确保预应力管道的设置质量,一般采用预埋金属管、金属波纹管、塑料波纹管或橡胶抽拔管。

预应力管道定位必须采用定位钢筋按照设计位置及线形布设。

(9) 浇筑 0 号块混凝土。

墩顶梁段宜全断面一次浇筑完成。当梁段过高一次浇筑完成难以保证质量时,可沿高度方向分两次浇筑,但宜将两次浇筑混凝土的龄期控制在 7 d 以内。梁体内各种管道钢筋稠密,给捣固带来困难。振捣以插入式振捣棒为主,附着式震动器为辅。

浇筑过程中,应采取分部、分层对称浇筑,并保证两端均衡施工,浇筑从两端开始向墩顶进行。对预应力管道端部锚垫板部位,应加强振捣,避免因漏振导致的强度不足,后期张拉时锚垫板附近开裂。

(10) 混凝土养护。

混凝土初凝后,顶面覆盖土工布保湿,严格按施工规范浇水养护混凝土。

(11) 张拉压浆。

待混凝土达到设计要求的强度和弹性模量,方可进行张拉作业。若设计无要求,待混凝土强度不小于最终强度的 75%,方可进行张拉作业。张拉时,先张拉腹板束,后张拉顶板束,先外后内对称张拉。

2) 悬臂节段施工

(1) 施工挂篮。

挂篮是悬臂浇筑施工的主要机具,是一个能沿着轨道行走的活动脚手架。挂篮的主要功能有支承梁段模板,调整正确位置,吊运材料、机具,浇筑混凝土和在挂篮上张拉预应力筋。

①挂篮分类及选择。

桁架式挂篮按其构成部件的不同,可分为万能杆件挂篮、贝雷梁(或装配式公路钢桁架组合式)挂篮、型钢组合桁架组合式等。按桁架构成形状的不同,又可分为平行桁架式、平弦无平衡重式、弓弦式、菱形和三角形等。

随着施工技术的不断改进,挂篮已由过去的压重平衡式发展成现在通用的自锚平衡式,其中菱形桁架式挂篮和三角斜拉式挂篮两类,因其施工安全、质量高、成本较低、工期较短、操作简便、成形快及设备利用率高、结构完善、施工灵活和适用性强,已经成为在公路桥梁施工中的首选形式。

菱形桁架式挂篮主要由菱形桁架、提吊系统、走行系统、后锚系统、模板系统和张拉操作平台 6 部分组成。

三角斜拉式挂篮也称为轻型挂篮。随着桥梁跨径越来越大,为了减轻挂篮自重,以减少施工节段增加的临时钢丝束,在桁架式挂篮的基础上研制了三角斜拉式挂篮。

②挂篮设计。

a. 设计时首先需确定悬浇的分段长度。分段长、节段数量少、挂篮周转次数少、施工速度加快,但结构庞大,需要的施工设备相应增多;分段短,节段多,挂篮周转次数多,施工速度较慢,但结构较轻,相应的施工设备较少。因此,悬浇长度应根据施工条件综合考虑确定。

b. 设计时,应考虑各项实际可能发生的荷载情况,进行最不利荷载组合。设计荷载有挂篮自重、模板支架自重(包括侧模、内模、底模和端模等)、振捣器自重和振动力、千斤顶和液压泵及其他有关设备自重、施工人群荷载、最大节段混凝土自重等。

c. 挂篮横断面布置一般取决于桥梁宽度和箱梁横断面形式。当桥梁横断面为单箱时,全断面采用 2 个挂篮施工;当桥梁横断面为双箱时,一般采用 3 个挂篮施工。

d. 验算挂篮的抗倾覆稳定性能,确定结构整体的图式和尺寸以及后锚点的锚力等。

③挂篮安装。

a. 挂篮组拼后,应全面检查安装质量,并做载重试验,以测定其各部位的变形量,并设法消除永久变形。

b. 在起步长度内,梁段浇筑完成并获得要求的强度后,在墩顶拼装挂篮。有条件时,应在地面上先进行试拼装,以便在墩顶熟练有序地开展拼装挂篮工作。拼装时应对称进行。

c. 挂篮的操作平台下应设置安全网,防止物件坠落,以确保施工安全。挂篮应全封闭,四周设围护,上下应有专用扶梯,方便施工人员上下挂篮。

d. 挂篮行走时,须在挂篮尾部压平衡重,以防倾覆。浇筑混凝土梁段时,必须在挂篮尾部将挂篮与梁进行锚固。

挂篮运至工地后,应在试拼台上试拼,以发现由于制作不精良及运输中变形造成的问题,保证正式安装顺利。挂篮组拼后,应全面检查安装质量,并做载重试验,以测定其各部位的变形量,并设法消除其永久变形。

挂篮操作应注意在0号块上安装梁顶滑道,然后安装支座及三角形组合梁,将其梁尾部相连并锚固,配置压重,吊挂相应调带(杆);将底模平台及侧模支架作为整体起吊,与相应吊点相联结,下横梁则用吊杆支撑在箱梁底板上;从2号块开始,两挂篮分开作业,其尾部各安装接长梁,并将主梁后端锚固在箱梁顶面;挂篮锚固应有专人负责,以保证挂篮在每次变形时规律一致。

④挂篮预压。

为了确保悬臂现浇施工安全,通常对挂篮进行预压试验。

(2) 悬臂节段施工。

挂篮安装且预压完成后,即可按照悬臂节段施工要求进行悬臂节段的施工。

①挂篮行走。当前一节段混凝土施工完毕后,需要将挂篮前移至下一个节段施工平台,称为挂篮行走。挂篮行走是一项危险性较大的关键工作,需要精心组织。目前,挂篮行走的方式主要有两种,即千斤顶顶推法和倒链拖拉法,其中千斤顶顶推法以其施工方便、行走速度快、劳动强度低等特点被广泛使用。

②钢筋制作、安装。钢筋在钢筋棚集中加工,现场绑扎成形。混凝土浇筑前,钢筋表面必须清洁、无油污等,钢筋下料绑扎、固定必须严格按图施工。

③钢绞线下料、编束和穿束。按设计图表的下料长度下料,下料采用圆盘锯切割,使钢绞线的切割面为一平面,以便在张拉时检查断丝。编束后用18~20号铁丝绑扎牢固。为便于穿入,端部焊成锥体状,用铁皮包裹以防止穿坏波纹管。中短束采用人工穿束,长、曲线束采用卷扬机牵引,穿束前清除孔内杂物。

④混凝土施工。箱梁节块混凝土采用泵送一次浇筑成形。浇筑顺序为:横向对称进行,纵向由外向内分层浇筑。浇筑过程中两端平衡进行,混凝土自重偏差控制在±3%。混凝土初凝后,及时覆盖无纺土工布并安装自动喷淋装置确保养护湿度,洒水养护不少于7 d,随后用塑料薄膜覆盖28 d。

⑤张拉、压浆、封端。详见0号块施工工艺要求。

3）边跨现浇梁段（直线段）施工

边跨支架上的现浇部分，可在墩旁搭设临时墩支承平台，一般采用万能杆件、贝雷架等拼装，在其上整体或分段浇筑。

当与采用顶推法施工的连接桥相接时，可把现浇梁段临时固结在顶推梁上，到位后再进行梁的连接。其步骤如下：设置临时桩基→浇筑钢筋混凝土承台→加宽边墩混凝土承台和设置预埋件→拼装扇形全幅万能杆件支架→搭设型钢平台→加载试压→安装现浇底模和侧模，底模下设木楔调整块→测量底板高程（包含预抬量）和位置→绑扎底腹板钢筋、竖向预应力筋安装、底板纵向预应力管道及端模和腹板模安装→自检及监理工程师验收→浇筑底板和腹板混凝土→养生待强→安装内顶模→绑扎顶板底钢筋→安装纵向及横向预应力管道→绑扎顶板顶层钢筋→自检及监理工程师验收→浇筑顶板混凝土→养生凿毛→拆除端头模板→张拉竖向预应力筋和顶板横向预应力筋→拖移外侧模→拆除箱内模板。

4）合龙段施工及体系转换

连续梁全梁施工是从各墩顶 0 号段开始至该 T 构的完成，再将各 T 构拼接而形成整体连续梁，这种 T 构拼接就是合龙。合龙是连续梁施工和体系转换的重要环节，合龙施工必须满足受力状态的设计要求和保持梁体线形，控制合龙段的施工误差。

（1）合龙段施工。

合龙段施工通常采用吊架或挂篮施工。其中合龙段锁定和合龙段配重是合龙段施工的两关键工作。

①合龙段锁定。合龙段锁定的目的是在合龙前将悬臂端与边跨现浇段作临时连接，使其保持相对固定，以防止合龙段混凝土在浇筑及早期硬化过程中发生明显的体积变化，确保合龙段接缝不会出现裂缝。合龙段锁定有内刚性支撑法、外刚性支撑法、刚性支撑和临时束共同作用法 3 种。

通常合龙段锁定采用刚性支撑和临时束共同作用法。该法一般采用焊接劲性骨架和张拉临时预应力束，达到对合龙段"既压又撑"。支撑劲性骨架采用"预埋组合型钢＋连接组合型钢＋预埋组合型钢"三段式结构，其断面面积及支承位置根据锁定设计确定。合龙时，在两预埋组合型钢之间设置连接组合型钢，并由连接钢板将连接组合型钢与预埋组合型钢焊接成整体。在合龙段和悬臂端上设置临时预应力束，通过张拉临时预应力束达到对合龙段的固定。临时预应力束按设计布置，并在劲性骨架顶紧后进行张拉，临时束张拉锚固后不压浆，合龙完毕后将拆除。

②合龙段配重。配重的目的是保持结构在施工中整个梁体的受力和变形协调一致。配重按其作用可以分为两种：一是基本配重；二是附加配重。基本配重主要是指等量替换合龙段混凝土湿重，这是为了确保梁体的挠度能达到设计值而设置的。附加配重则根据实际施工状况来定，浇筑时如果出现了重量偏差，就要施加附加配重。配重一般都是用水箱和砂袋来进行加载，根据经济、施工方便确定，在浇筑合龙段混凝土时随着浇筑同步释放压重。配重设置的方法有3种，主要包括等量配重法、等位移配重法、等弯矩配重法。

（2）体系转换。

对于悬臂浇筑的桥梁结构，按照一定的顺序施工合龙和解除支座、0号段临时固结措施，将悬臂施工的静定结构转换为成桥状态的超静定连续梁，即为体系转换。公路工程连续梁悬臂施工中，体系转换步骤为：边跨合龙段施工→解除临时锁定和临时支座→形成两个单悬臂静定梁体系→中跨临时锁定→中跨合龙段施工→中跨预应力施工→完成连续梁体系转换。

5）施工监控

悬臂浇筑施工是一种自架设体系施工法，其在施工过程中必然给桥梁结构带来较为复杂的内力和位移变化。为使桥梁的线形和内力达到设计的预期值，桥梁施工监控成为十分关键的一环。其通过监测手段得到各施工阶段结构的实际变形，从而可以跟踪掌握施工进程和发展情况。当发现施工过程中监测实际值与计算的预计值相差过大时，就立即进行检查和分析原因，避免施工质量和安全事故的发生。

悬臂浇筑施工前应编写详细的监控方案，经批准审批后组织实施。监控的内容主要包括梁体的线形监控及施工应力、温度场、混凝土弹性模量、预应力等监控。

4.3.2 装配式梁桥施工

装配式梁桥施工，又称预制安装法，是指桥梁的桥跨结构在非桥址的位置提前集中预制生产，待桥梁下部结构施工完成并满足施工要求后，采用运梁机械将梁体运输至桥址位置并采用起重吊装机械将梁体安放至设计位置的一种施工方法。

1. 先张法梁板预制

先张法的制梁工艺是在浇筑混凝土前张拉预应力筋,将其临时锚固在张拉台座上,然后立模浇筑混凝土,待混凝土达到规定的强度时,逐渐将预应力筋放松,这样就利用预应力筋的弹性回缩与混凝土之间的黏结作用,使混凝土获得预压应力。

(1) 预制台座建造。

台座是先张法施工的主要设备之一,承受预应力钢筋的全部张拉力,它应有足够的强度和稳定性,以免变形、倾覆、滑移而引起预应力损失。台座由一个框架(两根固定横梁和两根受压柱构成)和两根活动横梁组成,固定和活动横梁间设置千斤顶,预应力钢筋两端用工具锚固在活动横梁的锚固板上。千斤顶顶起活动横梁,使预应力筋受张拉。全部张拉力由框架承受。

压柱的承压形式可为中心受压或偏心受压,一般采用偏心受压。前者省料但作业不方便,后者则相反。

(2) 模板工程。

预制梁的模板是施工过程的临时结构,它不仅关系到预制梁尺寸的精度,而且对工程质量、施工进度和工程造价有直接的影响。

模板在制作时,应保证表面平整,转角光滑,连接孔配合准确。对于钢模要考虑焊缝收缩对长度的影响,对于木模要在构造上采取措施以防漏浆。模板的组装可在工作平台上进行,底模在制作时需考虑预制梁的预拱度。

模板的安装应与钢筋工作配合进行。在底模整平以及钢筋骨架安装后,安装侧模板和端模板;也可先安装端模,后安装侧模板。模板安装的精度要高于预制梁的精度要求。每次模板安装完成并通过验收合格后,方可进入下一道工序。

模板分为底模、侧模、端模和内模。底模支承在底座上或设置在流水台车上,可用 12~16 mm 厚的钢板制成。将先张台座的混凝土底板作为预制构件的底模,要求地基不产生非均匀沉陷,底板制作必须平整光滑、排水畅通,预应力筋放松,梁体中段拱起,两端压力增大,梁体端部的底模应满足强度要求和重复使用的要求。底模在构造上应注意设置底模与侧模、底模与端模以及底模接长的联系构件。此外,还应在底模与台座之间设置减振垫。

侧模由侧板、水平加劲肋、斜撑等构件组成。钢侧模板一般采用 4~8 mm 厚钢板,采用∟50~∟100 加劲角钢。侧模板在构造上应考虑悬挂振捣器的构件,要加强侧模间的连接构造,并需设置拆模板的设施。先张法制作预应力板梁,预应力钢筋放松后板梁压缩量为1‰左右。为保证梁体外形尺寸准确,侧模制作要增长1‰。

端模设置在梁的两端,安装时连接在侧模上,用于形成梁端形状。端模预应力筋孔的位置要准确,安装后与定位板上对应的力筋孔要求均在一条中心线上。由于施工中实际上存在偏差,力筋张拉时的筋位有移动,制作时端模力筋孔径可按力筋直径扩大2～4 mm,力筋孔水平向还可做成椭圆形。

内模是空心截面梁、板的预制关键。其结构形式直接影响到制作是否经济、拆装是否方便、周转率高低等问题。

(3) 预应力筋的张拉。

预应力钢筋通常采用高强钢丝、钢绞线和精轧螺纹钢筋。

预应力混凝土预制梁制造过程中,张拉预应力筋、对梁施加预应力是一项十分重要的工作。施加预应力过多或不足都会影响梁的预制质量,必须按设计要求,准确地施加预应力。

先张法梁的预应力筋是在底模整理后,在台座上张拉已加工好的预应力筋。先张法梁通常一端张拉,另一端在张拉前要设置好固定装置或安放好预应力筋的放松装置。张拉前,应先在端横梁上安装预应力筋的定位钢板,同时检查其孔位和孔径是否符合设计要求。之后在台座安装预应力筋,穿钢筋不能刮碰掉台面上的隔离剂。安装张拉设备时,应使张拉力的作用线与钢筋中心线一致。张拉时应采用应力与伸长值双控制,如发现伸长值异常,应停止张拉,查明原因。此外,在张拉过程中要十分重视施工安全。

为了减少张拉过程中的预应力损失,可以采用超张拉的方法。若设计无规定,其张拉程序按表4.1的规定进行。

表4.1 预应力筋张拉程序

预应力筋种类	张 拉 程 序
钢筋	0→初应力→1.05 σ_{con}(持荷2 min)→0.9 σ_{con}→σ_{con}(锚固)
钢丝、钢绞线	0→初应力→1.05 σ_{con}(持荷2 min)→0→σ_{con}(锚固) 对于夹片式等具有自锚性能的锚具:普通松弛力筋0→初应力→1.03 σ_{con}(锚固);低松弛力筋0→初应力→σ_{con}(持荷2 min,锚固)

注:①表中 σ_{con} 为张拉时的控制应力值,包括预应力损失值。

②超张拉数值超过最大超张拉应力限值时,应按该条规定的限制张拉应力进行张拉。

③张拉钢筋时,为保证施工安全,应在超张拉放张至0.90 σ_{con} 时安装模板、普通钢筋及预埋件等。

④低松弛预应力筋张拉的伸长值 ΔL 如较小且设计未计入锚圈口预应力损失,应采取超张拉施工。

（4）预应力混凝土的配料与浇筑。

混凝土工程质量是混凝土能否达到设计强度等级的关键，将直接影响钢筋混凝土结构的强度和耐久性。

①预应力混凝土配料。

预应力混凝土配料除符合普通混凝土有关规定外，尚应符合如下要求。

配制高强度等级的混凝土应选择级配优良的配合比，在构件截面尺寸和配筋允许下，尽量采用大粒径骨料、强度高的骨料；含砂率不超过 0.4，水泥用量不宜超过 500 kg/m³，最大不超过 550 kg/m³，水灰比不超过 0.45，一般可采用低塑性混凝土，坍落度不大于 30 mm，以减少徐变和收缩引起的预应力损失。

在拌和料中可掺入适量的减水剂（塑化剂），以达到易于浇筑、早强、节约水泥的目的，其掺入量可由试验确定，也可参考经验值。拌和料不得掺入氯化钙、氯化钠等氯盐及引气剂，亦不宜掺用引气型减水剂。值得注意是，由于混凝土掺加减水剂效果显著，目前用于建造预应力混凝土桥梁的高强度混凝土几乎没有不掺加减水剂的，但对减水剂的使用不能掉以轻心，使用不当将会严重影响混凝土的质量。

水、水泥、减水剂用量应准确到±1%；骨料用量准确到±2%。

预应力混凝土所用的一切材料，必须全面检查，各项指标均应合格。预应力混凝土选配材料总的发展趋势是提高强度、减轻自重，主要途径是采用多孔的轻质骨料。改善预应力混凝土物理力学性能的另一个重要途径是发展研制改性混凝土。目前研制的改性沥青混凝土主要有两种，见表 4.2。

表 4.2 改性沥青混凝土

名 称	内 容
纤维混凝土	在混凝土中掺入钢纤维、抗碱玻璃纤维或合成纤维，可以大幅度提高混凝土的抗拉强度、断裂韧性，对混凝土的抗压强度、弹性模量的提高亦有作用
聚合物混凝土	有机聚合物与无机材料复合的新型材料，如浸渍混凝土不仅将强度提高 200%～400%，还可以增进混凝土的耐久性和耐腐蚀性。目前在桥梁工程上也有配制试用新材料混凝土的，采用改性混凝土可达到超高强度，优越性好，经济效益显著

②预应力混凝土浇筑。

混凝土浇筑前除按操作规程检查外，对先张构件还应检查台座受力、夹具、预应力筋数量、位置及张拉吨位是否符合要求等。

浇筑质量主要从两个方面来控制,一个是浇筑层的厚度与浇筑程序;另一个是振捣质量,两个方面互相影响。当构件的高度(或厚度)较大时,为了保证混凝土能振捣密实,应采用分层浇筑法,并应在下层混凝土初凝之前,将上层混凝土浇筑并振捣完毕。T形梁一般采用水平层浇筑,也可采用斜层浇筑。

混凝土浇筑不得任意中断,由于技术上或组织上的原因必须间歇时,间歇时间应根据环境温度、水泥性能、水灰比、外加剂类型及混凝土硬化条件确定。无试验资料时,对不掺外加剂的混凝土,间歇时间不宜超过 2 h;当温度高达 30 ℃时,应减少为 1.5 h;当温度低于 10 ℃时,可延长至 2.5 h。

③混凝土的振捣。

混凝土浇筑与混凝土振捣要密切配合,分层浇筑分层振捣。

在预制梁时,组织强力振捣是提高施工质量的关键。由于预制梁截面形状复杂,梁高、壁薄、钢筋密集,在浇筑梁下层或下马蹄处的混凝土时,可使用底模和侧模下排的振捣器联合振捣,并依照浇筑位置调整振捣部位。当浇筑到梁的上层或梁肋混凝土时,主要使用侧模振捣,辅以插入式振捣。待浇筑桥面混凝土时,可使用侧模上排振捣器、插入式振捣器和平板式振捣器联合振捣。

混凝土的振捣时间应严格控制。振捣时间过长,容易引起混凝土的离析现象;振捣时间过短,不能达到要求的密实度。一般以振捣至混凝土不再下沉、无显著气泡上升、混凝土表面出现浮浆、表面达到平整为适度。当用附着式振捣器时,因振捣效率差,一般约需 120 s;当用插入式振捣器时,效果较好,一般只要 20~30 s;当用平板式振捣器时,在每个位置上的振捣时间为 25~40 s。

④混凝土的养护及拆模。

为保持混凝土硬化时所需的温度与湿度,混凝土浇筑后需进行养护。预应力混凝土梁一般采用蒸汽法养护。开始时恒温,温度应按设计规定执行,不得任意提高,以免造成不可补救的预应力损失。

拆模的施工质量直接影响到预制梁的质量和模板的周转使用。不承重的侧模,在混凝土强度达到 2.5 MPa 时,可以拆除。侧模可用千斤顶协助脱模,为使模板单元安全脱模,常用旋转法拆模,其转动中心可设在侧模的下端或上端。承重的底面模板应在混凝土强度能承受自重和其他可能的外荷载时拆除。

⑤预应力筋的放松。

当混凝土强度达到设计强度的 70%以后,可在台座上放松受拉预应力筋,对预制梁施加预应力。放松过早会造成较多的预应力损失(主要是收缩、徐变损失);放松过迟则影响台座和模板的周转。放松操作时速度不应过快,尽量使构件受力对称均匀。只有待预应力筋被放松后才能切割每个构件端部的钢筋。

放松预应力钢筋的方法有:千斤顶放松、沙箱放松、滑楔放松和螺杆放松等方法,用得较多的是千斤顶放松。采用千斤顶放松,是在混凝土达到规定强度后,再安装千斤顶重新张拉钢筋,施加的应力不应超过原有的张拉控制应力,之后将固定在横隔梁定位板前的双螺帽慢慢旋动,再将千斤顶回油,让钢筋慢慢放松,使构件均匀对称受力。当逐根放松预应力筋时,应严格按有利于梁受力的次序分阶段进行。通常自构件两侧对称地向中心放松,以免较后一根钢筋断裂时使梁承受大的水平弯曲冲击作用。

2. 后张法梁板预制

后张法施工工艺是先浇筑留有预应力孔道的梁体,待混凝土达到规定强度后,再在预留孔道内穿入预应力筋进行张拉锚固(对后穿入预应力筋困难时,可在浇筑混凝土之前穿入),最后进行孔道压浆并浇筑梁端封头混凝土。

(1) 后张法梁板预制施工工序。

①按施工需要规划预制场地,整平压实,完善排水系统,确保场内不积水。

②根据预制梁的尺寸、数量、工期,确定预制台座的数量、尺寸,台座用表面压光的梁(板)筑成,应坚固不沉陷,确保底模沉降不大于 2 mm,台座上铺钢板底模或用角钢镶边代作底模。当预制梁跨大于 20 m 时,要按规定设置反拱。

③根据需要及设备条件,选用塔吊或跨梁龙门吊作吊运工具,并铺设轨道。

④统筹规划梁(板)拌和站及水、电管路的布设安装。

⑤预制模板由钢板、型钢组焊而成,应有足够的强度、刚度和稳定性,尺寸规范、表面平整光洁、接缝紧密、不漏浆,试拼合格后,方可投入使用。

⑥在绑扎工作台上将钢筋绑扎焊接成钢筋骨架,把制孔管按坐标位置定位固定,如使用橡胶抽拔管要插入芯棒。

⑦用龙门吊机将钢筋骨架吊装入模,绑扎隔板钢筋,埋设预埋件,在孔道两端及最低处设置压浆孔,在最高处设排气孔,安设锚垫板后,先安装端模,再安装涂有脱模剂的钢侧模,统一紧固调整和必要的支撑后交验。

⑧将质量合格的梁(板)用专用设备运输,卸入吊斗,由龙门吊从梁的一端向另一端,水平分层,先下部捣实后再腹板、翼板,浇筑至接近另一端时改从另一端

向相反方向顺序下料,在距梁端3～4 m处浇筑合龙,一次整体浇筑成形。当梁高跨长,或混凝土拌制跟不上浇筑进度时,可采用斜层浇筑,或纵向分段、水平分层浇筑。

⑨梁(板)的振捣以紧固安装在侧模上的附着式为主,插入式振捣器为辅。振捣时要掌握好振动的持续时间、间隔时间和钢筋密集区的振捣,力求使梁(板)达到最佳密实度而又不损伤制孔管道。

⑩梁(板)混凝土浇筑完成后要将表面抹平、拉毛,收浆后适时覆盖,洒水湿养不少于7 d,蒸汽养护恒温不宜超过80 ℃,也可采用喷洒养护剂。

⑪使用龙门吊拆除模板,拆下的模板要按顺序摆放,清除灰浆,以备再用。

⑫构件脱模后,要标明型号、预制日期及使用方向。

⑬将力学性能和表面质量符合设计要求的预应力钢丝或钢绞线按计算长度下料,梳理顺直,编扎成束,用人工或卷扬机或其他牵引设备穿入孔道。

⑭当构件梁(板)达到规定强度时,安装千斤顶等张拉设备,准备张拉。

⑮张拉使用的张拉机及油泵、锚、夹具必须符合设计要求,并配套使用,定期校验,以准确标定张拉力与压力表读数间的关系曲线。

⑯按设计要求在两端同时对称张拉,张拉时千斤顶的作用线必须与预应力轴线重合,两端各项张拉操作必须一致。

⑰预应力张拉采用应力控制,同时以伸长值为校核。实际伸长值与理论伸长值之差应满足规范要求,否则要查明原因采取补救措施。

⑱张拉过程中的断丝、滑丝数量不得超过设计规定,否则要更换钢筋或采取补救措施。

⑲预应力筋锚固要在张拉控制应力处于稳定状态时进行,其钢筋内缩量不得超过设计规定。

⑳预应力筋张拉后,将孔道中冲洗干净,吹除积水,尽早压注水泥浆。

(2)后张法张拉时的施工要点。

①对受力筋施加预应力之前,应对构件进行检验,外观尺寸应符合质量标准要求。张拉时,构件混凝土强度应符合设计要求;设计无要求时,不应低于设计强度等级值的75%。当块体拼装构件的竖缝采用砂浆接缝时,砂浆强度不低于15 MPa。

②对预留孔道应用通孔器或压气、压水等方法进行检查。端部预埋铁板与锚具和垫板接触处的焊渣、毛刺、混凝土残渣等应清除干净。当采用先穿束的方法时用压气、压水较好。

③钢筋穿束前,螺丝端杆的丝扣部分应用水泥袋纸等包缠2~3层,并用细钢丝扎牢;在钢丝束、钢绞线束、钢筋束等穿束前,将一端找齐平,顺序编号。对于短束,用人工从一端向另一端穿束;对于较长束,应套上穿束器,由引线及牵引设备从另一端拉出。

④对于夹片式锚具,上好的夹片应齐平,并在张拉前用钢管捣实。

⑤预应力筋的张拉顺序应符合设计要求,当设计未规定时,可采取分批、分段对称张拉。

⑥应使用能张拉多根钢绞线或钢丝的千斤顶同时对每一钢束中的全部力筋施加应力,但对于扁平管道中不多于4根钢绞线的除外。

⑦预应力筋张拉端的设置应符合设计要求,当设计无具体要求时,应符合以下规定:对于曲线预应力筋或长度不小于25 m的直线预应力筋,宜在两端张拉;对长度小于25 m的直线预应力筋,可在一端张拉;曲线配筋的精轧螺纹钢筋应在两端张拉,直线配筋的精轧螺纹钢筋可在一端张拉。

⑧后张预应力筋断丝及滑丝不得超过有关规定的控制数。

⑨预应力筋在张拉控制应力达到稳定后方可锚固。预应力筋锚固后的外露长度不宜小于300 mm,锚具应用封端混凝土保护,当需长期外露时,应采取防止锈蚀的措施。一般情况下,锚固完毕并经检验合格后即可切割端头多余的预应力筋,严禁用电弧焊切割,强调用砂轮机切割。

⑩张拉切割后即封堵。用素灰将锚头封住,然后用塑料布将其裹住进行养护,以防止裂缝而使锚头漏浆、漏气,影响压浆质量。

3. 预制梁板的吊装

预制装配式桥梁施工是将在预制厂或桥梁现场预制的梁运至桥位处,使用一定的起重设备进行安装并完成横向连接组成桥梁的施工方法。目前,预制安装法是简支梁经常采用的一种施工方法。预制梁的安装主要有架桥机法、跨墩龙门式吊车架梁法、自行式吊车架梁法、扒杆架设法、浮吊架设法和高低腿龙门架配合架桥机架设法等。

下面简要介绍架桥机法、跨墩龙门式吊车架梁法、自行式吊车架梁法和浮吊架设法。

(1) 架桥机法。

架桥机可分为单导梁式、双导梁式、斜拉式和悬吊式等类型。其中双导梁式架桥机以高安全性、高效性及适应强的特点,在高速公路桥梁架设中广泛使用。

架桥机法整体施工工艺流程如图 4.2 所示。

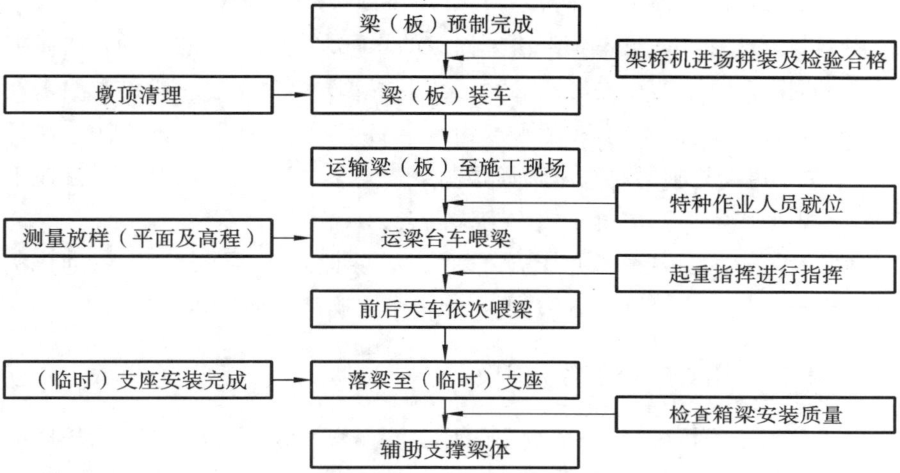

```
                    ┌─────────────────┐
                    │  梁（板）预制完成  │───┐
                    └─────────────────┘   │  ┌──────────────────────┐
                             │            └─▶│ 架桥机进场拼装及检验合格 │
                             ▼               └──────────────────────┘
┌────────────┐      ┌─────────────────┐
│  墩顶清理   │─────▶│   梁（板）装车   │
└────────────┘      └─────────────────┘
                             │
                             ▼
                    ┌─────────────────┐
                    │ 运输梁（板）至施工现场│
                    └─────────────────┘
                             │            ┌──────────────────────┐
                             │         ┌─▶│  特种作业人员就位      │
                             ▼         │  └──────────────────────┘
┌──────────────────┐  ┌─────────────────┐
│ 测量放样（平面及高程）│─▶│   运梁台车喂梁   │
└──────────────────┘  └─────────────────┘
                             │            ┌──────────────────────┐
                             │         ┌─▶│  起重指挥进行指挥      │
                             ▼         │  └──────────────────────┘
                    ┌─────────────────┐
                    │  前后天车依次喂梁 │
                    └─────────────────┘
                             │
                             ▼
┌──────────────────┐  ┌─────────────────┐
│ （临时）支座安装完成│─▶│ 落梁至（临时）支座│
└──────────────────┘  └─────────────────┘
                             │            ┌──────────────────────┐
                             │         ┌─▶│  检查箱梁安装质量      │
                             ▼         │  └──────────────────────┘
                    ┌─────────────────┐
                    │   辅助支撑梁体   │
                    └─────────────────┘
```

图 4.2　架桥机法整体施工工艺流程

(2) 跨墩龙门式吊车架梁法。

跨墩龙门式吊车安装适用于桥不太高，架梁孔数多，地势平坦，沿桥墩两侧铺设轨道不困难，无水或浅水河滩区域安装预制梁的情况。一台或两台跨墩龙门吊车分别设于待安装孔的前后墩位置，预制梁内平车顺桥向运至安装孔一侧，移动跨墩龙门吊车上的吊梁平车，对准梁的吊点放下吊架将梁吊起。当梁底超过桥墩顶面后，停止提升，用卷扬帆牵引吊梁平车慢慢横移，使梁对准桥墩上的支座，然后落梁就位，接着准备架设下一片梁。

山区预制梁易受场地影响。为满足施工进度需求，经常把预制梁场地设置在桥梁下狭小场地内，采用运梁车将桥下预制梁运至高低腿龙门式吊车下，利用高低腿龙门式吊车将预制梁提升到桥面，然后再用运梁小车把箱梁运到架桥机下面进行预制梁架设。通常梁板预制场位于桥址中部时，也采用跨墩龙门式吊车作为初架段梁体的架设、架桥机及预制梁的上下桥作业。

(3) 自行式吊车架梁法。

在桥不高、场内又可设置行车便道的情况下，用自行式吊车（汽车吊车或履带吊车）架设中、小跨径的桥梁十分方便。此法视吊装重量不同，还可采用单吊（一台吊车）或双吊（两台吊车）两种形式。其特点是机动性好，不需要动力设备和准备作业，架梁速度快。

(4) 浮吊架设法。

在海上和深水大河上修建桥梁时,选用可回转的伸臂式浮吊架梁比较方便,也可用钢制万能杆件或贝雷钢架拼装固定的悬臂浮吊进行。此架梁方法高空作业较少、吊装能力大、工效高、施工较安全,但需要大型浮吊。由于浮吊船来回运梁航行时间长,需增加费用,一般采取用装梁船存梁后成批架设的方法。浮吊架梁时,需在岸边设置临时码头来移运预制梁。架梁时浮吊要仔细锚固,流速不大时可用预先抛入河中的混凝土锚作为锚固点。

预制梁(板)的吊装常采用上述4种方法,除此之外,还有扒杆法(钓鱼法)、简易型钢导梁架设法等其他方法,但在规范中明确严禁使用扒杆法施工。

4. 简支-连续体系转换

对于公路工程桥梁,为保证行车的舒适性,通常采用多跨连续梁结构以减少桥梁伸缩缝的数量,因此采用装配式施工的连续梁桥,在梁(板)架设完毕后,需要将处于简支体系的梁(板)按设计要求转换为连续体系。

(1) 施工准备。

简支-连续梁桥通过将简支梁在墩顶实施结构连续或墩梁固结而成,所以,简支梁体是基础,墩顶结构连续、墩梁固结(刚构)或桥面连续构造是关键,施工必须高度重视。强化施工设计,明确施工工序,制定精细化的施工方案,实行首件(试制)制。

(2) 梁预制与安装。

预制台座稳定性好,顶面光滑,易于脱模。严格按照设计图纸,制作强度、刚度、稳定性均满足预制梁需要的模板系统,同时,模板必须能根据预制梁顶横坡、锚固齿板等需要具有可调整功能。从控制混凝土原材料、配合比、几何尺寸、一期预应力体系建立精度、养护等方面入手,采取有效措施,确保预制梁预拱度符合设计要求。临时支座必须满足强度、刚度、稳定性要求。建议采用砂筒等方便拆除的结构形式。注意事先设置的永久支座的安装精度并保持稳定性。

(3) 墩顶湿接头浇筑。

混凝土需做专门配合比,保证高强度、低收缩、高韧性的设计要求。对于简支结构连续梁桥,墩顶湿接头混凝土浇筑前,梁端面、梁端横隔板以及端横隔板靠墩侧面以外的梁肋侧面应按要求凿毛,或刷净水泥浆,或刷专用黏结剂等增加新旧混凝土连接性能的处理。对于简支刚构连续梁桥,墩顶湿接头混凝土浇筑前,梁端面、梁端横隔板、端横隔板靠墩侧面以外的梁肋侧面以及桥墩盖梁顶面应按要求凿毛,或刷净水泥浆,或刷专用黏结剂等提升新旧混凝土连接性能。

墩顶湿接头浇筑应严格按设计要求执行。设计无明确要求时,墩顶连续应在一天中温度最低且变化最小的时间内进行,同时保证在温度升高时,混凝土已有20%以上的强度。如遇昼夜温差大于15 ℃,建议在墩顶湿接头内设置劲性骨架,以避免因温度升高过大而对混凝土凝结产生不利影响。墩顶湿接头混凝土应有专门的养护方案,确保此类间隙混凝土强度增长。

(4)二次预应力体系建立。

按照设计要求,严格控制预制梁中预应力管道、锚固齿板的几何精度。采用专门的塑料波纹管,确保预应力管道畅通。二次预应力施工前,必须对预应力管道,特别是管口借助衬管等实施特别保护。二次预应力张拉时,混凝土强度必须满足设计要求,张拉时间、顺序应符合设计规定。以竖向的预应力筋或普通钢筋预埋于桥墩梁段中来进行墩梁固接,在墩梁固接构造混凝土浇筑前,应对竖向预应力筋做特别保护。应有专门的管道压浆配方,采用真空压浆。

(5)临时支座、永久支座安装。

对于搁置空心板梁的临时支座,其强度和刚度必须保证在梁板架设过程中不破损,基本无沉降量,可采用硬木板条用拉杆细栓箍紧方箱装砂层办法处理。搁置梁的临时支座可用将钢管截成筒状侧边钻孔临时阀门封闭灌装砂层的办法,高度可比永久支座略高3~5 mm,以便体系转换时最后拆除。浇筑湿接头混凝土前,应对永久性橡胶支座表面进行保护(塑料膜或薄钢板覆盖),其接缝处残渣、杂质可用空压机清除干净,并仔细检查各支座放置的平整度。先简支后连续桥支座在伸缩缝处和连续墩处不同,伸缩缝处采用GJZF4或GYZF4支座,连续墩处采用GJZ或GYZ支座。在连续墩处支座下设一定高度的支座垫石,GJZF4及GYZF436支座不允许倾斜安装。永久橡胶支座安装,纵坡不小于1%时需采取措施使支座平置;当有纵坡时,必须采用梁底预埋钢垫板调平后再放置支座。

(6)结构体系(支座)转换。

在满足强度、刚度、稳定性及拆除方便的要求下,对临时支座(对于单支座简支连续梁桥)构造、安装、拆除方案进行研究,提出实施方案。严格按照设计要求的时间、顺序进行结构体系(支座)转换。

(7)新旧混凝土连接面处理。

湿接头部位新旧混凝土接合最容易成为结构的薄弱环节。新旧混凝土强度必须达到一致,连成整体,所以湿接头部位旧混凝土去皮相当重要。对于新旧混凝土连接面处理,有试验资料表明,新旧混凝土连接面的抗拉强度与施工时的处理方法有关,经凿毛处理的新旧混凝土面的弯曲抗拉强度较低(如 C40 混凝土仅为 1.25 MPa)。所以,对现浇接头部位的梁顶面应去皮处理,对有周边接触面的(如空心板铰缝)也应在预制场内凿毛洗净,以减少高空作业并保证新旧混凝土黏结质量。同时由于该部位钢筋、波纹管较密集,湿接头混凝土一般用小石子混凝土分层浇筑,层层仔细振捣。梁板预制时,湿接头预埋钢筋位置一定要准确,板端钢筋预留长度要一致,避免当梁板全部安装完毕后处理接头钢筋造成的操作环境差、工人劳动强度大而无法保证接头钢筋连接质量情况出现。梁体上旧混凝土去皮凿毛工作必须提前进行,预制梁板刚拆模后即开始施作。除对梁板端部接头旧混凝土凿毛外,还必须重视铰缝混凝土和梁上部负弯矩区梁顶凿毛,避免梁板全部安装完毕,钢筋接头接好后再做此道工序而费时、费工。残渣、杂质飞落湿接头缝隙内,用高压风或高压水枪均无法彻底清除,避免影响湿接头混凝土浇筑质量,给今后桥梁运营安全带来隐患。

(8)结构性现浇层与梁端湿接头浇筑顺序。

先简支后结构连续梁桥靠梁端湿接头和墩顶连续段预应力筋实现体系转换。墩顶连续段预应力筋一方面为结构性现浇层提供预压应力;另一方面为桥梁提供支点正弯矩,以抵抗桥梁运营时的支点负弯矩。结构性现浇层与梁端湿接头的施工顺序、施工时间间隔,对桥梁受力状态产生比较大的影响。因此,选择合理的施工顺序,可使桥梁成桥时获得更好的受力状态。

国内的施工单位主要使用以下两种方式进行湿接头浇筑。

第一种浇筑方式:先浇筑一部分结构性现浇层,再浇筑梁端湿接头和剩余结构性现浇层、张拉墩顶连续段预应力筋。

第二种浇筑方式:先浇筑湿接头和一部分结构性现浇层,并张拉墩顶连续段预应力筋,再浇筑剩余结构性现浇层。

对于先简支后结构连续梁桥而言,先浇筑湿接头再浇筑结构性现浇层对结构受力不利;而先浇筑结构性现浇层再浇筑湿接头对结构有利。因此,建议先浇筑结构性现浇层再浇筑湿接头。

(9)结构性桥面铺装和非结构性桥面铺装垫层施工。

按照设计要求进行梁顶剪力钢筋预埋,特别是梁翼板现浇带上的预埋。通过预制梁的试制,有必要适当调整剪力钢筋的伸出长度,以适应剪力钢筋与钢筋网之间的连接,尽量避免剪力钢筋失效。结构性桥面铺装和非结构性桥面铺装垫层混凝土浇筑后的基岩效应明显,容易出现收缩裂缝,应在规定的时间(或预制梁龄期)进行施工,同时,应对裸梁顶面按要求凿毛,或刷净水泥浆,或刷专用黏结剂等提升新旧混凝土连接性能。施工时,采取专门的大面薄型混凝土的养护措施。

4.4 涵洞施工

4.4.1 拱涵、盖板涵施工

1. 拱涵施工

拱涵作为公路工程中比较常用的涵洞类型,其施工与相应的拱桥基本相同。

(1)拱涵的支架与拱架。

拱涵施工的支架一般有钢拱架、木拱架和土牛拱胎支架,对钢拱架、木拱架一定要重视其支架的强度和刚度,防止不均匀变形。

在小桥涵施工中用土牛拱胎代替拱架,既安全又经济。根据河沟流水情况,土牛拱胎可做成全填拱胎(设有盲沟)的土拱胎、三角形木架木拱胎、木排架木拱胎等。

全土牛拱胎施工步骤如下:拱胎填土应在涵台砌筑砂浆和现浇混凝土强度达到设计强度的75%后,分层夯填,每层厚度宜为0.2~0.3 m,土的压实度应在90%以上。填土宽度在端墙外伸0.5~1 m,并保持1∶1.5的边坡,填土将达拱顶时,分段用样板校正,每隔0.3 m挂线检查。

当用松散砂石料筑土胎时,表面应包300 mm厚黏土保护层;或铺设一层油毛毡或抹一层15 mm厚的水泥砂浆(1∶6~1∶4)作保护层。较好的保护层用砖或片石砌筑,厚约为200 mm,然后抹厚20 mm的黏土,再铺油毡。最好的方法是石灰泥筋抹200 mm厚(石灰∶黏土∶麻筋=1∶0.35∶0.03,质量比),抹后3 d即可浇筑混凝土。

(2)施工要点。

①拱圈和出入口拱上端墙的砌筑施工,应由两侧向中间同时对称进行。

②现浇混凝土拱圈时,应对称浇筑,最后浇筑拱顶,或在拱顶预留合龙段最后浇筑并合龙。拱圈的现场浇筑在涵长方向宜连续进行;当涵身较长不能一次

连续完成时,可沿长度方向分段进行浇筑,施工缝应设在涵身的沉降缝处。

③预制拱圈的混凝土强度要达到设计强度的 85% 后,才可搬运安装;拱座与拱圈、拱圈与拱圈的拼装接触面,应先拉毛或凿毛(沉降缝处除外),安装前应浇水湿润,再以 M10 水泥砂浆砌筑。

④拱架拆除和拱顶填土要符合以下要求。

先拆拱架再进行拱顶填土时,拱圈和护拱的砌筑砂浆或混凝土强度应符合设计规定,设计未规定时,应达到设计强度的 85% 后,方可拆除拱架,且在拱架拆除时应先完成拱脚以下部分回填土的填筑;达到设计强度的 100% 后,方可进行拱顶填土。

在拱架未拆除的情况下进行拱顶填土时,拱圈和护拱砌筑砂浆或混凝土强度应符合设计规定,设计未规定时,应达到设计强度的 85% 后,方可进行拱顶填土;拱架应在拱圈强度达到设计强度的 100% 后,方可拆除。

2. 盖板涵施工

(1)盖板涵的组成。

盖板涵主要由盖板、涵台(涵墩)、基础、洞身铺底、沉降缝及防水层等组成。

盖板是涵洞的主要承重结构,宜采用钢筋混凝土盖板,跨径较小时亦可采用石盖板;涵台(涵墩)及基础一般用浆砌片(块)石或混凝土修筑。

除设置在岩石地基上的涵洞外,涵洞的洞身和基础应根据地基土的情况,按设计要求设置沉降缝,以防不均匀沉降而引起涵身断裂。一般沿洞身每隔 4~6 m 设一道沉降缝,缝宽 20~30 mm,填缝料应具有弹性和不透水性(如沥青麻絮等),并应填塞紧密。沉降缝应在整个断面(包括基础)断开,且沉降缝处的两端面应竖直、平整,上下不得交错。

为了防止雨水从路基中浸入涵洞结构,影响结构的使用寿命和安全,应在涵洞洞身及端墙在基础面以上被土掩埋部分的表面设置防水层。常用的方法有涂刷热沥青层、设置防水砂浆和涂抹草筋胶泥等。

(2)施工要点。

①施工程序。钢筋混凝土盖板涵施工一般分为盖板预制吊装和现场浇筑两种。

②盖板的预制应注意检查盖板上、下面的方向,对斜交涵洞应注意斜交角的方向,避免发生反向错误。

③盖板安装。预制构件的混凝土强度达到设计强度的 85% 后,方可搬运安

装,设计有规定时从其规定。安装前,应检查构件、涵台的尺寸,检查锚栓孔的位置,并在涵台上画出盖板的安装位置;安装后,盖板上的吊装孔,应以砂浆填塞密实。

④盖板涵施工,对钢筋、模板支架、混凝土、砌体等的施工符合桥梁部分的要求。

⑤盖板涵混凝土的现场浇筑施工在涵长方向宜连续进行;当涵身较长不能一次连续完成时,可沿长度方向分段进行浇筑,施工缝设在涵身的沉降缝处。

⑥就地浇筑的盖板涵,宜采用钢模板或胶合板模板。

⑦基坑开挖应先准确放样开挖边线,材料、安全措施等应准备就绪,不能贸然开挖,以防地基暴露时间过长。开挖过程中注意排水和支护,确保安全。

4.4.2　管涵、箱涵施工

1. 管涵施工

(1) 管涵的组成。

管涵主要由管身、基础、接缝及防水层等组成。管身是管涵的主要组成部分,通常由混凝土、钢筋混凝土或波纹钢制成。钢筋混凝土管身管径一般小于1.50 m,管身多采用预制安装,预制长度通常有 0.5 m、1.0 m 和 2.0 m 等。

(2) 施工要点。

①管涵的管节宜在工厂内集中制作,仅当不具备集中制作的环境和条件时,方可在工地设置预制场地进行制作。管节可采用振动制管法、离心法、悬辊法或立式挤压法等方法进行制作。采用振动制管法制作管节时,应采取有效措施防止内外模板产生移位,保证管壁的厚度均匀。

②制作完成的管节,内外侧表面应平直圆滑,其端面应平整并与其轴线垂直;斜交管涵进出水口管节的外端面,应按斜交角度进行处理。管节尺寸允许偏差应为:长度 -5 mm,0 mm;内径不小于设计值;管壁厚度 -3 mm,正值不限;顺直度的矢度不大于 0.2% 管节长。

③管节在运输、装卸过程中,应采取防止管节碰撞损坏的措施。管涵安装时应对接缝进行防水、防裂处置。

④管涵基础的顶面应设置混凝土管座,管座的弧形面应与管身紧密贴合,使管节受力均匀。当管节直接放置在天然地基上时,应按设计要求将管底的土层夯压密实或设置砂垫层,并做成与管身弧度密贴的弧形管座。

⑤管节的安装施工应符合下列规定。

a. 管节应经质量检验合格后方可使用。

b. 各管节应顺水流方向安装平顺,当管壁厚度不一致时应调整高度使下部内壁齐平;管节应垫稳坐实,安装完成后应采取有效措施予以临时固定,保证其不产生移位,且管内不得遗留泥土等杂物。

c. 插口管安装时,其接口应平直,环形间隙应均匀,并应安装特制的胶圈或采用沥青、麻絮等防水材料填塞;平接管安装的接缝宽度宜为 10～20 mm,其接口表面应平整,并应采用有弹性的不透水材料嵌塞密实,不得采用加大接缝宽度的方式满足涵洞长度要求。管节的接缝不得有间断、裂缝、空鼓和漏水等现象。

2. 箱涵施工

箱涵又称矩形涵,它与盖板涵的区别是:盖板涵的台身与盖板是分开的,台身还可以采用砌石圬工,为简支结构。而箱涵的顶板、底板与两侧墙身是连续浇筑的,称为刚性结构。箱涵的基础分为圬工基础和无圬工基础两种。箱涵施工分为预制钢筋混凝土箱涵施工和现浇箱涵施工两种,下面简要介绍这两种类型。

(1) 预制钢筋混凝土箱涵施工。

预制箱涵节段的质量要求应符合钢筋混凝土的施工要求。节段在运输、装卸过程中应使其受力符合设计规定,尤其注意吊点位置的选择;选择合适的运输和装卸机具,保证运输、装卸过程中构件的安全,使其免受碰撞。

设计未规定时,预制构件的混凝土强度达到设计强度的 85%,方可吊运、安装;构件安装前,应完成构件、地基、定位测量等验收工作。箱涵管节拼装时,接缝两侧的混凝土表面应采用清水冲洗干净,再按设计要求进行拼接施工。

(2) 现浇箱涵施工。

箱涵的挖基、基底处理,基础施工,模板支架的支立及要求,钢筋连接、混凝土浇筑等的程序、要求、注意事项与钢筋混凝土盖板涵基本相同。

就地浇筑箱涵可视情况分段施工,宜先进行底板和梗肋的混凝土浇筑,然后再完成剩余部分的混凝土浇筑。本阶段施工时前一阶段的混凝土强度要求以及施工缝的处理见混凝土部分。也可第一次浇筑底板和箱身 2/3 的高度,混凝土养护至设计强度的 70%后,再立顶模浇筑 1/3 墙身和顶板。若箱涵高度和跨径不是很大,也可设置整体内模,浇筑完底板后支立或安放内模,浇筑侧墙混凝土,绑扎顶板钢筋,浇筑顶板,即箱涵一次浇筑成形。

箱涵施工中应注意施工缝的设置位置,不应设置在受力较大处,底部倒角的混凝土应注意振捣密实,顶部仰角处,应注意钢筋的连接符合要求、模板不得漏浆并支立坚固。

混凝土强度到设计强度的85%时,方可拆除支架;达到设计强度的100%后,方可进行涵顶回填土。设计有具体要求时从其规定。

4.5 桥梁工程施工实践

4.5.1 工程概况

江津至泸州北线高速公路二分部位于重庆市江津区境内,设计速度为120 km/h,双向六车道,整体式路基宽34.5 m,分离式路基宽17.25 m,沿线经过高门村、柏树村、枣子坪、新福嘴、白家村、新庙村等。本合同起讫桩号K9+300~K22+500,路线全长13.2 km,标段内路基挖方319.22万 m^3,填方232.62万 m^3,主线、互通桥梁13座/5693.5 m,天桥3座,上部预制T梁共计2130片,其中30 m长T梁1184片、40 m长T梁946片(含三分部T梁343片,其中30 m长T梁203片、40 m长T梁140片),现浇箱梁695 m,涵洞29道,桩基849根,墩柱458根(包含25根空心薄壁墩),系梁430道(包含中系梁),盖梁285道。

4.5.2 桩基施工

1. 人工挖孔桩施工

(1)施工准备。

①设备、人员、材料进场后,确认挖孔桩基坑四周排水沟顺畅,施工现场的出碴道路畅通。

②按施工图纸准确放线,放出桩位中心线和桩径,并认真进行技术复核,经驻地监理工程师确认后,才能开挖桩身部分。

③挖孔前,要把桩中心位置向桩的四周引出四个桩心控制点,用牢固的钢桩标定。

(2)孔口制作。

①孔口开挖。作业人员用锹、镐挖掘,深度约1 m,立模,用C30混凝土浇筑井口护壁圈,井口圈厚20 cm,且高出地面30 cm,孔口四周0.6 m范围内用砂浆

硬化,孔口四周挖好排水沟,阻止地表水流入井内,并注意出土道路的走向,弃土地点应离孔边至少 3 m,出土达到一定数量或影响施工作业时,应组织人力机械及时清运。

②孔口安全防护。

a. 孔口四周设置装配式安全防护围栏,高度不低于 1.2 m。停止作业时,孔口加盖锁口围护,并设置警告标识牌,防止人员掉入孔中。

b. 为防止雨水侵入桩孔,应在孔口上搭设防雨棚,防雨棚的高度大约 2 m,以利于人员作业,同时在孔内设置半月搭板作为孔内防护。

(3) 安装提升设备。

①根据施工需要,采用电动卷扬机绞车作为提升设备。安装提升设备时,首先要考虑施工的安全,再考虑进料出碴方便灵活、拆装容易,必须注意到吊斗容量与起重能力的适应,起重安全系数要求大于 6。

②挂钩及吊斗活门既要牢固又要有安全措施,人员上下使用安全爬梯,严禁用卷扬机上下。

③电动卷扬机绞车应高出井口 60～80 cm 为宜,安装轻型起重吊机时,必须对吊机安装基座范围进行平整夯实处理。

④注意严格控制吊机前鹰嘴吊点中心与桩孔中心基本重合,误差不得大于 5 cm,以避免出碴桶升降过程中接触孔壁而发生安全事故,且吊钩必须有锁扣,后座要求设置相应的压重块进行配重。

⑤在使用过程中,必须经常对提升设备相关部件进行检查,发现缺陷及时进行处理或更换。

(4) 护壁施工。

采用内齿式 C30 混凝土护壁,浇筑节长 1 m,护壁壁厚 10～15 cm,孔口设 300 mm×300 mm C30 混凝土井圈,高出地面 30 cm,护壁外侧为等直径(桩基直径+护壁厚度)的圆柱,而内侧面则是圆台,上下护壁混凝土搭接长度不小于 5 cm。

第一节混凝土护壁必须高出地面 30 cm 左右,便于挡水和定位。孔口附近不得有危石、重型机械,不得摆放重物,防止塌孔或土、石、杂物等滚入孔中伤人。将桩控制轴线高程引到第一节混凝土护壁上,每节以十字线对中,吊线锤控制中心位置。

①安装第一节护壁模板。

护壁模板采用组合式弧形钢模,钢模板面板的厚度不得小于 4 mm,模板高度可根据施工需要取 0.5～1 m。混凝土护壁采用下喇叭口形,其几何尺寸为:上口壁厚不小于 15 cm,下口壁厚不小于 10 cm。

②浇筑第一节护壁混凝土。

护壁采用 C30 混凝土。护壁模板安装就位并检查合格后立即浇筑混凝土。护壁混凝土在混凝土拌和厂集中拌和,采用强制式拌和机拌和,用混凝土运输车运至现场。浇筑护壁混凝土时,用敲击模板及钢筋插捣方法进行捣固,护壁混凝土强度等级与桩身混凝土相同,坍落度控制为 7～9 cm。护壁施工中确保护壁厚度,发现不足及时修凿孔壁。

③第二节开挖。

待第一节段护壁混凝土达到设计强度的 85% 后,方可拆除模板及加固支撑,开始第二节段桩孔的开挖工作。桩孔开挖过程中人的头顶应设置半圆形遮板等防石块掉落的防护措施,孔内弃碴利用垂直提升设备运输至孔口,用手推车运走。

④安装第二节护壁模板。

第二节段桩基开挖成形并经检查合格后,安装第二节段护壁模板,第二节护壁径向厚度为 15～20 cm。具体要求与上一节护壁相同。施工时,下节护壁混凝土必须嵌入上节护壁 5 cm,以确保节段接缝密合且不漏水。

⑤浇筑第二节护壁混凝土。

护壁混凝土施工与上一节相同。循环以上作业步骤,将桩基开挖至设计标高。

(5)爆破施工。

本项目人工挖孔桩采取间隔开挖,即在平面上采用隔墩隔桩交叉错位的顺序进行开挖,在相邻近的桩孔应注意在深度上也进行错位下挖。桩基开挖采用爆破方法施工。

(6)挖进、出碴及终孔。

挖孔出碴采用人工孔底装碴,卷扬机提升出孔的方式除碴,孔内弃碴吊出后,碴料顺孔桩平台水平外弃,保证挖孔废料堆放整齐规范。弃土集中堆放在桩孔边缘 3 m 范围以外的开阔地,堆积高度不大于 1.5 m,并及时清运至弃土场,且孔口周围必须保持整洁无杂物,避免物体掉入孔内造成作业人员的伤亡。

将桩孔挖至设计标高,用钢钎插探桩底地质情况是否与图纸相符,清除虚土,基底地质情况与设计不符时,应及时上报监理工程师,签署验底记录。

2. 旋挖钻、冲击钻施工

(1) 平整场地。

根据施工现场实际条件对场地进行平整,清除杂物,换除软土,夯打密实,并用枕木铺垫,保证钻机能平稳作业。修筑施工临时通道,以达到满足场地内排水、供水、供电、道路通畅及基础设备停放、摆放条件和保证吊车、混凝土运输罐车、运碴车等能够安全、顺利通行的目的。

(2) 桩位放样。

①对桥桩位设计坐标进行审核、计算,确定无误后即进行具体施工放样。

②检查测量仪器良好状况及校验日期。

③选择桥位附近导线点,用全站仪根据控制测量所确定的坐标及桩基设计坐标,对施工桩位进行初步放样,确定桩基处于准确的位置。

④根据初步放样的桩位结果,制定好桩基施工作业平台的搭设和处理方案,规划好桩基施工顺序。

⑤场地平整完成后,采用全站仪放出桩位中心线及桩位准确位置,每根桩须设置十字护桩,便于复核桩位。

(3) 埋设钢护筒。

①当钻孔灌注桩桩位经监理工程师检查合格后即可进行护筒埋设,护筒采用 1 cm 厚的钢板制作,高度为 2 m。

②钢护筒采用挖埋法施工,所挖埋设钢护筒的坑塘应大致成圆形,直径比桩基直径大 20 cm 以上,深度 2 m 同时必须挖至原地基坚实土以下;钢护筒埋设时须根据灌注桩桩位护桩严格对中、整平,平面误差不大于 50 mm、竖直线倾斜率不大于 1%,顶面高出原地面不小于 30 cm;护筒埋设后外侧四周及底部须用黏土分层夯实,夯实时每层厚度不大于 10 cm;护筒埋设结束后在桩基四周埋设护桩位,护桩采用混凝土桩,其制作尺寸与控制点制作尺寸一致,同时护桩十字线必须与设计桩位重合。护筒埋设好后,再次用全站仪进行桩位坐标复测,确定无误后,在护筒上测量出高程用油漆做好标记,以便反算桩底高程。

(4) 钻机就位。

钻机就位必须严格控制对中情况及钻杆垂直度;钻机对中后应确保钻头中心、护筒中心及桩位中心三者基本一致,为确保成桩桩位偏差满足规范和设计要求,钻机就位后其中心偏位不宜大于 50 mm;钻机整平后用水平尺法或垂线法检测主钻杆垂直度,其倾斜率严禁超过 1%;在钻机就位后应对其进行固定,固定方法必须牢固、可靠,以防止在施工过程中由于机身震动造成实际偏位。

(5) 制备泥浆。

选用优质黏土或造浆剂进行造浆护壁,向孔内投放优质黏土或化学造浆剂造浆,钻孔时始终保证孔内水头位置高于地下水位 1.0~1.5 m,施工现场随时对泥浆相对密度、黏度、含砂率等性能指标进行测定,并根据不同的地质情况采用不同的泥浆比重。必要时,为提高泥浆质量,掺入适量外加剂。

桩基施工时在两排桩基中间设置泥浆池或沉淀池,根据计算每两排桩按道路设计线左右各设置一个泥浆池,泥浆池大小为 12 m×8 m,同时墩位另一侧设置为施工作业平台,供钻机及吊车现场作业,施工便道位于桥梁位置的左侧,待安装钢筋笼及导管等材料运至现场后可临时存放在便道左侧,特殊桩位可利用护筒或者泥浆储备器(现场采用钢板进行加工,可储备泥浆 20 m³)。施工现场的泥浆排放利用泥浆车进行外运处理,严禁随意排放污染环境。

(6) 钻进。

①旋挖钻钻孔。

下钻前拉护桩定出桩位中心点,使钻头对中,钻头中心与护筒中心偏差不得大于 5 cm。钻孔前必须检查钻头保径装置和钻头直径、磨损情况,施工过程中磨损超标的钻头及时更换。

②冲击钻钻孔。

开钻前,一切准备工作需就绪,分项工程开工报告报送监理批复后,才能正式开始。钻进过程中,需经常检查泥浆性能和钻孔中心位置,并采取有效措施及时改进,防止事故发生。

钻进作业分班连续进行,需认真填写冲孔记录,在土层变化处捞取渣样,判明土层,以便与地质剖面图相核对。当与地质剖面图严重不符时,需及时向监理及设计方汇报。

③成孔检测。

钻孔达到设计深度后即开始清孔,当孔内抽出的泥浆(泥浆密度为 1.03~1.10 g/cm³,含砂率小于 2%,黏度为 17~20 Pa·s,胶体率不小于 98%)满足要求后,申请监理工程师验孔。

检孔器检测桩基直径、倾斜度方法是利用三脚架或吊车将检孔器放入孔内,在护桩上拉十字线确保检孔器对中,且检孔器上吊点固定不动,检孔器靠自重下沉,若检孔器能在自重作用下顺利下到孔底,则说明孔径能满足设计要求。

(7) 清孔。

当满足设计要求并达到设计孔深时,经值班技术人员判定并经监理认可后方允许终孔。

①旋挖钻一次清孔用挖斗反复捞取松碴,直到松碴厚度符合规范要求为止。

②第一次清孔:桩孔成孔后,进行第一次清孔(采用正循环法),清孔时将钻具提离孔底 0.3~0.5 m,缓慢串动,同时加大泵量,每隔 10 min 停泵一次,将钻具提高 3~5 m 来回串动几次,再开泵清孔,确保第一次清孔后孔内无杂物,清孔后泥浆指标密度 1.03~1.10 g/cm³,胶体率不小于 98%,含砂率小于 2%,黏度 17~20 Pa·s。

③第二次清孔:灌注水下混凝土前检查孔底沉碴厚度,不大于 5 cm,如沉碴厚度超出规范要求,则利用导管进行二次清孔。

不得采用加深钻孔深度的方式代替清孔,清孔后泥浆密度为 1.03~1.1 g/cm³,黏度为 17~20 Pa·s,含砂率小于 2%,胶体率大于 98%。清孔结束后再次测量孔底标高,确认无误后方可拆除钻头,进行下一道工序施工。

3. 钢筋笼加工及安装

(1) 原材料的验收与堆放。

钢筋在进场前,须按照图纸和规范要求进行检验,检验合格后方可使用。材料进场后存放在钢筋存放区域,不能直接堆放在地面或者平台上,采用方木或其他枕梁垫起不低于 30 cm。根据天气情况,在雨天时加盖棚布,即上盖下垫。

(2) 钢筋下料、加工。

①钢筋笼按设计要求加工制作,采用匹配法分节制作,每节最长尺寸为 9 m,分节原则为 $n \times 9 + L$,即若钢筋笼长度大于 9 m,分节制作取 9 m 的 n 倍,剩余不足 9 m 的部分为 L,单独制作。钢筋下料时设计好下料尺寸,确保在钢筋笼制作过程中接头错开 1.5 m 以上,从而保证在同一断面上钢筋焊接面积不大于整个断面钢筋总面积的 50%,保证整个钢筋笼长度。

②丝头加工。

a. 钢筋端部平头使用钢筋切割机进行切割。

b. 按照钢筋规格所需的调整试棒调整好滚丝头内孔最小尺寸。

c. 按钢筋规格更换涨刀环,并按规定的丝头加工尺寸调整好剥肋加工尺寸。

d. 调整剥肋挡块及滚轧行程开关位置,保证剥肋及滚轧螺纹的长度符合丝头加工尺寸的规定;标准型接头的丝头有效螺纹长度应不小于1/2连接套筒长度,且允许误差为2P(P为螺距)。

e. 丝头加工时应用水性润滑液,不得使用油性润滑液。

f. 钢筋丝头加工完毕经检验合格后,应立即戴上丝头保护帽或拧上连接套筒,防止装卸钢筋时损坏丝头。

③在加强圈自动弯曲、切断焊接区加工钢筋笼加强圈时,采用双面焊接,焊接长度不小于5d(d为钢筋的直径)。

(3) 钢筋笼制作。

钢筋笼制作在滚焊机上进行,首先根据图纸将滚焊机进行调整,保障钢筋笼尺寸符合设计要求,将主筋抖落分布于分料盘的圆周上,同时穿入固定盘和移动盘环形模板的导管内,并在移动盘的导管内用螺栓加紧。加紧时注意每根主筋的错位长度。

钢筋加工要求如下。

①所有钢筋制作安装人员必须持证上岗。

②主筋外缘至设计桩径混凝土表面净保护层厚度满足设计要求。

③桩基加强筋设在主筋内侧,自上而下每2 m一道至钢筋笼底部,其零数可在最下两段内调整,但其间距不大于2.5 m。

④端部的浮锈、油污等脏污必须清除,保持干燥;下节钢筋顶经锤击后的变形部分应割除。

⑤钢筋笼堆放场地要平整、坚实,下垫方木,排水保证通畅。

⑥钢筋在钢筋加工场分段制作,采用平板车运至现场,吊车或履带吊吊入孔内。

⑦钢筋骨架用吊车或履带吊起吊,第一段放入孔内后用钢管或型钢临时搁置在护筒口旁的方木上,再起吊另一段,对正位置焊接后逐段放入孔内至设计标高,钢筋骨架在下放过程中禁止碰撞孔壁,如放入困难,查明原因,不得强行插入。

⑧钢筋除锈通常采用锤击、砂纸擦或化学药剂清洗等方法。钢筋除锈在成形前进行;成形后,要防止受潮,尽快使用,以免生锈而不易清除,加工后的钢筋其表面伤痕,不应使钢筋截面积减少5%以上。

⑨切断钢筋用切筋机,也可用气割或人工手动、电动、剪切,禁止用电焊机烧断。

⑩焊接地线应与钢筋接触良好,防止接触不良而烧伤主筋。

⑪钢筋笼加工时应严格控制间距,同一钢筋笼必须在检查确定可以完全对接后方可运输至施工场地。对于个别错位接头,采用焊接方式,且必须保证焊缝长度满足相关要求,焊缝饱满无焊渣。

⑫钢筋下料可采用钢筋切断机、砂轮切割机等下料,不得用气割下料。钢筋下料时,要求切口端面应与钢筋轴线垂直,不得有马蹄形或挠曲,端部不直须调直下料。

⑬检查合格的丝头,及时将其一端戴上塑料保护帽,另一端拧上同规格的连接套筒并拧紧,并按规格堆放整齐待用。

⑭钢筋连接之前,先回收丝头上的塑料保护帽和套筒端头的塑料密封盖,检查螺纹丝扣是否完好无损、清洁。如发现杂物或锈蚀,要用铁刷刷干净。每连接完一个接头,须立即用油漆做标记,防止漏拧。

⑮钢筋笼制作时,按节段进行预拼然后拆除。同时要确保钢筋笼起吊、倒运、安装过程中两头不变形,避免增加现场连接的难度。所有钢筋笼节段起吊过程均要配辅助吊钩,钢筋笼顶面标高控制,测量组以书面形式提供护筒标高,现场技术员按此控制。

(4) 钢筋笼存放及运输。

①钢筋笼存放。

钢筋笼存放在钢筋场成品区,保证钢筋笼离地面 30 cm 以上,每组钢筋笼按墩桩号、节段号排序,并在钢筋笼上设置二维码"身份证",通过扫描钢筋笼上二维码可知其参数及部位。

②钢筋笼运输。

钢筋笼运输采用平板运输车,起吊采用四点吊,不另外设置吊耳,吊点的位置设置在两端第二道加劲箍和主筋连接位置处。起吊时先拴好钢丝绳和卡环,在钢筋笼的一头拴上一根长绳子,绳子的另一头控制在人手里,慢慢吊车起钩,同时控制绳索的人拉住绳子,控制钢筋笼方向,保证钢筋笼不发生旋转,慢慢旋转扒杆,将钢筋笼安放在运输车上至指定位置,并使用钢丝绳将钢筋笼固定于平板运输车上。

(5) 钢筋笼安装。

成孔后第一次清孔达到标准,核测无误后开始钢筋笼安装。

钢筋笼入孔,由吊车吊装。在安装钢筋笼时,采用两点起吊。第一吊点设在骨架的上部,使用吊车的大钩起吊。第二吊点设在骨架下部三分之一点处,使用吊车的小钩。整个钢筋笼同时起吊,在空中竖起调整。适当增加吊点处箍筋,控制焊接质量,以保证钢筋笼在起吊时不致变形或脱落。吊放钢筋笼入孔时要对准孔径,保持垂直,轻放、慢放入孔,入孔后要徐徐下放,不宜左右旋转,严禁摆动碰撞孔壁。若遇阻碍要停止下放,查明原因进行处理。严禁"高提猛落"和强制下放。

(6)钢筋笼接长。

①钢筋笼接长时按照制作顺序从下至上依次进行。

②上节钢筋笼下放完成后,采用固定底盘进行临时固定和限位,底盘共设置4个支脚,通过将支脚伸入加强圈及吊耳下方拖住上节钢筋笼从而实现上、下节钢筋笼的接长。

③下放完毕后采用两根吊筋将钢筋笼顶部与护筒连接固定,防止混凝土浇筑过程中钢筋骨架上浮。

4. 混凝土灌注

(1)干桩混凝土灌注。

混凝土采用集中拌和,罐车运输,插入式振捣器振捣,每孔两名振捣工人,采用50或70型振捣棒进行振捣作业。混凝土在施工现场应做坍落度试验,坍落度控制为18～22 cm。

混凝土放料时,其自由倾落高度不宜超过2 m且以不发生离析为度。当倾落高度超过2 m时,应通过串筒、溜管等设施下落。

(2)水桩混凝土灌注。

①安放导管。

混凝土采用导管灌注,导管内径为200～300 mm,螺丝扣连接。

a. 导管使用前使用气泵进行水密承压试验。观察导管有无漏水现象。

b. 检查导管外观,导管内壁应圆滑、顺直、光洁和无局部凹凸。局部沾有灰浆处应清理干净,有局部凸凹的导管不予使用。

c. 导管试拼、编号。根据护筒顶标高、孔底标高,考虑垫木高度,计算导管所需长度对导管进行试拼(标准导管长度一般为4 m、3 m、2.5 m、2 m、1 m、0.5 m),符合长度要求后,对导管进行编号。试拼时最上端导管用单节长度较短的导管(0.5 m),最底节导管采用单节长度较长的导管(4 m)。

d. 导管采用吊车配合人工安装,导管安放时,人工配合扶稳使位置居钢筋笼中心,然后稳步沉放,防止卡挂钢筋骨架和碰撞孔壁。安装时用吊车先将导管放至孔底,然后再将导管提起,使导管底距孔底40 cm。

e. 导管高度确定后,用枕木调整导管卡盘高度,用卡盘将导管卡住。

②二次清孔。

a. 钢筋笼下放完毕后,下入灌注导管至孔底 10 cm 处。

b. 将风管从灌注导管内下放至导管底口 20 cm 处。

c. 将风压管的另一端从中引出与空压机组连接。

d. 将接碴篮放在出碴口下,并保证孔内泥浆高度,以防塌孔。

e. 开动空压机清孔,风量、风压由小到大,正常风量为 13 m^3/min,风压为 0.4~1.0 MPa。

f. 测量孔内沉碴厚度(<15 cm)和泥浆密度(1.03~1.1 g/cm^3),确认达到质量标准后,先关空压机,卸下导管帽,拔出风压管,进行正常灌注。

③水下混凝土的拌和、运输。

a. 混凝土拌和前,由试验室提供混凝土配合比。

b. 测定拌和料场砂、石的含水量,换算施工配合比,交付拌和站严格按施工配合比拌制混凝土。

c. 混凝土拌和坍落度控制在 160~200 mm。每车混凝土出站前,试验室试验人员检测混凝土的出站坍落度和出站温度,不合格不予出站。混凝土出站时,试验室人员须在运输单上填写出站时间、出站时坍落度,若为冬季施工,还需填写混凝土的出站温度。

d. 混凝土运输采用罐车运输,冬季施工时,罐车运输罐应用棉被或其他保温材料包裹保温,以减少混凝土在运输过程中的温度损失。

④灌注水下混凝土。

a. 每车混凝土灌注前检测混凝土出场、入模的坍落度和出场、入模温度,坍落度应为 180~220 mm,温度应在 5 ℃以上。

b. 混凝土由罐车运至现场后,采用吊车吊储料斗运进行灌注。为确保灌注的顺利进行,混凝土灌注前要首先准确计算出首批混凝土方量、埋置深度(≥1.0 m)和填充导管底部的需要。

c. 首批混凝土灌注后,灌注混凝土由混凝土运输车溜槽直接对料斗放料进行灌注。

d. 灌注中,每车混凝土灌注完成或预计拔导管前量测孔内混凝土面位置,以便及时调整导管埋深。导管埋深一般控制在 4~6 m。

e. 在灌注将近结束时,核对混凝土的灌入数量,以确定所测混凝土的灌注高度是否正确。灌注完的桩顶标高应比设计标高高出 0.5 m,高出部分在混凝土强度达到80%以上后凿除,凿除时防止损毁桩身。

f. 灌注完毕后,拔出护筒。

4.5.3 下部结构施工

1. 承台、系梁施工

(1) 施工准备。

基坑开挖前必须做好施工测量,测定承台的中心桩及纵横边和中线以及临时水准基点。同时还必须做好断面测量,放出基坑边桩,经核对无误后,方可施工。

(2) 基坑开挖、桩头处理。

开挖时先用挖机将表层土清除,平整场地后开挖。开挖采用机械配合人工进行。基坑开挖宽度比设计宽度宽出50～100 cm,并按1∶1坡度放坡。应在基底底面以上预留30 cm采用人工开挖或采用小型机械开挖,进行夯实至设计高程。

在土质松软层进行基坑开挖前应先进行支护,发现坑沿顶出现裂缝、坑壁松塌或涌水、涌砂时,立即停止施工,进行加固处理,处理完成后方可继续施工。

基坑开挖不可延续时间过长,从基坑开挖至完成,应抓紧连续施工,承台施工完成后应及时回填,防止基坑受水浸泡。应及时合理排除基坑积水,经处理的承台不得再受水浸泡。

桩头混凝土强度达到15 MPa以上并经超声波检测合格后方可破桩头,桩头应采用风镐或人工凿除,不得使用大功率镐头机进行。桩头应破除到坚硬混凝土处且搛入承台10 cm,桩头无松散层。

基坑开挖后,应立即做好基坑防护,并做好安全醒目标志。基坑四周应设置防护围栏,并设夜间用的红色警示灯,防止行人、车辆跌入基坑。

(3) 测量放线。

浇筑5 cm厚混凝土垫层,在垫层上测放承台轴线、边线,并用墨斗将承台范围线及钢筋间距弹画在垫层上,依照此线绑扎钢筋、架立模板。

(4) 钢筋加工及安装。

钢筋加工在钢筋加工场内按照设计要求进行,加工前根据设计长度进行下料,按设计尺寸进行加工;半成品运至现场绑扎。

预埋筋绑扎位置应正确,桩伸入承台的钢筋、承台伸入墩的钢筋等,均应按图纸绑好,扎结牢固或焊牢,其标高、位置、搭接锚固长度等尺寸应准确,不得遗漏或移位。当承台钢筋与桩身钢筋深入承台部分抵触时,可适当调整承台钢筋间距。

(5)模板安装。

模板采用大面组合钢模板,模板须具有一定的刚度和强度,外露混凝土面应表面光洁平整。模板板面之间应平整,接缝严密,不漏浆,保证结构物外露面平整美观、线条顺直。

安装模板前先进行标高、中线及模板边线的测量放样,确保各个尺寸无误后方可进行立模;根据放线焊接限位支撑。

模板安装使用对拉杆外套 PVC(polyvinyl chloride,聚氯乙烯)管,保证对拉杆拆卸和重复利用。模板开孔时采用机械钻孔且布置规则、整齐,不得采用焊割和氧割。

安装模板时,设临时支撑固定,严禁将模板系于结构钢筋上。

模板、钢筋安装工作应配合进行,妨碍绑扎钢筋的模板应待钢筋安装完毕后安设。

模板安装完毕后,应对其平面位置、顶部标高、节点联系及纵横向稳定性进行检查,符合要求后方可浇筑混凝土。

浇筑混凝土之前,模板应涂刷脱模剂,在模板内侧脱模剂应涂抹均匀,不得使用废机油等油料,且不得污染钢筋及混凝土的施工缝处。确保混凝土外观颜色美观。

浇筑混凝土时,若发现模板有超过允许偏差变形值的可能,应及时纠正。

(6)浇筑混凝土。

承台混凝土由拌和站集中提供,混凝土拌和前由试验室根据设计配合比及砂、石料含水量确定施工配合比,由试验人员检验混凝土各项指标是否合格,合格后方可运输至施工现场。

混凝土运输采用搅拌罐车,途中以 2~4 r/min 的慢速进行搅动。混凝土运至浇筑地点后发生离析、严重沁水或坍落度不符合要求时,应进行二次搅拌。二次搅拌后仍不符合要求,则不得使用。

混凝土的运输能力应满足混凝土凝结速度和浇筑速度的需要,使浇筑工作不间断,并使混凝土运到浇筑地点时仍保持均匀性和规定的坍落度。

混凝土宜选择避开高温时段进行浇筑,浇筑混凝土前,应将模板内的杂物、积水及钢筋上的污垢等清理干净,模板的缝隙和孔洞及时堵塞,接槎严密,防止漏浆。同时对支架、模板、钢筋和预埋件等进行检查,并做好记录,复核设计及规范要求后方可进行浇筑。

采用直径为 50 mm 的插入式振捣器振捣混凝土,以混凝土停止下沉、不出现气泡、表面呈浮浆为度。

浇筑混凝土期间,设专人检查支架、模板、钢筋和预埋件等稳固情况,当发现有松动、变形、移位时,应及时处理。

施工过程中要及时清除模板上溅的水泥浆,并安排专人用小锤轻敲模板以清除模板边的气泡,确保混凝土表面光洁度及避免出现气泡孔。

在整个混凝土浇筑过程中,技术员必须旁站,跟班作业,做好混凝土灌注记录,并及时处理在浇筑过程中出现的问题。

混凝土浇筑完成后,及时修整、抹平混凝土顶面,待定浆后再抹第二遍并压光或拉毛。抹面时严禁洒水,并防止过度操作影响表面混凝土的质量。

(7) 混凝土养护、拆模。

混凝土的洒水养护时间一般为 7 d,每天洒水的次数以能保持混凝土表面经常处于湿润状态为度。

混凝土养护用水质量要求需与拌和用水质量要求一致。拆模应在混凝土强度能保证其表面及棱角不因拆除模板而受损时方可进行,大体积混凝土模板拆除应在养护期后进行。

处理与墩身连接处的施工缝时,按墩身位置和尺寸在承台顶面放线,线内部分用人工凿毛,标准是凿去浮浆和松动石子,露出新鲜混凝土面,在立模板前清扫冲洗干净。

(8) 基坑回填。

混凝土浇筑完成且模板拆除完成后应及时进行基坑回填,基坑回填时需要分层填筑、分层压实,填筑时严禁填入淤泥及含水量较大的土作为填料,压实标准按照路基填筑标准进行填筑。回填时注意对承台的保护,防止对承台造成损伤。

2. 墩柱施工

(1) 凿毛、清洗桩头。

采用机械进行桩头开挖,按设计标高凿除桩头混凝土,将桩基的桩顶部分凿毛并清理干净,用清水冲洗桩头钢筋,焊接立柱钢筋接桩头,以备立柱施工。

(2) 测量放样。

在桩顶或系梁的桩顶部分放出立柱中心位置,并用墨斗弹出其中心线,将其作为立模基准。

(3) 钢筋制作与安装。

①墩柱钢筋在钢筋加工场集中加工,然后运至现场,用吊车安装。

②钢筋焊接工,必须持考试合格证上岗。

③钢筋连接满足规范及设计要求。

(4) 支设钢模板。

立柱模板采用定型钢模,面板厚 6 mm,加工模板的接缝、平整度符合要求。

模板在进场后应涂刷一层水泥浆,使用前清除水泥浆进行模板抛光。模板安装要保证模板中心位置正确,平面尺寸允许偏差为 ±10 mm,垂直度的允许偏差为 2‰。立模完毕后,对其平面位置、顶部标高、节点联系及纵横向稳定性进行检查,并经监理工程师签认后方可浇筑混凝土。

(5) 浇筑混凝土。

混凝土在搅拌站集中拌制,用混凝土运输车运输,垂直运输用吊车配吊斗。在浇筑现场应检查混凝土的均匀性和坍落度,符合要求时方可入模。

混凝土应按一定厚度、顺序和方向分层浇筑,每层厚度不大于 300 mm,振捣器要垂直插入混凝土内,并要插入下一层混凝土 50～100 mm,以保证新浇混凝土与先浇混凝土结合良好。当混凝土由高处落下的高度超过 2 m 时,采用溜槽或导管。导管和溜槽应保持干净,使用过程中避免发生混凝土离析。

混凝土振捣采用插入式振动器,插入下层混凝土 50～100 mm;每一处振动完毕后应边振动边徐徐提出振动棒,避免振动棒碰撞模板、钢筋及其他预埋件。振捣密实的标志是混凝土停止下沉、不冒气泡和泛浆、表面平坦,捣实后 24 h 之内不能受到振动。

施工时注意混凝土的坍落度和和易性,保证混凝土质量,混凝土浇筑时要控制好顶面高程,为确保柱顶混凝土的质量,浇筑至设计标高以上 10 cm,盖梁施工前将多余部分凿除。

(6) 养护。

混凝土施工完毕,适时采取覆盖淋水养护 24～36 h 拆模,拆模后用土工布直接紧密包裹墩柱,再使用薄膜包裹在养护布外,在墩顶放置一个底部穿小孔的大水桶,并将抽水管放置在水桶内固定好,并抽水到墩柱顶往水桶灌水,水漏出后通过湿润养护布而达到养护目的,养护期不少于 7 d。

3. 盖梁、中系梁施工

(1) 测量放样。

在盖梁施工前,使用全站仪在矩形墩内放出墩的中心线及方向线,便于底模的安装;使用水准仪测出墩顶的四角高程,便于底模的标高控制。

(2) 墩顶凿毛。

对墩顶进行凿毛处理,凿除顶部的水泥砂浆和松弱层,至露出混凝土粗骨料为准,并用水冲洗干净。标高控制在比设计标高高 1 cm 左右,以便于安装盖梁底模。

(3) 穿心棒的安装。

穿心棒承重原理:在墩身施工时,在距墩顶 1.1 m 两侧 0.5 m 的位置各用薄壁铁筒预留穿心棒的位置,盖梁施工时,吊车配合人工安装穿心棒,然后在穿心棒上点焊上一块铁平板用来放置千斤顶,为了预防钢棒滚动,可以用钢管把两侧的铁板连接起来。接着安装承重横梁,承重横梁采用工字钢安装在承重千斤顶上,为防止工字钢侧向倾覆,两根工字钢之间用 16 mm 对拉螺杆穿过工字钢腹板连接,内侧用钢管支撑,对拉螺栓穿过钢管。工字钢上面放一排长 4 m、截面规格为 10 cm×10 cm 的方木,方木间距不大于 30 cm,并与工字钢绑扎牢固。

(4) 架设底模。

模板采用工厂预制的组合式钢模,使用前应进行调校并除锈,待穿心棒安装完毕后开始架设底模,用吊车把拼装好的底模安装就位,待测量人员对底模高程复测后调整底模至设计标高,调整好后对底模进行固定。盖梁底模标高安装施工误差不应大于 5 mm,轴线偏位误差不应大于 10 mm,模板接缝间要垫 3 mm 厚的橡胶条,防止接缝漏浆造成混凝土面存在色差或麻面。底模架设完成后,经现场监理确认方可进行下一道工序。

(5) 钢筋制作安装。

钢筋采用钢筋加工厂加工半成品,运输至现场用 25 t 吊车安装成形的方式进行。钢筋进场出厂质量合格证齐全,并按规范规定进行抽样试验,试验合格后再加工使用。使用前应将表面油污、漆皮等清除干净,钢筋平直,无局部弯折。

钢筋骨架预先在钢筋加工厂绑扎好骨架片,由平板车运输至施工现场,再用 25 t 吊车吊装至盖梁底模上进行整体绑扎。安装好的钢筋骨架要顺直,主筋及弯起筋的位置、尺寸严格按设计要求,钢筋笼绑扎时接头错开布置,同一断面的接头不超过该截面钢筋总数的 50%,接头断面距离不小于 35 倍的主筋直径。

钢筋焊接采用搭接焊时,双面焊接长度不小于5倍的钢筋直径,单面焊接长度不小于10倍的钢筋直径。

(6)安装盖梁侧模、端模。

侧模、端模采用工厂预制的组合式钢模,使用前应进行调校并除锈,安装前均匀涂刷脱模剂,侧模整体拼装后,模板外侧分上、中、下布置3道横梁,竖向布置间距80 cm双排钢管,采用直径为16 mm的对拉螺杆固定。

(7)支座垫石、挡块。

测量人员在盖梁侧模上放大坐标把垫石挡块的位置放出,然后人工绷线预埋垫石挡块的钢筋,钢筋的顶面标高由水准仪控制,待盖梁浇筑完成后再在混凝土面上放出垫石及其挡块的位置,安装模板。

(8)混凝土浇筑。

混凝土采用拌和站集中拌和、混凝土罐车运输、泵车泵送入模。浇筑顺序为从与墩柱连接部位开始向两端分层浇筑,混凝土要一次连续灌注,水平分层,每层厚度不超过30 cm,在下层混凝土初凝或能重塑前浇筑完上层混凝土。

(9)养护及拆模。

混凝土初凝后,用土工布或塑料布覆盖洒水养护。当盖梁混凝土抗压强度达到2.5 MPa以上,并保证不致因拆模而受损坏时,可拆除盖梁侧模板。拆模时,可用锤轻轻敲击板体,使之与混凝土脱离,再用吊车拆卸,侧模拆除后,立即用土工布或塑料布覆盖洒水养护。当盖梁混凝土强度达到设计强度80%以上时,拆除承重底模,拆模后,立即用土工布或塑料布覆盖继续洒水养护。

4.5.4 上部结构施工

1. 现浇箱梁施工

本项目现浇箱梁采用钢管加贝雷梁方法施工。

(1)基础施工。

原地面清表后,在跨中位置开挖基坑,尺寸为13 m×5 m×1 m,机械开挖至基底标高20 cm,剩余部分由人工完成,以保证原状土特性。开挖完成后对基底承载力进行检测,基底承载力需满足验算要求。承载力符合要求后,进行条形基础施工,条形基础混凝土的强度等级为C25。

条形基础底部和顶部各设置一层钢筋网片,钢筋间距为15 cm。钢筋施工时预埋钢管支柱下钢板以及地脚螺栓。施工过程中加强对预埋件的保护,防止预埋件移位。基础施工完成后,在线路红线内横桥向设置1‰排水坡,保证排水畅通,避免浸泡基础。

(2) 支架搭设。

支架采用钢管贝雷梁支架,钢管支柱根据墩高不同设置三排、四排两种形式,采用直径为529 mm的钢管,钢管柱之间采用槽钢进行横向连接加固,钢管柱之间的连接方式为对焊;钢管柱安装过程中,随时采用吊线的方式或水平尺控制钢管柱的垂直度,防止垂直度偏差过大导致钢管柱倾覆。

在每根钢管顶部设置砂箱,砂箱采用石英砂。砂箱上部设置36型工字钢作为横梁,36型工字钢横梁上设置9组贝雷梁,每节贝雷片之间采用销栓连接。为保证贝雷梁的相对稳定,采用支撑架(花架)将两排贝雷梁连接为一个整体,间距均为45 cm。贝雷梁安装就位后,在下底面沿支架横向每6.0 m使用10♯槽钢横联设置横向钢结构连接上下各一道,以保证贝雷梁整体受力。

贝雷片上方横向设置12型工字钢分配梁,分配梁上方安装箱梁底模,箱梁侧模下方采用丝杆杆件支撑于下方横向分配梁上。

(3) 模板安装。

模板安装前在分配梁上放出底模纵向、横向中心线,模板由中间向两边铺设;模板安装要拼接密实,模板拼缝处安装双面胶防止漏浆,待模板拼接后铲除多余软塑双面胶,可使拼缝严密、不漏浆。侧模分标准节和非标准节,标准节长度为3.0 m,非标准节长度为2.8 m,外模用机械丝杠调节支撑。

模板安装完成后进行打磨,错台、平整度需满足规范要求,脱模剂涂刷均匀。

(4) 支架预压。

支架预压的目的:检验支架安全性、强度和刚度是否满足要求,确保施工安全;消除地基、支架非弹性变形的影响,同时确定支架的弹性变形,有利于桥面线形控制。

加载方法:支架预紧力为实际施工荷载的1.2倍。装卸按以下顺序分级:预装为0、60%、100%、120%、100%、60%、0。与此同时,施工人员在支架加载过程中,要仔细检查各杆件的焊缝,防止其出现开裂的现象,在检查的同时要将加载施力和位移的数据详细记录下来。

加载过程中的测量:相关的施工人员在每一级支架加载完成之后,要对支架进行及时的观测,检查它是否出现变形的情况,并且所有操作要控制在1 h内,每隔6 h也要对位移量的变化进行监测并详细记录。需要注意的是,只有当支架连续两次的位移变化不超过2 mm时,才能对支架进行继续加载。最后,当所有的预压荷载加载完成后,还要实时监测位移量,并且时间控制在 6 h 左右,支架所监测的位移差不超过 2 mm,才能达到卸载预压荷载的条件。相关人员也要对其所观测的高度进行测量和标记(此时 H_1 为支架的顶标高,h_1 就是地面的标高)。

卸载时的观测:在卸载的 6 h 后,对所有的沉降观测点进行监测和记录,记录下支架的顶标高为 H_2,地面的标高则为 h_2。

(5)钢筋、预应力管道安装。

钢筋安装顺序:首先要对地板和腹板钢筋进行安装,然后安装内模,最后安装顶板的钢筋(并附带底)与腹板绑扎的钢筋。波纹管定位钢筋间距要求:直线段间距 50 cm,曲线段间距 30 cm,预应力预留孔道偏差为 4 mm。布设预应力管道并穿放钢绞线,混凝土浇筑过程中要经常安排人员来回抽动钢绞线。在穿放塑料内衬管之前,必须要对预应力管道进行布设,使得管道圆顺,与此同时,施工人员还要用钢筋支架使底板的上下钢筋网片被垫起,并且焊牢。

(6)混凝土浇筑。

混凝土浇筑采用 2 台汽车泵泵送,备用 1 台。配置罐车 8 辆,保证泵车用混凝土的连续。混凝土浇筑时施工用电以现场电网为主,为防止混凝土浇筑期间停电影响箱梁施工,备用发电机 1 台。

箱梁混凝土浇筑顺序为由跨中向两端浇筑,保证底板、腹板交接处混凝土密实。混凝土分层厚度根据混凝土生产供应能力、浇筑速度、捣鼓能力和梁体结构特点等条件确定,一般不宜超过 40 cm。横桥向应按"先底板,再腹板,最后顶板"的顺序进行浇筑;两侧腹板混凝土的高度应保持基本一致,防止梁体偏重,造成模板倾斜或爆模。

混凝土浇筑完成后采用塑料膜加土工布覆盖洒水养护,养护时间根据环境湿度确定,不小于 14 d。

(7)预应力施工。

进行预应力施工时,分为三个阶段,分别是预张拉、初张拉以及终张拉。其中最为重要的是终张拉,要确保所有施工在 10 d 内完成,并且使得混凝土的强度和弹性模量达到施工标准。最重要的是,孔道压浆要在终张拉后的 48 h 内进行。

(8)支架拆除。

对外滑模进行拆除时,要用卷扬机将其分块,并运到下一个梁体区域,用铲子将预留的孔洞撬开,使得内部不残留砂子。值得注意的是,卷扬机的速度要控制好,一般在 5 m/min 左右。砂箱按照先落中间,再落两边的顺序卸落。

砂箱卸落后拆除底模,底模拆除后,把分配梁移出拆除。

在拆除贝雷梁的时候,要尽量断开贝雷片,并且将销子拔出。必要的时候,要采用两台 25 t 的吊车对贝雷片进行分组拆除。在对钢管和砂箱进行拆除时,要先将横向和纵向支撑的钢管进行拆除,将吊机吊在砂箱上开孔,然后割断钢管柱和基础的预埋钢板,从而将钢管一一放倒并拆除。拆除过程要安排专人统一指挥,并在桥下做好安全防护工作。

2. T 梁预制

(1) 钢筋加工及安装。

①钢筋加工。

a. 钢筋到场后及时按批次报验,包括钢筋原材和焊接,合格后方可使用,同时保证钢筋离地不小于 30 cm,做好钢筋的覆盖工作,防止钢筋生锈。

b. 钢筋的焊接弯制和末端的弯钩要符合设计要求,不得随意缩短。钢筋焊接前,根据施工条件进行试焊,试验合格后方可焊接。焊工必须持考试合格证上岗。

c. 采用双面焊缝长不小于 $5d$,单面焊缝长不小于 $10d$(d 为钢筋的直径),焊缝要饱满、不咬边,不允许有开缝或焊瘤。

d. 钢筋绑扎前熟悉钢筋图纸,仔细斟酌钢筋绑扎顺序。钢筋接头应避免设置在钢筋应力最大处。配置在同一截面内的受力钢筋,其接头的截面布置占受力钢筋总面积的百分率应符合:电弧焊接头应错开且不短于 1 m,钢筋绑扎的位置必须在误差范围之内,与预埋件及波纹管有干扰时做适当调整;钢筋搭接点至钢筋弯曲点的距离不小于 10 倍钢筋直径,不宜位于构件的最大弯矩处。

e. 钢筋的级别、直径、根数和间距必须符合设计要求。绑扎或焊接的钢筋网和钢筋骨架不得有变形、松脱和开焊。

②钢筋安装。

T 梁钢筋主筋直径为 25 mm,连接采用双面焊焊接,齿板钢筋直径为 12 mm、马蹄筋直径为 12 mm、环形筋直径为 12 mm,采用绑扎,必要时可用点焊焊牢。钢筋绑扎时,将 T 梁底部预埋钢板连接筋与钢筋骨架焊接牢固,避免支座钢板在浇筑混凝土时位置偏移。

a. 肋板、横隔板钢筋。肋板钢筋集中下料,加工成半成品,在台座上使用胎架辅助安装。钢筋安装时,若与预应力管道冲突,要合理避让,严禁将钢筋切断。

钢筋主筋连接采用直螺纹机械连接,齿板钢筋、马蹄筋、环形筋等采用绑扎。钢筋交叉点采用直径为 10 mm 的铁丝扎牢,拐角处的钢筋交叉点必须全部绑扎,中间平直部分的交叉点以梅花形交错绑扎,绑扎点占全部交叉点的 50% 以上。环形筋、马蹄筋与主筋应垂直,扎丝丝头向内,不得侵入混凝土保护层。横隔板钢筋安装时,使用钢筋定位架进行精确安装,要点同肋板钢筋安装。保护层垫块强度必须与梁体混凝土同标号,经试验室检测合格后方可使用。肋板主筋采用梅花形垫块,腹板采用圆饼形垫块。梁底保护层垫块在肋板钢筋绑扎之前安装,肋板和横隔板垫块在钢筋安装完成后进行绑扎。

b. 翼缘板钢筋。翼缘板环形钢筋安装前,先进行负弯矩齿板钢筋安装,然后安装顶板环形钢筋。负弯矩齿板钢筋安装时,精确定位齿板钢筋,确保其与负弯矩锚垫板的相对位置,避免因齿板钢筋安装不到位而造成后期负弯矩张拉后齿板出现裂缝或崩裂。负弯矩齿板钢筋严格按照设计尺寸下料制作,并精确定位安装,确保锚垫板与齿板钢筋的相对位置准确。齿板箍筋平行于锚垫板端面,负弯矩波纹管穿于齿板箍筋内且平行于齿板纵向钢筋,注意与齿板箍筋有冲突时可适当调整箍筋,确保波纹管平顺。齿板钢筋安装完成后,进行顶板钢筋安装。梁体纵向钢筋与齿板钢筋交界处,纵向钢筋要穿过齿板环形筋,严禁将纵向钢筋切断。翼缘板钢筋绑扎完成后,待 T 梁模板安装完成后整体吊装。

(2) 波纹管安装。

① 正弯矩波纹管定位及安装。

肋板环形筋及马蹄筋安装完成后,先安装孔道定位钢筋,将其点焊固定在梁肋钢筋上,弯曲部分应适当加密定位钢筋,要求按照胎架上波纹管坐标标尺精确安装,然后进行波纹管安装,波纹管的连接采用大一号混凝土类型波纹管作为接头管,长度不低于规范要求,并在波纹管连接处用密封胶带封口,确保不漏浆。最后用"井"形卡将波纹管固定牢固,并将其焊接到环形筋上,保证波纹管位置准确无误。

② 负弯矩波纹管定位及安装。

翼缘板钢筋绑扎的同时,进行齿板钢筋安装及负弯矩波纹管定位安装。安装时,严禁将负弯矩槽处的梁肋环形筋割断或降低。安装定位要点同正弯矩波纹管定位及安装。端部负弯矩预应力波纹管预留长度为 5~10 cm,不得过长或太短,包裹进行保护,以便吊装后进行连接。

(3) 模板安装。

① 模板进场后要进行试拼、打磨及验收,合格后方可投入使用。安装前,将

肋板按照试拼次序进行编号。安装时,打磨底座,在底座两侧贴满止浆条,然后按照编号顺序将侧模靠于底座两侧,下沿包裹台座 5 cm,模板支腿用 5 cm×5 cm 方木结合顶托进行支垫,对拉螺栓拉紧固定。根据梁底预埋钢板调节量计算表调节梁底预埋钢板调节装置的四角螺,使调节装置钢板角度与梁底预埋钢板角度一致,最后在底模及肋板模板上均匀涂抹脱模剂。钢筋安装前,将预埋钢板放到调节装置上即可。

②肋板堵头模板由厂家制作成定型模板,T 梁翼缘板端模根据钢筋位置用 10 mm 厚钢板隔孔作为挡板,挡板两端焊接加劲钢板,并在其上打螺栓孔,以方便与梳型模板连接、拆卸。检查模板各处接缝及端头模板钢筋穿孔,用泡沫胶进行封堵,确保混凝土施工时不漏浆。

③横隔板底模板安装时,在横隔板底模板四周贴满胶条,使横隔板与侧模板和横隔板堵头模板接缝严密。横隔板底模模板拆除时,应先将横隔板底座与侧模连接螺栓松开,拆除横板侧模,预留底模不拆,确保横隔板的底模仍能起到支撑作用,直至张拉施工完成后方可拆除。

④堵头模板安装的同时亦可安装梳型模板,安装时,严格按照出厂时编号顺序进行安装,在环形钢筋与肋板钢筋加劲竖肋交叉处,要在竖肋上开槽,确保翼缘板环形钢筋间距准确,严禁将其掰弯设置。混凝土浇筑前,梳型模板外侧用与环形钢筋等宽的橡胶板进行封堵,并用木板结合木楔加以固定。

(4)混凝土施工。

①混凝土拌和、运输。

a. 混凝土由 1 号、2 号拌和站集中拌和,混凝土罐车运至 1 号、2 号 T 梁预制场。

b. 混凝土拌和前,对各种计量衡器进行检查,并随时检验骨料的含水率,调整骨料和水的用量。

c. 试验人员对混凝土出场、到场各项指标进行检验,施工过程中随时检查混凝土的坍落度、和易性,满足指标要求施工要求后,方可进行下一步施工。

②混凝土浇筑。

a. 混凝土浇筑采用 10 t 小龙门吊吊装吊斗浇筑,浇筑过程必须保证连续,纵向分段,横向分层,混凝土进入料斗后,由浇筑行车吊卸至模板内,料斗下口距梁顶面不大于 20 cm,保证 T 梁混凝土在浇筑过程中不离析。

b. 混凝土浇筑时考虑运输距离和浇筑速度、气温和振捣效果,根据梁高确定分几层浇筑:一为马蹄部分,二为梁腹中部,三为梁腹上部,四为面板部分。按先端部向跨中至另一端部浇筑，混凝土连续浇筑，浇筑要分层进行，每层不得大于 30 cm，上下层浇筑时间相隔不宜超过 1.5 h，上层混凝土必须在下层混凝土振捣密实后方能浇筑，以保证混凝土有良好的密实度，分段长度宜取 4~6 m，分段浇筑时必须在前一段混凝土初凝前开始浇筑后一段混凝土，以保证混凝土的连续性。混凝土浇筑进行中不得随意中断，因故必须中断时，间歇最长时间按所用水泥凝结时间、混凝土的水灰比及混凝土的硬化条件确定。

c. 混凝土浇筑时，采用 30 型、50 型插入式振捣器及 GPZ-150 型附着式振捣器振捣，振捣时以振捣棒为主，附着式振捣器为辅。

d. 在混凝土浇筑完成后，及时进行梁顶抹平、收浆，必要时进行二次收浆，确保梁顶平整度满足施工设计要求。混凝土初凝之前，要进行梁顶拉毛，标准为以梁顶露出小石子为宜。拉毛结束后，将混凝土试块置于梁顶，并覆盖土工布进行同条件养护。

（5）拆模、养护。

①模板拆除。

a. 混凝土浇筑完成后强度达到 2.5 MPa 时，进行非承重模板拆除。

b. 拆除横隔板端、堵头模板后，用墨线将横隔板端及梁端凿毛区域弹出，采用大功率气动凿毛锤进行凿毛处理，控制标准以凿毛面均露出粗骨料为宜，然后将凿除的松散混凝土用水冲洗干净，修补梁体混凝土损伤部位。

②混凝土养护。

a. 整片梁浇筑完成后及时进行养护。拆模之前，顶板覆盖土工布洒水养护，使其处于湿润状态。

b. 模板拆除完毕后，采用喷淋养护，喷淋管道悬挂于横隔板钢筋处，采用高压水泵供水至喷淋管结合塑料薄膜进行养护。喷头间距 1.5 m 设置一个，对准翼缘板根部进行喷淋，养护时间不宜少于 7 d。

（6）锚具安装。

①本工程使用的锚具，出厂时应包括检验证书及本批产品出厂检验、外观检查、硬度检查和静载锚固能力试验等较完整的检验数据。

②锚具使用煤油或柴油洗净全部零部件表面的油污、铁屑、泥沙等杂物。

③在锚垫板上，采取适当定位措施，保证锚环与孔道的同心度，在每个锚孔中各装入楔形夹片，并轻快打齐，切忌用力过大，以免打坏夹片。

（7）钢绞线加工及安装。

①钢束在浇筑混凝土前进行穿束。

②钢绞线伸出锚垫板长度,在张拉端为 0.62 m,下料前务必要按图纸核对长度,确定无误后方可下料。

③钢绞线切割时,应在每端离切口 30~50 cm 处用铁丝绑扎。切割用切断机或砂轮锯,不得使用电弧。

④钢绞线编束时,每隔 1.5 m 绑扎一道铁丝,铁丝扣应向里,绑好的钢绞线束应编号挂牌堆放。

⑤钢丝束运输时,手携、肩扛或吊升点的间距不超过 3 m,端部悬出长度不大于 1.5 m。

⑥未经检查验收合格的产品不得使用,保管中严禁雨淋,防止锈蚀,绝不允许沾染油污。

(8)预应力张拉。

混凝土构件达到设计强度等级的 85%,且龄期不小于 7 d 后,方可张拉钢束。

①T 梁预应力钢束采用两端张拉,在张拉过程中必须采取措施以防梁体发生过大侧弯,张拉作业按下述作业顺序进行:50%N2→100%N3→100%N2→100%N1(N1、N2、N3 为现浇段)。预应力筋施工张拉程序:$0 \rightarrow 10\% \sigma_{con} \rightarrow 20\% \sigma_{con} \rightarrow 100\% \sigma_{con}$(持荷 2 min 后量伸长和锚固)。

②张拉过程采取张拉力与伸长值双重控制,选派经验丰富的技术员负责整个预应力张拉工作,张拉作业人员必须持证上岗。张拉时,按设计要求在两端同时对称张拉,张拉时千斤顶的作用线确保与预应力轴线重合,两端张拉操作保持一致。

③张拉伸长值校核:预应力张拉采取双控,以钢束伸长量进行校核,预应力筋张拉伸长值的量测应在建立初应力之后进行。预应力钢绞线、预应力钢束采用"高强度、低松弛"7 丝捻制的预应力钢绞线,公称直径为 15.20 mm,公称面积 140 mm²,标准强度 $f_{pk}=1860$ MPa,弹性模量 $E_p=1.95 \times 10^5$ MPa,1000 h 后应力松弛率不大于 2.5%,其技术性能必须符合《预应力混凝土用钢绞线》(GB/T 5224—2023)的规定。管道采用塑料波纹管。预应力筋张拉时,伸长值的校核可以综合反映张拉力是否足够,孔道摩阻损失是否偏大,以及钢绞线是否有异常现象等。因此,对张拉伸长值的校核,如误差超过 6%应认真查明原因,重新张拉。

(9)压浆。

待整片 T 梁所有预应力束张拉完后,应在 24 h 内进行压浆。压浆做好切割锚具外多余预应力钢绞线及冲洗孔道等准备工作,压浆前,对锚具周围的钢丝间缝隙和孔洞予以填封,以防冒浆。需注意以下几点。

①在压浆前,用无油分的压缩空气吹干管道。

②压浆顺序是先下后上,要集中将一处的孔压完。若因故停歇,将孔道内的压浆液冲洗干净,以便重新压浆时,孔道畅通无阻。

③压浆液技术指标。采用专用压浆料配置的符合设计要求的压浆液,压浆液严格按配合比施工,以保证水灰比、压浆液稠度符合要求,压浆液的泌水率控制在 2% 以内;28 d 抗压强度不小于设计值。配制后的各项性能指标(凝结时间、流动度、泌水率、压力泌水率、自由膨胀率、充盈度、抗压强度和抗折强度)符合《公路桥涵施工技术规范》(JTG/T 3650—2020)规定。后张预应力孔道压浆浆液性能指标见表 4.3。

表 4.3 后张预应力孔道压浆浆液性能指标

项 目		性能指标	检验试验方法标准
水胶比		0.26~0.28	《水泥标准稠度用水量、凝结时间、安定性检验方法》(GB/T 1346—2011)
凝结时间/h	初凝	≥5	
	终凝	≤24	
流动度(25 ℃)/s	初始流动度	10~17	《公路工程水泥及水泥混凝土试验规程》(JTG 3420—2020)
	30 min 流动度	10~20	
	60 min 流动度	10~25	
泌水率/(%)	24 h 自由泌水率	0	
	3 h 钢丝间泌水率	0	
压力泌水率/(%)	试验压力为 0.22 MPa(孔道垂直高度≤1.8 m 时)	≤2.0	
	试验压力为 0.36 MPa(孔道垂直高度>1.8 m 时)		
自由膨胀率/(%)	3 h	0~2	
	24 h	0~3	
充盈度		合格	

续表

项　目		性能指标	检验试验方法标准
抗压强度 /MPa	3 d	≥20	—
	7 d	≥40	
	28 d	≥50	
抗折强度 /MPa	3 d	≥5	
	7 d	≥6	
	28 d	≥510	

④当气温或构件温度低于 5 ℃时,不得进行压浆,否则应采取保温措施,如采用暖棚法或蒸汽法;压浆液温度不得超过 32 ℃。管道内压浆液在注入后 48 h 内,结构混凝土温度不得低于 5 ℃。当白天气温高于 35 ℃时,压浆宜在晚上进行。浆端的水泥压力大于 0.5 MPa;最少维持 120 s。

⑤当压浆分两次完成时,两次间隔时间不少于 30 min。第二次压浆应检查注入端及出气孔的压浆液密实情况,必要时要进行处理。

⑥从拌压浆液到开始向孔道压浆,间隔时间不超过 30 min。压浆液在使用前和压注过程中经常搅动。压浆液压注在一次作业中连续进行,并让出口处冒出废浆,直至不含水沫气体的浆液排出,其稠度与压注的浆液稠度相同时即行停止(流出浆液的喷射时间不少于 10 s)。然后将所有出浆口和孔眼封闭。

⑦要求压浆饱满,压浆液达到设计混凝土强度等级 80%后,预制梁方可吊装。按 150 mm×150 mm×150 mm 立方体试件,标准养护 28 d 测得的抗压强度不应低于 50 MPa。每一工作班应制取不少于 3 组试块,标准养护 28 d,检查其抗压强度,作为评定水泥质量的标准。压浆过程中认真填写施工记录。

(10) 封锚。

待 T 梁孔道压浆完成后立即将梁端水泥浆冲洗干净,用砂轮片切去端头多余钢绞线,保留钢绞线外露长度不小于 3 cm。钢绞线切除完成后进行封锚准备工作,清除锚具及端部混凝土的污垢,将端部混凝土凿毛并清理干净,进行封端混凝土浇筑。封端混凝土的主要程序如下。

①设置端部钢筋网。

②妥善固定封端模板,以免在浇筑混凝土时跑模。

③封锚模板安装时,根据纵坡考虑封锚梁端角度,确保伸缩缝线形,为后期伸缩缝安装奠定基础。

④封端混凝土C50微膨胀混凝土。

⑤浇筑封端混凝土时,要仔细操作并认真插捣,使锚具处的混凝土密实。

⑥封端混凝土浇筑完毕,待混凝土初凝后,带模浇水养护。脱模后在常温下一般养护时间不少于7 d。

(11) 存梁。

待压浆强度达到设计强度的90%后,将T梁运送至存梁区,存梁层数不得大于2层。T梁采用龙门吊吊装,下层梁储存时,用龙门吊将T梁提放到枕梁上进行储存,上层梁储存时,用枕木结合楔块,在两侧翼板处及横隔板处支撑牢固,防止失稳倾覆。

3．T梁运输及安装

(1) 施工准备。

①墩台帽施工完毕后,测量人员精确地放出支座放置的位置,将支座安装稳固。

②预制T梁待回弹强度达到要求后才可进行T梁安装施工。

③支座安装前,检查产品合格证书中有关技术性能指标,如不符合设计要求,不得使用。

④支座安装前将支座垫石处清理干净,并保证顶面标高符合设计要求。

⑤测量放样将设计图上标明的支座中心位置标在支座垫石上,支座准确安放在垫石上,要求支座中心线和垫石中心线相重合,安装过程中测量监控标高,保证标高准确无误差。

⑥T梁吊装前,检修使用机械,保证运转正常,并做好吊装现场的清理工作,保证道路平顺、畅通。吊装现场平坦、坚实。

⑦桥位两侧沿途路线要修平碾压,并对填方处现场进行整平碾压,保证其有足够的压实度,确保运输途中T梁的安全。

⑧提前做好架桥机的进场检验以及组装,且安装完成后要进行试运行验收。

(2) 永久支座安装。

T梁安装前先进行对永久支座的安装,安装工序如下。

①支座安装前要对支座垫石的标高、位置进行测量校核,确保与设计标高、位置无误差后方可进行支座安装。

②施工前必须将支座垫石清理干净,支座表面应保持清洁,支座附近的杂物及灰尘应清除,不符合要求时必须进行处理。

③把环氧树脂均匀地涂刷在支座垫石和支座下钢板上,然后将支座下钢板置于支座垫石上,使得环氧树脂充分接触黏结,下钢板的十字线与垫石上的十字线保持一致。

④支座确保安装位置无误后,用环氧树脂砂浆填充支座垫石预留孔,确保环氧树脂砂浆灌满密实。

⑤环氧树脂砂浆凝固前不能撞击支座并使支座发生移动,不能把 T 梁直接落在支座上,以免支座发生移动,T 梁偏移。

(3) 临时支座安装。

T 梁安装时临时支座采用砂筒临时支座,砂筒临时支座的安装及解除方法如下。

①砂筒临时支座的安装。

临时支座采用圆形砂筒,底部焊接 3 mm 厚的正方形钢板用于支撑,并在砂筒侧面加工泄砂口处用螺丝堵口。砂筒填充的砂须进行筛分、晾晒或烘烤干燥,避免 T 梁架设完成后出现沉降。在 T 梁架设前安放在 T 梁连续端,安装时按照弹出的临时支座中心线,使临时支座居中放置。每个 T 梁梁端设 2 个临时支座。

设计梁底支撑总高度为 30 cm,内钢管与砂箱钢管高度均取 20 cm。临时支座安装顶标高超出设计标高约 20 mm(具体根据砂子高度及其压缩系数确定),使临时支座在落梁荷载作用下刚好达到设计标高。

②砂筒临时支座的解除。

桥梁整体化施工完成后可以将临时支座解除。卸落临时支座时要对称进行,两侧对称安排人员,按统一指令,步调一致,同时打开砂筒的螺栓孔,使细砂均匀流出,T 梁平稳均匀下落,同时做好测量观测记录。待梁体重量全部由永久支座承担时,取出砂筒,继续下跨施工,完成体系转换。

(4) T 梁吊装捆绑。

①将运梁车停放在预制场运梁便道上。T 梁强度达到要求后,进行吊运。吊装前应检查运梁车机械性能。

②吊运时,用钢丝绳兜住 T 梁(在梁体与钢丝绳内侧包厚橡胶垫,以免 T 梁吊装时损坏 T 梁),吊点离梁端 90 cm,用 2 台 80 t 龙门吊将梁移至运梁车位置。

③T 梁落在运梁车上时,T 梁与运梁车支撑点间垫放枕木作为缓冲,以便保护 T 梁混凝土,在 T 梁绑扎稳固前,严禁取下吊装钢丝绳。

(5) T 梁运输。

①运输时,安排架梁队伍兼任交通观察员分布于运梁便道转弯处以及道路

狭窄处,提前指挥提醒过往车辆避让,防止安全事故发生。

②运输过程中,安排专职安全员全程跟踪运梁车行走,密切观察运梁车两头T梁加固情况,发现纵向滑移现象,及时停车进行重新加固,防止发生T梁倾覆事故。运梁过程中(尤其运梁路线纵坡较大时)前后运梁车分别配备专人看守,发现纵向滑移现象,及时采取制动措施,并用方木挡住轮胎。

③运梁车在架设好的T梁上行走时,轮压应尽量在T梁肋板位置,以免运梁受力不均损坏T梁。

(6) T梁架设。

①架桥机的组装。

T梁架设采用两台40 m的T梁双导梁架桥机架设。

②喂梁。

当运梁车将T梁前段送至前吊桁车下方时,捆绑、吊梁使T梁前段脱离运梁车,运行速度为3 m/min,待T梁后端送到后吊梁桁车下方时再捆梁,吊起T梁后端,T梁在全悬吊状态下进行对位。运梁车在运梁时两车都采用相同的速度,当前起吊天车吊梁后,起吊天车和后运梁车以4.25 m/min的速度运行,直到后起吊天车起吊梁后,两个天车以4.25 m/min的速度安装梁,喂梁工作完成,两运梁车返回运梁。

a. 架设中梁。

架设中梁时,架桥机架设位置中心线与第4片梁中心位置一致。架设顺序如下。

(a) 运梁车将T梁运至架桥机前起吊天车起吊位置,前起吊天车绑扎吊起T梁前端。

(b) 后运梁车配合,第一次纵向行走。

(c) 当预制梁后端行走至后起吊天车位置时,停止纵移,由后起吊天车将T梁后端吊起,运梁车返回运梁。

(d) 进行第二次纵移,前、后起吊天车同步纵向行走到位。

(e) 前、后起吊天车行走到位后,架桥机携梁横移。

(f) 横移到位后落梁,起吊天车升降速度为0.75 m/min。

(g) 摘除吊梁钢丝绳,进行支撑并与旁边预制梁进行局部横向焊接,吊梁天车后退。在架好的梁端部用边长15 cm的枕木斜撑进行加固,一端两根,每片梁4根支撑(根据实际情况增加)。

b. 架设边梁。

边梁架设顺序如下。

(a) 运梁车运送边梁至架桥机尾部,前起吊天车绑扎吊起预制梁前端。

(b) 后运梁车配合,第一次纵向行走。

(c) 当预制 T 梁后端行走至后起吊天车位置时,停止纵移,由后起吊天车将 T 梁吊起,运梁车返回运梁。

(d) 进行第二次纵移,前、后起吊天车同步纵向行走到位。

(e) 前、后起吊天车行走到位后,架桥机携边梁横移至边梁位置上。

(f) 横移到位后落梁。

(g) 摘除吊梁钢丝绳,并做好临时防护。

(h) 两起吊天车同时把边梁吊起,离支座 10 cm,整机横移到边梁位置。落下边梁加固、支护预制梁,摘除钢丝绳。在架好的梁端部用边长为 15 cm 的枕木斜撑进行加固,一端两根,每片梁用 8 根支撑,尤其边梁外侧要着重加固、支撑,视情况适当增加支撑。

③架桥机过孔。

a. 架桥机过孔前准备:两台天车移至架桥机后部,运梁小车移至架桥机后部,前支腿上部与主梁下弦锚固,利用手动葫芦将前支腿与盖梁拉紧加固,见图 4.3。

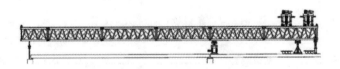

图 4.3　架桥机过孔准备示意图

b. 顶起前支腿千斤顶和后部千斤顶,利用前起吊天车把中支腿移动到前面,调整中支腿到预定位置,见图 4.4。

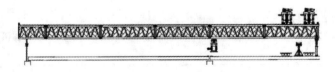

图 4.4　中支腿前移示意图

c. 前起吊天车返回架桥机后部,后起吊天车吊起预制梁作为配重,调整前腿千斤顶,使架桥机前端比后端高出 20 cm,拆除前支腿与主梁下弦的锚固,收起后部千斤顶,见图 4.5。

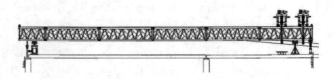

图 4.5 后起吊天车配重、前支腿拆锚示意图

d. 利用前、中支腿走行机构及后运梁平车的动力使架桥机前导梁纵移至预定盖梁位置,见图 4.6。

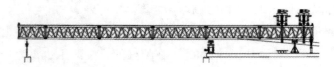

图 4.6 架桥机前导梁过孔示意图

e. 前、中支腿上部与主梁下弦锚固,后部顶高千斤顶与桥面支撑,拆除运梁车与主梁之间的联结,运梁车返回,架桥机过孔完成,见图 4.7。

图 4.7 架桥机过孔完成示意图

4. 桥面系及附属工程

(1) 横隔梁、翼缘板湿接缝施工。

① 钢筋绑扎。

钢筋预先在钢筋加工场配料,弯制后运到现场,严格按照设计图纸一次绑扎成形。制作钢筋骨架应选择在地势平坦地面上进行,以保证钢筋清洁。钢筋应无灰尘,无锈蚀、松散锈皮、油漆、油脂或其他外来物质,无有害的缺陷。

② 底模支立与拆除。

底模采用 1.8 cm 厚竹胶板作面板,底模根据湿接缝宽度及长度制作成若干小块,每小块的宽度满足进入梁体翼板内 5～10 cm,同时在模板与梁体接触处布设海绵条,避免浇筑时漏浆。底模用 8 cm×8 cm 方木作纵楞,每块底模 2 道槽钢作横肋。

在湿接缝混凝土浇筑完成之后,底模应在混凝土强度能承受其自重荷载及其他可能的叠加荷载时拆除。

③混凝土浇筑。

湿接缝混凝土浇筑按自跨中向梁两端支点的顺序浇筑。浇筑前,需将 T 梁混凝土湿润,模板冲洗干净,保证混凝土有效结合及外观、质量良好。

(2) 墩顶连续段施工。

墩顶现浇横隔梁作为装配式连续梁最重要的一道工序,承受着最大负弯矩及最大剪力,为连续梁的危险截面,施工中必须引起足够的重视。以下是各道工序的施工方法和操作要点,施工中严格按照设计和工序要点精心操作,加强检查控制。

①临时支座标高调整。

在支座安装前须通过千斤顶调节临时支座标高,将相邻两片预制 T 梁坡度调整成设计坡度。

②永久支座安装。

清理墩顶垫石表面,用坐标放样法放出支座中心轴线,将支座准确就位,然后在支座上按设计尺寸规格安装钢板,钢板上焊接锚固筋(锚固筋可在预制梁主筋调直焊接后再焊接,否则可能对后续钢筋安装造成妨碍)。支座钢板保证和预制梁底钢板密贴。

③底模安装。

支座钢板安装好后检查支座位置,然后铺底模板,严格控制标高。底模板用竹胶板制作,方木和木楔支垫固定,便于拆除。支座钢板可以直接作为一部分底模,但必须注意四周密封,不得漏浆。

④连续段钢筋安装。

预埋钢筋连接前,先将现浇段的 N2 号直径为 12 mm 的环向箍筋套上,再连接负弯矩扁波纹管。

钢筋及波纹管按照实际连接长度下料,注意波纹管接头位置的包裹和密封。预留主筋搭接长度不够的或不能接上的,采用双帮条焊接或凿除混凝土露出钢筋满足搭接长度后焊接。焊缝质量必须保证达到规范要求,并 100% 进行外观检查。

绑扎墩顶连续段钢筋时注意预埋护栏钢筋。

⑤侧模安装。

模板采用竹胶板加工,外形尺寸与预制梁外形保持一致,以便密贴。贴梁体的模板采用外顶内拉,保持模板与预制梁密贴不漏浆。

⑥混凝土浇筑。

混凝土采用拌和站集中拌和,混凝土罐车运输到桥下,吊车加料斗吊料入模并分层浇筑。

⑦负弯矩束张拉。

当现浇连续段混凝土达到设计强度的85%后方可进行负弯矩张拉作业。每联张拉按顺序进行,先张拉第一、二跨间,再张拉第四、五跨间,然后依次张拉第二、三跨间和第三、四跨间负弯矩钢束。张拉采用两台QYC270型前卡式千斤顶单根两端对称、均匀张拉,采用张拉力和延伸量双控。

⑧压浆。

负弯矩张拉结束48 h内完成管道压浆作业,压浆采用真空吸浆法。压浆需饱满,禁止出现注浆不密实的情况。

(3) 体系转换。

当桥面现浇层混凝土达到设计强度后方可拆除临时支座。临时支座拆除时打开漏砂口放出部分砂子,降低临时支座高度,将临时支座取出。拆除顺序横向先中间后两端,纵向由靠近伸缩缝端向另一端推进。当梁底净空小于8 m时,可在桥下搭设简易脚手架拆除临时支座。当梁底净空大于8 m时,在梁面安装吊篮,作业人员系好安全绳,通过吊篮到达梁底拆除临时支座。具体如下。

①搭设墩柱两侧人行跳板,以方便操作人员上、下操作。

②抽取临时支座螺栓,掏出砂筒内部分砂,使砂筒盖在下落,脱离梁体支撑点,掏砂时尽量做到四个支点同时下降,减少梁的附加应力。

③取出砂筒并置于指定地方。

(4) 桥面铺装。

①桥面清理。

安装钢筋前对桥面浮浆、梁顶混凝土表面松散层做凿毛处理。凿毛处理后,应采用洁净水冲洗桥面,将桥面杂物、混凝土块等清洗干净,使桥面现浇层混凝土与T梁混凝土能有效黏合成一个整体。

②钢筋绑扎。

桥面现浇铺装层直径为10 mm的钢筋网片水平面定位要准确,桥面预埋筋必须与防裂钢筋网片牢固连接在一起,同时适当设置顶撑钢筋,保证网片刚度和保护层厚度均匀。

钢筋网安装时通过点焊将各网片连接。钢筋网片的纵横搭接长度不小于35 cm,保证接头质量。

③模板安装。

为保证现浇层边缘带的顺直度与密实度,在现浇层边缘安装边模,同时可防止混凝土自由倾斜而造成现浇层横向坡度的变化。模板拟采用槽钢和方钢,模板高度应与混凝土面层板厚度相同。模板两侧用企口缝中预留的孔插入钢筋后用方木固定。模板的顶面与混凝土板顶面齐平,并应与设计高程一致,模板底面应与找平层紧贴,空隙要事先用水泥砂浆填实。

④混凝土浇筑。

桥面现浇层混凝土浇筑分四个流程:摊铺、捣实、整平、拉毛。

混凝土采用集中拌和,罐车运送至施工现场,桥面现浇层按整幅分联施工,混凝土摊铺面较大,各流程作业耗时较长,保证混凝土的及时供应。

(5) 防撞护栏。

①测量放样。

用全站仪对护栏边线进行测量放样,确保护栏线形顺畅。用水准仪精确测量控制好护栏顶面高程。放出桥面净宽线(即护栏内侧模板安装边线),以此作为钢筋绑扎及模板安装的控制线。外侧使用定位钢筋对外侧护栏边线进行定位,以方便外侧模板安装。

②钢筋绑扎。

钢筋加工安装前,对护栏部位桥面混凝土表面进行凿毛处理,将钢筋表面的油渍、漆皮、浮锈等清除干净,成盘的钢筋和弯曲的钢筋按规范要求调直,并核对钢筋的型号、规格、直径、长度和数量;钢筋在钢筋加工场制作成形,运至现场进行绑扎。

③模板安装。

护栏模板制作全部采用大块钢模,保证足够的强度、刚度。模板制作时,保证其尺寸、平整度,尽量减少板面焊缝,焊缝打磨抛光。模板间接缝采用企口缝。

立模前将模板表面打磨、清理干净,去除污渍、铁锈,均匀涂刷适量脱模剂。将护栏部位桥面上的焊渣等杂物清理干净。

安装护栏模板时,严格按测量的平面、高程定位控制线调整模板的平面位置和高程,保证模板间拼缝及模板底口与桥面混凝土之间的缝隙封堵严密,防止漏浆。按梅花形每米不少于4个布置钢筋保护层垫块。

模板安装完成后项目测量组再次复测护栏模板线形和顶面高程,技术人员对护栏钢筋保护层厚度、模板稳固性、预埋件位置等进行检查,符合要求后报监理工程师验收。

④断缝设置。

混凝土防撞护栏在墩顶位置要设置 2 cm 的断缝，缝间填塞聚苯乙烯硬质泡沫板，表面涂 2 cm 后弹性密封膏。在跨中位置设置 1 cm 宽的垂直断缝，以油浸木条填塞。

⑤混凝土浇筑。

混凝土在拌和站集中拌和，罐车上桥面后将混凝土运至现场，先卸料至桥面铺垫钢板上再人工入料。

罐车直接浇筑入模。混凝土浇筑下料尽量均匀，且不要布料超出模板，以免水泥浆溢出对桥面及结构物造成污染。

浇筑混凝土过程中的振捣作业派专门的熟练振捣工操作，控制好振捣间距和时间，不过振，不漏振，不碰撞模板。混凝土振捣密实的标志是混凝土表面停止下沉，不冒气泡，表面平坦、泛浆。

⑥混凝土拆模及养护。

待混凝土强度达到 2.5 MPa 后方可拆模，拆模时注意不要碰伤混凝土。

混凝土养护设专人负责，夏季温度较高，混凝土覆盖薄膜洒水养护；当气温较低时，采用铺一层薄膜保湿养护，养护时间不少于 7 d。当环境温度低于 5 ℃ 时，严禁对混凝土表面进行洒水养护。

第5章 隧道工程施工

5.1 隧道的基础知识

5.1.1 公路隧道的分类

按照隧道所处的地质条件分类,公路隧道分为土质隧道和石质隧道。

按照隧道的长度分类,公路隧道分为短隧道($L \leqslant 500$ m,L 为隧道长度)、中长隧道($500 < L \leqslant 1000$ m)、长隧道($1000 < L \leqslant 3000$ m)和特长隧道($L > 3000$ m)。

按照国际隧道协会(International Tunnelling Association,ITA)定义的隧道的横断面积的大小划分标准分类,公路隧道分为极小断面隧道($2 \sim 3$ m^2)、小断面隧道($3 \sim 10$ m^2)、中等断面隧道($10 \sim 50$ m^2)、大断面隧道($50 \sim 100$ m^2)和特大断面隧道(大于 100 m^2)。

按照隧道所在的位置分类,公路隧道分为山岭隧道、水底隧道和城市隧道。按照隧道埋置的深度分类,公路隧道分为浅埋隧道和深埋隧道。

5.1.2 公路隧道的组成

公路隧道的主体建筑物一般由洞身衬砌和洞门组成,在洞口容易坍塌的地段,一般还加建明洞。隧道的附属构筑物有防水和排水设施、通风和照明设施、交通信号设施以及应急设施等。公路隧道设计通常先进行方案设计,然后进行隧道的平面和纵断面、净空、衬砌等具体设计。下面主要介绍洞门、洞身衬砌与明洞。

1. 洞门

隧道两端的出入口都要修建洞门。洞门的作用是保持洞口仰坡和路堑边坡的稳定,汇集和排除地面水流,保护洞门附近岩(土)体的稳定和使车辆不受崩塌、落石等的威胁,确保行车安全。洞门是隧道的咽喉,也是隧道外露部分,在保障安全的同时,还应根据实际情况,选择适合的洞门形式,并应适当进行洞门美化和环境美化。洞门形式应实用、经济、美观、醒目;洞门墙应根据实际情况设置伸缩缝、沉降缝和汇水孔;洞门墙的厚度可按计算或结合其他建成隧道洞门工程类比法确定;洞门墙基础必须埋置在稳固地基上,应视地形及地质条件,埋置足够的深度,保证洞门的稳定性。基底埋入土质地基的深度应不小于 1 m,嵌入岩石地基的深度应不小于 0.5 m,冻胀土层基底应设在冻结线以下不小于 0.25 m的位置,墙基底埋设的深度应大于边墙各种沟、槽、管道基底埋设的深度。

(1) 洞门的作用。

①减少洞口土石方开挖量。

洞口段范围内的路堑是依照地质条件以一定的边坡坡率开挖的,当隧道埋深较大时,开挖量就很大。设置的隧道洞门,可以起到挡土墙的作用,能够减少土石开挖量。

②稳定边坡、仰坡。

由于边坡上的岩体不断风化,坡面松石极易脱落滚下。边坡太高,难以自身稳定,仰坡上的石块也会沿着坡面向下滚落。有时会堵塞洞口,甚至砸坏线路轨道,对行车造成威胁。设置洞门就可以减小引线路堑的边坡高度,缩短正面仰坡的坡面长度,从而使边坡及仰坡得以稳定。

③引离地表流水。

地表流水往往汇集在洞口,如不予以排除,将会漫及线路,危及行车安全,修建洞门可以把流水引入侧沟,保证了洞口的正常干燥状态。

④装饰洞口。

洞口是隧道唯一的外露部分,也是隧道正面,修建洞门可以算是一种装饰。城市附近、风景区的隧道,尤其应当配合当地的环境,予以艺术化处理。

(2) 洞门的形式。

由于隧道洞口所处的地形、地质条件不同,洞门形式也有所不同,主要有如下几种。

①环框式洞门。

当洞口石质坚硬稳定(Ⅰ~Ⅱ级围岩),且地形陡峻无排水要求时,可仅修建洞口环框以起到加固洞口和减少洞口雨后滴水的作用。

当隧道洞口岩层坚硬、整体性好、节理不发育,且不易风化,路堑开挖后仰坡极为稳定,又无较大的排水量要求时,可采用环框式洞门。环框式洞门适用于

Ⅰ级围岩,环框与洞口衬砌可用混凝土整体浇筑。

当洞口为松软的堆积层时,通常应避免大刷仰、边坡,一般宜采用接长明洞,恢复原地形地貌的办法。此时,仍可采用洞口环框,但环框坡面较平缓,一般与自然地形坡度相一致。环框两翼与翼墙一样能起到保护路堑边坡的作用。环框四周应恢复自然植被原状,或重新栽植根系发达的树木等,以使边坡、仰坡稳定。引道两侧如果具备条件可以栽植高大乔木,形成林荫大道,这样的总体绿化对洞外减光十分有益,是一个值得推荐的好方法。不过环框上方及两侧仍应设置排水沟渠,以排除地表水,防止漫流。倾斜的环框还有利于向洞内散射自然光,增加入口段的亮度。

②端墙式洞门。

端墙式(一字式)洞门是最常见的洞门。它适用于地形开阔、石质较稳定(Ⅱ～Ⅲ级围岩)的地区,由端墙和洞门顶排水沟组成。端墙的作用是抵抗山体纵向推力及支持洞口上方的仰坡,保持其稳定。洞门顶水沟可以用来将仰坡流下来的地表水汇集后排走。

③翼墙式洞门。

当洞口地质较差(Ⅳ级及以上围岩),山体纵向推力较大时,可以在端墙式洞门的单侧或双侧设置翼墙。翼墙在正面可以起到抵抗山体纵向推力、增加洞门的抗滑及抗倾覆能力的作用;两侧面保护路堑边坡可以起挡土墙的作用;翼墙顶面与仰坡的延长面应一致,其上应设置水沟,可以将洞门顶水沟汇集的地表水引至路堑侧沟内排走。

④柱式洞门。

当地形较陡(Ⅳ级围岩),仰坡有下滑的可能性,又受地形或地质条件限制,不能设置翼墙时,可在端墙中部设置2个(或4个)断面较大的柱墩,以增加端墙的稳定性。柱式洞门比较美观,适用于城市附近、风景区或长大隧道的洞口。

⑤台阶式洞门。

当洞门位于傍山侧坡地区,洞门一侧边坡、仰坡较高时,为了提高靠山侧仰坡起坡点,减少仰坡高度,可将端墙顶部改为逐级升高的台阶形式,这样既能适应地形的特点,又能减少洞门圬工及仰坡开挖数量,还能起到一定的美化作用。

⑥斜交式洞门。

当隧道洞口线路与地面等高线斜交时,为了缩短隧道长度,减少挖方数量,可采用平行于等高线与线路呈斜交的洞口(洞门与线路中线的交角不应小于45°)。一般斜交式洞门与衬砌斜口段应整体浇筑。由于斜交式洞门及衬砌斜口段的受力复杂,施工也不方便,所以只有在十分必要时才采用这种形式。

洞门的形式较多,洞门形式应根据洞口的地形、地质条件,隧道长度和所处的位置等确定,特别要注意洞口施工后地形改变的特点。

2. 洞身衬砌

(1) 喷锚衬砌。

喷锚衬砌是喷混凝土支护、喷混凝土＋锚杆支护、喷混凝土＋锚杆＋钢筋网支护、喷混凝土＋锚杆＋钢筋网＋钢架支护的统称,它是一种加固围岩,控制围岩变形,能充分利用和发挥围岩自承能力的支护衬砌形式。喷锚衬砌使围岩成为支护体系的组成部分(可通过对围岩和支护结构的测量、监控来指导隧道工程的设计和施工方法),喷射混凝土厚度为5～30 cm。喷锚衬砌具有支护及时、柔性、紧贴围岩、与围岩共同变形等特点,在受力条件上比整体式衬砌优越,对加快施工进度、节约劳动力及原材料、降低工程成本等效果显著,能保证围岩的长期稳定。但是,在围岩自稳能力较差的Ⅳ～Ⅵ级围岩中,由于喷锚衬砌刚度较小,并且在稳定性和防止水侵蚀方面经验不多,材料及施工工艺还有待进一步提高,因此,在Ⅳ～Ⅵ级围岩中不宜单独采用喷锚支护作永久衬砌。喷锚支护较少用于隧道的永久衬砌,多用在隧道开挖的初期支护。

(2) 复合式衬砌。

复合式衬砌是指型钢拱架或格栅拱架、锚杆、初期喷射混凝土、二衬混凝土组成的一种组合支护结构。目前隧道工程常采用这种复合衬砌形式,其设计及施工工艺与其相应的衬砌及围岩受力状态均较合理;施工质量可靠,能够达到较好的防水要求;也便于采用喷锚、钢支撑等工艺。它既能够充分发挥喷锚支护的优点,又能发挥二次衬砌永久支护的可靠作用。初期支护的作用是控制围岩在施工期间的有害变形,达到围岩的暂时稳定;二次支护的作用则是提供结构的安全储备或承受后期围岩压力。

(3) 整体式衬砌。

整体式衬砌是传统的衬砌结构形式,在新奥法问世前,广泛用于隧道工程中。该方法不考虑围岩的承载作用,主要通过衬砌的结构刚度抵御地层的变形,承受围岩压力。整体式衬砌截面可采用等截面或变截面,设仰拱地段采用曲墙式边墙,仰拱宜与拱圈厚度相同;在明洞衬砌与洞内衬砌交界处、在洞内软硬地层交界处以及Ⅴ级、Ⅵ级围岩中,每30～80 m应设一道沉降缝;严寒与酷热等温度变化大的地区,距洞口100～200 m范围的衬砌段应设伸缩缝(沉降缝、伸缩缝可兼作整体式衬砌的施工缝）。在有明显偏压地段，宜采用钢筋混凝土整体式结构作为抗偏压衬砌。

3. 明洞

洞顶覆盖层较薄，难以用暗挖法修建隧道，或隧道洞口或路线通过不良地质地段，如路堑边坡可能发生塌方、中小滑坡、落石、雪害或泥石流等危害的地段，或道路之间形成立体交叉，但又不宜做立交桥时，为保证隧道进出口安全，可在两端接长明洞，或在路堑边坡不稳定地段修建独立明洞。以明挖法施工修建的隧道，或在露天修建而有回填土予以遮盖的衬砌结构，称为明洞。

公路隧道中明洞的结构类型，一般分为拱式明洞、箱形明洞和棚式明洞三类。选择明洞的结构类型应根据地形、地质、安全与稳定性、经济实用以及施工条件等因素分析确定，现分别概述如下。

（1）拱式明洞。

当边坡塌方数量较大，落石较多，基础条件较好时，宜采用拱式明洞。拱式明洞整体性好，能承受较大的垂直压力和侧压力。其形式有以下四种：路堑对称型明洞、路堑偏压型明洞、半路堑偏压型明洞及半路堑单压型明洞。

路堑对称型明洞受力对称，因此，结构也对称。路堑偏压型明洞适用于两侧山坡高差较大的路堑，高侧边坡有坍塌、落石或泥石流；低侧边坡明洞墙顶以下部分为挖方，且能满足外侧边墙嵌入基岩需求的地段。半路堑偏压型明洞适用于半路堑靠山侧边坡较高，有坍塌、落石或泥石流等不良地质现象，而外侧地面较为宽敞和稳定，上部填土坡面线能与地面相交以平衡山侧压力的地段。半路堑单压型明洞适用于靠山侧边坡或原山坡有坍塌、落石等情况，外侧地形陡峻无法填土地段，主要承受回填土石和塌方落石的单侧压力作用。为此，拱圈常采用钢筋混凝土结构，且外墙尺寸较厚，一般为 3～5 m，因受力不对称，则结构亦不对称。为了节约圬工数量，通常在浆砌片石外墙上每 3～4 m 开设一个洞孔。明洞采用外贴式防水层，确保防水质量。

当采用偏压拱式明洞时，要特别注意处理好外墙基础，以防止外墙下沉引起拱圈开裂。故外墙必须设置于稳固地基上，如有困难，则可用桩基（或加深基础）及加固地基等方法进行处理。

当拱式明洞的内外墙身用混凝土结构、拱顶用钢筋混凝土结构时，其整体性较好，能承受较大的垂直压力和单向侧压力。必要时还应加设仰拱。通常，用作洞口接长衬砌的明洞，多选用拱式明洞。

(2) 箱形明洞。

在明洞净高、建筑高度受到限制、地基软弱的地方,可采用箱形明洞。若右侧岩层顺层滑动,则可利用上部回填土石的压力及底层的弹性抗力来平衡侧向岩层滑动的推力,并传于左侧岩层上。回填土高度应根据两侧岩层滑动力的大小决定。超挖回填片石的强度不低于该处岩石的抗压强度。

(3) 棚式明洞。

当线路外侧地基承载力不足,且受地形条件限制,难以修建拱式明洞时,可采用棚式明洞。棚式明洞由顶盖和内外边墙组成。顶盖通常为钢筋混凝土梁式结构(板梁或 T 形横梁),内边墙一般采用重力式结构,并应置于基岩或稳固的地基与基础上。当岩层坚实完整,干燥无水或少水时,为减少开挖和节约圬工,可采用锚杆式内边墙。外边墙可以采用墙式、刚架式、柱式结构,但耗用钢筋较多。当山坡较陡,坡面有少量落石,且外侧地基不良或不宜设基础时,还可采用悬臂式棚洞,但悬臂式棚洞由于结构不对称,抗震性能差,施工要求较高,选用时应慎重。

5.2 隧道工程主要施工机械

1. 凿岩台车构造

凿岩台车由钻臂、推进器、底盘、台车架、稳车机构、风水系统、液压系统、操纵系统等部分组成。

工作时,台车驶入掘进工作面,由稳车机构使台车定位,操纵钻臂和推进器,使推进器的顶尖按要求的孔位顶紧工作面,开动凿岩机钻孔。

2. 全断面隧道掘进机

(1) 分类。

①按破碎岩石方式分,可分为:切削式,刀盘上安装割刀,像金属切削刀具一样将工作物切割下来,适用于软岩、土质等抗压强度小于 42 MPa 的地质;铣削式,切削过程靠滚刀的旋转和推进及铣刀的自转完成,像铣削金属的铣床一样,适用于软岩地质;挤压剪切式,用圆盘形滚刀使岩石受挤压和剪切而破碎(以剪切为主),刀具有硬质合金的刀圈或中碳合金钢堆焊碳化硼、钴等,适用于中硬岩石,即抗压强度为 42~175 MPa 的岩石;滚压式,以挤碎岩石来切削,刀具为圆

盘式、牙轮式和锥形带小球状刀具,用于硬岩,即抗压强度大于 175 MPa 的岩石。

②按切削头回转方式分,可分为:单轴回转式,切削头的回转轴只有一根,由于在大直径的切削头上,不同半径上的刀具线速度不同,实际上不是真正的同轴回转,因此,它只用于小直径的掘进机;多轴回转式,切削盘上有几个小切削轮,小切削轮各自有回转轴可独自旋转。

③按掘进方式的不同,可分为推进式和牵引式二种。推进式又分为抓爪式和支撑反力式。

④按排碴方式分,可分为铲斗式、旋转刮板式和泥浆输送式等。常用的是前两种。

⑤按外形特征分,可分为:敞开式掘进机,结构简单,靠撑踏装置支持机身,适用于岩层比较稳定的隧道;护盾式掘进机,有单护盾和双护盾之分。单护盾掘进机前部用护盾掩护,双护盾掘进机体用前后二节护盾掩护。单护盾掘进机适用于软岩地层以及自稳时间相对较短的地层,双护盾掘进机在软岩及硬岩中都可以使用。

(2) 主要结构。

全断面隧道掘进机一般由切削头工作机构、切削头驱动机构、推进及支撑装置、排碴装置、液压系统、除尘装置以及电气和操纵等装置组成。

3. 臂式隧道掘进机

臂式隧道掘进机也可称为悬臂掘进机,是一种有效的开挖机械。它集开挖、装卸功能于一体,广泛应用于公路隧道等工程的开挖。

使用经验表明,这种掘进机对开挖泥质岩、凝灰岩、砂岩等岩层有极好的性能。与钻爆法相比,机械开挖的最大优势是:不扰动围岩,隧道的掌子面非常平坦,几乎没有钻爆法产生的凹凸不平和龟裂,容易达到新奥法的要求;断面超挖量少,经济性好;减少了施工时的噪声和振动,符合环境保护的要求。

与全断面隧道掘进机相比,臂式掘进机体积小、质量轻、易于搬运。

臂式隧道掘进机通常由切割装置、装载装置、输送机构、行走机构、液压系统和电气系统等部分组成。

4. 喷锚机械

(1) 锚杆台车。

锚杆台车是在隧道施工中用于围岩支护的专用设备。在需要锚杆支护的地方用锚杆台车进行钻孔、注浆、插入锚杆,全套工序均由锚杆台车完成,锚杆台车由台车底盘、大臂、锚杆机头等组成。

锚杆机头由凿岩机及其推进器、锚杆推进器、注浆或喷射导架、转动定位器、三状态定位油缸、锚杆夹持器等部件组成,可完成从钻孔、注浆到锚杆安装的全过程工作。更换少数部件即可安装胀壳式锚杆。

(2) 混凝土喷射机。

喷射混凝土有干喷和湿喷两种方式。但在公路隧道施工中干喷工艺已被禁用。这里只讲解湿喷工艺。

湿喷是将骨料、水泥和水按设计比例拌和均匀,用湿式喷射机压送拌和好的混凝土混合料到喷头处,再在喷头上添加速凝剂后喷出,湿喷混凝土的质量较容易控制,喷射过程中的粉尘较少且回弹量较小,是适应当前发展、推广应用的喷射工艺。但湿喷对喷射机械要求较高,机械清洗和故障处理较困难。对于喷层较厚的软岩和渗水隧道,不宜采用湿喷混凝土工艺施工。

5. 混凝土衬砌台车

混凝土衬砌台车是隧道施工过程中二次衬砌不可或缺的非标产品,主要有简易衬砌台车、全液压自动行走衬砌台车和网架式衬砌台车。全液压自动行走衬砌台车又可分为边顶拱式、全圆针梁式、底模针梁式、全圆穿行式等。边顶拱式衬砌台车应用较为普遍,常用于公路隧道的混凝土二次衬砌施工。

全液压自动行走衬砌台车主要用于中长隧道施工中,对施工进度、混凝土表面质量要求较高。此类衬砌台车设计为整体钢模板、液压油缸独立模,全部采用混凝土输送泵车灌注,使用较为普遍。

6. 盾构

盾构是一种集开挖、支护、衬砌等多种作业于一体的大型隧道施工机械,是用钢板制作成圆筒形的结构物,在开挖隧道时,作为临时支护,并在筒形结构内安装开挖、运碴、拼装隧道衬砌的机械手及动力站等装置,以便安全地作业。它主要用于软弱、复杂等地层的铁路隧道、公路隧道、城市地下铁道、上下水道等隧道的施工。

使用盾构机械来修建隧道的方法称为盾构施工法。其施工程序是：在盾构前部盾壳下挖土（机械挖土或人工挖土），一面挖土，一面用千斤顶向前顶进盾体，顶至一定长度后（一般为一片衬砌圈宽度），再在盾尾拼装预制好的衬砌块，并以此为下次顶进的基础，继续挖土顶进。在挖土的同时，将土屑运出盾构。如此不断循环直至修完隧道为止。

盾构施工法的采用，要根据地质条件、覆盖土层深度、断面大小、电源问题、离主要建筑物的距离、水源、施工段长度等多种因素加以综合考虑。

（1）分类。

盾构的形式很多，可按盾构的断面形状、构造及开挖方式进行分类。按盾构断面形状的不同，可将盾构分为圆形、拱形、矩形和马蹄形四种；按盾构前部构造的不同，可分为全部开口形、部分开口形、密封形三种；按开挖方式的不同，可分为手工挖掘式、半机械化挖掘式、机械化挖掘式三种。在盾构法使用初期，人工挖掘式盾构占很大的比例，但发展的趋势是机械化盾构越来越多。从断面形式来看，应用最广泛的是圆形盾构。因此，下文将以机械挖掘的圆形盾构为例，介绍其结构原理。

（2）机械化盾构的主要结构。

①刀盘式盾构。

刀盘式盾构是一种圆形机械化盾构，使用比较普遍。其特点是切削轮上装有割刀，旋转方向与盾构轴线垂直。附加气压、水压、泥水加压、土压等平衡掌子面土压和地下水压后，形成各种各样的盾构。旋转动力有液压马达驱动和电动机驱动两种。为了防止盾构由于切削反作用力而发生转动，现代多采用可双向旋转的切削轮。因此，切削轮的刀臂布置成两个反向的刀齿，或者切削轮布置成内外圈，相对旋转以平衡反作用转矩。这种盾构适用于除岩石以外的各种土层施工。

②行星轮式盾构。

a．固定中心式。

其形式就是在刀盘的刀臂上再装上几个小型刀盘，由于切削轨迹形成摆线形，分散了刀齿上所受的阻力，同时也能抵消回转转矩，防止盾构转动，以适应硬土层的切削。

b．移动中心式。

其在切削横臂上有两个小切削轮，可径向移动。横臂安装在伸缩油缸端部，油缸装在主臂的空心圆筒里。切削横臂一面旋转,两切削轮一面向外切削。当小切削轮径向移动到最外侧直径时,横臂停止旋转,小切削轮向内移动,这样完成一个循环。这种盾构主要用于凝灰岩和片麻岩。

③铲斗式盾构。

铲斗式盾构在盾壳里安装一个能在盾构断面范围内任意位置挖掘的铲斗,当铲斗装满后,可以缩回盾壳里,用斗底开门方式将土屑卸入排料装置。适用于软弱地质条件下开挖上下水道和各种导坑,也可用于地下铁道的开挖工程。其主要特点是能适用于任意断面的隧道开挖。

④钳爪式盾构。

钳爪式盾构在盾壳前端装有两个半圆形钳爪,后者由铸钢或 50 mm 厚的钢板焊成。每侧钳爪由油缸推动,两个钳爪可同时相对运动,也可单独动作。挖掘油缸支点在盾壳上,钳爪枢轴分上下铰接在盾壳里的承载环上。

⑤铣削臂式盾构。

铣削臂式盾构适用于砂土、软岩、中硬岩的隧道开挖,尤其适用于断层地质条件。土、岩的抗压强度在 10~50 MPa 以内均可适用。

铣削臂式盾构的圆形切削臂端部有切削头,可逆时针旋转(从前面看)的切削臂铰接在盾壳里的支架上。切削臂可以自由地切削任意部位。切削头外径为 900 mm,旋转速度为 43 r/min,装有 4 把中心刀头和 40 把周圈刀头。刀头为组合式,容易更换。

整个切削臂组装在一个滑台上,有两个油缸操纵滑台前后移动。在螺旋收集器下方有皮带输送机将土屑运出盾构。

⑥网格切割式盾构。

这种盾构适用于特别软弱的地层,一般都配备气压、泥水加压等措施,以稳定掌子面、平衡土压和地下水压。网格本身也起到挡土的作用。

依靠推进千斤顶使盾构插入地层,掌子面上土从网格中空被挤出。如遇到流动性大的土质或流砂等,可在网格中装挡土板。至于是局部安装还是全部安装挡土板,视地质情况而异。

全部装上挡土板即为密闭式盾构,采取闭胸挺进。

这种盾构适用于除岩石以外的一切土的开挖,无论有无地下水均能使用,但多适用于特别不稳定的软弱地层或地下水位高、带水砂层及黏土层和流动性大的土质,尤以冲积层和洪积层使用网格泥水加压式固定掌子面效果最好。

上述几种机械化盾构,尽管其作用原理有所不同,但都由切削机构、盾壳、动力装置、拼装机、推进装置、出料装置和控制设备等组成。

5.3 隧道施工方法简介

隧道施工方法基本可以归纳为传统矿山法、TBM(tunnel boring machine,全断面硬岩隧道掘进机)法、明挖法、盾构法和沉管法等。

1. 传统矿山法

传统矿山法指的是用开挖地下坑道的作业方式修建隧道的施工方法。通过凿眼爆破,以木或钢等构件为临时支撑,待隧道开挖成形后,逐步将临时支撑撤换下来而以整体式衬砌为永久性支护。其基本原理是:隧道开挖后受爆破影响,岩体破裂形成松弛状态,随时都有可能坍落,基于这种松弛荷载理论依据,开挖时按分部顺序采取分割式小块开挖,即将整个断面分成几个部分按一定顺序施工,开挖后立即以构件支护抵御围岩变形的坍塌。分块的跨度小,既有利于减小扰动围岩的可能性,又便于很快安设支撑,保证施工安全。但要求边挖边撑以求安全,所以支撑复杂,木料耗用多。这种施工方法由于没有充分发挥围岩自身的承载能力,存在较多问题,尤其是无法使衬砌与围岩保持全面紧密接触,不能有效地制止围岩变形,乃至松动、崩塌。该法现已基本淘汰,这里只作简单介绍。

2. TBM法

TBM就是适合硬岩掘进的隧道掘进机,是装置有破碎岩石的刀具,采用机械破碎岩石的方法开挖隧道,并将破碎的石碴传送出机外的一种开挖与出碴联合作业的掘进机械,能连续掘进。

硬岩TBM适用于山岭隧道硬岩掘进,代替传统的钻爆法,在相同的条件下,其掘进速度为常规钻爆法的4~10倍,具有快速、优质、安全、经济、有利于环境保护和劳动力保护等优点,高效快速,可使工程提前完工,提前创造价值,对我国的现代化建设有很重要的意义。

隧道掘进机通过刀具在隧道断面内直接破碎岩石而连续掘进,包括装有切削刀具的旋转切削头、装碴设备、机身前进的推进装置和支撑装置、控制方向的激光准直仪、安装临时支撑的设备和其他用于吸尘、通风的辅助装置。掘进机具有掘进、开挖、喷锚支护、出碴运输、通风冷却、除尘降温、材料供应、自动测量定位、地质超前钻探等功能,具有作业人员少、掘进速度快、开挖成形好、施工安全可靠、工作环境好、劳动强度低、工厂化作业、生产效率高等特点。

3. 明挖法

明挖法是隧道埋深较浅时的一种施工方法,它可将地面挖开,形成露天的基坑,然后在基坑中修筑隧道衬砌,铺设防水层,最后用土回填。隧道洞口段不能用暗挖法施工时均可用明挖法施工。在明挖法施工中,常用的基坑开挖方式有:敞口开挖法、工字钢桩法、地下连续墙法等。

明挖法具有施工简单、快捷、经济、安全的优点,城市地下隧道工程发展初期都把它作为首选的开挖技术。其缺点是对周围环境的影响较大。

明挖法的关键工序是降低地下水位、边坡支护、土方开挖、结构施工及防水工程等。其中边坡支护是确保安全施工的关键技术。

4. 盾构法

盾构法是在地面下暗挖隧道的一种施工方法。构成盾构法的主要内容是先在隧道某段的一端建造一竖井(始发井),以供盾构安装就位。盾构从始发井的墙壁开孔处出发,在地层中沿着设计轴线,向另一竖井(到达井)的设计孔洞推进。盾构推进中所受到的地层阻力,通过盾构千斤顶传至盾构尾部已拼装的预制隧道衬砌结构,再传到竖井的后靠壁上。盾构是这种施工方法中最主要的独特的施工机具。它是一个既能支承地层压力,又能在地层中推进的圆形或矩形或马蹄形等特殊形状的钢筒结构,在钢筒前部设置各种类型的支撑和开挖土体的装置,在钢筒中段内部安装顶进所需的千斤顶,钢筒尾部是具有一定空间的壳体,在盾尾内可以拼装一至二环预制的隧道衬砌环。盾构每推进一环距离,就在盾尾支护下拼装一环衬砌,并及时向紧靠盾尾后面的开挖坑道周边与衬砌环外周之间的空隙中压注足够的浆液,以防止隧道及地面下沉。在盾构推进过程中不断从开挖面排出适量的土方。

盾构法施工因具有明显的优点,得到广泛使用:①在盾构的掩护下进行开挖和衬砌作业,有足够的施工安全性;②地下施工不影响地面交通,在河底施工不影响河道通航;③施工操作不受气候条件的影响;④产生的振动、噪声等环境危害较小;⑤对地面建筑物及地下管线的影响较小。

5. 沉管法

沉管隧道是将隧道管段分段预制,分段两端设临时止水头部,然后浮运至隧道轴线处,沉放在预先挖好的基槽内,完成管段间的水下连接,移去临时止水头部,回填基槽保护沉管,铺设隧道内部设施,从而形成一个完整的水下通道。

沉管法先在隧址以外的预制场制作隧道管段,两端用临时封墙密封。制成以后用拖轮拖运到隧址指定位置上。预先在设计位置处,挖好水底沟槽。待管段定位就绪后,往管段中注水,使之下沉。然后,将沉设完毕的管段在水下连接起来,覆土回填,完成隧道。

5.4 隧道洞口洞身施工

5.4.1 隧道洞身开挖方法

隧道施工就是要挖除设计轮廓线以内的岩体,并尽量保持围岩的稳定。显然,开挖是施工的第一道工序,也是关键工序。

在隧道开挖过程中,围岩稳定状态虽然主要取决于围岩本身的工程地质条件,但开挖对围岩的稳定状态无疑有着重要影响。因此,隧道开挖的基本原则是:在保证围岩稳定或少扰动的前提下,选择恰当的开挖方法和掘进方式,并尽量提高掘进速度,即在选择开挖方式时,一方面应考虑隧道围岩工程地质条件及其变化情况,选择能很好地适应地质条件及其变化,并能保持围岩稳定的方法和方式;另一方面应考虑隧道范围内岩体的坚硬程度,选择能快速掘进并能减少对围岩扰动的方法和方式。

隧道施工中,开挖方法是影响围岩稳定的重要因素之一。因此,在选择开挖方法时,应对隧道断面大小及形状、围岩的工程地质条件、支护条件、工期要求、工区长度、机械配备能力、经济性等相关因素进行综合分析,采用恰当的开挖方法,尤其应与支护条件相适应。不同围岩条件和开挖断面适宜的开挖方法见表5.1。

表 5.1 不同围岩条件和开挖断面适宜的开挖方法

开 挖 方 法	围 岩 级 别	
	双车道隧道	三车道隧道
全断面法	Ⅰ～Ⅲ	Ⅰ～Ⅱ

续表

开挖方法		围岩级别	
		双车道隧道	三车道隧道
台阶法	长台阶法	Ⅲ～Ⅳ	Ⅱ～Ⅲ
	短台阶法	Ⅳ～Ⅴ	Ⅲ～Ⅳ
	超短台阶法	Ⅴ	Ⅳ
分部开挖法	环形开挖留核心土法	Ⅴ～Ⅵ	Ⅲ～Ⅳ
	中隔壁法	Ⅴ～Ⅵ	Ⅳ～Ⅴ
	交叉中隔壁法	Ⅴ～Ⅵ	Ⅳ～Ⅵ
	双侧壁导坑法	—	Ⅴ～Ⅵ

隧道开挖方法实际上是指开挖成形方法。按开挖隧道的横断面分部情况来分,开挖方法可分为全断面法、台阶法、分部开挖法等。

1. 全断面法

全断面法是指隧道设计开挖断面一次开挖成形的开挖方法。全断面法施工工序示意图见图5.1。

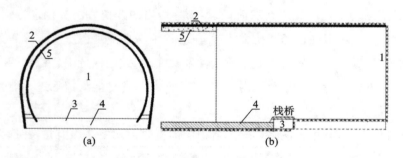

图 5.1　全断面法施工工序示意图

注:1—全断面开挖;2—初期支护;3—隧道底部开挖(捡底);4—底板(仰拱及填充)浇筑;
5—拱墙二次衬砌。

全断面法作业空间较大,工序少、干扰小,有利于大型机械配套作业,提高施工速度,便于施工组织和管理。隧道长度或施工区段长度不宜太短,根据经验一般不应小于 1 km,否则采用大型机械化施工时其经济性较差。

为加快隧道建设,必须实现隧道施工机械化,而隧道工程新技术、新工艺的推广又为机械化施工奠定了基础。同时,机械化的发展又推动了隧道施工工艺水平的不断提高。机械设备选型时应遵循可靠性、经济性、配套性等原则。

全断面法施工应符合下列规定：

①宜采用机械化作业，各种机械设备应合理配套。

②应控制一次同时起爆的单段最大爆破药量。爆破振动和爆破药量正相关，延时爆破把一个爆破工作面分成多个区段分开起爆，这样一次爆破的爆破药量远远小于工作面的总爆破药量，从而极大地减弱了爆破振动。所以控制爆破振动首先要控制各个区段的爆破药量，特别是各个区段中装药最多的段装药量，即"单段最大爆破药量"，也就是俗称的"最大单响爆破药量"。

③应根据掌子面围岩稳定情况、爆破振动、钻孔和出碴效率、超挖控制等确定循环进尺：Ⅲ级围岩宜控制在 3 m 左右；Ⅰ、Ⅱ级围岩，使用气腿式凿岩机时可控制在 4 m 左右，使用凿岩台车时可根据围岩稳定情况适当调整。采用特殊设计的其他情况每循环进尺应符合设计规定。

2. 台阶法

台阶法是指将设计开挖断面分为上、下断面（或上、中、下断面），先上后下，分次开挖成形的开挖方法。根据台阶长度不同，划分为长台阶法、短台阶法和超短台阶法三种。通常，长台阶的台阶长度为 50 m 以上；短台阶的台阶长度为 5～50 m；超短台阶的台阶长度为 3～5 m。超短台阶也称微台阶。台阶法施工工序示意图见图 5.2。

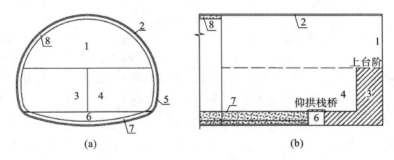

图 5.2　台阶法施工工序示意图

注：1—上台阶开挖；2—上台阶初期支护；3、4—下台阶错开开挖；5—下台阶初期支护；6—底部开挖（挖底）；7—仰拱及填充（底板）；8—二次衬砌。

台阶法因其灵活多变、适用性强等优点，已成为大断面隧道施工的主流施工方法。实际施工中视围岩条件和机械设备情况可派生出各种台阶法。

采用台阶法时，台阶数、台阶长度要适当。确定台阶的长度主要考虑两个因素：初期支护形成闭合断面的时间要求，稳定性越差的围岩要求闭合时间越短；上半断面施工时开挖、支护、出碴机械设备所需的作业空间。

采用长台阶法时，上下部可配属同类较大型机械平行作业，当机械不足时也可交替作业；当遇短隧道时，可将上部断面全部挖通后，再挖下半断面。该法施工干扰较少，可进行单工序作业，但是需要控制拱脚下沉。

短台阶法或超短台阶法两种方法可缩短仰拱封闭时间，改善初期支护受力条件，但施工干扰较大，支护不及时可能造成围岩失稳。软弱围岩必要时需要采用辅助开挖措施稳定开挖面，以保证施工安全。

台阶法施工应符合下列规定。

①台阶数量和台阶高度应综合考虑隧道断面高度、机械设备及围岩稳定性等因素。台阶开挖高度宜为 2.5～3.5 m。台阶数量可采用二台阶或者三台阶，不宜大于 3 个台阶。

②上台阶开挖每循环进尺，Ⅲ级围岩宜不大于 3 m；Ⅳ级围岩宜不大于 2 榀钢架间距；Ⅴ级围岩宜不大于 1 榀钢架间距。Ⅳ、Ⅴ级围岩下台阶每循环进尺宜不大于 2 榀钢架间距。下台阶单侧拉槽长度宜不超过 15 m。

③下台阶左、右侧开挖宜前后错开 3～5 m，同一榀钢架两侧不得同时悬空。

④下部施工应减少对上部围岩、支护的干扰和破坏。

⑤下台阶应在上台阶喷射混凝土强度达到设计强度的 70% 以后开挖。

3. 分部开挖法

（1）环形开挖留核心土法。

先开挖上部环形导坑并进行支护，再分部开挖两侧边墙及中部核心土的开挖方法被称为环形开挖留核心土法。当地质条件较差，采用台阶法开挖掌子面自稳能力不足时，可采用环形开挖留核心土法。环形开挖留核心土法可分为两台阶环形开挖留核心土法和三台阶环形开挖留核心土法。

环形开挖留核心土法施工工序示意图见图 5.3。仰拱与掌子面距离需要根据围岩和初期支护稳定情况调整控制。

环形开挖留核心土法具有施工开挖工作面稳定性好，施工较安全，但施工干扰大、工效低等特点。环形开挖留核心土法施工应符合下列规定。

①台阶开挖高度宜为 2.5～3.5 m。

②环形开挖每循环进尺，Ⅴ级围岩宜不大于 1 榀钢架间距，Ⅳ级围岩宜不大于 2 榀钢架间距。中下台阶每循环进尺，不得大于 2 榀钢架间距。核心土面积

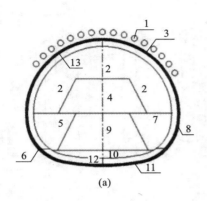
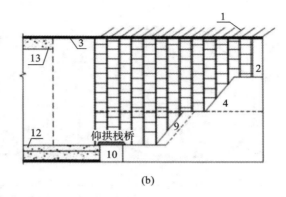

图 5.3 环形开挖留核心土法施工工序示意图

注：1—超前支护；2—上部环形导坑开挖；3—上部初期支护；4—上部核心土开挖；5、7—两侧开挖；6、8—两侧初期支护；9—下部核心土开挖；10—仰拱开挖；11—仰拱初期支护；12—仰拱及填充混凝土；13—拱墙二次衬砌。

宜不小于断面面积的 50%。

③上台阶钢架施工时，应采取有效措施控制其下沉和变形。

④拱部超前支护完成后，方可开挖上台阶环形导坑；留核心土长度宜为 3～5 m，宽度宜为隧道开挖宽度的 1/3～1/2。

⑤各台阶留核心土开挖每循环进尺宜与其他分部循环进尺相一致。

⑥核心土与下台阶开挖应在上台阶支护完成且喷射混凝土强度达到设计强度的 70% 后进行。下台阶左、右侧开挖应错开 3～5 m，同一榀钢架两侧不得同时悬空。

⑦仰拱施作应紧跟下台阶，以及时闭合成稳固的支护体系。

(2) 中隔壁法。

中隔壁法，也称为 CD(center diaphragm)工法，是将涉及开挖断面分成左右两个断面，先开挖隧道一侧，并施工中隔壁竖向支撑，再开挖另一侧的开挖方法。中隔壁法施工工序示意图见图 5.4。

中隔壁法施工应符合下列规定。

①各分部开挖时，周边轮廓应圆顺。开挖进尺不得大于 1 榀钢架间距。

②初期支护完成、强度达到设计规定后方可进行下一分部开挖。

③当开挖形成全断面时，应及时完成全断面初期支护闭合。

④临时支护拆除宜在仰拱施工前进行，一次拆除长度应与仰拱浇筑长度相适应。临时支护拆除后，应及时浇筑仰拱和仰拱填充、施作拱墙二次衬砌。

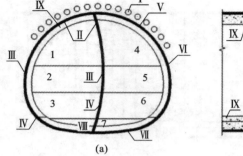
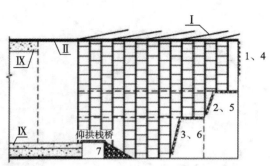

(a)　　　　　　　　　　　　　　(b)

图 5.4　中隔壁法施工工序示意图

注：Ⅰ—超前支护；1—左侧上部开挖；Ⅱ—左侧上部初期支护；2—左侧中部开挖；Ⅲ—左侧中部初期支护；3—左侧下部开挖；Ⅳ—左侧下部初期支护；4—右侧上部开挖；Ⅴ—右侧上部初期支护；5—右侧中部开挖；Ⅵ—右侧中部初期支护；6—右侧下部开挖；Ⅶ—右侧下部初期支护；7—拆除中隔壁；Ⅷ—仰拱及填充混凝土；Ⅸ—拱墙二次衬砌。

⑤临时支护拆除前后，应进行变形测量。

（3）交叉中隔壁法。

交叉中隔壁（cross diaphragm，CRD）法，是将设计开挖断面分成左、右两个断面，先按台阶法开挖隧道一侧，施工中隔壁竖向支撑和横隔板；再按台阶法开挖隧道另一侧，并施工横隔板的开挖方法。交叉中隔壁法施工工序示意图见图5.5。

CD 法与 CRD 法之间既有联系又有区别。

CD 法与 CRD 法的联系：CD 法可适用于比较软弱的Ⅳ～Ⅴ级围岩浅埋大断面双车道、三车道隧道的场合；CRD 法可适用于软弱的Ⅳ～Ⅵ级围岩浅埋大断面双车道、三车道、四车道隧道的场合。

CD 法与 CRD 法的主要区别：CD 法是用钢架和喷射混凝土的隔壁将断面分割进行开挖的方法，一般临时仰拱没有横撑；CRD 法是用隔壁和仰拱把断面上下、左右分割进行开挖的方法，是在地质条件要求分部开挖及时封闭的条件下采用的，一般临时仰拱有横撑。CRD 法在施工过程的每一步，都要求用临时仰拱（横撑）闭合。CRD 法对地层的变形控制较 CD 法更为有效。

（4）双侧壁导坑法。

双侧壁导坑法，是将设计开挖断面分成左、中、右三个断面，先开挖隧道两侧断面，并施工隔离墙竖向支撑，再分部开挖中间断面的开挖方法。

双侧壁导坑法具有控制地表沉陷好、施工安全等优点，但进度慢，成本高，其施工工序示意图如图 5.6 所示。

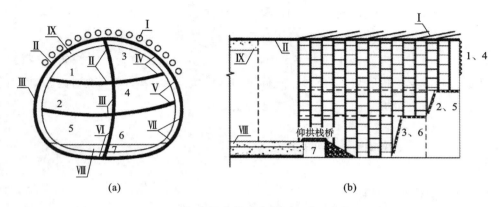

图 5.5 交叉中隔壁法施工工序示意图

注：Ⅰ—超前支护；1—左侧上部开挖；Ⅱ—左侧上部初期支护成环；2—左侧中部开挖；Ⅲ—左侧中部初期支护成环；3—右侧上部开挖；Ⅳ—右侧上部初期支护成环；4—右侧中部开挖；Ⅴ—右侧中部初期支护成环；5—左侧下部开挖；Ⅵ—左侧下部初期支护成环；6—右侧下部开挖；Ⅶ—右侧下部初期支护成环；7—拆除中隔壁及临时仰拱；Ⅷ—仰拱及填充混凝土；Ⅸ—拱墙二次衬砌。

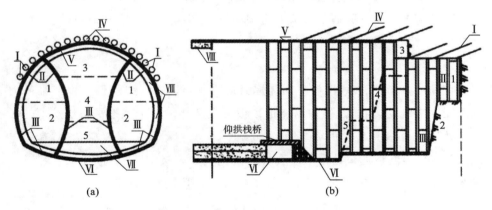

图 5.6 双侧壁导坑法施工工序示意图

注：Ⅰ—两侧超前支护；1—左(右)导坑上部开挖；Ⅱ—左(右)侧导坑上部初期支护；2—左(右)导坑下部开挖；Ⅲ—左(右)侧导坑下部支护成环；Ⅳ—拱部超前小导管；3—中壁上部开挖；Ⅴ—中壁拱部初期支护与左右Ⅱ闭合；4—中壁中部开挖；5—中壁下部开挖；Ⅵ—中壁下部初期支护与左右Ⅲ闭合；Ⅶ—仰拱及填充混凝土施工；Ⅷ—拱墙二次衬砌。

双侧壁导坑法施工应符合下列规定。

①侧壁导坑开挖时，周边轮廓应圆顺。导坑跨度宜为整个隧道开挖宽度的三分之一。

②导坑与中间土体同时施工时,导坑应超前 30~50 m。

③侧壁导坑开挖后,应及时施工初期支护并尽早形成封闭环。

④临时支护拆除宜在仰拱施工前进行,一次拆除长度宜与仰拱浇筑长度相适应。临时支护拆除后,应及时浇筑仰拱和仰拱填充、施作拱墙二次衬砌。

⑤临时支护拆除前后,应进行变形测量。

5.4.2 隧道洞口施工

1．隧道洞口特点

(1) 洞口地段成洞困难。

隧道洞口地段,一般覆盖层薄、岩层破碎、松散、风化严重,同时,洞口段往往也是软硬岩交界的地方,地形和地质条件极不稳定,且地表水汇集,洞口段围岩的自支护能力比较弱,有的甚至没有自支护能力,尤其是在浅埋、破碎、滑坡、崩塌、软弱、地下水丰富并具有软弱夹层等极易发生滑移、坍塌的地段,成洞特别困难。

(2) 结构受力体系复杂。

首先,洞口施工破坏了洞口山体原有的平衡,仰坡开挖后,仰坡由三维受力状态变为二维受力状态,仰坡与隧道顶板的交叉部位处于一维受力状态;其次,洞口处顶板一端由工作面支撑,另一端则处于悬空状态,属悬臂梁结构,其稳定性较差;最后,隧道洞口处常常还会有一明挖(深)路堑,其边坡也处于二维受力状态。随着隧道洞口段的开挖和支护,该段将重复进行应力释放与重分布。

(3) 支护加固工程量大。

在开挖过程中,必须要对隧道洞口路堑边坡、洞口及洞顶以上仰坡进行锚喷预加固处理。进洞前采取超前锚杆、超前小导管周边注浆、设置大管棚等超前预支护技术;开挖后及时喷射混凝土和仰拱形成封闭受力环等。

(4) 植被容易遭受破坏。

山区隧道洞口生态植被极其脆弱,若隧道洞口进洞方案制定不妥、洞口勘察设计选址不当、洞口变坡点设置不合理或洞口处在深路堑等,都会造成大面积原生植被的破坏,且难以恢复生态,容易出现水毁冲刷和水土流失,严重者会造成隧道洞口坍塌。

2. 隧道洞口施工方法

(1) 施工准备。

隧道进洞施工前,进行边坡、仰坡防护和加固,平整洞顶地表,做好洞顶防排水工程。

(2) 边坡开挖。

隧道洞口进洞施工不但要满足安全性、经济性,更重要的是要保护好环境,尽量减少施工作业对原始山体和植被的破坏。开始施工时,先清理隧道洞口段上方及侧方有可能滑塌的地表土、灌木及山坡危石等。在进行洞口土石方工程时,不能采用深眼大爆破或集中药包爆破,以免影响边坡的稳定。按设计要求进行边坡、仰坡放线,自上而下逐段开挖,如果发现地形地貌与设计不符,及时通知设计代表现场办公,合理设置洞口边坡、仰坡变坡点,尽量降低洞口边坡、仰坡开挖的高度,减小刷坡面积和范围,减少洞口段植被的破坏量。

(3) 洞口段开挖。

洞口段开挖方法取决于工程地质、水文地质和地形条件、隧道自身构造特点、施工机具设备情况、洞外相邻建筑的影响等诸多因素。施工中应根据实际情况,综合选定洞口段开挖进洞方案。

①洞口段地层条件良好,围岩为Ⅲ~Ⅳ级时,宜采用正台阶法进洞(台阶长度以1.5倍洞径为宜),其爆破进尺控制为1.5~2.5 m,并严格按照设计及时做好支护。

②洞口段围岩为Ⅴ级及以上时,可采用环形开挖留核心土法、双侧壁导坑法、中隔壁法、交叉中隔壁法等分部开挖法进洞,开挖前对围岩进行预加固。

③对于浅埋或偏压隧道,采用地表预加固和围岩超前支护方法,做到"先护后挖"。

(4) 地基基础处理。

洞口段圬工基础必须置于稳固的地基上,对地基强度不够的部分需采取加强措施,如扩大基础、桩基,压浆加固地基等措施,及时施作仰拱,封闭基础围岩,及早形成一个封闭的圆形受力环,有利于隧道洞口安全。

(5) 前置式洞口施工。

目前隧道建设技术较为先进的国家已经摒弃了传统方法,常采用保护山坡自然进洞的方法进行隧道洞口施工,即不切坡进洞,而是在洞外不开挖山脚土体的情况下,采用开槽施工的方法先修接明洞,然后在明洞内暗洞施工,采用震动破碎或小型爆破进洞。

前置式洞口施工方法就是自洞外开槽施工架设钢拱架混凝土,逐榀推进山体,接触山体进行微开挖即可进洞,真正地实现"早进晚出"。其基本思路是:在不开挖明洞段洞内山脚土体的情况下,两侧开槽在原设计明洞外轮廓以外施作工字钢拱架并浇筑混凝土,作为明洞临时衬砌,在进洞前成洞,回填反压后再进行临时衬砌内暗挖施工。

施工工序一般应为:洞顶及周边截水沟砌筑,完善排水系统→仰坡开挖、防护(因开挖工作量较小,主要采用人工进行,以免机械的扰动)→套拱施工槽开挖、防护→前置式洞口段套拱钢拱架架立就位→前置式洞口段套拱模板固定、混凝土浇筑并养护→洞顶反压回填并覆土绿化→开挖前置式洞口段洞内预留山脚土体→暗洞段施工→防水铺设、衬砌施工。

(6)套拱法进洞施工。

所谓"套拱法"就是首先在洞口段隧道洞身上下衬砌轮廓线以外,立模架灌注 30～50 cm 厚的混凝土(或者钢筋混凝土),长度 3～5 m,嵌进山体 0.5～1.0 m,外露 0.5～4.5 m,保证洞口段山体稳定,防止坍塌和洞顶危石伤人,确保施工安全。其次采用台阶法施工。施工时,配合超前支护(锚杆、小导管及大小管棚)和钢架支护。然后按设计要求进行洞身开挖支护。洞口浅埋地段避开雨季施工,施工中采用人工开挖(必要时放小炮),短开挖,强支护,衬砌紧跟,步步为营,稳扎稳打,确保施工安全。

(7)边坡、仰坡施工。

截水沟施作完毕后进行边坡、仰坡开挖,按设计坡度一次整修到位,并分层进行边坡、仰坡防护,以防围岩风化,雨水渗透而坍塌。围岩破碎部位增设网喷,以稳定边坡、仰坡。刷坡防护到路基面标高。

(8)洞门施工。

洞门应及早修筑,并尽可能安排在冬季或雨季前施工。所有建筑材料和施工要求应符合图纸及规范规定。

①洞门施工放样位置准确。

②洞门基础必须置于稳固的地基上,做好防水、排水工作,不得被水浸泡。基坑碴、杂物等必须清除干净。

③洞门拱墙应与洞内相邻的拱墙衬砌同时施工,连成整体。洞门端墙应与隧道衬砌紧密相连接。

④洞门端墙的砌筑(或浇筑)与墙背回填,应两侧同时进行,防止对衬砌产生

偏压。

⑤洞口装饰的隧道铭牌,字样要求美观醒目。

⑥洞门建筑完成后,洞门以上仰坡坡脚如有损坏,应及时修补,并应检查与确保坡顶以上的截水沟和墙顶排水沟及路堑排水系统的完好与连通。

⑦端墙顶排水沟砌筑在填土上时,应将填土夯实紧密。

5.5 隧道支护与衬砌

5.5.1 超前支护

1. 超前锚杆

超前锚杆是沿开挖轮廓线,以一定的外插角,向开挖面前方安装锚杆,形成对前方围岩的预锚固(预支护),在超前锚杆的保护下进行开挖、装碴、出碴和衬砌等作业。

锚杆超前支护的柔性较大,整体刚度较小。它主要适用于地下水较少的破碎、软弱围岩的隧道工程中,如裂隙发育的岩体、断层破碎带、浅埋无显著偏压的隧道。采用凿岩机或专用的锚杆台车钻孔,锚固剂或砂浆锚固,其工艺简单、工效高。

2. 管棚

管棚是指利用钢拱架沿开挖轮廓线以较小的外插角、向开挖面前方打入钢管构成的棚架来形成对开挖面前方围岩的预支护。采用长度小于 10 m 的钢管,称为短管棚;采用长度为 10~45 m 且较粗的钢管,称为长管棚。

管棚因采用钢管或钢插板做纵向预支撑,又采用钢拱架做环向支撑,其整体刚度较大,对围岩变形的限制能力较强,且能提前承受早期围岩压力。因此,管棚主要适用于围岩压力来得快来得大、对围岩变形及地表下沉有较严格要求的软弱、破碎围岩隧道工程中,如土砂质地层、强膨胀性地层、强流变性地层、裂隙发育的岩体、断层破碎带、浅埋有显著偏压等围岩的隧道中。此外,采用插板封闭较为有效,在地下水较多时,可利用钢管注浆堵水和加固围岩。

管棚施工要点如下。

(1) 洞口大管棚施工。

①先标出隧道中心线及拱顶标高,开挖预留核心土,作为施工套拱和管棚施钻的工作平台(工作平台宽度宜为 2.5 m,高度宜为 2.0 m,平台两侧宽度宜为 1.5 m)。

②管棚应按设计位置施工,能成孔时,钻孔至设计深度,成孔困难地段采用套管跟进方式顶入。

③钻机立轴方向必须准确控制,以保证钻孔的方向准确。钻进中经常采用测斜仪量测钢管钻进的偏斜度,发现偏斜超过设计要求及时纠正。

④为改善管棚受力条件,接头应错开,隧道纵向同一截面内接头数小于 50%,相邻钢管的接头至少错开 1 m。

⑤钢管接头采用丝扣连接,丝扣一般长 15 cm。

⑥钢管采用热轧无缝钢管,壁厚宜大于 6 mm,直径按设计选用。

⑦钢管环向间距应满足设计要求,一般小于 50 cm。

⑧管棚方向应与线路中线平行,外插角应考虑钻具下垂的影响。

⑨钢管开口间距误差小于 5 cm。

⑩纵向两组管棚的搭接长度应大于 3.0 m。注浆压力初压宜控制为 0.5～1.0 MPa,终压宜控制为 2.0 MPa。

(2) 洞内大管棚施工。

为避免施工侵入隧道净空,洞内增设管棚工作室、安设导向架。

①工作室比设计断面大 30～50 cm,工作室长度应满足钻机作业要求。

②施工导向架,安装导向管,导向管长度为 2～2.5 m,管径大于管棚直径 20～30 mm。

③施钻工作平台必须牢固可靠,并能承受钻机的活载能力。

④管棚在注浆以前要充分做好各项准备工作,特别是机具设备应进行试运转。如发现问题,及时排除、予以修复,使其处于良好状态,注浆结束后要尽快卸开孔口接头,冲洗管路,以免造成管路中的剩余浆液凝结、堵塞管路。

⑤管棚注浆作业要前后配合、统一指挥,保证注浆计划的实现,以达到预期的目的和效果。在操作过程中必须配备专业电工,以防电路、电器设备发生故障。

⑥洞内大管棚施工应选择体积小、效率高、带有自动纠偏功能的钻机,以减少工作室开挖量,提高施工效率和管棚施工精度。

3. 超前注浆小导管

超前注浆小导管是在开挖前,沿坑道周边,向前方围岩钻孔并安装带孔小导管,或直接打入带孔小导管,并通过小导管向围岩压注起胶结作用的浆液,待浆液硬化后,坑道周围岩体就形成了有一定厚度的加固圈。在此加固圈的保护下即可安全地进行开挖等作业,若小导管前端焊一个简易钻头,则可钻孔、插管一次完成,称为自进式注浆锚杆。

浆液被压注到岩体裂隙中并硬化后,不仅将岩块或颗粒胶结为整体起到了加固作用,而且填塞了裂隙,阻隔了地下水向坑道渗流的通道,起到了堵水作用。因此,超前注浆小导管不仅适用于一般软弱破碎围岩,同时也适用于含水的软弱破碎围岩。

4. 超前深孔帷幕注浆

超前注浆小导管,对围岩加固的范围和止水的效果是有限的,作为软弱破碎围岩隧道施工的一项主要辅助措施,它占用的时间和循环次数较多。超前深孔帷幕注浆较好地解决了这些问题。注浆后即可形成较大范围的筒状封闭加固区,称为帷幕注浆。

(1) 注浆方法。

①渗入性注浆。

在注浆过程中,浆液充填地层中被排出的空气和水的空隙,胶凝成固结体,以提高地层的稳定性和强度。

②劈裂性注浆。

在注浆过程中,在注浆压力的作用下,浆液作用的周围土体被劈裂并形成裂缝,通过土体中形成的浆液脉状固结作用来增强土体内的总压力,以提高其强度和稳定性。

③压密性注浆。

用浓稠的浆液注入土层中,使土体形成浆泡,向周围土层加压使其得到加固。

④高压喷灌注浆。

通过灌浆管在高压作用下,从管底部的特殊喷嘴中喷射出高速浆液流及其外围的高速气流,促使土粒在冲击力、离心力及重力作用下,随注浆管的向上抽出与浆液混合形成柱状固结体,以达到加固的目的。

(2)注浆设计参数。

①浆液注入量。

浆液注入量可根据扩散半径及岩层裂隙率参考公式[式(5.1)]计算确定。

$$Q = \pi R^2 H \eta \beta \tag{5.1}$$

式中:Q 为浆液注入量,m;R 为浆液扩散半径,m;H 为注浆段长度,m;η 为岩层裂隙率,一般取 $1\% \sim 5\%$;β 为浆液在裂隙内的有效充填系数,视岩层性质而定,取 $0.3 \sim 0.9$。

施工中对注浆压力、浆液浓度、压入量等参数可以人为控制与调整。对于大的溶裂、大的溶洞,裂隙率大于 5%,浆液注入量难以计算,因此,在这种情况下,宜用注浆压力控制注浆量,注浆量只能按注浆终压规定值时的注浆总量来决定。

注浆扩散半径在孔隙性岩层比较规则、均匀,在岩层裂隙中是不规则的。浆液的扩散半径随岩层裂隙系数、注浆压力、压入时间的增加而增大,随浆液浓度和黏度的增加而减小。

②注浆压力。

注浆压力取决于被注地层的山体压力和浆液的渗透性质。注浆压力越大,浆液扩散范围也越大,在一定扩散半径下所需的注浆持续时间越短。但压力过大,会造成注浆管止浆面破裂产生冒浆及引起地面隆起。在满足注浆要求的情况下,压力不宜过大,实际使用多大压力应通过试验确定。

③注浆管间距。

注浆管间距小于扩散半径的 2 倍,否则两相邻孔不能交圆成幕。间距太小,注浆时浆液从相邻管中溢出,影响注浆效果,因此其间距选用 1.5 倍扩散半径较为合适。

为了对注浆做出合理的设计和施工方案,必须事先对被加固地层进行物理力学指标试验,以查清其含水量、容重、压缩系数、内摩擦角、黏结力、渗透系数、孔隙比、pH(pondus hydrogenii,酸碱度)值及抗压强度等,并在现场选择适当的地点进行注浆试验。

5.5.2 初期支护

初期支护一般由锚杆、喷射混凝土、钢架、钢筋网等及其他的组合组成,它是现代隧道工程中最常用的支护形式和方法。

初期支护施作后即成为永久性承载结构的一部分,它与围岩共同构成了永久的隧道结构承载体系。锚喷支护与传统的构件支撑相比,具有施工的灵活性、及时性、密贴性、深入性、封闭性和柔性等特点。

1. 锚杆支护

锚杆支护是用金属(木)制成的锚栓装置,插入岩层中,然后用水泥砂浆、树脂或摩擦力固定的一种方法。这种方法是将坑道周围被开挖扰动的岩体锚固在一起,增加岩体的稳定性。

(1) 锚杆的布置。

① 局部布置原则。

锚杆主要用于裂隙围岩。重点加固不稳定块体,隧道拱顶受拉破坏区为重点加固区域。拱腰以上部位锚杆方向应有利于锚杆的受拉,拱腰以下及边墙部位锚杆宜逆向不稳定岩块滑动的方向。局部加固的锚杆,必须保证不稳定块体与稳定岩体的有效连接。

② 系统布置原则。

在隧道横断面上,锚杆宜垂直隧道周边轮廓布置,对水平成层岩层,应尽可能与层面垂直布置,或使其与层面斜交布置;对于倾斜成层的岩层,其失稳原因主要是层面滑动,锚杆与层面斜交布置;锚杆呈菱形排列,间距为 0.6～1.5 m,密度为 0.6～3.6 根/m^2。为了使系统布置的锚杆形成连续均匀的压缩带,其间距宜小于锚杆长度的 1/2,在 Ⅳ、Ⅴ 级围岩中,锚杆间距宜为 0.5～1.2 m,但当锚杆长度超过 2.5 m 时,若仍仅按间距小于 1/2 锚杆长度的规定,则锚杆间的岩块可能因咬合和连锁不良而导致掉块坠落,为此,其间距应小于 1.25 m。

(2) 施工流程。

开挖后,应尽快地安设锚杆,围岩条件较差时先喷后锚,围岩条件较好时可先锚后喷,或只锚不喷。锚杆杆体露出岩面长度,不应大于喷层的厚度,不同类型的锚杆有不同的施工流程。

(3) 施工方法与要求。

① 锚杆类型选择。

根据地质条件、使用要求及锚固特性,可选用中空注浆锚杆、树脂锚杆、自钻式锚杆、砂浆锚杆和摩擦型锚杆等;按设计要求,锚杆在洞外加工或由厂家直接提供,由运料车运至洞内。

② 锚杆黏结剂。

锚杆黏结剂的黏结强度、凝固时间、抗老化及抗侵蚀性能须满足设计要求,对环境无污染。水泥砂浆应高于 M20。

③锚杆孔要求。

a. 钻孔机具根据锚杆类型、规格及围岩情况选择。

b. 按设计要求定出位置,孔位允许偏差为±150 mm。

c. 应保持直线,应与其所在部位的围岩主要结构面垂直。

d. 深度及直径应与杆体相匹配,锚杆杆体露出岩面长度小于喷层厚度。

e. 有水地段应先引出孔内的水或在附近另行钻孔。

f. 对成孔困难的地段,应采用自钻式锚杆。

④锚杆安装。

a. 杆体插入锚杆孔时,保持位置居中,插入深度满足设计要求。

b. 砂浆锚杆孔内灌注砂浆饱满密实,砂浆或水泥浆内可添加适量的微膨胀剂和速凝剂。

c. 药包型锚杆、树脂锚杆先检查药包和树脂卷质量,受潮或变质者不得使用。杆体在插入过程中注意旋转,使黏结剂充分搅拌。

d. 锚杆垫板与孔口混凝土密贴,并随时检查锚杆头的变形情况,及时紧固垫板螺帽。

e. 锚杆垫板安装在锚杆已经具有抗拔力情况下进行。

f. 锚杆安设后不得随意敲击,其端部在填充砂浆终凝前不得悬挂重物。

⑤普通水泥砂浆锚杆。

其主要设置在边墙部位,施工时采用锚杆台车或风钻钻锚杆孔,机械配合人工安装锚杆,水泥砂浆终凝后安设孔口垫板。

a. 砂浆配合比(质量比):砂灰比宜为 1∶2～1∶1,水胶比宜为 0.38～0.45,砂的粒径不宜大于 2 mm。

b. 砂浆拌和均匀,随拌随用,一次拌和的砂浆在初凝前用完。

c. 注浆作业:注浆开始或中途暂停超过 30 min 时,用水润滑注浆管路,注浆孔口压力应小于 0.4 MPa,注浆管应插至距孔底 5～10 cm 处,随水泥砂浆的灌入缓慢均匀地拔出,随即迅速将杆体插入,杆体插入长度至少为设计长度的95%。若孔口无砂浆流出,应拔出杆体重新注浆。

2. 喷射混凝土支护

喷射混凝土是新奥法施工的支护手段,其作用主要是支撑围岩,使围岩有一定"卸载"、填平补强围岩、覆盖围岩表面、阻止围岩松动、重新分配外力等。喷射混凝土具有强度增长快、黏结力强、密度大、抗渗性好的特点。与普通模筑混凝土相比,喷射混凝土施工将输送、浇筑、捣固几道工序合而为一,更不需要模板,因而施工快速、简捷而且能及早地发挥承载作用,但喷射混凝土与模筑混凝土相比,其密实性和稳定性要差一些。

喷射混凝土的施工要点如下。

(1) 喷射作业施工准备工作做好后,严格控制规定的速凝剂掺量,并添加均匀。喷射手应严格控制水灰比,使喷层表面平整光滑,无干斑或滑移流淌现象。

(2) 按风—水—料顺序开机,按料—水—风顺序停机,如喷嘴风压正常,喷出来的水和高压风应呈雾状。开机后先进行空转,待喷机运转正常后才开始投料、搅拌和喷射。

(3) 喷射应分段、分部、分块,按先墙后拱、自下而上的顺序进行喷射。喷嘴需对受喷岩面作均匀的顺时针方向的螺旋转动,一圈压半圈地横向移动,螺旋直径为 20~30 cm,以使混凝土喷射密实。

(4) 为保证喷射混凝土质量,减少回弹量和降低粉尘,作业时还应注意以下事项。

①喷射时应分段长度不超过 6 m,分部为先下后上,分块大小为 2 m×2 m,并严格按先墙后拱、先下后上的顺序进行喷射,以减少混凝土因重力作用而引起滑动或脱落的情况。

②掌握好喷嘴与受喷岩面的距离和角度:喷嘴至受喷岩面的距离为 0.8~1.2 m,过大或过小都会增加回弹量。喷嘴与受喷岩面垂直,并稍微偏向刚喷射的部位(倾斜角不宜大于 10°),则回弹量最小、喷射效果和质量最佳。对于岩面凹陷处应先喷和多喷,而凸出处应后喷和少喷。

(5) 调节好风压与水压:风压与喷射质量有密切的关系,应通过试验和实践正确选定,并在喷射时随时注意调整。过大的风压会造成喷射速度太高而加大回弹量,损失水泥,风压过小会使喷射力减弱,则混凝土密实性差。

(6) 一次喷射厚度:喷射作业应分层进行。一次喷射厚度不得太厚或太薄,它主要与喷射混凝土层与受喷面之间的黏结力和受喷部位等有关,并且应根据速凝剂、喷射效率、回弹损失率等因素而定。一次喷射太厚,在自重作用下,喷层会出现错裂而引起大片坍落。一次喷射太薄,大部分粗骨料会回弹,使受喷面上仅留下一层薄薄的混凝土或砂浆,势必会影响效果及工程质量。一般情况下,一次喷射厚度:边墙为 5~7 cm,拱部为 3~4 cm(不掺速凝剂)。当掺入速凝剂后,边墙不宜超过 10 cm,拱部不宜超过 6 cm。分层喷射厚度,一般为粗骨料最大粒径的 2 倍,如一次喷射厚度小于 5 cm,使用石子的最大粒径也要求相应减小。

(7) 分层喷射的间隔时间:分层喷射,一般分 2～3 层喷射;分层喷射合理的间隔时间应根据水泥品种、速凝剂种类及掺量、施工温度和水灰比等因素,并视喷射的混凝土终凝情况而定。

分层喷射间隔时间不得太短,一般要求在初喷混凝土终结以后,再进行复喷;当间隔时间较长时,复喷前应将初喷混凝土表面清洗干净;在复喷时应将凹陷处进一步找平。

一般在常温下(15～20 ℃),采用红星Ⅰ型速凝剂时,可在 5～10 min 后,进行下一次喷射;而采用碳酸钠速凝剂时,最少要在 30 min 后,才能进行复喷。

(8) 喷射混凝土养护:喷射混凝土终凝 2 h 后,应喷水养护,时间不得少于 14 d。气温低于 5 ℃时不得喷水养护。冬季施工洞口喷射混凝土的作业场合应有防冻保暖措施。在结冰的层面上不得进行喷射混凝土作业。作业区的气温和混合料进入喷射机的温度不应低于 5 ℃。混凝土强度未达到 6 MPa 时,不得受冻。

3. 钢拱架施工

无论是采用喷射混凝土还是锚杆或是在混凝土中加入钢筋网、钢纤维,主要都是利用其柔性和韧性,而对其整体刚度并无过多要求。这对支护不太破碎的围岩并使其稳定是可行的。但当围岩软弱破碎严重且自稳性差时,开挖后就要求早期支护具有较大的刚度,以阻止围岩的过度变形,并承受部分松弛荷载。钢拱架就具有这样的力学性能。

钢拱架施工要点如下。

(1) 钢架加工。

①钢架加工尺寸应符合设计要求,其形状应与开挖断面相适应;②不同规格的首榀钢架加工完成后,应放在平整地面上试拼,周边拼装允许偏差为±30 mm,平面翘曲应小于 20 mm。当各部尺寸满足设计要求时,方可进行批量生产。

(2) 钢架安装。

①钢架拱脚必须放在牢固的基础上。应清除底脚下的虚碴及其他杂物,脚底超挖部分应用喷射混凝土填充。

②钢架应分节段安装,节段与节段之间应按设计要求连接。连接钢板平面应与钢架轴线垂直,两块连接钢板间采用螺栓和焊接连接,螺栓不应少于 4 颗。

③相邻两榀钢架之间必须用纵向钢筋连接,连接钢筋直径不应小于 18 mm,

连接钢筋间距不应大于 1.0 m。

④钢架应垂直于隧道中线,竖向不倾斜、平面不错位,不扭曲。上、下、左、右允许偏差为 50 mm,钢架倾斜度应小于 2°。

5.5.3 二次衬砌

在隧道及地下工程中常用的支护衬砌形式主要有整体式衬砌、复合式衬砌和锚喷式衬砌。整体式衬砌即为永久性的隧道模筑混凝土衬砌。复合式衬砌由初期支护和二次支护组成。初期支护是帮助围岩达成施工期间的初步稳定;二次支护则是提供安全储备或承受后期围岩压力。初期支护按主要承载结构设计与施工;二次支护用于Ⅲ级及以上围岩时按安全储备设计,用于Ⅳ级及以下围岩时,则按承受后期围岩压力结构设计与施工,并均应满足构造要求。锚喷式衬砌的设计基本上同复合式衬砌中的初期支护的设计,只是增加了一定的安全储备量。目前隧道衬砌主要是指二次衬砌,且大多采用模注混凝土。

1. 衬砌施工准备工作

(1)断面检查。

根据隧道中线和水平测量,检查开挖断面是否符合设计要求,欠挖部分按规范要求进行修凿,并做好断面检查记录。

墙脚地基应挖至设计标高,并在灌注前清除虚碴、排除积水、找平支承面。

(2)放线定位。

根据隧道中线和标高及断面设计尺寸,测量确定衬砌立模位置,并放线定位。

采用整体移动式模板台车时,实际是确定轨道的铺设位置。轨道铺设应稳固,其位移和沉降量均应符合施工误差要求。轨道铺设和台车就位后,都应进行位置、尺寸检查。放线定位时,为了保证衬砌不侵入建筑限界,须注意预留误差量和预留沉落量,并注意曲线加宽。

预留误差量是考虑到放线测量误差和拱架模板就位误差,为保证衬砌净空尺寸,一般将衬砌内轮廓尺寸扩大 5 cm。

预留沉落量是考虑到未凝混凝土的荷载作用会使拱架模板变形和下沉;后期围岩压力作用和衬砌自重作用(尤其是先拱后墙法施工时的拱部衬砌)会使衬砌变形和下沉,故须预留沉落量。这部分预留沉落量根据实测数据确定或参照经验确定。

预留误差量和预留沉落量应在拱架模板定位放线时一并考虑确定,并按此架设拱架模板和确定模板架的加工尺寸。

(3) 拱架模板整备。

使用拼装式拱架模板时,立模前应在洞外样台上对拱架和模板进行试拼,检查其尺寸、形状,不符合要求的应予以修整。配齐配件,模板表面要涂抹防锈剂。洞内重复使用时亦应注意检查修整。拱架模板尺寸应按计算的施工尺寸放样到放样台上,并注意曲线加宽后的衬砌及模板尺寸。

使用整体移动式模板台车时,应在洞外组装并调试好各机构的工作状态,检查好各部件尺寸,保证进洞后投入正常使用。每次脱模后应予检修。

(4) 立模。

根据放线位置,架设安装拱架模板或模板台车就位。安装就位后,应做好各项检查,包括位置、尺寸、方向、标高、坡度、稳定性等,并注意处理好以下几个问题。

①每排拱架应架设在垂直于隧道中线的竖直平面内,不得倾斜;对于曲线隧道,因曲线外弧长、内弧短,则应分段调整拱架方向和模板长度。

②拱架应立于稳固的地基上。拱架下端一般应焊接端头板,以增大支承面,减少下沉;当地基较软弱时,应先用碎石垫平,再用短枕木支垫,此垫木不得伸入衬砌混凝土中。

当采用整体移动式模板台车时,其走行轨道应铺设稳定,轨枕间距要适当,道床要振捣密实,必要时可先施作隧道底板,防止过量下沉。

③拱架的架设要牢固稳定,保证其不产生过量位移。拱架立好后还应对其稳定性进行检查。固定的方法:横向有横撑(断面较小时采用)、斜撑(断面较大时采用);纵向有带木、拱架间撑木、拉杆及斜撑。

拱架模板的架设和加强,均应考虑其腹部的通行空间,以保证洞内运输的畅通。

④挡头模板应同样安装稳固,挡头板常用木板加工,现场拼铺,以便于与岩壁之间的缝隙嵌堵严密,也可以采用气囊式堵头。

⑤设有各种防水卷材、止水带时,应先行安装好,并注意挡头板不得损伤防水材料,以免影响防水效果。

(5) 混凝土制备与运输。

由于洞内空间狭小,混凝土多在洞外拌制好后,用运输工具运送到工作面再灌注。其实际待用时间中主要是运输时间,尤其是长大隧道和运距较长时。因此,运输工具的选择应注意装卸方便、运输快速,以保证拌好的混凝土在运输过程中不发生漏浆、离析泌水、坍落度损失或初凝等现象。

可结合工程情况,选用各种斗车、罐式混凝土运输车或输送泵等机械。

2. 混凝土的灌注、养护与拆模

(1) 保证捣固密实,使衬砌具有良好的抗渗防水性能,尤其应处理好施工缝。

(2) 整体模筑时,应注意对称灌注,两侧同时或交替进行,以防止未凝混凝土对拱架模板产生偏压而使衬砌尺寸不合要求。

(3) 若因故不能连续灌注,则应按规定进行接槎处理。衬砌接槎应为半径方向。

(4) 边墙基底以上1 m范围内的超挖,宜用同级混凝土同时灌注,其余部分的超挖、欠挖应按设计要求及有关规定处理。

(5) 衬砌的分段施工缝应与设计沉降缝、伸缩缝及设备洞位置统一考虑,合理确定位置。

(6) 封口方法。当衬砌混凝土灌注到拱部时,需改为沿隧道纵向进行灌注,边灌注边铺封口模板,并进行人工捣固,最后堵头,这种封口称为"活封口"。当两段衬砌相接时,纵向活封口受到限制,此时只能在拱顶中央留出一个50 cm×50 cm的缺口,最后进行"死封口"。采用整体式模板台车配以混凝土输送泵时,可以简化封口。

(7) 多数情况下隧道施工过程中,洞内的湿度能够满足混凝土的养护条件。但在干燥无水的地下条件下,则应注意进行洒水养护。采用普通硅酸盐水泥拌制的混凝土,其养护时间一般不少于7 d;掺有外加剂或有抗渗要求的混凝土,其养护时间一般不少于14 d。养护用水的温度应与环境温度基本相同。

(8) 一次衬砌的拆模时间,应根据混凝土强度增长情况来确定。一般应在混凝土达到施工规范要求强度时方可拆模。有承载要求时,应根据具体受力条件确定。

3. 仰拱和底板

若设计无仰拱,则铺底通常是在拱墙修筑好后进行,以避免与拱墙衬砌和开挖作业的相互干扰。若设计有仰拱,说明侧压和底压较大,则应先修筑仰拱使衬砌环向封闭,避免边墙挤入造成开裂甚至失稳。但仰拱和底板施工占用洞内运输道路,对前方开挖和衬砌作业的出碴、进料造成干扰。因此,应对仰拱和底板的施作时间、分块施工顺序和与运输的干扰问题进行合理安排。

为施工方便,仰拱和底板可以合并灌注,但应保证仰拱混凝土强度符合设计要求。

待仰拱和底板纵向贯通,且混凝土达到一定强度后,方能允许车辆通行,其端头可以采用石碴土填成顺坡通过。

灌注仰拱和底板时,必须把隧道底部的废渣、杂物及淤泥清除干净,排除积水。超挖部分应用同级混凝土或片石混凝土灌注密实。

4. 防止和减少二次衬砌开裂主要措施

(1) 混凝土加减水剂、膨胀剂或用膨胀水泥。由于混凝土收缩和水泥水化发热,混凝土灌注后温度上升,经 3~5 d 后温度下降等,衬砌受拉超过混凝土极限强度后而出现裂缝。在混凝土中加减水剂、膨胀剂,减水剂可以减少单位水泥和水的用量,膨胀剂使混凝土密实,从而减少混凝土的收缩应变等。

(2) 初期支护与二次衬砌间,设置隔离层或低标号砂浆后,减少对二次衬砌的约束。设置防水隔离层,可以使衬砌支护与二次衬砌之间不传递切向力,因此对防止二次衬砌开裂有很大作用。但在铺设防水隔离层之前,应用喷射混凝土或水泥砂浆将初期支护表面大致整平,以改善二次衬砌的受力条件。但是防水隔离造价较贵,应做技术经济比较。

(3) 改进混凝土的灌注工艺和提高其施工技术水平,并加强混凝土振捣和养护,精心施工,以提高混凝土衬砌的施工质量。

(4) 在改进混凝土施工工艺同时,可放慢灌注速度,并在两侧边墙对称分层灌注混凝土,到拱脚处停止 1 h 左右,待边墙混凝土衬砌下沉稳定后,再灌注拱部混凝土衬砌。一次模筑混凝土衬砌环节不宜过长,以免混凝土硬化收缩使衬砌产生裂缝。当混凝土灌注速度过快时,沉降不均匀易产生裂缝,拱脚附近裂缝更多。

(5) 在衬砌内或易开裂部位,布置少量钢筋,可减少裂缝的产生,并使裂缝分布较均匀而裂缝宽度不超过允许值等。

5.6 隧道防排水施工

5.6.1 排水盲管施工

排水盲管一般包括环向排水半管、纵向排水管、横向排水管,三者采用变径三通连为一体,形成完整的排水系统。其中纵向排水管在整个隧道排水系统中是一个中间环节,起着承上启下的作用,是关键环节。

环向排水半管、纵向排水管施工主要有钻定位孔、锚栓安装、盲管铺设等环节,其施工流程见图 5.7。

图 5.7 环向排水半管、纵向排水管施工流程

1. 环向排水半管施工

环向排水半管沿纵向设置的间距根据设计要求确定,根据洞内渗漏水的实际情况,在初期支护(喷射混凝土层)完成之前视情况埋设排水半管或线形排水板,形成暗埋、永久式排水通道系统,将水引入隧道纵向排水管从而排出,在地下水较大的地段应加密设置排水盲管。

环向排水半管布置要求如下。

①对集中出水点,沿水源方向钻孔,然后将单根引水管插入其中,并用速凝砂浆将周围封堵,以使地下水从管中集中引出。

②当隧道开挖后在围岩表面有线流或股流时,均设排水半管或线形排水板,在排水管周围喷射厚度为 1~2 cm 水泥砂浆后,再进行喷射混凝土作业。

③在无渗漏水地段有必要时,每隔一定间距,在其喷层表面上、下打设排水孔,安装排水半管或线形排水板,使隧道在使用期内因地下水的迁移变化而产生的渗漏水能顺利排出。

2. 纵向排水管施工

纵向排水管施工要求如下。

①按照精细化施工要求,纵向排水管安装前必须先施工纵向基座。

②基座施工前进行测量放样,根据路面设计高程准确计算纵向排水管中心高程和初支表面的相对位置,在初支表面弹线标识。

③基座浇筑模板采用钢模或 2 cm 厚竹胶板,钢管或直径为 22 mm 的螺纹钢筋支撑。

④基座浇筑到顶部时,采用波纹管为模型,压制出半圆轮廓槽。

⑤基座完成后,用防水板反向包裹纵向排水管,放置在半圆轮廓槽内,并覆盖碎石过滤层。

⑥用 U 形钢筋卡固定排水管,用布条堵塞管口以防混凝土灌注时移位和堵管。

⑦对环向排水半管、纵向排水盲管采用三通相连。

3. 横向排水管施工

横向排水管是连接纵向排水管与中央排水管(沟)的水力通道,通常采用硬质塑料管,其设置应符合设计及规范要求,施工中先在纵向排水管上预留拼接孔,然后在仰拱及填充混凝土施工前接长至中心排水管(沟)。

隧道纵向每隔 50 m 设置一道直径为 160 mm 的横向双壁波纹管(无孔)将墙背纵向排水管中的水引排至隧道中心排水沟内,且横坡为 2%。

横向排水管施工控制要点如下。

①画线时注意排水管尽可能走基面的低凹处和有出水点的地方。

②排水管用无纺布等渗水材料包裹,防止杂物进入堵塞管道。

③纵向排水管用防水卷材半裹,使从上部流下的水尽量流入管内。

④隧道同一断面只能铺设一道排水管,避免造成初期支护出现薄弱断面或薄弱带。

⑤初期支护中埋设排水管时,喷射混凝土应分为 2~3 层,施工中必须严格控制各喷层厚度,保证排水管埋设数量,避免凿槽或返工。各层排水管铺设或各喷层的间歇时间,必须在前一层喷射混凝土终凝后进行。

4. 排水管安装质量检查

排水管安装质量要求如下。

①纵向排水管尽量与岩壁密贴,与支护的间距不得大于 5 cm、与支护脱开的最大长度不得大于 10 cm。

②施工中三通管留设位置准确,接头应牢固。

③盲管无泥沙、喷混凝土料或杂物堵塞,泄水孔通畅。

5.6.2 防水板施工

1. 铺设前的准备

洞外检查、检验垫层材料及防水板质量,对检查合格的防水板,用特种铅笔画焊接线及拱顶分中线,并按每循环设计长度截取,对称卷起备用;洞内在铺设基面标出拱顶中线,画出隧道中线第一环及垂直隧道中线的横断面线。

防水板宜选用高分子材料,幅宽一般为 2~4 m,厚度不得小于 1.2 mm,且应符合设计要求,耐刺穿性好、柔性好、耐久性好。塑料防水板的物理力学性能应符合表 5.2 的要求。

表 5.2 塑料防水板主要物理力学性能

项　　目	指　　标
拉伸强度/MPa	≥12
断裂延伸率/(%)	≥200
热处理时变化率/(%)	≤2.5
低温弯折性	−20 ℃无裂纹
抗渗性	0.2 MPa,24 h 不透水

2. 台车就位

防水板铺设宜采用专用台车铺设,台车应具备以下要求:

①防水板专用台车应与模板台车的行走轨道为同一轨道;

②台车前端应设有初期支护表面及衬砌内轮廓检查刚架,并有整体移动(上、下、左、右)的微调机构;

③台车上应配备能达到隧道周边任一部位的作业平台;

④台车上应配备辐射状的防水板支撑系统;

⑤台车上应配备提升(成卷)防水板的卷扬机和铺放防水板的设施。

3. 铺设土工布

土工布铺设构造示意图见图 5.8。

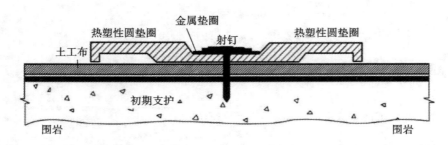

图 5.8　土工布铺设构造示意图

土工布铺设施工要求如下。
①将垫衬横向中线同隧道中线对齐。
②由拱顶向两侧边墙铺设。
③采用与防水板同材质的直径为 80 mm 的专用塑料垫圈压在垫衬上,使用射钉或胀管螺钉锚固。
④锚固点应垂直基面并不得超出垫圈平面,锚固点梅花形布置。锚固点间距:拱部为 0.5~0.8 m,边墙为 0.8~1 m,底部 1~1.5 m,凹凸处应适当增加锚固点。
⑤垫衬缝搭接宽度不小于 5 cm。

4. 铺设防水板

防水板铺设要求如下。
①防水板铺设应超前二次衬砌施工 9~20 m,并设临时挡板防止机械损伤和电火花灼伤,同时与开挖掌子面应保持一定的安全距离。
②铺设前进行精确放样,弹出标准线进行试铺后确定防水板的尺寸,尽量减少接头。
③采用从下向上的顺序铺设,下部防水板应压住上部防水板,松紧应适度并留有余量(实铺长度与弧长的比值为 10∶8),保证防水板全部面积均能抵到围岩。
④分段铺设防水板的边缘部位预留至少 10 cm 的搭接余量并且对预留部分边缘部位进行有效的保护。
⑤对于避险车道加宽处防水板的铺设,如模筑混凝土外观成形不好,使其外观平顺后,方可铺设防水板。对于热合器不易焊接的部位用热风枪手工焊接,并确保其质量。

⑥两幅防水板的搭接宽度不应小于 100 mm。

5．固定防水板

固定防水板的施工要求如下。

①对于设计为分离式的防水板,可用热风焊枪或热合器,使防水板融化并与塑料垫圈黏结牢固。

②对于设计为复合式的防水板,则按设计要求在铺设基面打设膨胀锚栓或射钉,采用悬吊法固定。

③在凹凸较大的基面上,在断面变化处增加固定点,保证其与混凝土表面密贴。

6．防水板焊接

防水板焊接施工要求如下。

①焊接时,接缝处必须擦洗干净,真空检查缝隙且焊缝接头应平整,不得有气泡、褶皱或空隙。

②防水板之间的搭接缝应采用双焊缝、调温、调速热楔式功能的自动爬行黏接结合部位式热合机热熔焊接,细部处理或修补采用手持焊枪。

③开始焊接前,应用小块塑料片上试焊,以掌握焊接温度和焊接速度。

④单条焊缝的有效焊接宽度不应小于 25 mm。

⑤防水板纵向搭接与环向搭接处,除按正常施工外,应再覆盖一层同类材料的防水板材,用热焊焊接。

⑥在焊缝搭接的部位焊缝必须错开,不允许有三层以上的接缝重叠。焊缝搭接处必须用刀刮成缓角后拼接,使其不出现错台;焊缝若有漏焊、假焊应予补焊;若有烤焦、焊穿处以及外露的固定点,必须用塑料片焊接覆盖。

7．施工注意事项

防水板施工需注意以下几点。

①防水板应存放在室内,库房应整洁、干燥、无火源、自然通风好,并应远离高温热源及油脂等污物。

②任何材料、工具在铺设时应尽量远离已铺好的地段堆放。

③安装孔位要严格控制方向和排列距离,避免安装时搭接困难。

④挡头板的支撑物在接触到塑料防水板处必须加设橡皮垫层。

⑤绑扎钢筋和安装模板及衬砌台车就位时,在钢筋保护层垫块外包土工布防止碰撞和刮破塑料板。

⑥浇筑混凝土时,应防止碰击塑料板,二次衬砌中埋设的管料与防水板间距不小于5 cm,以防止防水板破损。浇筑时应有专人观察,发现损伤应立即修补。

8. 质量检查

(1)防水层质量检查方法。

防水层质量检查方法见表5.3。

表5.3 防水层质量检查方法

检查方法	检查内容	适用范围
直观检查	a. 用手托起防水层,看其是否与喷射混凝土层密贴; b. 看防水层是否有被划破、扯破、扎破等破损现象; c. 看焊缝宽度是否符合要求,有无漏焊、烤焦等现象; d. 外露的锚固点是否有塑料片覆盖	一般防水段要求
焊缝检查	每铺设20～30 m延长,剪开焊缝2～3处,每处0.5 m看是否有假焊、漏焊现象	特殊需处理防水段

(2)充气检查。

检查采取随机抽样的原则,环向焊缝每衬砌循环抽试2条,纵向焊缝每衬砌循环抽试1条。

防水板的搭接缝焊接质量检查应按充气法检查,将5号注射针与压力表相接,用打气筒进行充气,当压力表达到0.25 MPa时停止充气,保持15 min,压力下降在10%以内,说明焊缝合格;如压力下降过快,说明焊缝不严。用肥皂水涂在焊缝上,有气泡的地方重新补焊,直到不漏气为止。

5.6.3 施工缝、变形缝、止水带施工

施工缝、变形缝是防水的薄弱环节,因此必须按规范规定和设计要求认真施作。

1. 施工缝

施工缝处采用止水带或止水条防水,设置在结构厚度的1/2处。

(1)施工时要对其材质、性能、规格进行检查,符合设计要求,无裂纹和

气泡。

(2) 先施工结构中预埋的一半止水带,应用止水带钢筋夹固定或通过边孔的钢丝固定在结构钢筋骨架上,并用两块挡头板牢牢固定住,避免混凝土灌注过程中止水带移位。止水带不得打孔或用铁钉固定。

(3) 拆模时和进行施工缝凿毛处理时,应仔细保护止水带,以防被破坏。后施工的结构在灌注前,必须对止水带加以清洗。

2. 变形缝

变形缝是由于考虑结构不均匀受力和混凝土结构胀缩而设置的允许变形的缝隙,它是防水处理的难点,也是结构自防水中的关键环节。

变形缝设计为缝宽 20~30 mm,防水材料可选用橡胶钢片止水带、双组分聚硫橡胶、四油两布双组分聚氨酯、聚苯板、EVA(ethylene-vinyl acetate copolymer,乙烯-醋酸乙烯酯共聚物)防水砂浆等。结构中间埋入钢边橡胶止水带,止水带两侧分别用聚苯乙烯泡沫板填充。

具体操作方法:用特制钢筋箍夹紧橡胶钢片止水带,使其准确居中,在封口处开宽 90 mm、深 35 mm 槽,槽体与缝交接处放双组分聚硫橡胶,其余部分填聚苯板。在嵌双组分聚硫橡胶前,将缝两边基面的表面松动物及浮碴等凿除,清扫干净并用砂浆找平,使其与变形缝两侧黏结牢固。槽体的槽帮涂四油两布双组分聚氨酯,槽体填充 EVA 防水砂浆。

3. 变形缝、施工缝的质量保证措施

(1) 保证施工缝粘贴止水条处混凝土面光滑、平整、干净,施工缝凿毛时不被破坏。

(2) 止水条的安装确保密贴、牢固、混凝土浇筑前无膨胀失效,使用氯丁胶粘贴并加钢钉固定,接头用氯丁胶斜面粘贴紧密。

(3) 止水带的安装确保居中、平顺、牢固、无裂口脱胶,并在浇筑混凝土的过程中注意随时检查,防止止水带移位、卷曲。塑料止水带接头采取焊接。

(4) 各种贯通的施工缝、变形缝的止水条、止水带的安装确保形成全封闭的防水网。

(5) 浇筑混凝土前,先将混凝土基面充分凿毛并清洗干净。采用手工凿毛时,对施工缝的清洗必须彻底,必要时还要用钢刷刷干净。

(6) 混凝土浇筑时,确保新旧混凝土结合良好,使混凝土接合处有 20~30

mm 厚的水泥砂浆。水平施工缝可先铺设厚 20～30 mm 的与混凝土等强度的防水砂浆。

4. 止水带

止水带一般用于施工缝部位,为防止因混凝土施工未连续浇筑而导致的缝隙,水见缝就会渗透,特别是地下水,有一定压力,因此在这些部位进行防水处理。按所用材料,可将止水带分为橡胶止水带、钢边止水带、塑料止水带和钢板止水带等。

5. 止水带施工

(1) 背贴式橡胶止水带的施工。

①背贴式橡胶止水带设置在衬砌结构施工缝、变形缝的外侧,施工时按设计要求先在需要安装止水带的位置放出安装线。

②施工缝处设计有防水板的,如止水带材质与防水板相同,则采用热焊机将止水带固定在防水板上;如设计为橡胶止水带,则采用黏结法将其与防水板黏结。

(2) 中埋式橡胶止水带的施工。

中埋式橡胶止水带施工时,将加工的直径为 10 mm 的钢筋卡由待模筑混凝土一侧向另一侧穿入,卡紧止水带一半,另一半止水带平结在挡头板沙窝内,待模筑混凝土凝固后弯曲直径为 10 mm 的钢筋卡套上止水带,模筑下一循环混凝土。

①止水带安装的横向位置,用钢卷尺量测内模到止水带的距离,与设计位置相比,允许偏差为±5 cm。

②止水带安装的纵向位置,通常止水带以施工缝或伸缩缝为中心两边对称,用钢卷尺检查,要求止水带偏离中心的允许偏差为±3 cm。

③用角尺检查止水带与衬砌端头模板是否正交,不正交时会降低止水带的有效长度。

④检查接头处上下止水带的压槎方向,此方向应以排水畅通、将水外引为正确方向,即接槎部位下部止水带压住上部止水带。

⑤用手轻撕接头来检查接头强度,观察接头强度和表面打毛情况。接头外观应平整、光洁,抗拉伸强度不低于母材,不合格时应重新焊接。

(3) 遇水膨胀橡胶止水带的施工。

①选用的遇水膨胀橡胶止水带应具有缓胀性能,其 7 d 的膨胀率不大于最终膨胀率的 60%。

②遇水膨胀橡胶止水带应牢固地安装在缝表面或预留槽内。先将预留槽清洗干净,然后涂一层胶黏剂,将止水带嵌入槽内,并用钢钉固定。止水带连接应采用搭接方法,搭接长度大于 50 mm,搭接头要用水泥钉钉牢。止水带应沿施工缝回路形成闭合回路,不得有断点。

③止水带安装位置、接头连接应符合设计要求。

④止水带表面没有开裂、缺胶等缺陷,无受潮提前膨胀现象。

⑤止水带与槽底密贴,没有空隙。

5.7 隧道辅助施工

5.7.1 压缩空气的供应

在隧道施工中,以压缩空气为动力的风动机械(具)设备得到广泛使用,常用的有凿岩机、装碴机、喷射混凝土机、锻钎机、压浆机等。这些风动机具所需的压缩空气是由空气压缩机(以下简称空压机)生产,并通过高压风管输送给风动机具的。

压缩空气俗称高压风,即经空气压缩机压缩后的具有一定压力的空气。要保证风动机械(具)设备正常工作,压缩空气必须具有一定的风量和风压。

1. 供风量的计算

空气压缩机(也称空压机或压风机)站应提供能满足各种风动机械(具)设备正常运转及输送损耗所需要的风量。供风量的大小 Q 可根据式(5.2)计算。

$$Q = (1+K_{备})(K\sum q + q_{漏})k_m \tag{5.2}$$

式中:$K_{备}$ 为空压机的备用系数,一般采用 75%~90%;$\sum q$ 为风动机具所需风量,m^3/min(可查阅风动机具性能表);K 为同时工作系数,见表 5.4;k_m 为空压机所处海拔高度对空压机生产能力的影响系数,见表 5.5;$q_{漏}$ 为管路及附件的漏耗损失,其值见式(5.3)。

$$q_{漏} = \alpha \sum L \tag{5.3}$$

式中:α 为每公里漏风量,平均为 $1.5 \sim 2.0 \ m^3/(min \cdot km)$;$L$ 为管路总长,km(包括主、支管路的实际铺设长度和配件折合成管路当量,见表 5.6)。

根据计算的风量选择合适的储风罐,如果用多台空压机,一般采用相同的型号,以方便操作和维修。

表 5.4 同时工作系数

机 具 类 型	同时工作台数	K
凿岩机	1～10	0.85～1.00
	11～30	0.75～0.85
装碴机	1～2	0.75～1.0
	3～4	0.50～0.70
锻钎机	1～2	0.75～1.0
	3～4	0.50～0.65

表 5.5 海拔高度影响系数

海拔高度/m	k_m
0	1.00
305	1.03
610	1.07
914	1.10
1219	1.14
1524	1.17
1829	1.20
2134	1.23
2438	1.26
2743	1.29
3048	1.32
3658	1.37
4572	1.43

表 5.6 配件折合成管路当量(单位:m)

配件名称	钢管内径/mm						
	25	50	75	100	150	200	300
球心阀	6.0	15.0	25.0	35.0	60.0	85.0	—
闸门阀	0.3	0.7	1.1	1.5	2.5	3.5	6.0
丁字管	2.0	4.0	7.0	10.0	17.0	24.0	40.0
异径管	0.5	1.0	1.7	2.5	4.0	6.0	10.0
45°弯头	0.2	0.4	0.7	1.0	1.7	2.4	4.0
90°弯头	0.9	1.8	3.2	4.5	7.7	10.8	18.0
135°弯头	1.4	2.8	4.9	7.0	12.0	16.8	28.0
逆止阀	—	3.2		7.5	12.5	18.0	30.0

2. 空压机站

空压机站主要由空压机、配电设备、储风罐(俗称风包)、送风管及配件、循环水池(用于冷却空压机)等组成。

空压机按动力来源可分为电动和内燃两种。短隧道可采用移动式内燃空压机,长隧道可采用固定式大型电动空压机。

空压机站一般应靠近洞口,与铺设的高压风管路同侧,并注意防洪、防火、防爆破。机房要求地形宽敞,通风良好,地基坚固。空压机组采用并列式布置,两台空压机之间的净距不小于 1.5 m。此外,还应考虑空压机出入、调换、加油、加水等方便。

3. 高压风管管径的选择

高压风管管径应根据可能出现的最大风量和容许的最大风压损失来确定。使之满足:能通过计算的最大供风量;送风管末端的风压不小于 0.6 MPa,以保证高压风通过胶管到达风动机械(具)后仍能保持 0.5 MPa 的风压。

压缩空气在输送过程中,由于管壁摩擦、接头、阀门等产生阻力,其压力会减少,一般称压力损失。根据达西公式,钢管的风压损失 ΔP 可按式(5.4)计算。

$$\Delta P = \lambda \frac{L}{d} \cdot \frac{v^2}{2g} \gamma \times 10^{-6} \tag{5.4}$$

式中:λ 为摩阻系数,见表 5.7;L 为送风管路长度(包括配件折合成管路当量,见

表 5.6);d 为送风管内径,m;g 为重力加速度,采用 9.8 m/s²;v 为压缩空气在风管中的速度,m/s;γ 为压缩空气的重度。

表 5.7 风管摩阻系数

风管内径/mm	λ
50	0.0371
75	0.0324
100	0.0298
125	0.0282
150	0.0264
200	0.0245
250	0.0234
300	0.0221

以上计算的压力损失值若过大,则需选用较大管径的风管,从而减少压力损失值,使钢管末端风压不得小于 0.6 MPa。胶皮风管是连接钢管与风动机具的,由于其压力损失较大,一般应尽量缩短其使用的长度,从而保证压缩空气的工作压力不小于 0.5 MPa。压缩空气通过胶皮风管的压力损失见表 5.8。

表 5.8 压缩空气通过胶皮风管的压力损失(单位:MPa)

通过风量 /(m³/min)	胶管内径 /mm	胶管长度/m					
		5	10	15	20	25	30
2.5	19	0.008	0.018	0.020	0.035	0.040	0.055
	25	0.004	0.008	0.013	0.017	0.021	0.030
3	19	0.010	0.020	0.030	0.050	0.060	0.075
	25	0.006	0.012	0.018	0.024	0.040	0.045
4	19	0.020	0.040	0.055	0.080	0.100	0.110
	25	0.010	0.025	0.040	0.050	0.060	0.075
10	50	0.002	0.004	0.006	0.007	0.010	0.015
20		0.010	0.020	0.035	0.050	0.055	0.065

高压风钢管管径选择可按下列步骤进行。
(1)计算出送风管路最大的理论长度。
(2)根据最大供风量及送风管管路最大理论长度,由表 5.9 可查得风管直径。

(3) 根据查得的风管直径及最大供风量,计算风压损失值 ΔP。当风压损失值 $\Delta P \leqslant P-0.6$ 时(P 为送风钢管始端风压),查得的风管直径可直接使用,否则要将风管直径加大一级,并重复以上步骤重新选取,直至满足条件为止。

表 5.9 容许通过风量 Q 与管径、管长的关系

管径 d /mm	管长 L/m										
	100	200	400	600	800	1000	1250	1500	2000	3000	5000
50	16	11	8	6	5	—	—	—	—	—	—
70	46	33	23	19	16	15	—	—	—	—	—
100	98	70	50	40	35	31	28	25	22	18	14
125	177	125	89	72	68	56	50	47	40	32	25
150	289	205	145	119	102	92	83	75	65	53	41
200	—	436	309	252	218	196	174	160	138	113	87
250	—	—	—	—	—	348	315	284	245	202	158
300	—	—	—	—	—	—	—	—	401	325	303

注:本表系按送风钢管始端风压 0.7 MPa,钢管末端风压为 0.6 MPa,即风压通过管路的损失为 0.1 MPa 计算。

4. 高压风管管路铺设要求

(1) 洞内高压风管不宜与电缆电线敷设在同一侧。

(2) 在空气压缩机站总输出管上应设总闸阀;主管上每隔 300～500 m 应分装闸阀。高压风管长度大于 1000 m 时,应在管路最低处设置油水分离器,定时放出管中的积油和水。

(3) 高压风管在安装前应进行检查,有裂纹、创伤、凹陷等现象时不得使用,管内不应保留有残余物和其他脏污。

(4) 管路应敷设牢固、平顺,接头严密,不漏风。

(5) 高压风管不应妨碍运输、影响边沟施工。

(6) 高压风管前端至开挖面宜保持 30 m 距离,并用高压软管连接分风器,通向上导坑开挖面使用的软管长度不宜大于 50 m。分风器与凿岩机间连接的胶皮管长度不宜大于 15 m。应加强对风管的保护,避免爆破飞石的损坏。

(7) 高压风管使用中应有专人负责检查、养护。

5.7.2　隧道施工通风与防尘

隧道施工中，由于凿岩、爆破、装碴运输、喷射混凝土等作业，产生大量的粉尘，而且炸药爆炸还会释放大量的 CO（一氧化碳）、CO_2（二氧化碳）、NO_2（二氧化氮）、SO_2（二氧化硫）、H_2S（硫化氢）等有害气体；隧道穿经煤层或某些地层，还会放出瓦斯等有害气体；洞内施工人员要消耗 O_2，呼出 CO_2 等，这些都会使洞内工作环境的空气恶化，降低洞内施工效率，甚至会造成安全事故。此外，随着隧道不断向山体深部延伸，温度和湿度相应增高，对人体产生影响。

隧道施工通风的目的，就是向洞内送进新鲜空气，排除有害气体，降低粉尘浓度和洞内温度，保障洞内施工人员的健康，改善劳动条件，从而保证施工安全，提高劳动生产率。

1. 隧道施工通风

（1）施工通风方式类别。

施工通风方式应根据隧道的长度、掘进隧道的断面大小、施工方法和设备条件等诸多因素来确定。在施工中，有自然通风和机械通风两类，其中自然通风是利用洞室内外的温差或高差来实现通风的一种方式，一般仅限于短直隧道，且受洞外气候条件的影响极大，因而完全依赖于自然通风是较少的，绝大多数隧道均应采用机械通风。

机械通风方式，按照通风类型、通风机安装位置的不同，可分为风管式、巷道式两大类。

①风管式通风。

此种通风形式的风由管道输送，可分为以下三种形式。

a. 压入式通风。这种通风方式的特点：风机将洞外新鲜空气通过风管压送到工作面，而工作面的污浊空气沿巷道排至洞外，以达到通风的目的。这种通风方式若采用大功率、大管径，适用范围较广。

b. 吸出式通风。这种通风方式的特点：风机将工作面的污浊空气吸入风管而排至洞外。巷道内空气新鲜而工作面附近空气污浊；风机离工作面距离较近时，易被爆破飞起的石块砸坏。这种通风方式一般不宜单独使用，常用压入式风机配合组成混合式通风。

c. 混合式通风。这种通风方式的特点：设置两套风机与风管，一套吸出式，将洞内污浊空气排至洞外；另一套压入式，向工作面输送新鲜空气。这种通风方式既保持了前述两种通风方式的优点,又避免了它们的不足,因此是施工现场常采用的通风方式;但由于管路、风机等设施增多,在管径较小时可采用,若有大管径、大功率风机,其经济性不如压入式。

②巷道式通风。

巷道式通风是利用隧道本身(包括成洞、导坑及扩大地段)和辅助坑道(如平行导坑)组成主风流和局部风流两个系统互相配合而达到通风的目的。现以设有平行导坑的隧道为例说明,如图5.9所示。

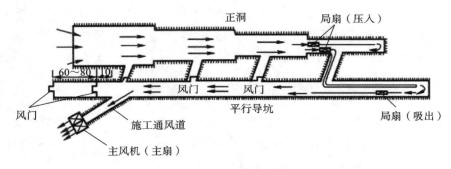

图 5.9　巷道式通风(单位:m)

a. 主风流循环系统。

将平行导坑与正洞的横向联络通道作为风道,在平行导坑口侧面的风道口处设置主风机(主扇),通风时把平行导坑口设置的两道风门关闭。当主扇向外吸风时,平行导坑内空气产生负压,正洞外面新鲜空气即通过正洞向洞内补充,污浊空气经由最前端横通道进入平行导坑,再经施工通风道排至洞外,从而形成以坑道为通风道的主风流循环系统,使主风流范围内的污浊空气很快被排至洞外。

b. 局部风流循环系统。

正洞及平行导坑开挖作业区,必须配置风扇,以形成局部风流循环系统,如在图 5.9 中,正洞开挖作业区布置一台压入式风机,压入新鲜空气,工作处的污浊气体即随主风流系统经横通道、平行导坑排至洞外。为了提高平行导坑开挖作业区通风效果,可布置成以吸出式为主、压入式为辅的混合式通风。主风流中部分新鲜空气由压入式风机压送到平行导坑工作面,而污浊气体则由吸出式风机吸出到平行导坑中排至洞外。

(2) 通风方式的选择。

①风管式通风不仅适用于独头坑道,如导坑独头掘进、全断面法开挖等,目

前在长大隧道的施工中亦多采用。当需要较大风量,需要较高风压时,可采用数台同型号的通风机串联。

②巷道式通风通常与辅助坑道配合使用,是解决长大隧道通风问题的主要方法之一。如需要较高风压但无大功率通风机,可采用数台同型号的通风机并联。另外,巷道式通风尚有风墙式、通风竖井、通风斜井、横洞等。

③随着我国独头掘进技术的提高,开挖断面的增大,通风方式更趋向于采用大功率、大管径的压入式通风。秦岭隧道Ⅱ线平导,开挖断面为28 m^2,独头掘进9.5 km。通风设计为两阶段,第一阶段采用PF-110SW55型风机,直径为1.3 m的PVC塑料软管的单机压力式通风,通风长度可达6 km;第二阶段在4.5～5 km处设通风站,采用混合式通风,总通风长度可达10 km。充分说明了压入式通风方式的优点。

(3) 通风机的安装和使用。

设置通风机时,其安装基础要能充分承受机体重量和运行时产生的振动,或者水平架设到台架上。吸入口注意不要吸入液体和固体,而且要安装喇叭口以提高吸入、排出的效率。要注意以下几点。

①按照通风设计要求安装主机,洞内辅助风机应安装在新鲜风流中。

②通风机应装有保险装置,当发生故障时能自动停机。

③通风机应有适当的备用量,一般为计算能力的50%。

(4) 风管布置、选择及安装。

①放置在隧道内的风管,应设在不妨碍出碴运输作业、衬砌作业的空间处,同时要牢固地安装以免受到振动、冲击而发生移动、掉落。在衬砌模板台车附近,不要使风管急剧弯曲,以减少风压损失。风管均用夹具等安装在支撑构件上,若不使用支撑,只使用喷射混凝土和锚杆,可在锚杆上装特殊夹具挂承力索,而后通过吊钩安装风管。

②风管的连接应密贴,以减少漏风,一般硬管用密封带或垫圈,软管则用紧固件连接。风管可挂设在隧道拱顶中央或隧道拱部与边墙交接处,一般在拱顶中央处通风效果较佳。

③吸入式的进风管口或集中排风管口处应设在洞外,并做成烟囱式,防止污染空气回流进洞。

④通风管口距开挖面处的距离应根据具体情况决定,压入式通风管的送风口距开挖面不宜大于15 m,排风式风管吸风口不宜大于5 m。

⑤当用混合式通风方式时,若一组风机向前移动,则另一组风机的管路应相

应接长,并始终保持两组管道相邻端交错 20~30 m。局部通风时,排风式风管的出风口应引入主风流循环的回流中。

⑥通风管的安装应做到平顺、接头严密、弯管半径不小于风管直径的 3 倍。

⑦通风管如有损坏,必须及时修理或更换。

⑧风压管采用软质橡胶管,吸入管采用硬质金属管或玻璃钢管。

(5) 通风管理。

隧道施工通风要取得良好的效果,除合理选择通风设备外,还必须加强通风管理,并要求做到以下几点。

①定期测试通风量、风速、风压,检查通风设备的供风能力和动力消耗。

②发现风管、风门、封闭的通道等处漏风时,必须立即堵塞。

③通风巷道中,避免停放闲置的车辆、堆积料具和废渣。

④采用平行导坑作通风巷道时,除最外一个横通道外,其余均应设置风门,在通风时及时关闭风门。

2. 防尘

目前,在隧道施工中采取的防尘措施是综合性的,即湿式凿岩、机械通风、喷雾洒水和个人防护相结合,综合防尘。

(1) 湿式凿岩。

湿式凿岩,即在钻眼过程中利用高压水湿润粉尘,使其成为岩浆流出炮眼,这就防止了岩粉的飞扬。根据现场测定,这种方法可降低粉尘量 80%。目前,我国生产并使用的各类风钻都有给水装置,使用方便。

对于缺水、易冻害或岩石不适于湿式钻眼的地区,可采用干式凿岩孔口捕尘,其效果也较好。

(2) 机械通风。

施工通风可以稀释隧道内的有害气体浓度,给施工人员提供足够的新鲜空气,同时也是防尘的基本方法。因此,除爆破后需要通风外,还应保持通风的经常性,这对于消除装碴运输中产生的粉尘是十分必要的。

(3) 喷雾洒水。

喷雾一般是爆破时实施的,主要是防止爆破中产生粉尘过大。喷雾器分两大类:一种是风水喷雾器,另一种是单一水力作用喷雾器。前者是利用高压风将流入喷雾器中的水吹散而形成雾粒,更适合于爆破作业时使用。后者则不需要高压风,只需一定的水压即可喷雾,且这种喷雾器便于安装,使用方便,可安装于装碴机上，故适合于装碴作业时使用。

洒水是降低粉尘浓度的简单而有效的措施，即使在通风较好的情况下，仍然需要洒水降尘。因为单纯加强通风，还会吹干湿润的粉尘而使其重新飞扬。对碴堆洒水必须分层洒透，一般每吨岩石洒水的耗水量为 10～20 L，如果岩石湿度较大，水量可适当减少。

(4) 个人防护。

对于防尘而言，个人防护主要是指佩戴防护口罩，在凿岩、喷射混凝土等作业时还要佩戴防噪声的耳塞及防护眼镜等。

5.7.3 施工供水与排水

施工中的供水和排水是同施工安全密切相关的。隧道内出现地下水会软化围岩，引起落石塌方；隧道底部积水不及时排除，则有碍钻眼、爆破、清底和铺道；隧道顶部淋水对工人健康不利；水量过大时甚至会淹没工作面，迫使工作停顿，这是水对施工不利的一面。但是，隧道内凿岩、喷雾洒水、灌注衬砌、机械运转和施工人员日常生活等都离不开水。因此隧道工程既要有供水设施，又要有排水措施，方能确保施工安全顺利进行。

1. 施工供水

施工供水主要应考虑水质要求、用水量、供水方式及供水管道布置等几方面的问题。

(1) 水质要求。

凡无臭味，不含有害矿物质的洁净天然水，都可以作施工用水，饮用水的水质则要求更为新鲜清洁。无论生活用水还是施工用水，均应做好水质化验工作。符合国家卫生标准的生活用水，也可作为工程用水。

(2) 用水量。

用水量与隧道工程的规模、施工进度、施工人员数量、机械化程度等条件有关，变化幅度较大，一般可参照表 5.10 来估算 1 d 的用水量，再加一定的储备量。

表 5.10　1 d 的用水量(单位：t)

用水项目	单位	耗水量	说明
手持式凿岩机用水	t/(台·h)	0.20	

续表

用水项目	单位	耗水量	说　明
喷雾洒水用水	t/min	0.03	每次爆破后喷雾 30 min
衬砌用水	t/h	1.50	包括混凝土拌和、养生和冲洗等用水
空气压缩机用水	t/(台·h)	5.00	其中大部分可考虑循环使用
浴池用水	t/次	15.00	
生活用水	t/(人·d)	0.02	

(3) 供水方式。

供水方式主要根据水源情况而定。在选择水源时,应根据当地季节变化,要求有充足的水量,保证不间断供水。通常应尽量利用自流水源,以减少抽水机械设备。一般是把山上流水或泉水,河水或地下水(打井)用水管或抽水机引或扬升到位于山顶的蓄水池中,然后利用地形高差形成水压,通过管路送达使用地点。

蓄水池形式一般为开口式,水池容量根据最大计算用水量、水源及抽水机等情况而定。为防止抽水机发生故障或偶尔停电,还应考虑备用水量。根据经验可按 1 d 用水量的 1/2~2/3 来修建。

蓄水池位置应选择在基底坚固的山坡上,避开隧道洞顶,以防水池下沉开裂后漏水渗入隧道,造成山体滑动或洞内塌方。

水池相对高度,使水到达隧道最高工作面时的水压不小于 0.3 MPa 为准,折合水柱高为 30 m。因此,水池与由它供水的最高工作面间的高差 H 见式(5.5)。

$$H \geqslant 1.2(30 + h_{损}) \tag{5.5}$$

式中:1.2 为压力储备系数;$h_{损}$ 为管路全部水头损失。

管路水头损失的计算可查阅有关施工技术手册。

(4) 供水管道布置。

①管道敷设要求平顺、短直且弯头少,干路管径尽可能一致,接头严密不漏水。

②管道沿山顺坡敷设悬空跨距大时,应根据计算来设立支柱承托,支撑点与水管之间加木垫;严寒地区应采用埋置或包扎等防冻措施,以防水管冻裂。

③水池的输出管应设总闸阀,干路管道每隔 300~500 m 应安装闸阀一个,以便维修和控制管道。管道闸阀布置还应考虑一旦发生管道故障(如断管)能够

暂时由水池或水泵房供水的布置方案。

④给水管道应安设在电线路的异侧，不应妨碍运输和行人，并设专人负责检查养护（可与压风管道共同组织一个维修、养护工班）。

⑤管道前端至开挖面，一般保持的距离为 30 m，用直径 50 mm 高压软管接分水器，中间预留的异径三通至其他工作面供水使用软管（直径为 13 mm）连接，其长度不宜超过 50 m。

⑥如利用高山水池，其自然压头超过所需水压时，应进行减压，一般是在管路中段设中间水池作过渡站，也可直接利用减压阀来降低管道中水流的压力。

2．施工排水

施工期间的排水包括洞外排水和洞内排水两部分。

（1）洞外排水。

施工期间的洞外排水，主要是做好洞口的防洪和排水设施，防止雨季到来时山洪或地面水倒流入洞，对于斜井、竖井尤应多加注意；将与地下水有补给关系的洼地、勾缝用黏土回填密实，并施作截水沟截流导排。

（2）洞内排水。

洞内水主要来源于地下水和施工用水。有污染性的施工用水，还应按环境保护要求经净化处理后方能排入河流。洞内排水方式应根据线路坡度大小和水量大小而定。按隧道开挖方向和线路坡度情况可分为两种。

①顺坡施工排水。

沿上坡进行隧道开挖时，随着隧道延伸，在一侧（或两侧）开挖排水沟，使水顺坡自然排至洞外。

②反坡施工排水。

沿下坡进行隧道开挖时，水会向工作面汇集，需借用机械将地下水排至洞外，斜井开挖也属于此类。排水系统常用的布置方式有两种。

a．挖反坡水沟，在分段处挖集水坑，每个集水坑处设一抽水机，把水抽至后一段反坡，最后一个抽水机把水排至洞外。这种方式的优点是工作面无积水，抽水机位置固定，亦不需要水管。缺点是用的抽水机多，而且要开挖反坡水沟。一般隧道较短和坡度较小时采用。

b．隔开较长距离开挖集水坑，开挖面的积水用小水泵抽到最近的集水坑内，再用主抽水机将水排到洞外。这种方式的优点是所需抽水机数量少，缺点是要安装水管，抽水机需随隧道掘进而拆迁前移。在隧道较长、涌水量较大时采用为宜。

反坡施工的隧道,应对地下水涌水量有足够估计,排水设施要有后备。必要时,应在隧道掌子面上钻较深的探水眼,防止突然遇到地下水囊、暗河等大量涌水进入隧道造成事故。

另外,施工排水的一个特殊方面是要防止洞外洪水突然倒灌洞内;尤其在反坡施工及斜井施工时,洪水倒灌往往会造成重大安全事故。为此,应做好洞口地表排水、截水设施。

5.7.4 施工供电与照明

1. 供电

随着隧道施工机械化程度的提高,隧道施工的耗电量也越来越大,且负荷集中。同时为保证施工质量和施工安全,对隧道施工供电的可靠性要求也越来越高,因而施工供电显得越来越重要。

(1) 供电方式。

隧道施工供电方式有自设发电站供电和地方电网供电两种。一般尽量采用地方电网供电,只有在地方电网供电不能满足施工用电需要或距离地方太远时,才自设发电站。此外,自设发电站还可作为备用,当地方电网供电不稳定时采用,在有些重要施工场所应设置双回路供电网,以保证供电的稳定性。因绝大多数情况下采用地方电网供电,故主要介绍变电站的有关内容。

①变压器选择。

一般根据估算的施工总用电量来选择变压器,其容量应等于或略大于施工总用电量,且在使用过程中,一般使变压器承受的用电负荷达到额定容量的60%左右为佳。具体可按下述方法确定。

a. 配属电动机械的单台最大容量占总用电量的 1/5 及以下时,变压器最大容量 S_e 见式(5.6)。

$$S_e = \frac{\sum P_1 \cdot K_1}{\eta \cdot \cos\varphi} \tag{5.6}$$

式中:$\sum P_1$ 为整个工地动力设备的额定输出功率总和,kW;K_1 为动力设备同时用电系数,见表 5.11;η 为动力设备的平均效率,采用 0.83~0.88,通常取 0.85 进行计算;$\cos\varphi$ 为平均功率因数,采用 0.5~0.7。

表 5.11　同时用电系数

通风机的同时用电系数	施工电动机械同时用电系数
0.8～0.9	0.65～0.75

注：根据同时用电机械的台数选取，一般 10 台以下取低限，10 台以上取高限。

b. 配属电动机械的单台最大容量占总用电量的 1/5 以上时，变压器最大容量 S_e 见式(5.7)。

$$S_e = \frac{5\sum P_1 \cdot K_1 \cdot \mu}{\eta \cdot \cos\varphi} \tag{5.7}$$

式中：μ 为配属机械中最大一台的容量与总用量的比值；其他符号意义同前。

根据上述计算，从变压器产品目录中选择适当型号的配电变压器即可。

②变压器位置的确定。

变压器的位置应考虑便于运输、运行和检修，同时应选择安全可靠的地方，因此应满足以下几个方面。

a. 变压器应选择在高压进线方便处，且应尽量接近高压线。

b. 变压器必须安设在其供电范围的负荷中心，使其投入运行时线路损耗最小，且能满足电压要求。一般情况下还应安设在大负荷的附近。当配电电压在 380 V 时，供电半径不应大于 700 m，一般以 500 m 为宜。高压变电站之间的距离，一般在 1000 m 左右。

c. 洞内变压器应安设在干燥的避车洞或不用的横通道处，变压器与周围及上下洞壁的距离不得小于 30 cm，同时按规定要求设置安全防护措施。

(2) 供电线路布置及导线选择。

①线路电压等级。

隧道供电电压，一般是三相四线 400/230(V)；长大隧道可用 6～10 kV，动力机械的电压标准为 380 V；成洞地段照明采用 220 V，工作地段照明和手持电动工具按规定选安全电压供电。

②导线选择。

当供电线路中有电流时，导线具有阻抗，会产生电压降，使线路末端电压低于首端电压。线路始末两端电压的差称为线路电压损失，俗称电压降。根据施工规则规定，选用的导线断面应使末端电压降不超过额定电压的 10% 及国家对经济电流密度的规定。

线路电压降可按式(5.8)和式(5.9)计算。

$$\Delta U_1 = \frac{54lI}{1000 I_i S} \tag{5.8}$$

$$\Delta U_3 = \frac{934lI}{1000I_iS} \tag{5.9}$$

式中：ΔU_1 为按单相电路计算的电压降，V；ΔU_3 为按三相电路计算的电压降，V；l 为送电距离，m；I 为线路通过电流强度，A；I_i 为经济电流密度，A/mm²；S 为导线截面积，mm²。

根据上述公式可以计算出所需导线截面，选择各种不同规格的导线，但一般不宜采用加大导线截面减少电压降以增加送电线路距离。

③供电线路布置。

洞内供电线路布置和安装应符合下列规定。

a. 成洞地段固定的电线路，应采用绝缘良好的胶皮线架设。施工地段的临时电线路应采用橡套电缆，竖井、斜井宜使用铠装电缆。

b. 涌水隧道斜井、竖井电动排水设备的电气装置应采用双电源供电，有可靠的切换装置和防水措施。

c. 动力干线上每分一支线，必须装设开关及保险装置。不应在动力线路上加挂照明设施。

d. 不得与人行道布置在同一侧。照明和动力电线路安装在同一侧时，应分层架设。电线悬挂高度应满足：400 V 以下不应小于 2.5 m，6～10 kV 不应小于 3.5 m。瓦斯地段的电缆应沿侧壁铺设，不得悬空架设。

e. 36 V 低压变压器应设在安全、干燥处，机壳接地，输电线路长度不应大于 100 m。

f. 分配电箱与末级配电箱的距离不宜超过 30 m。动力末级配电箱与照明末级配电箱应分别设置。配电箱中心与地面的垂直距离宜为 1.4～1.6 m。落地安装的配电箱底部距离地面应不小于 0.2 m。配电箱的进出线不应承受外力。

g. 开关应设置在配电箱内。各级配电箱分支回路应设置具有短路、过负荷、接地故障保护功能的电器。总配电箱和分配电箱，进线应设置断路器；断路器无隔离功能时，应设置隔离开关；总断路器的额定值应与分路断路器的额定值相匹配。末级配电箱，进线应设置总断路器；各种开关电器的额定值应与其控制用电设备的额定值相适应。

2. 照明

（1）照明安全变压器。

作业地段照明必须使用安全变压器，其容量不宜过大，输入电压为 220 V，输出电压最好有 36 V、32 V、24 V、12 V 四个等级,以便按工作面的安全因素要求选用照明电压,并应装有按电源电压下降可调整的插头。

(2)不同地段的照明布置。

根据《公路隧道施工技术规范》(JTG/T 3660—2020)要求,隧道施工作业地段应有充足的照明。隧道施工作业地段采用普通光源照明时,其照度应符合表 5.12 的相应规定。

表 5.12 隧道施工照明标准

施工作业地段	照明标准(平均照度不小于)/lx
开挖作业面	50
混凝土、钢筋作业面、交叉运输区段	50
运输通道	15
特殊作业地段	50
成洞地段	10
竖井内	15

注:①在主要交通道路、洞内抽水机站或竖井等重要处所,应有安全照明;②漏水地段照明应采用防水灯头和灯罩;瓦斯地段的照明器材料应采用防爆型;③隧道施工不应采用白炽灯照明,可采用 LED (light emitting diode,发光二极管)灯等节能光源照明;④不安全因素较大地段宜加大光照度。

(3)事故照明设施。

在主要交通道、竖井、斜井、涌水较大的抽水站、高压变电站等重要地点,应设事故照明装置以保安全,事故照明自动线路如图 5.10 所示。

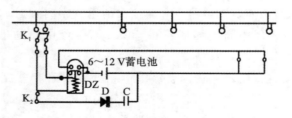

图 5.10 事故照明自动线路

注:K_1—检查事故照明系统状态的开关,一般每天应检查一次;
K_2—充电电路开关;D—整流器;C—电容器;DZ—继电器。

第6章　交通安全设施工程施工

6.1　交通标志与标线施工

6.1.1　交通标志

1. 标志施工的一般要求

（1）标志底板。

标志底板材料主要有四种类型：铝合金板、薄钢板、合成树脂类板材及铝合金型材。标志底板根据设计尺寸在工厂加工成型，并根据设计文件的要求进行加固、拼装、冲孔、卷边。挤压成型的铝合金型材应根据标志尺寸拼装，板面应保持平整。加工完成后，标志板应进行脱脂、清洗及干燥等工序。

（2）标志面。

标志面主要由逆反射材料、油漆、油墨、胶黏剂、透明涂料及边缘填缝料等材料制造。标志面反光膜材料按照反光膜的不同逆反射原理分为玻璃珠型和微棱镜型；按照反光膜不同的结构分为透镜埋入型、密封胶囊型、微棱镜型三种。反光膜的逆反射性能可以分成五级：一级反光膜为微棱镜型、二级反光膜为密封胶囊型、三级反光膜为透镜埋入型（超工程级反光膜）、四级反光膜为透镜埋入型（工程级反光膜）、五级反光膜为透镜埋入型（经济级反光膜）。

反光膜选择和使用时，应符合下列规定。

①标志反光膜应在干净、无尘土、温度不低于18 ℃、相对湿度在20%～50%的车间内进行粘贴。

②版面的形状、颜色、文字、箭头、编号、图形及边框应严格按照现行《道路交通标志和标线　第2部分：道路交通标志》（GB 5768.2—2022）和设计文件的规定执行。

③标志反光膜的逆反射性能应符合设计要求。

④反光文字符号应采用电脑刻绘机完成。标志底膜应在专用的真空热敏压贴机或连续电动滚压贴膜机上完成贴膜。文字符号一般采用转移膜法粘贴。

⑤反光膜应尽量减少拼接。当不能避免接缝时,应使用反光膜产品的最大宽度进行拼接,接缝以搭接为主。当需要滚筒粘贴或丝网印刷时,可以平接,其间隙不应超过 1 mm。在距标志板边缘 50 mm 范围内,不得拼接。

当批量生产版面和规格相同的标志时,可以采用丝网印刷的方法。

包装、储存及运输标志面时,应符合下列规定。

①采用丝网印刷的标志面应在油墨干透后才可以包装。

②贴上反光膜的标志板应用保护纸进行分隔,并应存放在室内干燥的地方。标志可以分层储存,但应用发泡胶把两块标志分隔,标志也可以竖立储存以减少压力,一些小标志可以悬挂储存。

③标志面应有软衬垫材料加以保护,以免搬运中受到刻划或其他损伤。

采用其他标志面材料时,应符合设计文件的规定。

公路的指路标志应采用汉字,根据需要可和其他文字并用。标志采用中、英两种文字时,地名应用汉语拼音,专用名词应用英文。

地点、距离标志中,地点应放在最左侧,并由近而远、从上到下排列。如果几个独立的标志板组成一组,则各板的长度应相同。地点、方向标志中,直行标志应设置在最上部,其下为向左、向右可以到达的地点。

当路段运行速度与设计速度之差大于 20 km/h 时,宜按运行速度对交通标志的版面规格及视认性加以检验。

(3) 钢构件加工。

①所有钢构件的钻孔、冲孔、焊接均应按现行《公路桥涵施工技术规范》(JTG/T 3650—2020) 和设计文件的要求在防腐处理之前完成。

②所有钢构件在运输过程中不应损伤防腐层。

(4) 标志板的运输。

①标志板的运输、储存和搬运方式应按要求进行,两块标志邻接面之间应用适合的衬垫材料分隔,来避免在运输、搬运过程中磨损标志板面。

②标志板应储存在干净、干燥的室内。

(5) 标志定位与设置。

①所有交通标志均应按设计文件的要求确定设置位置。

②标志基础的地基承载力应满足设计文件的规定。设计文件中未规定时,

地基承载力不得小于 150 kPa。基础的施工应符合现行《公路桥涵施工技术规范》(JTG/T 3650—2020)的规定,浇筑混凝土时,应注意准确设置地脚螺栓和底座法兰盘。

③公路交通标志的设置,应以不熟悉周围路网体系的公路使用者为设计对象,综合考虑周边路网与公路条件、交通条件、气象和环境条件等因素,制订合理的设置标志,根据各种交通标志的功能和驾驶人员的行为特征进行合理设置。

④对二级及以上等级的公路和其他等级的国、省道公路应优先设置指路标志,其他公路或未设置相关指路标志公路,经论证可以设置必要的警告标志。禁令标志应设置在交通法律、法规发生作用的地点附近醒目的位置,并应避免与其他交通标志互相影响。限速标志应根据不同路段的通行能力、车型构成比例、车辆的运行速度等分段进行设置。

⑤在选择路网中指路标志的目的地信息时,应根据路网密度、公路等级、公路功能、目的地知名度等进行统一考虑。不同种类的交通标志信息应互相呼应,不得出现信息中断。

⑥交通标志沿公路纵、横向设置的位置应符合现行《道路交通标志和标线 第 2 部分:道路交通标志》(GB 5768.2—2022)的规定。位于高速公路、一级公路侧安全净区内的交通标志应根据标志结构规格采用解体消能结构或设置护栏加以防护,位于其他公路路侧安全净区内的交通标志宜进行必要的诱导。

(6) 标志安装。

①立柱必须在基础混凝土强度达到设计强度的 80% 后才能安装。

②路侧柱式标志板可用抱箍固定在立柱上。

③悬臂、门架式标志吊装横梁时,应使预拱度达到设计文件的要求。

④公路交通标志的任何部分不得侵入公路建筑限界。路侧柱式交通标志的安装高度应考虑其板面规格、所在位置的线形特点和地形特征、是否有行人通行等因素,悬臂、门架式等悬空标志净空高度应预留 20~50 cm 的余量。

⑤交通标志安装时,标志板面的法线应与公路中心线平行或成一定角度。路侧安装的禁令标志和指示标志为 0°~45°,指路标志和警告标志为 0°~10°。悬臂、门架或附着式悬空标志安装时,标志安装角度应与道路中心线垂直或前倾 0°~10°。

2. 标志的施工方法

(1) 施工前检查。

在开始施工前检查人员、材料、设备是否满足施工需求,材料的质量是施工前质量控制的重点,在施工前将用于工程的反光膜、立柱钢材样品及法兰盘、地脚螺栓、连接和紧固件等在监理工程师的见证下取样送检。用于基础施工的砂石、水泥、钢筋等材料要进行标准试验和工艺试验,经过监理工程师批准后才能进场。标志立柱和标志板面的质量检验参照国家和行业相关的标准和规范规定的要求进行。检查内容包括标志板面的外形尺寸、标志底板厚度、标志面的黏结质量和表面缺陷、字符的字体和尺寸、标志面反光膜等级及逆反射系数以及标志立柱的尺寸、表面缺陷以及焊接质量等。

(2)施工放样。

标志工程在路基完成后进行施工,施工放样时注意标志的设置位置与路面附属排水工程、通信工程、机电工程、监控设施等是否存在冲突,如果发生冲突应该立刻向监理工程师汇报,经过各方协调处理后才能进行基础施工。标志的基础放样检查内容包括标志的纵横向定位和高程。

(3)基坑开挖。

基坑开挖时采取相应的措施避免污染路面,破坏绿化植被。基坑开挖检测内容包括基坑尺寸、基底承载力、基坑夯实情况等。在检查基坑深度时注意将垫层计算在内,检查基坑的宽度、长度时应将模板的安装尺寸计算在内,基坑壁和坑底开挖后应平整垂直,基坑承载力应满足设计文件要求。

(4)模板安装及钢筋布置检查。

模板要求密实紧固,钢筋主要检查其规格、尺寸、绑扎质量。钢筋的规格与设计图纸说明应当相符,要求不小于设计值,绑扎要求牢固可靠。

(5)标志预埋件的安装及现浇检查。

混凝土的生产按照施工配合比采用搅拌机拌和。现浇时按照规范要求不大于 30 cm 的填充厚度进行振捣。当法兰盘定位后,进行定位检查。法兰盘平面定位满足实测项目的要求。法兰盘地脚螺栓外露长度尺寸误差范围为 0~10 cm,要求安装垂直、牢固,避免出现移位现象。

(6)现场清理。

基础完工后场地清理、恢复和护脚的硬化处理,要求清除干净现场淤泥及杂物,对周边工程无破坏和污染,护脚硬化充分,绿化恢复完善。

(7)标志贴膜。

标志采用全反光、部分反光及反光膜的级别,应符合图纸要求。当用反光膜拼接标志图案时,拼接处应有 3~6 mm 重叠部分,定向反光膜应用不剥落的热活性胶粘贴,将反光膜牢固粘贴在标志板上,其表面不得产生任何气泡和污损等缺陷。

(8) 标志板的运输。

标志板的运输、储存及搬运方式应按要求进行,两块标志邻接面之间应用适合的衬垫材料分隔,以免在运输、搬运过程中磨损标志板,标志板应储存在干净、干燥的室内。

(9) 标志牌的安装定位。

所有交通标志都应按图纸的要求定位设置。安装的标志应与交通流方向成直角;在曲线路段,标志的设置角度应由交通流的行进方向来确定。为了消除路侧标志表面产生的眩光,标志应向后旋转50°,以避开车前灯光束的直射。门架标志的垂直轴应向后倾斜一定角度。对于路侧标志,标志板内缘距土路肩边缘不得小于250 mm,因此需要认真放线定位,严格按照图纸进行。基础位置的确定、开挖以及浇混凝土立模和锚固螺栓的设置等,应该经监理工程师批准后施工。

3. 标志的施工要点

在实际施工中,由于标志分布分散,混凝土土方量小,施工组织和管理困难,一般设置在边坡及中央分隔带中;标志施工期间路面工程已经开始施工或处于施工高峰期,与路面排水、通信和机电工程施工交叉影响多,文明和安全施工组织困难。因此在交通标志施工过程中,材料质量、标志基础混凝土强度、标志基础预埋件的安装位置及标志立柱、板面的安装是控制的重点部位,标志的基础施工和安装是施工的关键环节。

6.1.2 交通标线

1. 交通标线的一般要求

(1) 材料选择。

①交通标线涂料按施工温度分为三类:常温型、加热型、热熔型。

②标线涂料应满足以下几点要求:鲜明的确认效果、夜间反光性能、施工时干燥迅速、附着力强、经久耐用、施工方便容易、安全防滑、耐候性好、抗污染和变色、经济合理。

③交通标线涂料的技术要求应符合现行《路面标线涂料》(JT/T 280—2022)和《道路交通标线质量要求和检测方法》(GB/T 16311—2009)的要求。

④选用标线材料时,应根据标线材料的逆反射值、防滑值、抗污性能、环保性能、与路面的附着力及性价比等综合考虑。

⑤突起路标应符合现行交通行业标准《突起路标》(GB/T 24725—2009)的要求。突起路标与涂料标线配合使用时,应该选用定向反光型,其颜色应与标线颜色一致。

（2）路面标线设置要求。

①交通标线的分类、定义及颜色应符合现行《道路交通标志和标线 第3部分：道路交通标线》(GB 5768.3—2009)的有关规定。纵向或横向连续设置的交通标线应该根据需要设置排水孔。

②车行道边缘线的宽度应为15～20 cm,车行道分界线的宽度应为10～15 cm,路面中心线的宽度应为10～15 cm。交通标线的宽度应根据道路的设计速度和路面宽度确定。

③位于中央分隔带或路侧安全净区内未加护栏的桥墩、隧道洞口、交通标志立柱等构造物应设置立面标记,颜色为黄黑相间,线宽及间距均为15 cm。立面标记应向车行道方向以45°角倾斜。立面标记宜设置为120 cm高。

④一级以下等级的公路上设置减速丘设施时,应在距其两侧各30 m的范围内设置减速丘预告标线。

⑤设置于路面中心线、隧道内的突起路标,应选用双面反光型。

⑥二级及以上等级的公路应采用反光型涂料。无照明设施的三级、四级公路宜采用反光型涂料,有照明设施的三级、四级公路可采用非反光型涂料。

2. 路面标线的施工

（1）标线施工顺序。

先主线后匝道,先普通标线后特殊标线,分段标线逐段连接,按段自检,确保全线优质完工。

（2）施工方法。

先放出基准线后,再大面积进行作业,可以大大提高速度和施工质量,其施工工艺流程如下。

①测放基准点。这是标线施工的首要环节,即根据图纸计算确定所放基准线的尺寸,然后每隔间距10～20 m设间断点,为保证基准点的准确性,可采用经纬仪打点。

②放线。在基准点测放确定后,放线人员据此放出一条临时基准线,而车载

放线设备再根据此线放出一条稳定的基准线。

③检测。由专职人员对基准线的尺寸进行测量和记录,据实填写施工记录。

④清扫路面。在喷涂下涂剂前首先要清扫路面,该环节是为清扫路面上的泥土、砂石等,保证下涂剂能牢固、均匀地覆盖于要作业的路面上。

⑤再次清扫路面。此次清扫是为了下一步标线施划做准备,旨在清扫路面上的浮石、砂土,使标线能紧密地和路面结合在一起,又不会产生石子划线的问题。

⑥正式施划前应进行试划,以检验划线车的行驶速度、线宽、标线厚度、玻璃珠撒布量等能否满足要求,调试合格后才能开始正式施工。

⑦标线施划:标线施划是整个标线施工环节中最重要的一环,要严格按照程序操作,同时根据路面和当时的气温条件做好以下几个方面的工作:

a. 涂料温度的控制;

b. 标线接头、收放刀位置的控制;

c. 标线反光效果的控制。

⑧修正:在标线完工后,经过自检,对存在的毛边及质量达不到优良的地方进行修复。

3. 突起路标的施工

(1) 突起路标设置要求。

①隧道的车行道分界线上宜设置突起路标。突起路标可以单独设置成车行道边缘线和车行道分界线。突起路标的壳体颜色、设置位置、间距应符合现行《道路交通标志和标线 第3部分:道路交通标线》(GB 5768.3—2009)的规定。

②根据设计文件的要求确定突起路标的设置位置,反射体应面向行车方向。

(2) 突起路标施工。

①突起路标按图纸要求或监理工程师指示的地点设置。设置时路面面层应干燥清洁,无杂屑。

②在确定的点位用AB组环氧树脂黏结,做到黏胶饱满、安装端正,不斜歪,无缺损、无污染。

③路面和突起路标底部应清洁干燥并涂黏结剂。突起路标就位后,应在其顶部施加压力,排除空气,调整就位。

④突起路标设置高度,顶部不得高出路面25 mm,设置间距按图纸要求和监理工程师的指示确定。

⑤降雨天,路面湿滑不安装。

4. 轮廓标施工

轮廓标应在具备安装条件时施工,在施工安装前,应对轮廓标的埋设条件、位置、数量进行核对。按行车方向,配置白色反射体的轮廓标应安装于公路右侧,配置黄色反射体的轮廓标应安装于公路左侧,轮廓标不得侵入公路建筑限界以内。

(1) 设置。

①高速公路、一级公路和城市快速干道的主线,以及其互通立交、服务区、停车场的进出匝道或连接道,应连续设置轮廓标。

②二级公路、三级公路、其他道路和路段视需要可沿主线两侧连续设置轮廓标;在小半径弯道、连续转弯、视距不良和事故多发等路段,宜结合其他安全处理措施沿主线两侧连续设置轮廓标。

③高速公路的主线直线段,轮廓标设置间隔一般为 50 m;附设于护栏上时,其设置间隔可为 48 m。一级公路和城市快速干道的主线直线段,轮廓标设置间隔一般为 40 m。二级公路、三级公路和其他道路的主线直线段,轮廓标设置间隔一般为 30 m。

④曲线段轮廓标设置间隔可按表 6.1 规定选用,也可适当加密。

表 6.1 曲线段轮廓标设置间隔

曲线半径 R/m	设置间隔 S/m
<30	4
30~89	8
90~179	12
180~274	16
275~374	24
375~999	32
1000~1999	40
≥2000	48

⑤轮廓标在道路左、右侧对称设置。轮廓标反射器分白色和黄色两种,高速

公路、设中央分隔带的整体式一级公路或分离式一级公路,按行车方向,左侧设置黄色轮廓标,右侧设置白色轮廓标;二级及二级以下等级公路,按行车方向,左右两侧的轮廓标均为白色。

⑥轮廓标的标准设置高度为 70 cm,最小设置高度为 60 cm。设置于混凝土基础中的轮廓标,其设置高度(指反射器的中心距路面的高度)应与附着式轮廓标的高度大致相同。

⑦轮廓标反射器的安装角度,无论在直线段还是在曲线段上,应尽可能与司机视线方向垂直。

(2) 柱式轮廓标施工。

①柱式轮廓标应按设计文件的规定量距定位。

②混凝土基础可采用现浇或预制的方法施工,并且应符合现行《公路桥涵施工技术规范》(JTG/T 3650—2020)的规定,预制时应按设计文件的规定预埋连接件。

③柱式轮廓标安装时,柱体应垂直于水平面,三角形柱体的顶角平分线应垂直于公路中心线,柱体与混凝土基础之间可用螺栓连接。

(3) 附着式轮廓标施工。

①附着于梁柱式护栏上的轮廓标可按立柱间距定位,附着于混凝土护栏和隧道侧墙上的轮廓标应量距定位。

②附着式轮廓标应按照放样确定的位置进行安装。反射器的安装角度应符合设计文件的规定。安装高度宜尽量统一,并且应连接牢固。

6.2 交通安全设施施工

6.2.1 防撞设施

防撞设施主要包括缆索护栏、波形梁护栏、混凝土护栏、金属桥梁护栏、插拔式活动护栏等形式,下面围绕其施工进行阐述。

1. 缆索护栏施工

(1) 施工放样。

施工放样应根据现场桥梁、涵洞、通道、路线交叉、隧道等的分布确定控制立柱的位置,并测定控制立柱的间距,据此调整端部立柱、中间端部立柱、中间立柱的设置位置。调查立柱下是否存在地下管线、构造物等设施,并且进行适当处理。

(2) 立柱设置。

端部立柱和中间端部立柱位置,应根据设计文件的要求,将立柱、斜撑及底板焊接成牢固的三角形支架。根据最终确定的立柱位置开挖基坑、浇筑混凝土基础,到达规定高程时,应对三角形支架进行准确定位。基坑开挖、地基检验、地基处理及混凝土的浇筑应符合现行《公路桥涵施工技术规范》(JTG/T 3650—2020)的规定。位于桥梁、涵洞、通道、挡土墙等构造物处的端部立柱和中间端部立柱,应根据设计文件的要求进行基础预埋。

中间立柱应定位准确,纵向和横向位置与公路线形一致。位于土基中的中间立柱,可采用挖埋法、钻孔法或打入法施工,立柱高程应符合设计要求,并不得损坏立柱端部;位于混凝土基础中的中间立柱,可以设置在预埋的套筒内,通过灌注砂浆或混凝土固定,或通过地脚螺栓与桥梁护轮带基础相连。

(3) 托架安装。

中间立柱或中间端部立柱上的托架,应按设计文件规定的托架编号及组合正确安装。

(4) 架设缆索。

缆索架设按从上向下的顺序进行,在端部立柱和中间端部立柱的混凝土基础达到设计强度的80%后,缆索应支放在立柱的内侧,通过中间支架向另一端滚放。用楔子固定或注入合金的方法将一端的缆索锚固在索端锚具上。

根据索端锚具的规格,切断多余的缆索。缆索切断面应垂直整齐,不得松散,按规定的方法锚固在索端锚头上。索端锚具安装到端部立柱或中间端部立柱后,可卸除临时张拉力。缆索调整完毕后,应拧紧各中间立柱、中间端部立柱托架上的索夹螺栓。

2. 波形梁护栏施工

护栏安装首先由专人放线、记录、复核,弯道50 m为一工作段,用偏角法定位、控制弯曲线。直线段,路侧主柱400 m为一工作小段,用经纬仪定位,50 m为一间距,高程逐根计算。护栏板通过拼接螺栓相互拼接,并且由连续螺栓固定于立柱或托架上,护栏板拼接方向应与行车方向一致。

(1) 立柱放样。

根据设计文件进行立柱放样,以桥梁、通道、涵洞、隧道、中央分隔带开口、紧急电话开口、路线交叉等控制立柱的位置,进行测距定位。立柱放样时可利用调节板调节间距,并利用分配方法处理间距零头数。应调查立柱所在处是否存在地下管线、排水管等设施,或构造物顶部埋土深度不足的情况。直线段路侧立柱400 m 为一工作小段,用经纬仪定位,50 m 为一间距,记录高程并逐根计算;弯道 50 m 为一工作段,用偏角法定位、控制弯曲线;由专人进行放线、记录、复核。逐点测量,记录高程,重点测变坡点;每公里闭合一次;由专人复核里程桩及设计高程与实际高程之差。节距控制以中桩高程为起点;首次分节,尽量跨越路面流水,减少非标准板,算出余数,整段消化分配;再次分节,精确定位;特殊节距用非标准板调节。

(2) 立柱安装。

立柱安装应与设计文件相符,并与公路线形相协调。位于土基中立柱,可采用打入法、挖埋法或钻孔法施工。立柱高程应符合设计要求,并不得损坏立柱端部。采用打入法打入过深时,不得将立柱部分拔出加以矫正,必须将其全部拔出,将基础压实后再重新打入。立柱无法打入到要求深度时,严禁将立柱的地面以上部分焊割、钻孔,不得使用锯短的立柱。采用挖埋法施工时,回填土应采用良好的材料并分层夯实,回填土的压实度不应小于设计规定值。填石路基中的柱坑,应用粒料回填并夯实。采用钻孔法施工时,立柱定位后应用与路基相同的材料回填,并分层夯填密实。在铺有路面的路段设置立柱时,柱坑从路基至面层以下 5 cm 处应采用与路基相同的材料回填并分层夯实,余下部分采用与路面相同的材料回填并压实;位于石方区的立柱,应根据设计文件的要求设置混凝土基础;位于小桥、通道、明涵等混凝土基础中的立柱,可设置在预埋的套筒内。立柱安装就位之后,其水平方向和竖直方向应形成平顺的线形,护栏渐变段及端部的立柱,应按设计规定要求进行安装。

(3) 防阻块、托架、横隔梁安装。

防阻块、托架应通过连接螺栓固定于护栏板和立柱之间,在拧紧连接螺栓前应调整防阻块、托架使其准确就位。防护等级为 SA、SS 和 HB 的路侧波形梁护栏以及防护等级为 SAm、SSm 和 HBm 的分设型波形梁护栏在安装防阻块时,应同时安装上层立柱,线形应与下层立柱相同。

设有横隔梁的中央分隔带护栏,应在立柱准确定位后安装横隔梁。在护栏板安装前,横隔梁与立柱间的连接螺栓不应过早拧紧。

(4) 横梁安装。

护栏板应通过拼接螺栓相互连接成纵向横梁,并由连接螺栓固定于防阻块、托架或横隔梁上。护栏板拼接方向与行车方向一致。拼接螺栓必须采用高强螺栓。防撞等级为 SA(SAm) 和 SS(SSm)、HB(HBm) 的波形梁护栏通过螺栓将上层横梁与上层立柱加以连接,立柱间距不规则时,可以利用调节板进行调节,不得采用现场切割护栏板的方法。所有的连接螺栓及拼接螺栓应在护栏的线形达到规定要求时才能拧紧。

(5) 端头安装。

波形梁护栏应按设计文件的规定进行端部处理,护栏端头应通过拼接螺栓与护栏板牢固连接。拼接螺栓应采用高强螺栓,或符合设计文件的要求。端头外展埋入路堑土体时,根据定位开挖土体,开挖至能够打入立柱并安装端部结构即可,打入端部锚固立柱并安装端部结构后,回填、夯实土体恢复原土体坡面。

(6) 检查波形梁。

检查波形梁的各个端头是否满足图纸设计要求,如发现不能满足设计要求的,应及时调整或更换,用钢尺等测量工具测量波形护栏和立柱,调整护栏位置,直至满足规范规定的要求。

3. 混凝土护栏施工

(1) 根据现场条件确定并核对混凝土护栏的设置位置,在确定的控制点检测基础承载力是否达到设计规范或设计文件的要求。

(2) 现场浇筑混凝土护栏,当采用固定模板法施工时,模板宜采用钢模板,钢模板的厚度不应小于 4 mm。浇筑混凝土前,应按设计文件的要求绑扎钢筋及预埋件,温度应维持在 10~32 ℃。

(3) 钢模板涂脱模剂后,可浇筑混凝土。采用滑动模板法施工时,滑模机的施工速度根据旋转搅拌车、混凝土卸载速度以及成形断面的大小决定,可采用 0.5~0.5 m/min。混凝土振捣由设置在滑模机上的液压振动器完成,振动器应能根据混凝土的坍落度等级调速,一边振动一边前进,振动器的数量可根据混凝土护栏断面形状,配置 5 根左右。

(4) 两处伸缩缝之间的混凝土护栏必须一次浇筑完成,伸缩缝应与水平面垂直,宽度应符合设计文件的规定,伸缩缝内不得坐浆。混凝土初凝后,严禁振动模板,预埋钢筋不得承受外力。应根据气温和混凝土强度确定拆模时间,一般可在混凝土终凝后 3~5 d 拆除混凝土护栏侧模。拆模时不应损坏混凝土护栏的边角,并应保持模板的完好状况。假缝可在混凝土护栏拆除模板后,按设计文件要求的间距和规格采用切割机切开,并应保证断面光滑、平整。

(5)预制混凝土护栏应采用钢模板,模板长度应该根据吊装和运输条件确定,宜采用固定规格,施工场地应平整、坚实、排水良好、交通方便。每块预制混凝土护栏必须一次浇筑完成,在起吊、运输和堆放过程中,不得损坏混凝土护栏构件的边角,否则在安装就位后,应采用高于混凝土护栏强度的材料及时修补。混凝土护栏的安装应从一端逐步向前推进,护栏的线形应与公路的平、纵线形相协调。拆模时间应根据气温和混凝土达到的强度而定,拆模时混凝土强度不应低于设计强度的70%。拆模时不得损坏混凝土护栏的边角,并应保持模板完好,中央分隔带混凝土护栏在超高路段,应按设计文件要求处理好排水问题。

4. 金属桥梁护栏施工

(1)桥梁护栏应在桥梁车行道板、人行道板施工完毕,跨中支架及脚手架拆除后,桥跨处于独立支承的状态时才能施工。对于焊接的金属护栏,在进行防腐处理前应对所有外露焊缝做好磨光或补满的清面工作。桥梁护栏施工前应对所有预埋件的设置位置、强度、腐蚀程度进行检查,不符合要求的必须整改。

(2)立柱放样与预埋件设置应以桥梁伸缩缝附近的端部立柱为控制立柱,并在控制立柱之间测距定位。立柱间距出现零数时,可用分配的办法使其符合横梁规定的尺寸,立柱宜等距设置。在车行道板或人行道板上应准确地设置套筒或地脚螺栓等预埋件,并采取适当措施,使预埋件在桥梁施工期间免遭损坏。

(3)伸缩缝位置。

①当伸缩缝处的纵向设计总位移小于或者等于5 cm时,伸缩缝应能传递横梁60%的抗拉强度和全部设计最大弯矩。

②当伸缩缝处的纵向设计位移大于5 cm时,伸缩缝应能传递横梁的全部设计最大弯矩;伸缩缝两侧应设置端部立柱,其中心间距不应大于2.0 m;伸缩缝处连接套管的长度应大于或等于横梁宽度的3倍。

③当伸缩缝处发生竖向、横向复杂位移时,桥梁护栏在伸缩缝处可不连续,但应在伸缩缝两端设置端部立柱,其中心间距不应大于2.0 m,两横梁端头的间隙不得大于伸缩缝设计位移量加2.5 cm,横梁端头不得对失控车辆构成危险。

(4)护栏安装。

①横梁和立柱的安装位置应准确。连接螺栓和拼接螺栓开始时不宜过早拧紧,以便在安装过程中充分利用横梁和立柱法兰盘的长圆孔进行调整,使其线形

流畅,不应出现局部的凹凸现象。调整完毕后,必须拧紧螺栓。

②横梁、立柱等构件在安装过程中应避免损坏防腐层。安装完成后,应对被损坏的防腐层按规定的方法进行修复。

5. 插拔式活动护栏施工

(1) 一般要求。

①插拔式活动护栏的预埋基础应在面层施工前完成,其余部分应在路面施工后安装。插拔式活动护栏应在工厂加工制作。

②插拔式活动护栏基础应根据设计文件放样,并与中央分隔带护栏端头相协调。应调查基础与地下管线是否冲突,经论证可对基础的埋设位置或高程进行适当调整。

③混凝土基础可采用现浇法施工,并应符合现行《公路桥涵施工技术规范》(JTG/T 3650—2020)的规定,混凝土浇筑时应按设计文件的规定预埋连接件。基础施工完成后应采取措施,防止杂物落入预埋套管内。

④基础混凝土强度达设计强度的70%后,可以将焊接成整体的插拔式活动护栏片插入预埋套管内。

⑤对有防眩和视线诱导要求的路段,应按设计文件要求安装防眩设施和轮廓标。设置反射体时,规格为 4 cm×18 cm,可由反光片或反光膜制作,反光等级应为二级以上,颜色和设置高度应与中央分隔带轮廓标保持一致。

(2) 施工质量要求。

①活动护栏的形式、规格、钢构件的防腐处理应符合设计文件要求。

②插拔式活动护栏的预埋套管应定位精确。

③移动护栏宜与两端护栏齐平,线形与公路保持一致。

④充填式护栏的充填材料和数量应符合设计文件的规定。

⑤有防眩和视线诱导要求的路段应安装相应的防眩设施及轮廓标。

6.2.2 隔离设施

1. 隔离栅施工要求

(1) 隔离栅遇桥梁、通道时,应在桥头锥坡或端墙处围封;遇尺寸较小、流量不大的涵洞时,可直接跨越。中心线应沿公路用地范围界限以内 20~50 cm 处设置。

(2)应根据设计文件中规定的隔离栅设置位置和实际地形、地物条件确定控制立柱的位置和立柱中心线,在控制立柱间按设计文件规定的柱距定出柱位。

(3)每个柱位均应按设计文件的要求确定高程,并应按实际地形进行调整。

(4)应根据设计文件的规定开挖基坑,场地应进行清理,软基应进行处理。

(5)立柱应根据设计文件的规定设置在现浇混凝土基础或预制混凝土基础内。立柱的埋设应分段进行。可先埋设两端的立柱,然后拉线埋设中间立柱,控制立柱与中间立柱的平面投影应在一条直线上,柱顶应平顺。预制混凝土立柱和基础在运输及装卸时应避免折断或损坏边角。

(6)混凝土基础强度达到设计强度的70%以上时,可按下列规定安装隔离栅网片。

①安装无框架卷网时,应从端头立柱开始,沿纵向展开,边铺设边拉紧,挂钩时网片不得变形。

②安装有框架的片网时,网面应平整,框架应整体平顺和美观,框架与立柱应连接牢固。

③安装刺丝网时,应从端头立柱开始。刺钢丝之间应平行,绷紧后应与立柱上的铁钩牢固绑扎,横向与斜向刺钢丝相交处也应绑扎牢固。

(7)隔离栅网片安装完毕后,应对基础周围进行夯实处理。

2. 隔离栅的施工

(1)立柱放样。

严格按照设计要求进行施工放样,首先根据图纸要求确定好隔离栅中心线,然后按设计的柱距、撑距,定出立柱位置,并在每个柱位定出标记。将安装线内外1m范围内清理平整,做到隔离栅安装后顶面平顺。

(2)立柱的基坑开挖。

根据已测好的中心线和做好的柱位标记,放石灰线进行挖坑,并达到设计要求,将柱坑基底清理干净,由现场监理工程师检验。

(3)立柱及斜撑浇筑。

将立柱及斜撑放入立柱基坑中,检查柱顶高程及立柱顺直度,并用临时支撑固定立柱,检查其竖直度,符合要求后用混凝土浇筑基础坑。

立柱埋设应分段进行,先埋两端的立柱,然后拉线埋设中间立柱,从纵向看,立柱的轴线应在一条直线上,不得出现参差不齐的现象;从高度看,柱顶应平顺,不得出现高低不平的情况。立柱基础混凝土强度达到设计强度的70%以后,方可安装网片。

(4) 网片安装并紧固。

网片安装从立柱端部开始,用螺栓固定好,向着另一端延伸,需紧固的必须紧固好,并保持与立柱配合良好,协调一致。

(5) 调整、验收。

将安装好的网片进行调整,使其平顺、美观,并达到设计要求,进行交工验收。

6.2.3 防眩设施

桥梁段或混凝土护栏上设置防眩板、防眩网时,应对预埋件的设置位置、强度和腐蚀程度进行检查,不符合要求的应整改。

防眩设施应按部分遮光原理设计,直线路段遮光角不应小于8°,平、竖曲线路段遮光角应为8°~15°。设置防眩设施不应减小公路的停车视距。

1. 设置于混凝土护栏上的防眩板或防眩网安装

(1) 防眩板或防眩网可通过混凝土护栏顶部的预埋件及连接件安装在混凝土护栏上。未设置预埋件时,可采取后固定的施工工艺安装。

(2) 混凝土护栏强度低于设计强度的70%时,不应安装防眩板或防眩网。

(3) 防眩板或防眩网下缘与混凝土护栏顶部的间距应符合设计文件的规定。

(4) 防眩板或防眩网安装后,不得削弱混凝土护栏的原有功能。

(5) 防眩板在施工过程中,不得损坏中央分隔带上的通信管道及护栏等。

(6) 按图纸要求处理好路段与桥梁上的防眩板的位置和高度,外形上不要有高低不平和扭曲现象。

(7) 施工过程中不损伤构件金属涂层,如有损伤,应及时予以修补或抽换。

2. 设置于波形梁护栏上的防眩板或防眩网安装

(1) 防眩板或防眩网可通过连接件安装在波形梁护栏上。

(2) 防眩板或防眩网安装在波形梁护栏上时,不得削弱波形梁护栏的原有功能。

(3) 防眩板或防眩网下缘与波形梁护栏顶面的间距应符合设计文件的规定。

(4) 施工过程中不应操作波形梁护栏的防腐层,否则应在24 h内予以修补。

3. 独立设置立柱的防眩板或防眩网安装

(1) 施工前,应清理场地并协调与其他设施的关系。

(2) 防眩板或防眩网单独设置立柱时,可以根据所在位置将立柱埋入土中,设置混凝土基础或固定于桥梁、通道、明涵等构造物上。设置混凝土基础,其强度达到设计强度的70%时,才能在立柱上安装防眩板或防眩网。

(3) 立柱施工时,不得破坏地下管线及排水设施。

6.3 道路绿化施工

1. 道路绿化树种类型选择

(1) 基调树种。

基调树种主要指在我国已经大量被应用于绿化建设工作的树种,如法国梧桐、银杏等。这类树种多数经历了长时间的环境适应,具有极高的可控性及施工快捷便利性,景观效果也能得到群众的广泛认可,具体选择要素见表6.2。

表6.2 基调树种选择要素

性 质	特 点
外观因素	树形挺拔、枝干伸展、抗逆性强、造型优美
生长条件	适应性强,与种植地土壤性质、环境特点相符
精神层面	具备历史性、文化性、民族性特质内涵

(2) 骨干树种。

骨干树种主要指自身具备优秀特质,已被广泛繁育及应用,且可以在城市绿化建设中可以起到中流砥柱作用的树种。进行具体树种选择工作时,需要先对城市自身植物生态适应性综合水平进行评价总结,统筹规划树木实际需求量、生态功能性需求以及最终景观效果目标,有针对性地选择出适宜的树种。

2. 道路绿化生长条件

(1) 区域环境生长条件。

道路绿化与群众日常生活息息相关。通过对一定区域内道路绿化树种调研发现,道路绿化的树种选择多从生态功能性出发,多选择环境适应性强且较为规整的树种。

(2)植物地下生长环境。

植物地下环境主要指植物根系生长环境,通过土壤类型、密实疏松、养分含量等因素体现。因素影响比重随着不同的栽植区域存在一定的差异,如栽种于绿地内的植物土壤较为疏松,养分较为充足,而栽种于铺装内的植物土壤则较为密实,透水透气性较差。

①土壤状况。

道路绿化的土壤多为人工回填土,但不同的应用环境也带来了土壤性质的变化。绿地内回填土掺杂的石灰等杂质较少,为微生物的生存及活动提供了良好条件,土壤自身肥力恢复力强,易于建立起良好的土壤结构。而道路树穴中的回填土,砾石、石灰等垃圾含量较多,导致土壤酸碱性发生变化,对植物的根系生长产生十分不利的影响。

②根系生长空间。

城市化进程的不断加快,构筑物及相应基础设施不断增多,各类构筑物基础及地下雨污管网的增加,占据了部分植物的根系生长空间,导致植物根系不稳,无法快速稳固生长,防尘、防风、固土等生态性功能也大打折扣。

③营养供给。

道路绿化载体为树穴的形式时,土壤量存在限制且密实度较高,不利于水分的渗透吸收,地面的硬质铺装同样将自然降水与土壤进行了分隔。在此基础上,如果后期养护工作没有及时跟进,很容易造成道路绿化的营养供给无法满足生长需求。

(3)行道树生长的地上环境。

①城市热岛效应。

在当前城市中,受建筑外立面大量的玻璃饰面、广场中大量的石材及预制砖块、车行道的柏油路面等材料对阳光的辐射吸收影响,很轻易地便可以形成局部燥热环境。当气候温度较高时,极易对植物的生长造成伤害。

②城市光污染。

城市中各式各样的路灯、发光装饰、宣传栏等设备,产生过多的人工光照,各类玻璃、瓷砖等反射性较强的饰面材料更是大大强化了环境中的光照强度。以上对道路绿化的生长,尤其是长势不足的植物有着十分不利的影响。

③粉尘污染。

虽然绿色可持续发展战略早已深入人心,但汽车尾气、工业排烟等粉尘污染依旧存在,此类漂浮物极易附着于道路绿化的叶片表面,阻碍植物光合作用的正常进行。

3. 道路绿化施工技术

(1) 土壤质量控制技术。

由于自身位置特性,道路绿化极易因道路施工导致工程建筑垃圾混入土壤之中受到污染,大大降低土壤质量。经过资料研究发现,植物生长的最佳土壤pH 值为 5.5~8.3、EC(electrical conductivity,可溶性盐浓度)值为 0.15~12 ms/cm,另外土壤内有机质的含量不小于 12 g/kg。在现实道路绿化工程建设中,如出现土壤污染无法达到工程建设需求的情况,可采取土层置换措施进行补救,从外部环境中引入经过改良的优质有机土壤,将此土壤与原有表层土壤置换,整体覆盖至土壤上层。置换完毕后,土壤经检验符合建设要求后继续开展绿化种植工作。

(2) 乔木三角支撑法。

三角支撑法主要是将三角形三边稳定支撑的原理运用至绿化种植工程中,通过三根位置不同的木杆对大型树木进行稳固。三根木杆根据功能与位置从下至上依次为底部木橛、底部横杆以及主支撑架杆。与传统三角支撑法施工工序大致相同,施工工序主要不同点在于,在传统形式基础上增设底部横杆,总体每一侧都可以形成两个三角形,取得更好的稳固效果。道路绿化三角支撑技术施工工序见图 6.1。

图 6.1 道路绿化三角支撑技术施工工序

在具体施工过程中,钢丝固定方面需要特别注意,因为支撑架整体的坚固稳定程度就是由钢丝捆扎是否稳固所决定的。经过大量实验验证,木橛的最佳长度为 60 cm 左右,另外可将木橛底部削出约 15 cm 的尖锥,取得更好的稳定效果。

(3) 斜坡土方施工技术。

在隧道及部分公路绿化工程中,经常需要运用斜坡种植技术,为了保证道路两侧斜坡地被植物的平整性,通常会将斜坡上方的土方当作主要控制点,将不锈钢条采用密排的形式打入土壤后用螺栓固定,起到支撑作用;紧接着在斜坡位置上每平方米打入不少于 1 根的杉木桩进行支挡,使土壤密实稳定;然后将土工格棚覆盖固定于斜坡之上,防止上层土壤滑坡流失;最后在斜坡底部的杉木桩上安装不锈钢条,并进行表层土壤的回填工作。

4. 道路绿化成活率提升技术分析

(1) 大型乔木的断根、缩坨与树体修剪。

大型乔木的根部跨幅范围较广,枝条扩展程度较高,移植与栽种存在较大的工作难度,因此为保证树木成活,防止造成不必要的成本与资源浪费,需进行根系减少、缩小土球的操作。断根操作周期往往需要1~3年,首先在保证主干根与吸收根完整的基础上,针对起苗范围以外的多余根系进行切断与减少。起苗的范围通常是以植株胸径的3~4倍长度为半径,以主干根茎为圆心画圆,同时在两三个不同对应方向开设宽度为30 cm、深度为60 cm的沟渠,断根操作完成后,将挖出的土壤清除杂质混入肥料后进行回填,同时进行浇水渗透处理,后期保证定期浇水追肥,以促进根系的重新生长延伸。一年后,再于其他两三个方向开设沟渠断根并重复上述操作,通常情况下第三年即可将大型乔木进行移植处理。

对于树体的修剪工作,主要目的是降低植株自身的蒸腾量,防止因植株内水分过于分散,主要生长部位水分供给不足影响植株的正常生长。通常可将树木的修剪工作根据修剪部位以及应用对象的不同区分为全株式修剪、截枝式修剪以及截干式修剪,修剪形式具体分析如表6.3所示。

表6.3 树体修剪类型及特点分析

修剪类型	修剪部位	应用对象
全株式修剪	整体植株上存在徒长、交叉、病虫以及枯死问题的枝干	多应用于常绿、珍贵树种,如红豆杉、广玉兰等
截枝式修剪	保留植株一级或者二级分枝,剩余分枝部分修剪	多应用于需修剪保证成活率且植后可快速成景的中型落叶树科
截干式修剪	保证根部及主干完整的前提下,对植株主干上方树冠进行不保留的修剪	多应用于生长周期短、发枝性强的树种,多用于北方城市,特点是修剪后植株有较高的成活率;但因修剪范围大,需一定时间进行景观效果的恢复

(2) 栽植前根系浸水操作。

根系的浸水操作主要是通过栽种前将根系在水中浸泡10~20 h,防止植物根系水分不足不利于后续的栽植活动与植物的成活,保证植株时刻保持水分平衡状态。例如在小型的灌木移植过程中,无论是否存在失水情况,都可以将挖出的植物根系浸泡或均匀地蘸上比例为2∶15∶80的磷酸钙、黄泥与水混合泥浆,操作完成后树木栽种的成活率可以得到显著提升。

(3) 适量使用人工促生长剂。

在树木的起苗过程中,极易出现根须脱落、主根侧根受伤的情况,导致树木移植栽种之后除了要生出新根,保证自身水分平衡,还要进行受伤部位的恢复工作,大大增加了栽种植物的生长周期,影响最终的绿化效果。此时便可以采用人工介入的方式利用促生长剂来帮助植物受伤部位的恢复与生长。经调查,目前常用的三种生根剂为萘乙酸、吲哚丁酸、海藻酸。可通过涂抹、喷洒或者浇灌的形式开展工作。

(4) 适量使用保水剂。

城市现代化进程不断加快,人们的环保意识不断提高,大量的建设用地被还原成绿化用地,但这类土壤在经过工程开发后,土壤存水性与透气性严重不足,植物的成活率无法得到保障,面对这种情况,可以适当运用保水剂来改善原有土壤的不足。目前市面上应用较为广泛的保水剂类型为接枝型淀粉以及聚丙烯酰胺,粒径为0.5～3.0 cm且呈颗粒状,通常使用周期可以达到3～4年。

在道路绿化工作实践过程中,对于施工技术,要时刻保持其先进性与创新性,关注行业前沿动态,勇于应用新型技术;理念方面,要时刻谨记因地制宜可持续,一切建设从项目实际情况出发的理念,保证道路绿化的先进性与持久性,实现道路绿化各方面价值的最大化体现。

第7章 机电工程施工

7.1 监控设施施工

7.1.1 视频监控子系统

1. 遥控式摄像机

(1) 施工前应复核基础地脚螺栓尺寸公差,根据公差预先准备垫片。同时清理地脚螺栓的螺纹、基础表面,使用水平尺测量基础水平度。

(2) 吊装立柱,并对立柱体垂直度进行测量、调整,确认设计文件要求,保证两者匹配。

(3) 装设前,预先装配调试好摄像机,具体包括:连接便携式计算机与摄像机,设置好摄像机互联网协议(Internet protocol, IP)地址(按路段网络统一规划,设置本地 IP 及组播 IP、子掩码、网关等),测试镜头、转向能否正常运作。

(4) 完成摄像机的安装,并在本地再次上电调试,确保摄像机图像效果良好、控制灵活。确认摄像机与接地体的接触状态是否良好,测量接地电阻值是否达到设计要求。

2. 固定式摄像机

(1) 摄像机装完后通电,在本地连接便携式计算机或"工程宝",将摄像机角度、清晰度、监视范围等调整至最佳效果。

(2) 拧紧摄像机与支架连接螺丝后,将摄像机连同支架整体安装在防护罩中心位置,并使用配件螺钉固定在滑板上。

(3) 将可调节镜头调至最大长度,并调整好摄像机焦距。滑动滑板,使摄像机镜头与滑板处于防护罩内的最佳位置。

3. 视频传输设备

(1) 设备应固定牢固,外场设备箱内传输设备宜安装减振垫;设备箱或机柜内应布设走线槽,光电缆、强弱电宜分开布设,布设间距应符合国家和行业现行有关标准的规定。

(2) 走线槽道内电缆内应顺直,无明显扭绞和交叉,电缆不得溢出槽道。线缆拐弯应适度,无死弯,电缆进出槽道部位应绑扎。

(3) 设备箱或机柜内线缆的两端应有明显标志,不得错接、漏接。插接部位应紧密牢靠,接触良好。

4. 硬盘录像机

(1) 机柜内安装设备应牢固,线槽内、外的线缆标识应清楚,固定应整齐、有序。

(2) 机柜的内部走线应尽量沿机柜结构敷设,并使用扎带按规范绑扎固定。

(3) 硬盘电源线应按正确方向接入,硬盘格式化宜选择 FAT32 格式。

5. 监视墙与拼接显示系统

(1) 应根据设计图纸要求,在现场测量出监视墙的安装位置,并做好标记。如果房间有防静电地板,安装时应移走设备定位处的地板。

(2) 在已经标记好的位置打孔固定底座,调整水平度及垂直度,直到达到设计要求。

(3) 使用脚手架进行安装时,应做好安全防护措施。

(4) 拼接控制器宜安装在监视墙中间机柜内。

6. 视频以太网交换机

(1) 交换机在机柜中安装要平整、牢固。如交换机比较重,所配套支架不能支撑交换机重量,机柜内应安装托盘,将交换机安装在托盘上。

(2) 机柜内布线原则如下。①机柜内敷设强、弱电缆应平直靠拢、整齐,绑扎间隔宜为 300 mm。绑扎线扣应整齐、松紧合适,结扣在两条电缆的中心线上。②机柜内的强、弱电缆末端应有胶带等绝缘物封扎,电缆剖头处应使用胶带和护套封扎。③直流电源线与交流线不宜捆在同一线束内。④通信机柜连接尾纤时,应沿机架两侧进入机框,用尼龙线扎带固定在线卡支架上,连接光板后安装机框下方的走线挡板。尾纤连接设备的端口时,注意接头的收发不得接反。布放尾纤时,应尽量减少转弯,确需转弯时宜成圆形,弯曲半径不宜小于 80 mm。布放尾纤应做到顺其自然,不可强拉硬拽;绑扎力度适宜,不得绑扎过紧,不得有其他电缆压在尾纤上。多根尾纤同路由敷设时,应加保护塑胶套管。只有 1~2 根尾纤时,可绕圈绑扎于机柜顶不易碰到的位置。

7. 视频上云网关

(1)录入基础数据前,应完成视频设备列表填报,明确视频源网络参数、用户名、密码、所在路段、桩号、位置坐标等关键信息。录入时应注意数据完整性,避免反复录入造成数据不一致。

(2)路段配置多台视频云平台的,应该合理规划视频资源,使拉流和转码负载均衡。

(3)利用本机 Ping 视频传输交换平台和各视频源的 IP 地址,测试网络运行情况。对网络系统连通性能测试时,连通成功率、时延等测试方法和测试结果应符合现行《基于以太网技术的局域网(LAN)系统验收测试方法》(GB/T 21671—2018)的有关规定。测试数据包大小、包数量等,可根据视频流传输特性适当提高标准。

(4)基础数据录入完成后,查询路段云网关平台图像质量检测页面或报表,通过查看图像质量的检测列表来判断摄像机设备图像质量检测的结果,定位离线视频源,排查摄像头和传输链路的故障。

7.1.2 数据监控子系统

1. 可变信息标志

(1)门架式及悬臂式情报标志钢结构安装。

①基础制作前应复核安装位置附近是否有其他预留安装的设备(如交安标志牌等),如有应及早协调变更。

②基础、接地和手井的施工应符合以下规定。

a. 测量、放线:应根据设计图纸确定基础的具体位置,并对基础进行测量及标记;放线定位时应注意与水沟、急流槽等构造物的距离,避免基础施工时破坏。

b. 基坑开挖:根据现场实际情况,基坑开挖宜采用人工开挖和机械开挖相结合;开挖时应做好防塌措施,开挖深度超过 2 m 时应加挡土板;开挖时应做好对原有设施的保护；开挖完成后应对基础尺寸进行复测，并清理基坑杂物，保证底部平整，侧壁预留足够空间进行支模。

c. 基础支模：基础支模应在按设计要求完成垫层施工后进行；模板的刚度和规格应符合设计要求，拼接缝应紧密、牢固，与混凝土的接触面应平整，预留孔洞位置应准确；为防止跑模，宜在模板四周采用打桩支撑或用方木、钢管环绕固定，保证有足够的刚度。

d. 基础配筋与预埋：钢筋应按设计要求下料加工，钢筋纵横交叉处应采用铁丝绑扎牢固，主筋和分布筋间距误差应符合设计要求；严格控制钢筋保护层厚度，支撑垫块材质应符合设计要求；基础定位板、锚栓、锚板等应按设计要求进行固定，确保基础定位板水平；中央分隔带的基础应使用预埋钢箱、钢管对通信管线进行保护，基础内预埋钢管可根据钢筋分布情况适当微调，其弯曲半径不能小于设计值。

e. 基础浇筑：自高处向模板内倾倒混凝土时，为防止混凝土离析，其自由倾落高度不宜超过 2.0 m，当倾落高度大于 2.0 m 时，应通过串筒下落；插入式振捣棒应快插慢拔，插点均匀，间距合理，较大型基础的混凝土浇筑应分层连续进行，分层厚度不宜超过 50 cm；浇筑过程中应注意模板和预埋件有无移动，如果出现移位和变形应及时修正、加固；振捣密实后，应对基础平面进行打浆找平。

f. 基础养护：浇筑完成后，应及时对基础进行覆布、洒水养护；养护期间应重点加强混凝土的湿度和温度控制，尽量减少表面混凝土的暴露时间，防止表面水分蒸发。当昼夜平均气温低于 5 ℃或最低气温低于 −3 ℃时，应按冬季施工处理；基础混凝土应在达到强度要求后拆模，避免基础脱边损角。

g. 基础接地：对于有接地要求的基础，应在基坑开挖完成后按设计要求打入接地地极，并用扁钢进行焊接。连接扁钢焊接后应及时清理焊渣，并用沥青或油漆进行防腐处理；地极施工完成后应测试接地电阻值，不满足设计要求时，应补打地极，确保接地电阻值达到设计要求。接地地极材料、打入深度应满足设计要求。

h. 基础、通信手井和电力手井的高程宜一致，且略高于道路路面，防止路面积水流入手井。

i. 基础、通信手井和电力手井之间的管道应为钢管，并预留铁丝作为线缆引线。

③安装前应检查、清理基础法兰，对基础固定螺栓进行清丝。

④门架吊装、电缆敷设应符合以下规定。

a. 门架吊装：门架基础施工完成后，施工单位应组织门架生产厂家对完工的门架基础进行复测，根据现场基础预埋件的位置确定桁架跨度准确值，根据基础预埋件的顶面高程及桁架高程调整立柱尺寸；门架吊装前施工单位应编制专项施工方案，其内容应包括吊装方案、吊装安全措施及安装人员安全防护措施。对于已通车路段，应编制交通维护方案。专项施工方案应报监理单位审批。

b. 电缆敷设：使用的电线电缆规格、型号及电压等级应符合设计要求，并且应在敷设前进行绝缘摇测或耐压试验；使用的线槽、托架和线管等应符合设计要求，敷设路由可根据实际情况，由建设、监理和施工单位三方在现场确定；电缆外观应完好无损，无锈蚀、无机械损伤、无明显皱褶和扭曲现象，橡胶外皮、塑料外皮及绝缘层应无老化和裂纹；在机房内布设强、弱电缆时，应采用整段线缆，中间无接头，两者敷设间距宜不小于 200 mm。

⑤可变信息标志设备在地面进行组装后进行吊装，门架式可变信息标志宜分多组按照出厂编号进行吊装，立柱式可变信息标志可一次性吊装。

⑥对门架式可变信息标志多组显示模块之间的间隙，应进行防水处理。

(2) 隧道可变信息标志结构安装。

①隧道可变信息标志一般采用预留预埋方式安装，土建预埋件与信息标志基座焊接应双面满焊。支架安装完成后应做荷载试验，确认其满足设计要求。

②屏体吊装时，将屏体缓慢吊起至适当高度，调整位置，使屏体上的安装位对准已焊接好的基座法兰，利用连接螺栓连接好屏体，并拧紧螺栓。

③测量车道指示器屏体下沿距离路面的高度应满足净空不低于 5.5 m 的要求。

2. 交通流量检测器

(1) 基础、接地和手井施工。

基础、接地和手井施工可参照"可变信息标志"相关规定。

(2) 路面切割施工。

①画线、切槽，注意槽的深度和宽度（深度宜为 5～7 cm，宽度宜为 0.4 cm）。

②清槽、布线、灌封。清槽：为保证工程质量，应清除槽内的所有杂质，并用吹风机吹干。布线：线缆不宜绕得太紧，以保证线缆经久耐用，避免被夹角处的尖石磨破。布线完成后要用专用工具测量电感量。灌封：依次注入细砂、环氧树脂和固化剂的混合物，最后浇上沥青，环氧树脂要包裹住馈线，以保护线圈。

③馈线每米绞结 20～30 次，缠绕好的线圈应立即卷好，避免被碾压。绞线

时,两股线要均匀互绞,单线不可自转、反叉、死拉。

④环氧树脂灌封完成后需要等待1～2 h,等其沉降后再用沥青灌封。

⑤沥青灌封时应饱满无气泡,与路面材料结合良好,不损坏路面。

(3) 设备控制箱安装。

①设备控制箱应安装稳固,调整好设备控制箱的水平度以及进线孔与预留管道的位置,避免安装在有剧烈震动的地方。

②设备控制箱内设备应安装牢固不松动、线缆连接正确整齐、绑扎统一,设备控制箱进、出线口应封堵,并防水、防尘。

(4) 检测单元安装。

①安装在公路结构物、门架、立杆等处的检测单元,其安装连接件应设置可调节角度的机构,活动部件应灵活、无卡滞现象。

②安装检测单元时,应在设备厂商指导下按设计图安装。探头应安装于车道中间的正上方门架横梁上,与车道成45°角。

③检测单元电源电缆、信号电缆、光纤等宜分开布放,并用套管保护。

3. 气象检测器

(1) 基础、接地和手井施工。

基础、接地和手井施工可参考"可变信息标志"相关要求。

(2) 立柱吊装。

①吊装立柱时把钢丝绳固定在其上部,两侧用绳绑好作为牵制绳,用于调整立柱方向。

②检查所用起吊工具、各连接点以及架体的位置是否符合吊装要求,发现问题应立即处理。

③起吊时,当立柱顶端距离地面0.5～1.0 m高时应停止起吊,再检查一次各部位的情况,尤其应仔细检查绳扣,确认无问题后再继续起吊。

④吊车缓慢吊起龙门架立柱,在拉绳人员的配合下使立柱架体直立并使安装孔与地脚螺栓对准,落钩就位,落钩应缓慢进行。

⑤用线坠观测,以吊车与绳索配合调整立柱,使其垂直平稳。整体调整稳定后,初步拧紧螺丝,以防架体位移,然后完成立柱底座法兰与基础定位板法兰的螺母固定,螺母要对角交替拧紧。

⑥使用同样的方法完成另一侧的立柱吊装。

(3) 缆线敷设。

缆线敷设可参考"可变信息标志"相关要求。

(4) 设备接线。

设备接线应按设备技术文件要求连接,并做好标签、标识;设备箱进出线孔洞应做好防尘、防水封堵。

4. 交通信号灯

(1) 基础、接地和手井施工。

基础、接地和手井施工可参考"可变信息标志"相关要求。

(2) 立柱吊装。

立柱吊装可参考"气象检测器"相关要求。

5. 车道指示标志

(1) 拉杆安装。

①拉杆安装定位。根据隧道尺寸,测量出车道中线和车道中心线所在位置后,利用吊锤确定车道中心线对应的隧道顶部位置,以此点为隧道内可变信息标志和隧道车道指示器拉杆安装的中心点。

②拉杆安装位打孔。确定拉杆安装点后,以拉杆法兰孔安装孔关系确定洞顶打孔位置,利用冲击钻在洞顶打出安装孔,孔的深度应满足产品安装要求。

③拉杆上法兰安装。利用膨胀螺栓将拉杆上法兰安装在隧道顶部的打孔位置,并固定牢固。

④拉杆安装。将车道指示标志拉杆与已经安装好的拉杆上法兰,通过连接螺栓进行连接。为保证安全,连接螺栓的螺母应拧紧。

(2) 焊接安装。

①在焊接车道指示标志底座连接法兰前,施工单位应现场复核预埋钢板是否符合设计要求。车道指示标志预埋件与车道指示灯底座法兰焊接应双面满焊,并做防锈处理。

②车道指示标志安装应确保间距与设计一致,车道指示标志中轴线应与隧道轴线保持平行。

(3) 屏体安装。

①屏体吊装。将屏体缓慢吊起至适当高度,调整位置,使屏体上的安装位对准已安装好的拉杆下法兰,利用连接螺栓连接拉杆和屏体,并拧紧螺栓。

②屏体高度调整。利用卷尺测量车道指示器屏体下沿距离路面的高度,应满足净空高度不低于 5.5 m 的要求。

③线缆引入成端。按照施工安装图,将车道指示标志线缆由本地控制器引至屏体,并在成端接入,利用金属软管保护外露部分,并在洞顶适当位置固定。

6. 隧道本地控制器

隧道本地控制器的安装应注意下列工序要点。

①本地控制器模块拼装及接线宜由厂家在工厂内拼装成成品。

②本地控制器安装完,线缆敷设后,应及时封堵机箱孔洞及线缆穿线孔。

③本地控制器机柜内走线可参考"视频监控子系统""视频以太网交换机"的相关要求。

④线缆标识。对于所有电源线、地线、信号线、尾纤,每根电缆应贴一个标签,多芯同轴中继电缆在芯线印有序号时,以多芯同轴电缆为单位粘贴标签,芯线不粘贴标签;标签宜在距离端头或多芯同轴电缆抛口 2 cm 处粘贴;标签的内容、格式应符合产品规范,注明本端和远端位置,不得简单使用数字标注,内容宜采用以下格式:机架号(或模块号、机柜名称)—机框号—槽位号—端口号,如果现场设备少、设备种类没有重复、通过设备种类名称即可区分,机架号可直接取设备名称。

⑤类似位置的标签粘贴朝向宜基本一致,电缆标签应贴于电缆两端或出线口的明显处,且不易脱落,便于连接与维护时查看。

7. 隧道火灾报警系统

(1) 感温光缆安装。

①感温光缆应按设计要求位置安装,离吊顶的距离不宜小于 0.2 m,与路面的间距应符合设计要求,感温光缆的安装净高应不大于 8 m。

②感温光缆与钢丝的固定点间距宜为 1~1.5 m,钢丝绳张紧度应适宜,且应考虑热胀冷缩。

③张紧钢丝吊装方式。感温光缆与钢丝的固定点间距宜为 1~1.5 m,钢丝绳张紧度应适宜,且应考虑热胀冷缩。

④熔接光缆,记录熔接点的光缆标记及其对应的隧道桩号。

⑤将每个分区光缆标记及对应的桩号、隧道头尾部光缆标记及对应的桩号记录下来,以备主机设置分区查用。

(2)自动报警设备和手动报警设备安装。

①根据设计文件要求,将自动报警设备和手动报警设备安装至相应的预留洞室,并完成缆线的接线。

②火灾探测器安装应按设备技术要求,调整检测角度,检测覆盖范围,且符合设计文件要求。

8. 风速风向检测器

风速风向检测器的安装应注意下列工序要点。

①安装施工前应进行必要的交通管制,并充分做好安全防护工作。

②按照施工安装图要求,确定设备安装的位置、电源线和数据线的走向及设备箱的安装位置。

③在安装前应对设备支架进行测量定位,用钢膨胀螺栓对支架进行固定。

④设备安装与接线完成后,应做好各种线缆的标签、标识及进出孔洞的封堵,设备接线图应放于电源控制箱内,便于后期维护。

9. 环境检测设备

环境检测设备的安装应注意下列工序要点。

①安装施工前应进行必要的交通管制,并充分做好安全防护工作。

②按照施工图中所示的位置确定设备安装的位置及设备支架安装高度。

③按照施工安装图要求确定电源线和数据线的走向及设备箱的安装位置。

④安装检测器发射端和反射镜,要保证发射端和反射镜在同一轴线上。

⑤设备安装与接线完成后,应做好各种线缆的标签、标识及进出线孔洞的封堵,设备接线图应放于电源控制箱内,便于后期维护。

10. 光强检测器

光强检测器的安装应注意下列控制要点。

①洞外亮度计及洞内照度计包括机箱、安装支架/立柱、连接线缆、接地等,设备安装完成后,应检查接地、各信号及电源线缆连接是否正确、可靠。

②洞内照度计露在外面的线缆的走线应整齐,无松动,并牢固固定在隧道侧壁上。

③洞外亮度计应按设计要求设定阈值,并根据设定的阈值控制洞内不同的照度等级。该功能应在交工验收前,与隧道照明自动控制整合实现。

7.2 通信管道施工

7.2.1 通信管道

1. 硅芯管

（1）管道路由的复测应以施工图设计为依据，核定管道路由走向、敷设位置、接头点位置及硅芯管道长度。

（2）开挖管沟时应先画线定位，开挖的沟应顺直，不得有蛇形弯，不得呈波浪形。开挖后的管沟应清理夯实、抄平，坡度符合设计要求。

（3）通信管道工程的回填土，除设计文件有特殊要求外，应符合下列规定。

①回填时先回填 100 mm 细土或砂土。

②管道顶部 300 mm 以内及靠近管道两侧的回填土，不应含有直径大于 5 cm 的砾石、碎砖等坚硬物。

（4）通信管道工程挖明沟穿越道路的回填土，应符合下列要求。

①主干道路应用混凝土包封，并与路面平齐。

②道路路肩的回土夯实，应高出路面 50～100 mm。

③应将硅芯管两端管口严密封堵，阻止水、土等杂物进入管内，布放后应当天回填土掩埋。

2. 塑料子管

（1）布放两根以上无色塑料子管时，应在端头做好标志。

（2）牵引塑料子管的最大拉力，不应超过管材的抗张强度，牵引速度应均匀。

（3）穿放塑料子管的管孔，应安装塑料管堵头。

（4）塑料子管布放完毕，应在手孔内预留长度 15～20 cm，并对穿管管口做临时封堵。

3. 管箱

本部分适用于玻璃钢管箱和聚氨酯管箱。

(1) 管箱托架打孔前应画线定位,应保持托架安装同一高度,托架安装间距应满足设计要求。

(2) 管箱安装在护栏外侧时,建议采用挂篮施工方法。采用挂篮施工时,应至少2人一组操作。安装材料、工具放在挂篮内时,挂篮应有安全防护网,防止发生物体坠落伤害事故。

(3) 打孔安装管箱托架时,如打到护栏钢筋,使膨胀螺栓安装深度不够,可适当调换位置重新打孔,但原孔要用玻璃胶或混凝土封好,防止雨水流进孔内腐蚀钢筋。

4. 塑料波纹管

(1) 在开挖管沟时,应先画线定位,开挖的沟应顺直,不得有蛇形弯,不得呈波浪形,在开挖坡、沟时应缓慢放坡。开挖完后的管沟应清理夯实、抄平,坡度应符合设计要求。

(2) 连接波纹管时宜采用厂家配套的接头,两管对接后应稳固、不易脱落。

(3) 管道基础宽度为630 mm以下时,其沟底宽度宜为基础宽度加300 mm(每侧各加150 mm);管道基础宽度为630 mm以上时,其沟底宽度宜为基础宽度加600 mm(每侧各加300 mm)。

5. 钢管

(1) 回填前,应先清除沟内杂物、积水、淤泥。

(2) 使用有缝管时,应将管缝置于上方。

(3) 在钢管接续前,应将管口磨圆或锉成坡边,应光滑无棱、无飞刺。

(4) 钢管接续时应采用定制接头,接头内径应与钢管外径一致或略大,对接钢管应伸进接头长度1/3以上,接头缝隙应满焊。

(5) 钢管的埋深按设计要求实施。设计文件无要求时,钢管在石质路段埋设深度不低于0.2 m,在土质路段的埋设深度不低于0.4 m,进入手孔的管道底部距手孔底部的净距不得小于100 mm。

6. 人(手)孔井

(1) 人(手)孔坑回填土应注意以下几点。

①靠近人(手)孔壁四周的回填土,不应有直径大于100 mm的砾石、碎砖等坚硬物。

②中央分隔带、路肩人(手)孔坑每回填土 300 mm,应夯实。

③人(手)孔的回填土不得高于口圈。

(2) 人(手)孔基础的混凝土强度等级、配筋等应符合设计规定,人(手)孔基坑底部表面应从四周向积水罐做 20 mm 泛水。

(3) 人(手)孔、通道墙体的预埋铁件应符合下列规定。

①穿钉的规格、位置应符合设计规定,穿钉与墙体应保持垂直。

②上、下穿钉应在同一垂直线上,允许垂直偏差不大于 5 mm,间距偏差应小于 10 mm。

③相邻两组穿钉间距应符合设计规定,偏差应小于 20 mm。

(4) 进入人(手)孔、管道的窗口位置应符合设计规定,偏差应不大于 10 mm。管道端边至墙体面应呈圆弧状的喇叭口。人(手)孔、通道内的窗口应堵抹严密,不得浮塞,外观整齐、表面平光。

(5) 管道窗口宽度大于 700 mm,或在使用承重、易形变的管材(如塑料管)的窗口处,应按设计规定加过梁或窗套。

(6) 人(手)孔上覆的钢筋配制、加工、绑扎、混凝土的强度等级应符合设计文件要求。

(7) 人(手)孔上覆、沟盖混凝土达到设计强度以后,方可承受荷载或吊装、运输。

7.2.2 光缆工程

光缆工程应注意下列工序要点。

(1) 光缆施工前,应检查公路干线通信管道及各进局分支管道,确保各管孔管道畅通、无阻塞,通信井内无杂物,井盖无缺损,未使用的硅芯管或子管有封堵,通信人井有正确编号。

(2) 机械吹缆作业应注意下列要点。

①光缆吹送前,应检查管道的密封性。用管道密封检测装置对管道进行密封性试验,确认硅芯管不漏气后方可进行光缆的吹送作业。

②吹缆过程中,管道的末端应设专人看护。看护人不得站在出气孔对面,应与之保持一定的安全距离。

③人员不得滞留在硅芯管末端的人孔中,以防硅芯管内润滑海绵塞、气封活塞及光缆头等吹出伤人。

(3) 人工牵拉光缆作业应注意下列要点。

①检查光缆的端别,全线光缆应按光缆端别顺序敷设。

②井口放置橡皮垫,管口安放筒瓦,防止光缆护套在敷设过程中受到损伤。

③敷设光缆时,各人井内应有1~2人。井内人员应听从统一指挥,向光缆牵引方向统一用力拉光缆。

④牵引光缆速度应控制在 15 m/min 以内,敷设光缆的弯曲半径不小于护套外径的 20 倍。

⑤光缆牵引完毕后,将光缆盘绕在大井内规定的托架上,用蛇皮软管或聚乙烯(polyethylene,PE)软管保护,并用尼龙扎带将光缆固定。

(4) 光缆接续及成端作业应注意下列要点。

①光缆接续应连续作业,对当日无法完成的光缆接头应采取保护措施,不得让光缆受潮,不得在潮湿、扬尘环境下进行光缆接续作业。

②应将尾纤所带的连接法兰按设计要求的顺序插入光纤(optical distribution frame,ODF)配线架(分配盘),未连接的法兰应盖上塑料防尘帽。

③尾纤在机架内盘绕的半径应大于规定值。

④应在尾纤醒目部位标明方向和序号。

⑤在光纤配线架内的过长尾纤,应整齐盘绕于盘纤盒内或绕成直径大于 8 cm 的圈后固定。

(5) 光缆端头应做密封防潮处理,不得浸水和污染。人井中接头盒应固定牢固,防止浸水。

(6) 在人井、手孔、光缆接头盒、光缆终端盒、拐弯处、交叉处、分支处、机柜进线处、ODF架等位置的光缆均应设标志牌,标志牌应有编号、起点、终点和规格型号等内容。

(7) 光缆终端盒引出的尾纤或接入 ODF 架的尾纤均应粘贴标签,具体应有起点、终点和第几芯等内容。

7.2.3 通信机房

1. 走线架安装

(1) 下走线架/线槽一般安装在防静电地板下方,机柜安装在防静电地板上面,强弱电下走线架/线槽之间距离应大于 200 mm。

(2) 为增加走线架的牢固性,要求走线架贯穿整个机房,并将上走线架的两端固定于两边的墙上。

（3）挂壁固定时，应了解天花板及墙壁承重力，避免因受力过大造成走线架脱落。

2. 机房接地

（1）接地体进机房连接总汇流排的地线应使用多股铜芯电缆，截面积不小于 25 mm^2。机房接地采用联合接地的方式，接地电阻不得大于 1 Ω。

（2）机房接地汇流排可安装在机房走线架下方 200～300 mm 处，或防静电地板下方，或走线架上方或者爬梯边易于布线及维护的位置。

（3）接地线与设备及接地排连接时，应加装铜接线端子并压（焊）接牢固，接线端子尺寸应与接地线径吻合。接线端子与设备及接地排的接触部分应平整、紧固，并应无锈蚀、无氧化。

（4）金属线槽应接地，线槽靠近接地汇流排的一端应使用截面积不小于 25 mm^2 的多股接地导线连接，或使用 25 mm×4 mm 的扁钢将线槽与接地排焊接在一起。

3. 机柜安装

（1）机房内用于搬运设备的通道净宽不宜小于 1.5 m。

（2）面对面布置的机柜或机柜正面之间的距离不宜小于 1.2 m。

（3）背对背布置的机柜或机柜背面之间的距离不宜小于 1 m。

（4）机柜侧面与墙的距离不宜小于 1 m。

（5）当需要在机柜侧面维修测试时，机柜与机柜、机柜与墙之间的距离不宜小于 1.2 m。

（6）成行排列的机柜，当长度超过 6 m 时，两端应设有出口通道。当两个出口通道之间的距离超过 15 m 时，在两个出口通道之间还应增加出口通道。出口通道宽度不宜小于 0.8 m。

4. 一体化机房

（1）根据设计图纸要求，在现场测量出一体化机房的安装位置，并做好标记。如果房间有防静电地板，安装时应去掉定位处的地板。

（2）在已经标记好的位置打孔固定底座支架，底座支架安装好后，利用连接螺栓把机柜部件安装在底座上，测量水平度和垂直度，调整垫铁和连接螺栓，直到符合设计要求。

(3) 机房框架安装完成后,供电系统、UPS(uninterruptable power system,不间断供电系统)、空调系统、监控系统等设备按设计区域安装,供电系统及UPS供电系统内接线应牢固、整齐、标记清楚。

7.2.4 光纤数字传输系统

光纤数字传输系统的安装应注意下列要点。

(1) 作业时,工具做绝缘防护处理,工具(电烙铁等)使用及摆放正确,以免造成人身伤害、设备或电路板损坏。

(2) 拆开的防静电袋应妥善保存,备用单板应用防静电袋包装。

(3) 机架上的电源电缆、总线电缆、信号电缆、用户电缆应分离布放。同一走向的电缆应理顺绑扎在一起,使线束外观平直整齐,不互相交叉,线扣间距均匀,松紧适度。线束应固定在相近的结构上,转弯处应有弧度,使线缆的根部、插头不受拉力。

(4) 设备安装时应保证水平、垂直,成排设备安装时应保证面板在一条线上,确保设备有足够操作空间。

(5) 单个设备和组成设备均应良好接地。

(6) 电源线和信号线应分开布设。

7.2.5 万兆以太网传输系统

1. 工序要点

(1) 网络线缆布设及端接。

① 网络线缆布设。

网络线缆布设可参考"可变信息标志"相关要求。

② 线缆成端制作。

a. 线缆成端制作宜按照下列施工流程:开缆→加套热缩管→成端。

b. 线缆逐条进行开缆,每根线缆护套根部均应加套热缩管,长度宜为40~50 mm,然后用热风枪缩封。

c. 剥除端口绝缘层,芯线取足长度后,按线缆规格选用冷压端子,用压线钳压接。

d. 截面积为 10 mm² 及以上的多股线缆应加装铜鼻子,其尺寸应与导线匹配。铜鼻子与设备的接触部分应平整、洁净,安装平直端正、螺钉紧固。

(2) 设备上架安装。

①设备上架前应核对设备主机、业务单板、接口子卡的型号和数量,符合设计要求,各类跟机配件齐全。

②设备上架前应对设备机柜空间进行适当规划,综合考虑设备散热、人员操作便利性等因素。

③安装机柜浮动螺母时应按整U("U"指"unit",即服务器厚度)分界,避免设备承托不均匀、倾斜。按设备安装文件要求,安装机柜层板、可伸缩滑道、设备挂耳等配件。

④设备上架时应多人(不少于2人)配合搬运交换机。对于较重机型,宜使用机械设备进行搬运。不得抓握设备模块(风扇框、电源)、假面板或机箱通风孔进行设备的搬运。

⑤交换机外壳需要接地的机型,应按设备安装文件要求进行接地线安装。

⑥交换机板卡模块安装槽位应规划合理,预留一定余量满足日后扩容需求,不同型号电源模块不得混插在同一设备上。

2. 控制要点

(1) 网络线缆布设及端接完成后,应进行网络布线系统信道测试。测试时宜选取数据流量最大的几条链路进行外部近端串扰测试。网络测试主要包括插入损耗、回波损耗、综合近端串扰、综合远端串扰、阻抗特性等参数。

(2) 布线系统测试合格后,应连接交换机设备进行以太网系统连通性测试。系统的连通成功率、时延等应符合现行《基于以太网技术的局域网(LAN)系统验收测试方法》(GB/T 21671—2018)的有关规定。

7.2.6 语音交换系统

1. 工序要点

(1) 通信配线柜地线引出端与机房等电位联结接地端子板之间使用多股铜线进行连接,接地线截面积应满足设计要求,联合接地电阻应不大于1Ω。

(2) 按照设备选型和语音业务量的需要选择合适线型、规格的配线电缆,并考虑适当预留。

（3）大对数语音电缆的弯曲半径不得低于电缆外径的10倍。

（4）采用绕接或卡接的电缆接头应平齐，不得损伤芯线绝缘，编把出线时色谱顺序不得错序。

（5）卡接电缆芯线应平整、牢固、不松动，接触良好。

2. 控制要点

（1）语音交换系统所有机柜、机架应单独连线接地，不得共用接地线缆。

（2）布线时系统用户语音电缆、数据电缆、电源电缆应分开布放，避免语音线缆和电源电缆平行走线，提高语音系统信噪比。

（3）数据、语音配线架内布线应整齐、美观，编号标识清楚，余留长度适当，方便线路维护和系统扩容。

7.3　收费设施施工

7.3.1　电子不停车收费门架系统

（1）基坑开挖。

根据现场实际情况，基坑开挖宜采用人工开挖和机械开挖相结合。开挖时应注意做好对原有设施的保护。完成后应对基础尺寸进行复测，底部应平整，侧型预留空间应满足支模要求。

（2）ETC门架基础及接地施工。

ETC(electronic toll collection，电子不停车收费系统)门架基础及接地施工可参考"可变信息标志"相关要求。

（3）门架钢结构吊装施工。

①吊装前应将基础表面多余的穿线管磨平，去除钢管周围的毛刺，并复核定位钢板地脚螺栓的尺寸，其应与立柱的法兰盘相符。

②运输车辆和吊车应按专项方案确定的位置停放，设置安全作业区，非指挥人员及施工人员不得进入作业区域内。

③立柱吊装。立柱吊装可参考"气象检测器"相关要求。

④横梁桁架吊装。完成两侧立柱吊装固定后，方可进行桁架横梁吊装；横梁起吊前应严格细致地对其进行重力和水平的平衡调整，进行多次试吊，直至确定

可以平衡起吊;吊车吊起横梁后,拉绳人员应配合使桁架的定位孔与立柱的定位孔一致,落钩就位,将门架横梁吊装放在立柱上。完全就位前,将电缆保护管内的铁丝引出到横梁的电缆管内,保证光、电缆顺利穿线。初拧安装螺栓做临时固定,然后对龙门架进行调整固定;进行垂直度校正,完成校正后终拧螺栓做最后固定。

⑤摄像机立柱、中杆灯立柱及悬臂式可变信息标志的钢结构吊装可参照执行。

(4)一体化机柜安装施工。

①机柜到达现场后,应对机柜外观和内部配件进行检查。机柜和内部配件不得有机械损伤,附件应齐全;预装的设备应无松动和脱落,设备箱器件及连接应无损伤。

②机柜内工业交换机、安全网关、门架监控控制器等设备应在安装到机柜前完成测试和基本配置,减少在门架的调试工作量。各设备在机柜内应合理布局,减少线路接线迂回。

③机柜吊装时应严格按设备厂家安装说明要求进行捆扎。安装固定后,应使用防水材料对机柜和基础之间的空隙进行封堵。

④线缆引入机柜时,电力线缆和信号线缆应分孔引入。各类线缆弯曲半径不得小于允许值,不得损伤线缆保护层。引入的接地线应取直截断,不做盘绕。对引入机柜的所有安装管孔,应使用防水材料对已放线缆的剩余缝隙进行封堵。

(5)RSU 的安装。

①RSU(road side unit,路侧单元)应安装在对应车道的正上方。紧固 RSU 及连接专用线缆时,应注意密封件按设计及设备说明要求进行安装,满足 IP65 要求。

②通信范围调整:专用短程通信(dedicated short range communication,DSRC)天线安装角度应符合设备安装说明书要求,通过调整天线角度、功率,使通信区域定位到车道中央,读写范围应符合设计要求。

(6)车牌识别设备的安装。

①车牌识别设备上门架安装调试前应预先在护罩中安装好摄像机和镜头,完成内部配线连接和初步调试。

②车牌识别设备应安装在对应车道的正上方。如果和 RSU 安装位置冲突,可进行适当调整,但偏离不得超过 0.5 m。

③完成接线后使用抱箍和万向节将车牌识别器安装固定好,各种防水垫片、

外壳防水胶圈、胶条等应按说明书安装到位。

④补光灯属于辅助抓拍设备,应根据现场测试情况调整补光灯和摄像机之间距离和补光灯照射角度,避免定向反射。

(7)缆线布设。

门架通信缆线与电源缆线应分管道布设,布放后需整理和分类绑扎。同轴电缆的外导体宜在输出口接地,各类缆线的屏蔽层均应可靠接地。线缆绑扎线扣应松紧适度,线束顺直,电缆拐弯应均匀圆滑。接头焊接不得使用腐蚀性助焊剂。

7.3.2 收费设施土建工程

1. 工序要点

(1)进行基础放线定位时,应复核雨棚立柱的相对位置。

(2)ETC 收费岛内的预埋管线及人(手)孔应按图纸要求定位。基础尺寸、基础混凝土强度等级、基础内预埋管件数量和材质均应满足设计要求。

(3)预埋管道应选用热浸镀锌钢管,控制线和电源线宜分别占用独立的管道,管道两端与设备基础及布线槽的连接应可靠。管道埋深应符合设计要求。管道需拐弯时,其弯曲半径应符合设计要求。

(4)基础内预埋的管道应不高于基础上表面,以免影响设备和立柱的安装。管道铺设完毕后应进行试通,并预留镀锌铁丝,铁丝在管口两端露头 25 cm 以上。管口应堵住,防止异物进入管中。

(5)机电工程施工单位宜根据广场街面情况尽早完成横穿管道开挖、铺装、回填以及广场人(手)孔、设备基础的施工,为路面后续施工提供条件。

2. 控制要点

(1)收费雨棚立柱与设备基础位置较近时,应调整两者间距离以符合使用要求,防止被收费雨棚立柱遮挡而影响使用。

(2)浇筑收费岛时振捣应均匀,完成养护后应进行回弹检测,确保混凝土质量。

(3)收费岛内回填土应分层夯实,回填材料应符合设计要求。

7.3.3 ETC 车道系统

1. 工序要点

（1）敷设电缆前，应核对各类线缆规格，使用万用表、兆欧表进行测量，保证线缆无损伤。

（2）核对各线缆安装部位，依据施工图设计长度和现场复测数据进行裁剪，电缆中间不应出现接头。雨棚信号灯电缆较长，可采用敷设到位后再裁剪的施工方法。线缆敷设到位后应及时标识，线缆经过手孔或人手井处应挂标牌标识。

（3）安装设备前，应使用水平尺对设备箱体或立柱基础进行水平度复测。紧固立柱的螺栓外露部分不宜大于 8 cm。当螺栓在设备内部时，其外露长度应小于其直径。

（4）线缆端接时，金属线头长度应合适。当设备端线缆较多时应规整绑扎，所有线缆的标牌或标签应明显可见。

（5）收费车道 RSU 安装与调试可参考"电子不停车收费门架系统"的相关要求。应合理调节 RSU 天线角度、发射功率、信道，避免相邻车道干扰。

（6）应根据现场情况调整车牌识别器护罩支架，调节拍摄角度，确保能拍摄到各类车型的完整车牌。摄像机安装好后，应当对摄像机进行变倍参数调整、快门参数调整及其他参数调整，再依据现场情况进行识别模块参数配置，确保最佳识别点的车牌字符清晰。

（7）应保证 ETC 车道设备安装外观质量。

2. 控制要点

（1）ETC 车道系统线路敷设后应进行复测，确保线路电阻、绝缘性能满足要求。测量绝缘性能时，应派人进行监护，避免线端出现触电事故。网络线缆宜使用线缆分析仪进行测量，确保网线全频段指标满足要求。

（2）设备接线时应选择合适的接线工具。冷压端子压线钳应与线径匹配，电烙铁功率应合适，焊接时间不宜过长。接线端子排、配线架等如果有防电击、防尘盖板，应及时安装到位。

（3）车道设备上电自检合格后，应使用设备厂家的专用测试软件进行初始化配置和测试。应在设备各项功能满足要求后，再进行 ETC 车道系统联调。

7.3.4 ETC/MTC(人工半自动收费)混合车道系统

1. 工序要点

(1) 安装车道控制器时,应合理规划进出线缆,以便施工及维护,不妨碍收费员正常操作。

(2) 车道控制器内强电线、信号线应分开布设,其进线孔也应分开,信号线宜采用带屏蔽的线缆。

(3) 车道控制器内线缆成端连接后,线缆端头应进行永久标识,标识内容应清晰明了。

(4) 脚踏报警开关应安装在操作台的下方,位置隐蔽、合理,不易误触,线缆走向合理且不外露。

(5) 安装车道外设后应进行检查,确保连接无误。调试时可使用测试软件操作,通过观察外设工作状态及继电器板上的继电器切换状态对受控设备进行初步测试。

(6) 票据打印机、CPC 卡读写器(card programmed calculator,卡片编程计算器)等收费亭内设备应按设计要求连接。设备配线长度不能满足要求的,应进行现场制作或按需定制,避免使用转接线导致信号衰减而造成设备运行不稳定。

(7) 应根据现场实际情况选择二维码扫码设备安装位置,设备距离路面高度、离收费岛边缘的距离应符合设计要求(可根据现场安装位置做适当调整)。

2. 控制要点

可参照"ETC 车道系统"的有关规定。

7.3.5 入口治超系统

1. 工序要点

(1) 秤台基础施工应符合下列要求。

①对基底进行整平、夯实,基底尺寸应符合支模要求,按设计要求铺好垫层。

②基础配筋的加工及绑扎应符合设计要求。钢筋采用双面焊接,搭接长度应不小于 50 mm。有接地要求的地脚螺栓、信号电缆预埋管应与基础内钢筋牢

固焊接。

③安装侧模时,应在模板外侧设立顶杆与拉杆,防止出现模板位移及凹凸现象。

④浇筑混凝土时,应使用振捣棒将混凝土捣平振匀,防止模板、排水管变形、漏浆。浇筑过程中应测量承重台高程,避免发生偏差。

⑤秤台施工前应对路侧水沟深度进行复核,不满足设计要求时应要求路基施工单位进行整改。施工时将秤台的底部做成一个坡度为2%的集水坡,主排水管应安装在最低的维修手孔底部。多秤台广场各秤台基坑排水主管应串联,排到路侧排水沟中。

(2) 吊装秤台时应使用水平仪检查秤台的倾斜度,调整称重传感器垫铁高度进行调平,兼顾秤台与车道的水平高度。吊装完成后应及时安装设备接地线和护罩,调节秤台限位和连杆等装置,满足秤台防撞、防倾覆要求。

(3) 安装车辆分离光栅前,应复核光栅发射端和接收端基础位置和高程,光栅应对称于车道中心线。适当调节光功率余量,确保分离器在下雨、下雪、灰尘、浓雾条件下仍具有识别能力。

(4) 维修手孔盖板应根据大样图和现场实际尺寸进行制作,及时安装到位。

(5) 车道称重系统安装完并接线后,应首先对各车道称重系统的单个设备进行逐一调试,单个设备调试完毕后,再进行系统联调。

2. 控制要点

(1) 秤台框架应与检测通道接平,减小车辆上、下秤台时的冲击。秤台与车道平整度误差应小于3 mm,收费车道纵横坡度应小于2%。

(2) 应处理好秤台的防水、防尘工作,在上、下秤端安装专用防尘条,在秤台两侧安装防尘皮。所有的计重系统排水管口均应设置可拆卸防护网。

(3) 应按规定对秤台进行自检和标定检测,检测标定工作每半年进行一次,首次检定、后续检定和使用中的检验应按现行的计量检定规程执行。

7.3.6 收费视频子系统和收费机房设施

1. 收费视频子系统

(1) 在安装车道摄像机前,应复核设备基础、地脚螺栓、预埋管道、安装间距等符合设计及实际使用要求。安装完成后,应根据现场情况调节摄像机角度并把镜头调到最清晰状态。

(2)室内摄像机参照"固定式摄像机"的有关规定。

2. 收费机房设施

(1)安装收费系统超融合服务器机柜设备时,应保证机柜空间和电源系统满足设计要求。所有服务器电源模块均应冗余配置。设计文件未明确时,单台超融合服务器所需功率按 800 W 估算,存储服务器按 1500 W 估算,业务交换机按 200 W 估算。

(2)设备应从机柜底部开始上架,先上架存储服务器,再上架超融合服务器,最后上架交换机。

(3)按设备说明书的要求安装各台服务器所配导轨,在机柜正面先安装好机柜浮动螺帽,以便稍后上架存储服务器时正面的螺钉能把存储服务器拧紧而不被轻易拖出。服务器上架应由多人协同操作。

(4)按照硬盘架上的标识号码(ID号)把硬盘插入存储服务器。对于已预建阵列的存储服务器,硬盘应严格按厂家指定的卡位位置进行安装,避免磁盘阵列崩溃。

(5)存储服务器及超融合服务器安装完成后,应按设计文件进行网络连接。连接后应及时对光纤和网线进行标识。

7.4 低压配电及照明设施施工

7.4.1 配电设施

1. 干式变压器

(1)核实基础是否符合设备安装要求再进行安装。

(2)引至变压器的电缆应按照要求与变压器连接,此外再预留 5 m 的长度,盘在变压器基础电缆沟内或附近的电缆井内。

(3)在送电调试前,复核变压器是否符合设计要求、是否正确接地,确定设备正常、无缺陷,线缆连接正确、稳固,确保送电设备位置悬挂警示标志牌并设专人监护,由专业人员操作电源送电。

(4) 通电试运行变压器，应预先在设备附近悬挂标志牌，其间加强设备安全管理，由专人负责设备运行及操作。

2. 户内盘柜

(1) 安装盘柜前应确保基础型钢、电缆沟、线缆导管等相关结构物经检查合格。

(2) 盘柜安装做到整齐稳固，盘柜间母线排连接应正确并有明显标识。

(3) 接地（protecting earthing，PE）或接零（protective earth and neutral，PEN）连接完成，盘柜内的元件规格、型号无误，盘柜应按现行《电气装置安装工程　电气设备交接试验标准》(GB 50150—2016)的有关规定交接试验合格后，才能投入使用。

3. 箱式变电站

(1) 箱式变电站的基础应高于室外地坪，保证排水通畅。用地脚螺栓固定的螺帽应齐全，拧紧牢固。自由摆放的箱体应垫平、放正，并做好防水、防潮、防鼠害措施。

(2) 变压器箱体、干式变压器的支架或外壳应接地(PE)；所有连接应可靠，紧固件及防松零件齐全。

(3) 箱式变电站接地端子数量不得少于3个，高压室、低压室、变压器室至少各有1个。箱式变电站的高压室、低压室、变压器室的专用接地导体应相互连接，且接地电阻符合设计要求。

(4) 箱式变电站非带电金属部分均应可靠接地。门及可抽出部分的接地应保证其在打开或抽出时仍然可靠。

(5) 箱式变电站的高压电气设备部分，即高压成套开关柜、低压成套开关柜和变压器，均应按现行《电气装置安装工程　电气设备交接试验标准》(GB 50150—2016)的有关规定交接试验合格。

4. 母线槽

(1) 在结构封顶、室内底层地面施工完成或已确定地面高程、场地清理、层间距离复核后，才能确定支架设置位置。

(2) 在每段母线组对接续前，应先测试绝缘电阻，其电阻值应大于 20 MΩ。

(3) 对于母线的相序排列及涂色，当设计无要求时，应符合下列规定。

①上、下布置的交流母线,由上至下依次排列为 A、B、C 相;直流母线正极在上,负极在下。

②水平布置的交流母线,由盘后向盘前依次排列为 A、B、C 相;直流母线正极在后,负极在前。

③面对引下线的交流母线,由左至右依次排列为 A、B、C 相;直流母线正极在左,负极在右。

④母线的涂色:交流,A 相为黄色、B 相为绿色、C 相为红色;直流,正极为赭色、负极为蓝色;连接处或支持件边缘两侧 10 mm 以内不得涂色。

(4) 连接点不应在穿墙部位。直线敷设长度超过 60 m 时,应设置膨胀伸缩节;跨越建筑物的伸缩缝或沉降缝处,应设置沉降伸缩节。

(5) 母线支架、绝缘子的底座应可靠接地。

(6) 封闭、插接式母线的安装应符合下列规定。

①段与段连接时,两相邻段母线及外壳应对准,连接后不使母线及外壳受额外应力。

②母线的连接方法应符合产品技术文件要求。

(7) 室内母线的最小安全净距应符合现行《建筑电气工程施工质量验收规范》(GB 50303—2015)的有关规定。

(8) 高压母线交流工频耐压试验应按现行《电气装置安装工程 电气设备交接试验标准》(GB 50150—2016)的有关规定交接试验合格。

(9) 低压母线交接试验应符合下列规定。

①相间和相对地间的绝缘电阻值应大于 0.5 MΩ。

②交流工频耐压试验电压为 1 kV。当绝缘电阻值大于 10 MΩ 时,可采用 2500 V 的兆欧表摇测替代,试验持续时间为 1 min,应无击穿、闪络现象。

5. 线缆端接

(1) 高压电力电缆直流耐压试验应按现行《电气装置安装工程 电气设备交接试验标准》(GB 50150—2016)的有关规定交接试验合格。

(2) 低压电线和电缆,线间和线对地间的绝缘电阻值应大于 0.5 MΩ。

(3) 电线、电缆接线应准确,并联运行电线或电缆的型号、规格、长度、相位应一致。

(4) 线缆与金属有摩擦时,应加装橡胶垫圈保护线缆。

(5) 电线、电缆的回路标记应清晰,编号应准确。

7.4.2 照明设施

1. 路灯

(1) 定位。按照设计施工图及现场情况,以设计灯位间距为基准确定路灯安装位置。

(2) 挖沟及埋管。按照设计要求画线定位,开挖电缆沟及预埋相应的电缆管道。

(3) 路灯基础制作。

①基础施工应在路基、边坡和水沟成形后进行,基础宜选在挖方路段或地势平坦的填方路段。

②基础施工前应核实附近有无交通安全设施基础,避免交通安全设施和机电设施相互遮挡。

③基础地基承载力及基础回弹检测指标应达到设计要求。

④基础制作时应参照附近地形控制高程,防止积水。基础高度宜比地面高出 5~20 cm,基础地脚螺栓露出基础面的高度宜为 8~10 cm,露出的地脚螺栓应涂抹黄油后用胶布或 PVC 管包好保护。

⑤基础施工可参考"可变信息标志"相关要求。

(4) 电缆敷设:敷设电缆规格、型号应符合设计要求;布放电缆排列整齐,无机械损伤,标志牌齐全、正确、清晰。

(5) 电缆敷设后应做绝缘测试,测试应符合设计文件要求。

(6) 路灯吊装后,应对灯柱垂直度进行测量、调整,确保其垂直度符合设计文件要求。

2. 高杆灯

(1) 高杆灯基础制作。

①施工时先测量放线,严格控制高程,开挖机械宜选用小型挖掘机。

②基槽土方开挖时将土弃于基槽两侧,弃土与沟槽口边缘的距离宜大于 2 m(人工开挖的则不小于 0.8 m),弃土高度不应超过 1.5 m。

③基础坑验收后,应及时拼装模板。浇筑混凝土的模板宜采用钢模板,其表面应平整且接缝严密。支模时应符合基础设计尺寸,浇筑混凝土前,模板表面应涂脱模剂。

④混凝土浇筑施工应严格控制分浆(分层)厚度,最厚不超过 45 cm。

⑤基础制作除应符合上述要求外,尚应符合"可变信息标志"的相关要求。

(2)电缆铺设。

①高杆灯宜采用三相供电,三相负荷应均匀分配,每一回路应装设保护装置。

②电缆转弯半径应大于最小弯曲半径。

③敷设多根电缆时,宜先敷设线径较大的电缆。

④电缆接头和电缆端头施工参照前述电缆接头部分内容实施,敷设过程中电缆应留有 1.5 m 左右的备用余量。

(3)防雷接地系统制作。

①高杆灯基础中各种金属构件均应按规范进行接地。供电箱、照明控制箱、电缆井内的电缆支架、电缆桥架、电缆保护管等的接地电阻值应不大于 4 Ω。

②所有管架、管道及主要金属构件应做等电位连接。

③焊接基础接地线时,搭接面应符合现行《电气装置安装工程 接地装置施工及验收规范》(GB 50169—2016)的有关规定,材料应采用镀锌产品,接地电阻值应符合设计要求。

(4)不同线路灯具的导线应在线槽中分别固定,便于检修维护。

7.4.3 电力监控系统

1. 工序要点

(1)高低压盘柜开孔尺寸应符合终端仪表安装要求。

(2)在高低压盘柜内布线,每根剥去绝缘层的导线两端应套上编码套管。连接两个接线端子之间的导线应无中间接头。

(3)高低压盘柜内导线与接线端子或接线桩连接时,不得把绝缘层压入端子或接线桩内,应减少铜线裸露长度。

(4)在高低压盘柜内同一元件、同一回路的各条导线间的距离应保持一致。

2. 控制要点

(1)变电所开关状态信号、设备接地刀闸信号、事故信号、预告信号、直流电压信号等采集应正常,通过增减负荷、断开或闭合开关等方法检测。

(2)路段中心遥测软件应可显示各变电所、箱式变压器的电流、电压、有功及无功测量值,可对直流电度表、交流电度表及变压器温度进行信号采集,并具备超限报警及日志存储功能。

(3) 路段中心遥控软件应可远程对开关进行分、合闸操作,电力监控工作站应能正确显示当前操作结果,并有操作日志存储功能。

7.4.4 发电机组

1. 工序要点

(1) 当安装现场允许吊车作业时,用吊车将机组整体吊起,把随机配备的减振器(若有)装在机组的底下。

(2) 现场不允许吊车作业时,可使用滚杠搬运方式将机组移动到安装位置。

(3) 在已完成的基础上放置机组。机组减振器一般无须固定,只需在其下垫一层橡胶板。如果需要进行固定,应先标识减振器地脚孔的位置,吊起机组,完成螺栓安装,最后安放机组,拧紧螺栓。

(4) 应根据消声器及排烟管的大小和安装高度,配置相应的套箍。

(5) 发电机组接地端子(PE)应与房建地网可靠连接。

(6) 进风口应安装百叶或风阀,排风口内侧应与发电机组排风口用软连接驳接,外侧应安装百叶窗或防护网,进、排风口应无障碍物,保持通风顺畅。

2. 控制要点

(1) 排烟管穿过墙壁时,应配置保护套,排烟管出口端应加防雨帽或切成30°~45°的斜角,排烟管的壁厚应不小于3 mm。

(2) 启动发电机,核对运行的频率、电压、电流、功率等指标,应使其保持在设备技术要求允许范围内。

(3) 接线前应对发电机组至低压配电柜馈电线路进行绝缘和耐压测试。馈电线路相间、相对地间的绝缘电阻值应大于0.5 MΩ。线路直流耐压试验电压2.4 kV,持续时间 15 min,泄漏电流应稳定,无击穿现象。

(4) 柴油发电机馈电线路连接后,两端的相序应与原供电系统的相序一致。

(5) 受电侧低压配电柜的开关设备、自动或手动切换装置和保护装置等试验合格后,应按设计的自备电源使用分配预案进行负荷试验,机组应连续运行12 h 无故障。

7.4.5　UPS 设备

1. 工序要点

（1）安装 UPS 前，应先对连接 UPS 的馈电线路进行检查，各个接点、接插座的接触应良好。

（2）采用单相三线制输入时，应确保接地良好，零线、地线间的电压应小于 5 V，输入电压值应在正常范围内。

（3）安装 UPS 时，接线应区分火线、零线、地线，不得接错。

（4）安装电池组时，应按电池安装说明规定的方法和顺序连接。

（5）对于功率在 10 kVA 以上的 UPS，应检查设备内部变压器、电路板紧固件及接插件、风扇等是否牢固、可靠。如果 UPS 是从较低温度的室外刚搬入室内，要注意机器是否产生冷凝现象，机器应在干燥状态下启动。如果 UPS 放置于隧道环境超过 12 h，应检查内部是否有水滴存在，如果发现水滴则不允许通电，应使用电吹风吹干。

（6）多个电池串联连接时，正、负极不能接反；同一电池的正、负极不能短接。

2. 控制要点

（1）用万用表测量电池组的串联总电压，应等于单节电池端电压的 N 倍（N 指单组电池串联总数）。

（2）确认接线无误，并测量电池组总电压，应与 UPS 主机铭牌上标记的直流输入电压相匹配。

（3）在市电正常情况下，UPS 充电电压应正常。

（4）在 UPS 完全开启的状态下，断开市电开关，UPS 应自动从市电逆变状态切换到电池逆变状态，指示灯应有相应提示。重新合上市电开关，UPS 应自动由电池逆变切换到市电供电，指示灯恢复成市电有电的状态。

（5）UPS 正常工作时应处在市电逆变状态。UPS 关机后，逆变指示灯灭，旁路指示灯亮，此时 UPS 工作在旁路供电模式，断开市电应无输出。

（6）断开 UPS 的市电开关，让 UPS 处于电池逆变状态。按下"关机"键，直至听到"嘀"的一声，UPS 应停止工作，无输出。

（7）开启 UPS 至正常状态，面板应显示市电供电正常，无声音告警，断开市电输入,由电池供电,UPS 显示输入异常,电池放电,UPS 发出声音告警;当电池持续放电至电池欠压时,面板显示电池容量不足并发出急促告警;当欠压保护停止输出后,UPS 发出长鸣告警。恢复市电正常供电,模拟过载,面板显示"故障"及旁路供电,并发出长鸣告警。

7.4.6 线缆敷设

1. 直埋电缆

(1) 工序要点。

①埋设路线确定后进行开挖,设计无要求时,电缆沟开挖深度不宜小于 0.7 m。因地质等原因电缆沟开挖达不到规范深度或经过涵洞、沟道时,应敷设保护管,且过沟保护管应暗埋于沟底。保护管内径应不小于电缆外径的 2 倍。

②敷设电缆时,电缆盘应架设牢固、平稳,盘边缘距地面不得小于 100 mm,电缆应从盘的上方引出,不得使电缆在支架上及地面上摩擦拖拉,引出端头的铠装如有松弛应绑紧。

③电缆敷设应由专人指挥、统一行动,不得随意拉引,随时注意障碍,防止刮碰电缆。

④机械放缆时,应将机械安装在适当位置,并将钢丝绳和滑轮安装好。人力放电缆时应将滚轮提前安装好,宜每 2~2.5 m 距离放置一个滚轮。不得在地面上摩擦拖拉电缆。

(2) 控制要点。

①对于电缆之间、电缆与其他管道、道路、建筑物等之间平行和交叉时的最小净距,当设计无要求时,应符合表 7.1 的规定。

表 7.1 平行和交叉最小净距表

项 目	最小净距/m	
	平行	交叉
电力电缆及其与控制电缆间(10 kV 及以下)	0.10	0.50
控制电缆间	—	0.50
不同使用部门的电缆间	0.50	0.50
其他管道(管沟)	0.50	0.50
建筑物基础(力线)	0.60	—
排水沟	1.00	0.50

②隐蔽工程验收合格后,电缆的上、下部位应铺不小于 100 mm 厚的软土或砂层,并加盖板保护,其覆盖宽度应超过电缆两侧 50 mm。保护板可采用混凝土盖板或砖块。软土或砂中不应有石块或其他硬质杂物。

③电缆敷设完后,应进行绝缘电阻测试。高压电缆终端头制作完成后,还应进行耐压试验。全部检测合格后才允许通电运行。

2. 电缆穿管敷设

(1) 工序要点。

①在穿电缆前,应对管道固定情况、接地连接情况、管道畅通情况等进行检查。如果不满足穿线要求,应先修整或重新敷设管道。

②导线穿入管道之前,应对管道进行清扫,管道内应无杂物或积水。

③清扫管道后,应清除管口毛刺,装设管口护圈。敷设电缆时,电缆盘应架设牢固、平稳,盘边缘距地面不得小于 100 mm;电缆应从盘的上方引出,不应使电缆在支架及地面上摩擦拖拉,引出端头的铠装如有松弛应绑紧。

④电缆敷设应由专人指挥、统一行动,不得随意拉引,随时注意障碍,防止刮碰电缆。

⑤管口无接线盒(箱)的管道,穿入导线后应将管口封堵。

⑥在电缆终端头上应挂装标志牌。标志牌上应注明线路编号;无编号时应写明电缆型号、规格及起讫地点。标识牌应字迹清晰、不易脱落,规格统一,挂装牢固。

(2) 控制要点。

①穿电缆时,不得损伤绝缘层,可采用无腐蚀性的润滑剂润滑,不得将电缆在地面上摩擦、拖拉。

②电缆敷设完后,应进行绝缘电阻测试。高压电缆终端头制作完成后,还应进行耐压试验,全部测试合格后才允许通电运行。

3. 电缆沿电缆沟敷设

(1) 工序要点。

①定位时,应与各专业协调,避免与大口径消防管、排水管、弱电线缆等设备发生路由冲突。路径弯曲半径应符合电缆最小允许弯曲半径要求。

②隧道电缆沟内支架接地扁钢应敷设至每个洞内配电室,并与洞内配电室钢筋网的接地端子相连形成重复接地。

③敷设电缆时,电缆盘应架设牢固、平稳,盘边缘距地面不得小于 100 mm,电缆应从盘的上方引出,不应使电缆在支架及地面上摩擦、拖拉,引出端头的铠装如有松弛应绑紧。

④并列敷设的电力电缆,其相互间的净距应符合设计文件要求,接头位置宜相互错开。

(2) 控制要点。

①电缆支架间距应符合设计文件要求;设计无要求时,应符合表 7.2 的规定。

表 7.2 电缆支架间距表

敷 设 方 式	最上层至沟顶或楼板/mm	最下层至沟底或地面/mm
电缆隧道及夹层	300～350	100～150
电缆沟	150～200	50～100
吊架	300～350	—
桥架	350～450	100～150

②电缆支架的层间距应符合设计文件要求;设计无要求时,电缆支架层间最小允许距离应符合表 7.3 的规定。

表 7.3 电缆支架层最小允许间距表

电缆类型和敷高特征		支(吊)架/mm	桥架/mm
控制电缆		120	200
电力电缆	10 kV 及以下(6～10 kV 交联聚乙烯绝缘除外)	150～200	250
	6～10 kV 交联聚乙烯绝缘	200～250	300

③电缆 T 接处应进行防水处理,并固定在支架上。

④电缆终端头上和电缆的交叉处应挂装标志牌。标志牌上应注明线路编号;无编号时应写明电缆型号、规格及起讫地点。标志牌应字迹清晰、不易脱落,规格统一,挂装牢固。

⑤电缆敷设完后,应进行绝缘电阻测试;高压电缆终端头制作完成后,还应进行耐压试验。全部测试合格后才允许通电运行。

4. 电缆桥架敷设

(1) 工序要点。

①当设计无规定时,吊架(支架)安装间距为:直线段 1.5～2 m,每个弯头两

个支(吊)架,三通3个支(吊)架,四通4个支(吊)架,垂直安装的支架间距不大于2 m。

②电缆敷设排列应整齐,不得与原有电缆交叉。水平敷设的电缆首末两端、转弯两侧及每隔5~10 m处应固定;垂直或超过45°桥架内电缆固定点间距宜为控制电缆1 m,电力电缆1 m,其他1.5 m。

③桥架内电缆一般不设置接头,若无法避免,应增设接线盒(箱)。

④放线结束后,有盖板的桥架应将盖板盖上,并扣好或用螺钉固定。

(2) 控制要点。

①在电缆终端头上应装设标志牌。标志牌上应注明线路编号;无编号时应写明电缆型号、规格及起讫地点。标志牌应字迹清晰、不易脱落,规格统一,挂装牢固。

②电缆敷设完后,应进行电缆绝缘电阻测试及桥架接地电阻测试;高压电缆终端头制作完成后,还应进行耐压试验。全部测试合格后才允许通电试运行。

5. 电缆中间接头和终端头制作

(1) 钎焊法施工。

①去掉导线的绝缘层60~70 mm,用纱布清除导线表面氧化层。

②在已清洗的线段上用烙铁搪上1层焊料。

③搭接后两端各绕3圈。

④用烙铁蘸上焊料,绕接线缝搪满焊料,待冷却后再搪另一端。

⑤用绝缘胶布缠绕2层,再用防水黑胶布缠绕2层。

(2) 压接法施工。

①去掉导线的绝缘层50~55 mm。

②用纱布清除导线和压接管内壁表面氧化层,擦去氧化层及油垢,涂上凡士林。压接管采用圆形或椭圆形。

③压接时将线芯插入压接管内,如果采用圆形压接管,两根线芯各插至压接管的1/2处;使用椭圆形压接管时,使两条线芯各露出管端4 mm,然后用压接钳进行压接。采用压接钳压到规定的尺寸,并且应使所有压槽的中心线在同一水平线上。

(3) 插接缠绕法施工。

①将绝缘导线的连接一端剥去外层绝缘,将铜芯散开拉直,并用纱布清除表面氧化层。

②缠绕时将线芯挤紧,不应有松股现象。

③采用铜绑线缠绕,其截面积不小于 1.5 mm²。

④接头接好后进行搪锡处理,然后用自黏胶带缠绕 3 层或与原导线外绝缘厚度相等。

⑤低压单股小截面铝芯绝缘导线连接可采用钎焊法或压接法,多股小截面铜芯绝缘导线连接采用压接法;单股小截面铜芯硬绝缘导线连接采用附线缠绕法,多股小截面铜芯硬绝缘导线连接采用插接缠绕法。

⑥截面积在 10 mm² 及以下的单股铜芯线和单股铝芯线可直接与设备连接。

⑦截面积在 10 mm² 及以上电缆终端头应采用线鼻子压接。

⑧铜铝材料连接处应采用铜铝专用过渡接头。

7.5　隧道机电设施施工

7.5.1　通风设施

1. 射流风机

(1) 工序要点。

①安装风机前,应根据设计图纸对预埋件及焊接基座进行检查,安装位置、高度及尺寸应符合设计要求。检查附近有无其他预留安装的设备(如可变信息标志、车道指示器等),如有应及早协调变更。

②土建预埋的风机预埋件与风机吊架焊接应双面满焊,并做防锈处理。

③风机安装过程中不得撞击、敲击机壳。现场吊装风机时,捆绑绳索不得损伤机件表面,转子、轴径和轴封等处不得作为捆绑部位。

④风机起吊应当均匀,吊装时风机方向应正确。

⑤安装风机应确保间距与设计一致,风机中轴线应与隧道轴线处于平行状态。

(2) 控制要点。

①风机启动后,其电流值应在铭牌指标以内。

②风机叶轮旋转方向应正确,在额定转速下试运转时间不得少于 2 h。

③风机启动后,正、反向的风量值应符合设计文件要求。

2. 斜流风机

(1) 工序要点。

①安装风机前应进行检查,复核安装基础高度、尺寸,预留的进风口与出风口应符合设计要求。

②安装时应调整斜流风机基础的接合面和出风管道的连接,使其自然顺接,不得强行连接。

③对于整体安装的风机,搬运和吊装的绳索不得捆绑在转子、机壳或轴承上。

④风机吊至基础上后,用垫铁找平,垫铁一般应在地脚螺栓两侧。风机安装好后,同一组垫铁应点焊在一起,以免受力时松动。

⑤风机安装后,拨动叶轮进行检查,叶轮不得碰擦机壳或有异响现象,否则应及时调整。

(2) 控制要点。

①风机外露部分应安装防护罩。风机的吸入口或吸入管直通大气时,应加装保护网或其他安全装置。

②风机试验运行应在总体检查合格后进行。为了防止电机过载,在风机启动前应关闭流量调节阀,使启动时无荷载,然后逐渐将阀门打开,以满荷载或设计工况运行。

③风机安装在无减振器的支架上时,应加垫橡胶板。

④风机安装在有减振器的机座上时,地面应平整,各组减振器承受的荷载应均匀。

7.5.2 隧道照明设施

1. 工序要点

(1) 隧道灯具定位应以隧道入口为基准点,在灯具定位时,先确定隧道中轴线及隧道路面高程,一般以中轴线为基准,按设计文件要求确定灯具安装位置。宜用激光测距仪进行定位。

(2) 画线使用的线应与隧道壁颜色不同,根据隧道的弯曲程度确定放线长度,放线时根据基准点可放线长 4~6 m,直线段可放 10~15 m。在放线过程中,发现隧道壁不平整时应及时记录,以便在灯具订货或加工时根据现场情况相应地加长或缩短灯具调节托架。

(3) 安装灯具时,可先安装一个照度区的灯具。安装完成后,点亮该照度区灯具,再根据设计要求和现场实际情况调整灯具角度,以满足设计要求并达到最佳视觉效果和设计的照度要求。

(4) 灯的顺线方向应平行于路面,灯具的尾线应穿软管保护,并用线卡固定在隧道壁上。尾线要做到平整、密贴、整齐、美观、一致。

(5) 灯具安装后应检查整体的视觉效果。一般可乘车靠左和靠右纵向观看整体效果,并站在每一照度区段的中间观察这一段的水平效果。

2. 控制要点

(1) 灯具分相、编号应与设计文件要求一致,不同回路的导线应在线槽中分别固定,以便辨认。

(2) 当设计无规定时,每 100 m 灯具水平误差应不超过 1 cm,灯具之间的间距误差应不超过 2 cm,灯具安装角度误差应不大于 $0.5°$。

(3) 灯具线缆出入口处应设防尘、防水橡胶。

(4) 对于灯具的开启性能和发光情况,同一回路的控制试验应满足设计要求。

(5) 照明控制箱柜顶部不应直接开孔,控制箱进线孔要封堵密实,防止潮气渗入箱内。

(6) 通电前,应测试线间绝缘、线地间绝缘,当设计无要求时,电阻值均应大于 $0.5\ M\Omega$。

(7) 用照度仪测量指定点的照度,应符合设计文件要求。

(8) 应急灯后备照明时间应符合设计文件要求。

7.5.3　消防设施

1. 消防泵

(1) 工序要点。

①水泵就位前应检查泵基础;基础的尺寸、位置、高程应符合设计要求。

②水泵出厂时已装配、调试完善的部件不应随意拆卸。

③水泵安装到位后,可用垫铁找平,垫铁点焊固定,并拧紧地脚螺栓螺帽。

④吸入管道和输出管道应有各自的支架,水泵不得直接承受管道的重量。

⑤管道与泵连接后,应复检泵的原找正精度,当发现管道连接引起偏差时,应调整管道。

⑥管道与泵连接后,不应在其上进行焊接和气割;当需焊接和气割时,应拆下管道或采取必要的措施,并应防止焊渣进入泵内。

⑦线缆连接应正确、牢固、美观,经检测合格后才能通电测试。

(2)控制要点。

①水泵各指示仪表、安全保护装置及电控装置均应灵敏、准确、可靠。

②水泵应具备主、备泵的故障互投功能(如有)。

③水泵运转时应符合下列要求。

a. 各固定连接部位不应有松动。

b. 转子及各运动部件运转应正常,不得有异常声响和摩擦现象。

c. 附属系统的运转应正常,管道连接应牢固、无渗漏。

d. 各润滑点的润滑油温度、密封液和冷却水的温度均应符合设备技术文件的规定,润滑油不得有渗漏和雾状喷油现象。

④当无特殊要求时,水泵应经常充满液体,吸入阀和排出阀应保持常开状态。

2. 深井泵

(1)工序要点。

①检查电泵转动应灵活、无卡死点,分装的电机和电泵应用联轴器联接,并上紧顶丝。

②测量深井静水位,核准水位深度以及用钢丝绳吊装的长度。

③瞬时启动电机(不超过 1 s),电机的转向应与转向标牌相同,在电机与水泵联结转向时,应从泵出水口灌入清水,待水从进水节流出时方可启动。

④首先在泵的出水口安装接泵管第一节,并用夹板夹住,固定钢丝绳吊起落入井中,使夹板坐落在井台上。再用一副夹板夹住另一节扬水管,然后吊起,降下,与第一节管相接,依次反复进行安装、下井,直到全部装完。

⑤安装弯管、止回阀时应采用胶垫密封。

⑥电缆线宜固定在输水管接驳处,每节固定好,下井过程应小心,不得碰伤电缆。

⑦下泵过程中如有掐卡现象,应排除后继续下泵,不能强行下泵,以免卡死。

(2) 控制要点。

①深井泵线缆接头应做防水绝缘处理,接头在 20 ℃水中浸泡 6 h 以上,用兆欧表测量其绝缘电阻,不应低于 5 MΩ。

②电气线路、控制装置应安全、灵敏可靠,符合设计文件要求。

③深井泵运转时,压力、流量应正常,电流不应大于额定值。安全保护装置及仪表均应安全、正确、可靠,扬水管应无异常的振动。

3. 消火栓、水成膜泡沫设施

(1) 工序要点。

①核对设计图,各种管道的坐标、高程应正确。

②焊接、连接不同管径的管道时,如果管径相差不超过小管径的 15%,可将大管端部缩口与小管对焊;如果管径相差超过小管径的 15%,应加工异径短管或采用成品管件连接。

③管道对口连接时,先检查预留口位置、方向、变径,确认无误后找直、找正再连接,紧固卡件,拆掉临时固定件。

④安装立管时,在管上安装卡件固定,主管底部的支架、吊架应牢固,防止立管下坠。

⑤消火栓支管应以栓阀的坐标、高程定位甩口,核定后再稳固消火栓箱,箱体找正、稳固后把栓阀安装好。

(2) 控制要点。

①三通及弯头连接处应密封良好,不得出现渗水或滴水现象。

②栓阀侧装在箱内时,应在箱门开启的一侧。

③消火栓喷水射程应符合设计文件要求。

④水成膜泡沫消火栓射程及泡沫量应符合设计文件要求。

⑤消火栓、干粉灭火器、水成膜泡沫灭火装置等设施应符合下列规定:

a. 无变形及其他机械性损伤。

b. 外露非机械加工表面保护涂层完好,保护涂层的机械加工面无锈蚀。

c. 所有外露接口无损伤,堵、盖等保护物包封良好,铭牌清晰、牢固。

d. 泡沫灭火装置的管子及管件表面应无裂纹、缩孔、夹渣、折叠、重皮和不超过壁厚负偏差的锈蚀或凹陷等缺陷。

e. 螺纹表面完整无损伤,法兰密封面平整、光洁,无毛刺及径向沟槽。

f. 垫片无老化变质或分层现象,表面无褶皱等缺陷。

g. 闸阀安装严密,启闭灵活。

4. 消防管网

(1) 工序要点。

①管道支架安装位置应准确,安装应平整牢固,与管子接触紧密。

②管道吊杆应垂直安装,管道吊点应可靠、牢固。

③固定支架应在补偿器拉伸之前固定。导向或滑动支架的平面应洁净、平整,不得有卡涩现象。

④安装前先清除管内杂物,再进行两端接头加工处理。

⑤安装中断时,应将管道的敞口临时封闭。

⑥当阀门与管道丝接或法兰连接时,应在阀门关闭状态下安装。

⑦安装阀门时不得强行对口,不得强行拧紧法兰螺栓。安装丝接阀门时,应在出口端加装活接头。

⑧安装截止阀和止回阀时应注意安装方向,不得反向安装。

(2) 控制要点。

①管道的支架、吊架加工尺寸应符合现行相关规范和设计图纸的要求,间距应符合设计图纸的规定。在管道系统投入负荷运行后,应再次对支吊架进行检查和调整。

②支架的焊接应由合格的焊工施焊,不得有漏焊、欠焊或焊接裂纹等缺陷。

③当钢管直径小于 100 mm 时,采用螺纹连接;钢管直径大于或等于 100 mm 时,采用卡箍连接。连接后不得减小管道通水横断面面积。

④管道变径时,宜采用异径接头,直径大于 50 mm 的管道不宜采用活接头。

⑤管道横向安装宜设 0.2%~0.5% 的坡度。

⑥管道铺设应牢固。在大于 12% 的斜坡上铺设管道时,应设置台阶。

⑦管网试压过程中出现泄漏时,应停止试压,并应把管道放空,排除缺陷后重新再试。

⑧可分左洞或右洞分段试压,并进行全管网试压。对管网注水时,应将管网内的空气排净,并应缓慢升压,达到试验压力后,稳压 30 min,目测管网应无泄漏和变形,且压力下降应不大于 0.05 MPa。

⑨管网冲洗应在试压合格后进行,严密性试验应在管网冲洗合格后进行。试验压力应为设计工作压力,稳压 24 h,应无泄漏。

5. 防火卷帘门

(1) 工序要点。

①门帘构件或零部件的组装、拼接处不允许有错位。

②焊接处应牢固,外观平整,不得有夹渣、漏焊等现象。所有紧固件应坚固密实,不松动。

③帘板装配成卷帘后,不得有孔洞和缝隙。

(2) 控制要点。

①手动操作卷帘门升降,应平顺、无卡顿。

②电动、遥控操作卷帘门升降,应平顺、无卡顿,并具备上、下限位保护功能。

③卷帘门与隧道机电系统联动功能应符合设计文件要求,并可通过监控中心远程遥测其状态和遥控升降。

第8章 公路工程质量管理

8.1 概　　述

8.1.1 工程质量的概念

1. 质量

根据我国国家标准《质量管理体系　基础和术语》(GB/T 19000—2016),质量的定义是"一组固有特性满足要求的程度"。固有特性的内容包括产品和服务、质量管理体系、组织和个人、生产过程四方面。对质量的要求有明确要求(满足合同、设计文件、规范标准)、隐含要求(满足公众的期望)和必须履行的要求(国家的法律、法规)。

2. 产品质量

产品质量指产品满足人们在生产及生活中所需的使用价值及其属性。它们体现为产品的内在和外观的各种质量指标。根据质量的定义,可以从两个方面理解产品质量:产品质量好坏和高低是根据产品所具备的质量特性能否满足人们需要及满足程度来衡量的;产品质量具有相对性。相对性体现在,一方面,对有关产品的要求及标准、规定等因时而异,会随着时间、条件而变化;另一方面,满足期望的程度由于用户需求程度不同而异。

3. 工程项目质量

工程项目质量包括建筑工程实体和服务这两类特殊产品的质量。

工程实体作为一种综合加工的产品,它的质量是指建筑工程产品适合于某种规定的用途,满足人们要求其所具备的质量特性的程度。

"服务"是一种无形的产品。服务质量是指企业在推销前、销售时、售后服务过程中满足用户要求的程度。其质量特性依服务业内不同的行业而异,但一般包括服务时间、服务能力、服务态度。

结合公路施工项目的特点,即投资额较大、生产周期较长,服务质量同样是工程项目质量中的主要因素之一。公路建设行业的服务质量既可以是定量的,也可以是定性的,例如施工工期、现场的概貌、同驻现场的监理和其他施工单位之间的协作配合、工程竣工后的保修等。

4. 工作质量

工作质量是指参与工程的建设者,为了保证工程的质量所从事工作的水平和完善程度。

工作质量包括社会工作质量、生产过程工作质量等。工程质量是公路工程的形成过程的各方面各环节工作质量的综合反映,而不是单纯靠质量检验检查出来的,要保证工程质量就要求有关部门和人员精心工作,对决定和影响工程质量的所有因素严加控制,即通过工作质量来保证和提高工程质量。多年的施工技术经验表明,要保证公路施工处于较高的工作质量水平,必须从人(man)、材料(material)、设备(machine)、方法(method)、环境(environment)这五大要素着手,简称"4M1E"。

8.1.2 工程项目质量管理

1. 工程项目质量管理内容

质量管理就是确定质量方针、目标和职能,并通过质量体系中的质量策划、质量控制、质量保证和质量改进来使其实现所有管理职能的全部活动。全面质量管理,是指组织开展以质量为中心、以全员参与为基础的一种管理方法,其目标是通过使用户满意、本单位成员和社会受益而达到长期成功。

(1) 质量策划。

质量策划是为质量和采用的质量体系要素确定目标和要求而进行的一系列活动。它包括如下内容。

①工程策划。对质量特性进行识别、分类和重要性评定,确定质量目标、要求和要素条件。

②管理和作业策划。为实施质量体系做准备,包括组织安排与进度安排。

③编制质量计划并为质量改进做好准备。

(2) 质量控制。

质量控制也就是施工质量控制,即为满足工程质量要求所采取的施工作业技术和活动。施工作业技术和活动的主要内容如下。

①确定控制计划与标准。

②实施控制计划与标准,并在实施过程中进行连续监视、评价和验证。

③纠正不符合控制计划与标准的现象。

④排除质量形成过程中的不良因素与偏离规范现象,使其恢复正常状态。

(3) 质量保证。

为使人们确信所建造的公路能满足质量要求,在质量体系内开展并按需要进行证实的有计划和有系统的全部活动,称为质量保证。质量保证的核心在于使政府监督部门、工程业主和监理部门确信,施工单位有能力满足规定的质量要求,给它们提供信任感。为此,施工单位必须做到下述两点。

①提供充分必要的证据和记录。

②接受评价,如政府质量监督部门、工程业主、监理部门和企业高层管理者组织实施的质量审核、质量监督、质量认证、质量评价(评审)。

质量保证还分为内部质量保证和外部质量保证。为了使本企业高层管理者确信本施工单位具备满足质量要求的能力所进行的活动,称为内部质量保证,包括质量审核、质量体系复审、质量评价、工序质量验证等。内部质量保证是企业质量管理职能的活动内容之一。为了使政府质量监督部门、工程业主和监理部门确信施工单位具备满足质量要求的能力所进行的活动,称为外部质量保证。在外部质量保证活动中,首先应把工程业主对施工单位的质量要求(如依照何种标准,需补充的保证要求及其水平)列入合同;其次对施工单位的质量体系进行审核、验证和评价。施工单位应向施工监理部门提供有关质量体系能满足合同要求的证据,包括质量手册程序性文件、质量计划、质量凭证与记录、鉴证材料等。

(4) 质量体系。

质量体系是为实施质量管理,由组织机构、职责、程序构成的有机整体。其中,所表述的"组织机构、职责"是指影响工程质量的组织体制。一般包括领导职责与质量管理职能;质量机构的设置;各机构的质量职能、职责以及它们之间的纵向与横向关系;质量工作网络与质量信息传递和反馈等。所表述的"程序"是指为完成某项活动所规定的活动目的、范围、做法、时间进度、执行人员、控制方法与记录等。这些应通过管理标准、工作标准、规章制度、规程等予以体现。所表述的"有机整体"是指质量体系应由若干相互紧密联系的要素构成。它们一般包括工程设计、施工承包合同、标准规范、人员物资采购、施工准备、质量管理方法的应用、工程安全与责任、测量和试验设备的控制、施工过程控制、不合格控制、竣工验证、竣工养护、质量文件和记录等。此外,还应有必要的体系文件,即质量手册程序性文件(包括管理性程序文件、技术性文件)、质量计划等。

(5) 质量职能。

质量管理在很大程度上是对质量职能的管理。所谓质量职能,是指质量形成全过程所必须发挥的质量管理功能及相应的质量活动。从公路工程质量形成的规律来看,直接影响公路工程质量的主要质量职能有研究设计、投标承包、施工准备、采购供应、施工建造、质量检验、使用养护等。

一般来说,质量职能不同于质量职责。质量职能是针对质量形成全过程的客观需要提出的质量活动属性与功能,具有科学性,是相对稳定的;而质量职责是为了实现质量职能,对部门、岗位与个人提出的具体的质量工作任务,并赋予责权利,具有规定性与法定性,是人为的、可变的。因此,可以说质量职能是制定质量职责的依据,质量职责是落实质量职能的方式或手段。

2. 工程项目质量管理的原则

在工程质量管理过程中,还应遵循以下五条原则。

(1) 坚持质量第一。

公路工程建设产品使用年限长,并直接关系到人民生命财产的安全,应坚持"百年大计,质量第一"的原则,在工程建设中自始至终将"质量第一"作为工程质量管理的基本原则。

(2) 坚持以人为核心。

人是工程建设的决策者、组织者、管理者和操作者。在工程质量管理中,要以人为核心,重点控制人的素质和行为,充分发挥人的积极性和创造性,以人的工作质量保证工程质量。

(3) 坚持以预防为主。

工程质量管理要重点做好质量的事前管理和事中管理,以预防为主,加强过程和中间产品的质量检查和管理。

(4) 坚持质量标准。

质量标准是评价产品质量的尺度,工程质量是否符合合同规定的质量标准要求,应通过质量检验并和质量标准对照,进行严格检查。

(5) 坚持科学、公正、守法的职业道德规范。

在工程质量管理中,监理人员必须坚持科学、公正、守法的职业道德规范,要尊重科学、尊重事实,以数据资料为依据,客观、公正地处理质量问题。

8.2 公路工程施工质量控制

8.2.1 施工项目质量计划

1. 质量计划的作用

"计划"是管理的主要功能之一,质量管理同样必须首先做好质量计划工作,也就是为达到质量目标在活动之前进行详细的筹划。经编制所形成的质量计划文件,其中应规定:进行质量检查和控制应依据的标准及规范;应达到的质量目标;项目施工各阶段中各部门及其人员的责任和权限的分配;应采用的特定程序、方法和作业指导书;施工阶段的试验、检验和审核的指导大纲;随施工的进展而修改和完善质量计划的方法;为达到质量目标必须采取的其他措施。

2. 质量计划的内容

不同类型的企业、不同类型的工程,其施工质量控制计划的内容不尽相同,主要内容归纳起来有以下几个方面,可根据实际需要来选择采用。

(1) 项目编制依据。

(2) 项目概况。

(3) 项目质量目标。

(4) 项目质量组织机构和职责。

(5) 项目质量控制及管理组织协调的系统描述。

(6) 必要的质量控制手段、施工过程、质检、测量、检验、试验程序等。

(7) 确定关键工序和特殊过程及其作业指导书。

(8) 描述与施工阶段相适应的检验、试验、测量和验证要求。

(9) 适用的质量规范标准清单。

(10) 质量记录清单。

(11) 更改和完善质量保证计划的程序。

3. 质量计划的编制与实施

(1) 项目质量计划的编制依据。
①招投标文件和总承包合同中的有关要求。
②公司批准发放的"项目管理实施规划"。
③项目适用的主要质量标准规范。
④公司的管理体系文件。
(2) 质量计划的编制规定。
①质量保证计划应体现从工序、分项工程、分部工程到单位工程的全过程控制,且应体现从资源投入到完成工程质量最终验收和评定的全过程质量控制。
②质量保证计划应成为对外质量保证和对内质量控制的依据。
(3) 质量保证计划的实施规定。
①项目质量部应按照分工,控制质量保证计划的实施,并应按规定保存控制记录。
②当发生质量缺陷或事故时,必须分析原因、分清责任、进行整改。

8.2.2 质量控制方法

1. 质量保证体系

(1) 质量保证体系概念。

质量保证是企业向用户保证其承建的工程在规定期限内的正常使用。它体现企业和用户之间的关系,体现企业对工程质量负责到底的精神,把现场施工的质量管理与交工后用户使用质量联系在一起。

质量保证体系,是企业以保证和提高工程质量为目标,运用系统的概念和方法,把企业各部门、各环节的质量管理职能组织起来,形成一个有明确任务、职责、权限,互相协调、互相促进的有机整体,使质量管理制度化、标准化,从而建造出用户满意的工程,为用户提供满意的服务。

(2) 质量保证体系运转的基本形式。

全面质量管理的基本方法可以概括为"一个过程""四个环节""八个步骤"。

一个过程:一个管理过程。从确定方针、目标,传达布置到贯彻执行,再了解情况,然后经过分析研究进行奖励并制订下一步的措施。这个过程具体可分为四个环节,这四个环节需要不断循环地进行,才能不断提高质量。

四个环节:计划(plan)、实施(do)、检查(check)、处理(action),这种循环是由美国数理统计学家戴明(W. E. Deming)提出的,所以也称戴明环。

第一阶段是计划阶段(也叫 P 阶段),工作内容是分析现状,找出存在的质量问题与原因,针对主要原因,拟定对策和措施,提出计划,预计效果。

第二阶段是实施阶段(也叫 D 阶段),工作内容是按计划去实施、执行,使措施得以实现。

第三阶段是检查阶段(也叫 C 阶段),对执行的结果进行必要的检查和测试,将执行的实际结果与预定目标对比,检查执行情况。简言之,考察取得的效果。

第四阶段是处理阶段(也叫 A 阶段),对检查出来的各种问题进行处理,准确地加以肯定,总结成文,编制标准;不能解决的问题则移到下一循环做进一步研究。即巩固成绩,使效果明显的问题标准化,并把遗留问题移到下一循环。

质量管理活动的全部过程就是反复地按照 PDCA 的管理循环不停地、周而复始地运转。这个管理循环每运转一次,工程质量就提高一步,管理循环不停地运转,质量水平也就随之不断地提高。

这四个环节相互衔接,像车轮一样向前转动。每经过一次循环,就要修订工作标准,提高工作效果,再进入下一个循环。这样质量管理的车轮就不断地向前转动,每转动一圈,质量就提高一次,见图 8.1。

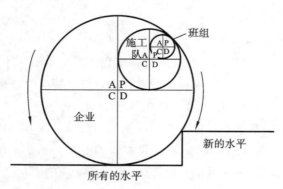

图 8.1 PDCA 循环关系示意图

从企业→施工队→班组都有一个循环,并且是大环扣小环,一环扣一环,要相互推动,才能不断提高质量。

实现、推动 PDCA 循环的动力是企业的全体人员,但关键是领导。各级领导要搞好生产,必须严格按八个步骤进行。

八个步骤分别如下。

P环节有三个步骤:①根据技术经济调研及需要达到的目标和存在的问题,确定方针;②分析发展过程,部署发展计划;③研究关键环节,分析可能发生的问题,制定对策和措施。在P环节中,要认真解决5个W和1个H问题:Why——为什么要有计划? What——计划要达到什么目的? Where——在哪个部门进行? When——什么时候完成? Who——具体落实到哪个人去办? How——计划如何去执行?

D环节有一个步骤:根据P环节的计划和要求,制订实施措施,切实执行。

C环节有两个步骤:①检查执行情况,分析实施效果;②巩固成果,找出问题。

A环节有两个步骤:①通过标准化的办法,巩固成果,对问题提出改进办法;②对下一步的循环提出意见。

在以上八个步骤中,P环节的三个步骤是决定整个循环是否有成效的决定性步骤;A环节中的第一个步骤使设计、工艺、检验等有效措施和方法形成标准,也十分重要。

2. 全面质量管理

全面质量管理的基本点应该是以国家和人民的需要为依据,以用户的要求为标准,以生产技术为基础,以科学方法为手段,以全员积极参加为保证,以最大的社会经济效益为目的,以实际使用效果为最终的评价。全面质量管理可从下述几方面来理解。

(1) 全面质量的管理。

不仅要对工程质量进行管理,也要对工作质量进行管理;不仅要对产品性能进行管理,也要对可靠性、安全性、环保等方面进行管理;不仅管物,也要学会管人。

(2) 全过程的管理。

不仅对工程的形成过程进行质量管理,还要对形成以后的过程进行质量管理。例如,公路建设项目从可行性研究、勘察、设计、辅助、施工、养护等影响工程质量的一切因素和环节进行管理,才可称为全过程的管理。

(3) 全面管理。

企业中各部门所有的人员都应在各自有关的工作中参与质量管理工作。

对于公路工程的全面质量管理工作,可包括如下内容。

①公路工程质量与工作质量的确定与管理。
②质量标准的分析与质量保证计划制定。
③施工过程工程质量与工作质量的控制与检查。
④辅助部门工作质量的控制与评价。
⑤质量管理方法和手段的研究。
⑥质量情报系统、质量管理干部培训、全体职工的质量管理教育。
⑦质量保证专门问题的研究。

3. 质量控制的统计分析方法

质量管理常用而有效的统计方法有排列图法、因果分析图法、频数分布直方图法、管理图(控制图)法等。

1) 排列图法

排列图法是由意大利经济学家巴雷特博士在 1906 年提出的,因此又叫巴雷特图(Poreto),它是用来寻找影响工程(产品)质量的主要因素的一种有效方法。美国质量管理专家裘兰(J. M. Jaran)把它的原理应用到质量管理中,作为改进措施中选择关键因素的一项有力工具。

排列图一般由两个纵坐标和一个横坐标组成。左边纵坐标表示频数,即不合格品件数,右边纵坐标表示频率,即不合格品的累计百分数;横坐标表示影响质量的各种不同因素,按各因素影响程度的大小,即按造成不合格品的多少,从左到右排列。直方形的高度表示某个因素影响的大小,曲线表示各影响因素大小累计的百分数,这条曲线称作巴雷特曲线。通常把累计百分数分为三类:0~80% 为 A 类,80%~90% 为 B 类,90%~100% 为 C 类。A 类为影响质量的主要因素,B 类为次要因素,C 类为一般因素。

2) 因果分析图法

为了解决设计、施工、养护中出现的质量问题,查明原因,采取对策和措施来解决问题,而采用因果分析图法(称为特性要因图或鱼刺图)。该法根据质量存在的主要因素一步一步地寻找产生原因,然后针对这些原因制定相应对策加以改进。在质量管理中,为了寻找这些原因的起源,可以采用一种从大到小、从粗到细、"顺藤摸瓜"、追根到底的方法。这种方法是由日本东京大学石川馨教授提出的。

一般造成工程质量问题的原因是多方面的,但总离不开机器(machine)、人

(man)、方法(method)、原材料(material)、仪器(meter)和环境(environment)，即 5M1E。在具体施工中，就某一个分项工程而言，5M1E 并不一定同时存在，一定要具体分析。在分析每个原因(主要原因)时，又有它产生的具体原因(次要原因)，而这些次要原因则是由于更小的原因形成的。把所能想到的原因分门别类归纳起来，构成图形，就能厘清各个原因之间的关系。这种因果关系图的表示方法，实际上也就是质量管理的静态分析法。

3) 频数分布直方图法

频数分布直方图法又叫质量分布图。它是将搜集到的数据，按一定的要求加工整理，然后画成长方形的柱状统计图，每个长方形的高度代表一定范围内数据所出现的频数，从而由频数的分布情况来分析质量问题，它可以了解工序是否正常，工序能力是否满足需要等。

在质量管理的若干数据中，每个数据出现的次数即为频数。这种频数有两种含义。

① 在一组数据中，某一个数据反复出现的次数。例如：测量 10 块砖的厚度，其尺寸误差分别为 10 mm、9.6 mm、9.8 mm、9.6 mm、9.9 mm、9.7 mm、9.6 mm、9.9 mm、9.8 mm、9.6 mm，由统计可知，9.6 mm 的频数为 4，9.8 mm 和 9.9 mm 的频数为 2，9.7 mm 和 10 mm 的频数为 1。

② 将一组数据划分为若干区间时，数据出现在该区间的次数。如上例的数据划分为 9.55～9.75 mm、9.75～9.95 mm、9.95～10.15 mm 三个区间，在 9.55～9.75 mm 区间内，有 9.6 mm、9.7 mm 两种，合计 5 个，则这一区间频数为 5。

将上列数据按大小顺序整理且划分为 3 组区间，统计各区间内的数据个数，就得到频数分布调查表，见表 8.1。

表 8.1 频数分布调查表

组　号	组边界/mm	组中值/mm	频　数
1	9.55～9.75	9.65	5
2	9.75～9.95	9.85	4
3	9.95～10.15	10.05	1

由频数分布调查表就可大致看出数据分布的状况了。

4) 管理图(控制图)法

从管理角度考虑，最好能在施工过程中，对产品质量加以严格控制，这就必须在产品生产过程中及时了解质量随时间变化的情况,使它处于正常变化(即处于稳定状态)而不发生异常变化(即非稳定状态)。1926年,美国贝尔电话实验室休哈特(W. A. Shewhart)博士,首先提出管理图方法,用来检查、判断工序的状况。由此,管理图成为质量管理的方法之一。

(1) 管理图的概念。

管理图也可叫控制图。产品的质量情况由工序的状态决定,一定状态的工序所制造的产品就形成一定的质量波动分布情况。观察产品质量波动分布情况,一是看围绕着什么中心分布,二是看分布的离散程度,管理图就是从这两个方面来观察产品质量波动分布情况,从而了解工序的变动情况。它通过观察每组数据的平均值($\overline{X}$)与极差(R)随时间推移的变化情况,来实现控制过程。

(2) 管理图的管理界线。

为了区别由不可避免的原因引起的工序变动和由异常原因引起的工序变动,在管理图上画有控制界线。控制界线画在中心线的上下两侧,中心线与上下界线之间的宽度,一般取三倍标准偏差值(3σ)。

(3) 管理图的分类。

①按概率控制界限线分。

a. 按3倍标准偏差(3σ)的质量控制图:以平均数(算术平均数)为中心线,上下两边各取3σ距离作为控制界限线。

b. 按其他标准偏差(如σ或2σ)的质量控制图。

②按计量与计数分。

a. 计量的质量控制图:分为个别值图与综合值图两种。综合值图中又有平均值$\overline{X}$-极差R图;平均值$\overline{X}$-标准差σ图;中位数$\widetilde{X}$-极差R图等。

b. 计数的质量控制图:有不合格品百分率P图;不合格品数P_n图;疵病C图;每个产品平均疵病数U图等。

在质量控制图中,$\overline{X}$-R图、P图、P_n图、C图是重点。

8.2.3 施工工序质量控制

1. 工序质量控制的内容

工程质量是在施工工序中形成的,而不是靠最后检验出来的。为了把工程质量从事后检查把关,转向事前控制,达到"以预防为主"的目的,必须加强施工工序的质量控制。

工程项目的施工过程由一系列相互关联、相互制约的工序所构成,工序质量是基础,直接影响工程项目的整体质量。要控制工程项目施工过程的质量,首先必须控制工序的质量。

工序质量包含两方面的内容:一是工序活动条件的质量;二是工序活动效果的质量。从质量控制的角度来看,这两者是互为关联的,一方面要控制工序活动条件的质量,即每道工序投入品的质量(即人、机械、材料、方法和环境的质量)是否符合要求;另一方面又要控制工序活动效果的质量,即每道工序施工完成的工程产品是否达到有关质量标准。

工序质量的控制,就是对工序活动条件的质量控制和工序活动效果的质量控制,据此来达到整个施工过程的质量控制。

2. 工序质量控制点

(1)质量控制点的设置。

质量控制点设置原则是根据工程的重要程度,即质量特征值对整个工程质量的影响程度来确定质量控制点。为此,在设置质量控制点时,首先要对施工的工程对象进行全面分析、比较,以明确质量控制点;然后进一步分析设置的质量控制点在施工中可能出现的质量问题或造成质量隐患的原因;针对造成质量隐患的原因,相应地提出对策措施予以预防。由此可见,设置质量控制点是对工程质量进行预控的有力措施。

质量控制点的涉及面较广,根据工程特点,视其重要性、复杂性、精确性、质量标准和要求,可能是复杂结构的某一工程项目,也可能是技术要求高、施工难度大的某一结构构件或分项、分部工程,也可能是影响关键质量的某一环节中的某一工序或若干工序。总之,无论是操作、材料、机械设备、施工顺序、技术参数、自然条件、工程环境等均可作为质量控制点来设置,主要视其对质量特征影响的大小及危害程度而定。

(2)工序质量控制点的活动内容。

①质量控制,包括质量目标、质量标准、质量检验、统计方法和工艺流程等的控制。

②质量改进,包括质量波动异常原因的分析、采取的对策、开展 TQC(total quality control,全面质量管理)小组活动等。

8.3 公路工程施工质量问题的处理

8.3.1 质量问题处理的原则

建设工程中所称的工程质量问题一般是指工程不符合国家或行业现行有关技术标准、设计文件及合同中对质量的要求的问题。工程质量不合格和质量问题,造成或引发经济损失、工期延误或危及人的生命和社会正常秩序的事件,称为工程质量事故。由于影响工程质量的因素众多而且复杂多变,难免会出现某种质量事故或不同程度的质量问题,因此处理好工程质量事故,认真分析原因,总结经验教训,改进质量管理与质量保证体系,使工程质量事故减少到最低限度,是公路质量管理的一个重要内容与任务。

公路工程施工质量问题处理的原则如下。

(1)质量问题处理的目标是消除质量问题或隐患,以达到工程安全可靠和正常使用的各项功能要求,并保证施工的正常进行。

(2)质量问题的处理要体现以预防为主的原则。在施工中要及时发现事故苗头,把质量问题消灭在萌芽状态,在质量问题处理过程中,要采取措施防止问题的再次发生。

(3)在质量问题处理过程中要及时采取措施,防止质量问题的继续发展,尽可能减少损失。

(4)对质量问题的处理应不降低质量控制指标和验收标准。处理的方法应是技术规范允许、行业公认的良好工程技术。

8.3.2 质量问题的确定与处理

1. 质量问题性质的确定

质量问题性质的确定是最终确定问题处理办法的首要工作和根本依据,一般通过下列方法来确定问题的性质。

(1)了解和检查。

对有问题(缺陷)的工程进行现场情况、施工过程、施工设备和全部基础资料的了解和检查,主要包括调查及检查质量实验检测报告、施工日志、施工工艺流程、施工机械情况以及气候情况等。

（2）检测与试验。

通过检查和了解可以发现一些表面的问题,得出初步结论,但往往需要进一步检测与试验来加以验证。

（3）专门调研。

有些质量问题,仅仅通过以上两种方法仍不能确定。如某工程出现异常现象,但在发现问题时,有些指标却无法被证明是否满足规范要求,只能采用参考的检测方法。为了得到这样的参考依据并对其进行分析,往往有必要组织有关方面的专家或成立专题调查组,提出检测方案,对所得到的一系列参考依据和指标进行综合分析研究,找出产生问题的原因,确定问题的性质,这种专题研究对问题的妥善解决作用重大,因此经常被采用。

2. 质量问题的处理

（1）质量问题分析。

工程项目质量问题表现的形式多种多样,如桥台跳车,路基沉陷,路面开裂,结构物倾斜、倒塌、开裂、强度不足、断面尺寸不准等。但究其原因,可归纳如下。

①违背建设程序。如不经可行性论证,不做调查分析就拍板定案;没有搞清工程地质、水文地质就仓促开工;无证设计,无图施工;任意修改设计,不按图纸施工;不经验收就交付使用等,致使不少工程项目留有严重隐患,结构物倒塌事故也常有发生。

②工程地质勘查原因。未认真进行地质勘查,提供的地质资料、数据有误;地质勘查时,钻孔间距过大,不能全面反映其他地基的实际情况,如基岩地面起伏变化较大,软土层厚薄相差甚大;地质勘查钻孔深度不够,没有查清地下软土层,以及滑坡、墓穴、孔洞等地层构造;地质勘查报告不详细、不准确等,均会导致采用错误的方案,造成基础不均匀沉降、失稳,使上部结构开裂、破坏、倒塌。

③未加固处理好基础。软弱土、冲填土、杂填土、湿陷性黄土、膨胀土、岩层出露、岩溶、土洞等不均匀地基未进行加固处理或处理不当,均是导致重大质量问题的原因。

④设计计算问题。设计考虑不周,结构构造不合理,计算简图不正确,计算荷载取值过小,内力分析有误,沉降缝设置不当,都是诱发质量问题的隐患。

⑤建筑材料及制品不合格。例如,水泥受潮、过期、结块、安定性不良,钢筋

物理力学性能不符合标准,砂石级配不合理、有害物含量过多,混凝土配合比不准,外加剂性能、掺量不符合要求,均会影响混凝土的强度、和易性、密封性、抗渗性,导致混凝土结构强度不足、裂缝、渗漏、蜂窝、露筋等质量问题。预制构件断面尺寸不准,支撑锚固长度不够,未建立可靠预应力值,钢筋漏放、错位,板面开裂等必然会导致出现断裂、垮塌。

⑥施工和管理问题。许多工程质量问题往往是由施工和管理所造成的,有如下几种情况。

a. 不熟悉图纸,盲目施工,图纸未经会审,仓促施工;未经监理、设计部门同意,擅自修改设计。

b. 不按图纸施工,如把简支梁做成连续梁,把铰接做成刚接,抗裂结构用光圆钢筋代替变形钢筋等。

c. 不按有关施工验收规范施工,如现浇混凝土结构不按规定的位置和方法留设施工缝;不按规定的强度拆除模板砌体,不按要求错缝砌筑等。

d. 不按有关操作规程施工,如用插入式振捣器捣实混凝土,不按插入点均布、快插慢拔、上下抽动、层层扣搭的操作方法,致使混凝土振捣不实而整体性差。

e. 缺乏基本结构知识,施工蛮干。如将钢筋混凝土预制梁倒放安装;将悬臂梁的受拉钢筋放在受压区;结构构件吊点选择不合理;不了解结构使用受力和吊装受力的状态等,都将给质量和安全造成严重的后果。

f. 施工管理紊乱,施工方案考虑不周,施工顺序错误。如技术组织措施不当,技术交底不清,违章作业,不重视质量检查和验收工作等,都将导致质量问题发生。

⑦自然条件影响。工程施工周期长,露天作业多,受自然条件影响大,温度、湿度、日照、雷电、洪水、大风、暴雨都能造成重大的质量事故,施工中应特别重视,并采取有效措施加以预防。

⑧建筑结构使用问题。建筑物使用不当,也易造成质量问题,如不经校核、验算就在原有建筑物上任意加荷,使用荷载超过原设计的容许荷载,任意开洞、打洞削弱承重结构的截面等。

(2)质量问题处理。

①质量问题的现场处理。在各项工程的施工过程中或完工以后,现场管理人员如发现工程项目存在技术规范所不容许的质量问题,应根据质量问题的性质和严重程度,按如下方式进行处理。

a. 因施工而引起的质量问题处在萌芽状态时,应及时纠正,立即换掉不合格的材料、设备或不称职的施工人员,或立即改变不正确的施工方法及操作工艺。

b. 因施工而引起的质量问题已出现时,承包人应暂停施工,并对质量缺陷进行正确的补救处理后,方可恢复施工。

c. 质量问题发生在某道工序或单项工程完工以后,而且质量缺陷的存在将对下一道工序或分项工程产生质量影响时,应在对质量问题产生的原因及责任作出判断并确定补救方案后,再进行质量问题的处理。

d. 在交工使用后的缺陷责任期内发现施工质量问题时,施工单位应进行修补加固或返工处理。

②质量问题的修补与加固。对由施工原因产生的质量问题的修补和加固,应先由施工单位提出修补方案及方法,经监理工程师批准后方可进行;对因设计原因而产生的质量问题,应通过业主提出处理方案及方法,由施工单位进行修补。修补措施及方法不能降低质量控制指标和验收标准,并且是技术规范允许的或行业公认的良好工程技术。如果已完工程出现问题,但并不构成对工程安全的危害,并且满足设计和使用要求,在征得业主同意后,可不进行加固或变更处理。

(3) 质量事故处理。

发生质量事故应按下列程序处理。

①承包人暂停该项工程的施工并采取有效的安全措施。

②承包人尽快提交质量事故报告并报告业主,质量事故报告应翔实反映该项工程名称、部位、事故原因、应急措施、处理方案以及损失的费用等。

③在组织有关人员对质量事故现场进行审查、分析、诊断、测试或验算的基础上,对提出的处理方案予以审查、修正、批准,在得到监理方指令后恢复该项工程施工。

④对有争议的质量事故责任,由监理方予以责任判定。监理方判定时会全面审查有关施工记录设计资料及水文地质现状,必要时还要实际检验测试。在划分技术责任时,应明确事故处理的费用数额、承担比例及支付方式。

处理质量事故还应当注意无论是质量缺陷问题的补救还是质量事故的处理,都不应以降低质量标准或使用要求为前提,而且要考虑对外形及美观的影响。当别无选择且不影响使用要求的情况下降低标准时,应征得业主的同意并在竣工报告及竣工资料中特别提出。

8.4 隧道施工质量管控

8.4.1 隧道施工质量管理内容

1. 隧道支护施工质量管理

为使隧道工程施工切实落实,提高隧道工程施工的施工质量,保证相关工作人员的人身安全和财产安全,应保障支护施工的施工质量,并在支护施工开展的过程当中关注不同防护形式和效果,有效提升支护施工质量管理水平。

建筑材料作为施工过程中的重要资源,材料的质量和性能将会直接影响施工质量,因此相关工作人员应加强对材料的管理,如图 8.2 所示,相关工作人员首先应该增加检测次数。在正式施工之前,需要安排检测工作人员对材料进行复检,保障材料符合隧道支护施工的要求,为隧道支护施工质量的提升奠定良好的基础和保障。如果采用钢筋支护技术,则需要查验钢筋表面是否有裂缝,分析钢筋的平整度,保障钢筋符合施工要求,以提高隧道支护施工的质量。

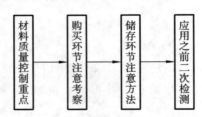

图 8.2 材料质量管理流程重点

2. 洞口施工质量管理

洞口施工是隧道公路施工过程当中十分关键的环节。由于隧道工程施工的环境较为复杂,应注意保障安全性,尤其是洞口施工影响到后续的施工环节。为了保障洞口施工的质量,相关单位工作人员首先要对隧道围岩加强勘测,通过对数据的有效分析和整理,了解隧道围岩的稳定性。之后应用相应的施工技术和施工方法,做好准备工作。必要的情况下需要对施工制度进行有效优化,进而保障洞口施工在实践开展的过程当中符合施工标准,最大限度地减少洞口施工对周边环境所造成的影响和破坏,同时提高洞口施工的质量。

3. 衬砌施工质量管理

在该环节施工质量控制的过程当中，相关工作人员首先需要把控好混凝土质量，了解混凝土高度和混凝土性能指标，保障混凝土施工在开展的过程当中空洞或其他问题得到有效解决，确保混凝土表面光滑，无缝隙无背筋。除此之外，相关工作人员还需要对仰拱基底高度进行有效检测，多浇筑至底板，保证衬砌施工的质量，见图8.3。

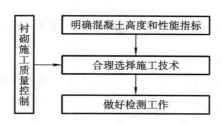

图 8.3 衬砌施工质量管理重点

8.4.2 隧道施工质量管理策略分析

1. 公路隧道施工质量管理存在的欠缺和不足

（1）前期准备工作不足。

近年来，公路隧道施工工程在经济环境的影响下得到了飞速发展，施工规模不断扩大，随之工程量也大幅增加，尤其是高速公路隧道施工，其施工条件较为艰苦复杂，在这样的情况下如果前期准备工作不做好，如地下水的分布和岩石的性能等分析工作不足，则会导致公路隧道工程施工的安全性无法得到保障，使施工效果和施工质量受到一定的影响。施工方案设计以及施工技术选择上欠缺科学性和有效性，会影响实际施工。

目前，很多前期准备工作落实依然不到位，尤其是数据收集，不够全面且也不够精准，无法为施工建设工作提供良好的保障和数据借鉴，进而影响了实际施工的开展，埋下了较多的安全隐患和施工问题。此外，公路隧道施工前期，对材料控制不到位、设备检修不严格以及制度建设不完善也会导致公路隧道施工在实践开展的过程当中面临较多的问题和困境，影响了公路隧道施工的实际施工质量，因此，需要做出进一步的优化和调整。

(2) 施工质量管理水平偏低。

公路隧道施工在实践开展的过程当中,工作环境较为恶劣,相应的施工工作人员会面临更多的突发事件,这对质量管理提出了更高的要求。在这样的情况下,如果质量管理工作人员的素养和能力不足,那么质量管理所能达成的效益和影响也会相对偏低。除了专业知识储备欠缺,现阶段相关的施工质量管理工作人员的职业责任感、职业归属感和职业认同感也偏低,常常会出现疏忽,进一步影响到施工质量管理所能达成的效益。

2. 提高公路隧道施工质量管理的重点策略分析

(1) 加强材料管理。

在公路隧道施工开展的过程当中,材料的质量性能会直接影响施工质量,加强材料管理是十分重要的一环。一般而言,材料管理的加强可以从以下几点着手。

①优化采购环节。对采购工作人员加强教育,明确责任,端正态度和意识。要求工作人员在采购工作中对供应商进行更加综合全面有效的考量,选择生产管理良好、信誉可靠的供应商。并且在材料选择中,应结合施工需求、施工建造标准对材料进行有效的检测,明确材料的性能,尽可能采购成本较低且质量过硬的材料。

②提升储存管理。公路隧道施工周期较长,多涉及材料储存问题,需要明确不同材料的存放、保管的注意事项,存储标准和存放手段,防止材料在存放期间受到破坏,无法满足施工需求。

③在材料正式应用于施工建造之前需要进行二次检测,分析材料在存储过程中性能是否受到影响,确保材料的性能、种类、规格都符合实践工作要求,进一步加强材料管控,提高施工质量管理水平,为公路隧道施工质量的提升奠定良好的物质基础。

(2) 完善质量管理措施。

完善规章制度可以帮助公路隧道施工质量管理工作有效开展,提供良好的保障和引导,让相关工作人员更好地了解实践工作内容、方向和重点,端正工作态度。规章制度是质量管理工作的重要部分,为了保障公路隧道施工质量管理工作落实到位,需要对管理体系和规章制度进一步优化,并结合实践进行相应的调整。

①明确责任机制,确定施工队伍主要负责的工作内容、工作方向和工作重点以及施工技术和施工方法,将责任落实到个人,使工作的针对性和指向性更强,保证各项工作有序落实,也有助于提高相关工作人员的职业责任感,端正工作意识和工作态度。

②制定施工设计标准和施工建造标准,根据施工标准对责任机制以及其他管理机制做出优化,保障规章制度的可行性,同时引入技术交底机制,保证技术方法的科学性,合理运用技术提高施工效率和施工质量。

③配合培训机制,提高相关工作人员的质量意识,对管理工作人员加强培训,在掌握管理技术和方法的同时,对新工艺、新技巧、新设备、新材料都有所了解,促使质量管理工作人员可以根据实际情况科学地调整管理方法和管理重点,明确管理的主次矛盾,提高管理的质量和效率,完善管理机制,为公路隧道施工质量管理工作的有效落实提供更多的帮助和保障。

(3)落实监管工作。

为使规章制度切实发挥积极作用,规范公路施工执行,应建立完善的监管机制,并通过实践进一步完善。成立相应的监督监控部门,在每一个环节施工结束之后引入质量监控,保证施工质量符合施工标准和需求后,再展开后续施工。

(4)强化关键环节的质量控制。

为了进一步提高公路隧道施工的质量,相关工作人员还应关注关键环节在施工质量控制中的作用和影响,做好关键环节的处理和管控,从整体上提高公路隧道施工的质量。

施工前期落实准备工作,对相应的数据信息进行全方位收集,保证数据的精准性。之后,确定施工技术、施工方法、施工材料,展开采购工作,并且在施工建造前期对设计方案作出不断优化和调节,为公路隧道施工质量提升奠定良好的基础和保障。

8.5 机电工程施工质量管控

公路机电工程的施工质量管理是确保公路建设质量的重要环节,关乎公路安全和运营效能。公路机电工程涉及大量的机电设备安装、电力系统建设、通信网络布设等关键工作,其质量直接影响着公路的使用寿命和运行效果。因此,有效的施工质量管理措施对于确保公路的安全性、可靠性和持久性至关重要。

1. 影响机电工程施工质量的因素

机电工程建设应根据施工流程进行施工,工程中的各项环节都会给工程的质量造成影响。

(1)科学的施工方式是工程建设的基础保障,因此在施工过程中,应针对工程的具体情况,对施工技术进行有效的分析,同时制定科学可行的施工图纸和施工方案,选择工程所需要的材料与设备。

(2)需要对各方专家的意见进行综合分析,选取最科学的施工方案,保障工程进度,控制工程成本。施工中要根据相关规范进行施工,如果施工方案选择不当,将会给后续的施工造成很大的影响。

(3)施工管理主要是对机电工程质量进行严格的控制。机电工程建设需要各个环节以及各部门的协调以及配合,因此需要加强各部门之间以及各施工环节之间的协调性,并且对工程参与人员以及施工所需材料进行合理配置。管理人员的专业技术和综合能力在一定程度上影响管理工作的有效性。

(4)施工人员的综合能力将影响机电工程的工程质量。施工人员技术水平和操作能力决定了机电设备能否正常运行,一些施工人员缺乏操作技能,对一些新设备和新工艺认识不到位,操作不规范,施工标准和质量要求不明确,影响了机电工程的整体质量。

2. 公路机电工程施工质量管理方法

(1)施工前期控制。

对于前期的施工准备来说,机电相关的质量管理应重点关注设计和材料以及设备等相关的处理。

①在施工之前,相关的施工单位首先要做好施工图纸的交底工作,通过与设计单位的深层次交流明确具体实施的具体细节,为稳定高效的施工提供基础性的保障。与此同时,还应高度重视机电部分的设计,土建工程的设计被置于重要的地位是无可厚非的,但是顾此失彼,忽视机电部分的设计并不利于稳定的工程推进。需要注意的是,设计图纸确定以后,施工单位就应严格按照设计的标准实施。前期进行数据采集的过程中,相关的工作人员应加强全站仪和经纬仪等仪器的使用,以确保所得数据的准确性,使机电设备的安装等处理更加科学合理。

②应做好施工材料和设备的质量检测,这是推进工程建设的重要基础,在很大程度上影响着工程的质量。因此,工程施工之前,相关的施工单位就应做好各

类施工材料以及设备的质量检测,通过专业精细的检测确保材料和设备等符合既定的施工要求。在检测中如果发现质量不达标的情况,相关管理单位应及时与供应商联系进行调换,以免影响工程建设。对于一些质量要求较高的施工单位来说,还可通过BIM碰撞测试技术对所制订的管理方案进行测定,以满足现实的施工要求。

③做好质量控制预案的设计和实施。前期准备的过程中,相关的施工单位就应基于工程的具体情况和既定的设计标准做好相应的质量控制预案布置,最大限度地保障工程质量控制的科学高效性。

(2)施工过程控制。

机电工程施工的过程中存在着较多的影响因素,例如施工人员和机械设备等,如果不能合理地控制,那么必定会影响到工程的质量控制,因此应做好施工过程中各类影响因素的分析。施工过程的质量控制应重点关注施工的工序和隐蔽工程以及人员管理,这对整个施工过程的把控有着很大的影响。

在具体推进过程中,相关工作人员需重点注意以下几点。

①严格遵循规定的工序进行各项处理工作。机电工程因其专业性和技术性而要求严格按照既定工序进行,确保在设计方案下进行各部分的检查和测定。在施工过程中,不可随意调整施工工序,以免对正常的安装施工造成不良影响,或引发严重的安全事故。

②合理把握隐蔽工程的控制。机电工程在公路工程中占有重要地位,其中隐蔽性施工占据很大比重。因此,机电系统的接地和隧道照明等隐蔽工程应得到妥善控制。由于此类工程无法事后进行检验,因此在施工过程中必须进行精细的质量检查,对使用的材料以及各项处理工作进行仔细的质量控制。

③做好质量检查和抽查等工作,考虑到机电设备所涉及的零部件众多,质检人员必须进行仔细的质量检查,并在随机抽查等检查条件下确保工程质量达到标准。对于特殊部分的施工,施工单位应特别关注安全布置,以免安全问题影响正常施工。

④加强管理并提升施工人员的质量意识,确保他们认真履行管理和施工职责。质量在管理和施工中都应处于重要地位,这是推动高质量工程建设的基础,需高度重视。同时,工作人员应不断增强业务能力,以明确各项质量控制措施,推进规范高效的工程施工。

⑤妥善管理和控制设计变更等事项,若确需变更,必须与设计单位充分沟通,确保质量控制的稳定性,保障工程建设的科学高效。

(3) 施工后期控制。

公路工程的质量控制贯穿整个工程建设,每个部分都会影响施工的质量,因此即便工程在检查中发现质量问题,相关的工作人员应及时通知责任单位进行处理,以确保质量验收的科学规范。在完成工程的验收以后,相关的施工单位还应做好质量控制的总结分析,重点关注其中涉及的一些有价值的经验和方法,为同类型工程的质量管理提供相应的指导和参考。进入竣工阶段,仍应重点关注相应的质量控制。

一方面,相关的管理人员应做好机电部分施工过程的严格把控,以确保质量控制科学合理。具体来说,应做好以下几个方面的处理。

①各个班组应做好自检自查,如果发现质量问题应及时进行处理,然后进行后续的施工。

②质检相关的工作人员应严格按照既定的制度规范进行各项质量检查。如果在检查的过程中发现施工工序不合理的情况,相关的管理人员应及时通知负责单位进行整改,直到达到既定的质量要求。

另一方面,施工人员还应做好与监理和质量管理等部门的联系与沟通,确保质量检测的精细与高效。在精细推进质量检查的条件下,形成全面规范的质量检测报告,以便为后续的施工提供一定的参考。如果在检查中发现质量问题,相关的工作人员应及时通知负责单位进行处理,以确保质量验收的科学规范。在完成工程的验收以后,相关的施工单位还应做好质量控制的总结分析,重点关注其中涉及的一些有价值的经验和方法,为同类型工程的质量管理提供相应的指导和参考。

3. BIM 技术在机电工程质量管理中的应用

高速公路机电工程施工对质量有着极高的要求,若机电工程建设存在质量问题,会严重威胁高速公路的正常运营,而将 BIM（building information modeling,建筑信息模型）技术应用于机电工程质量管理工作,可有效提高质量管理效果。

(1) 管线碰撞检测。

机电工程项目建设会涉及诸多内容,由于专业管线多,极易出现不同专业管线相互碰撞、冲突的现象,若不进行妥善处理,会对机电工程施工质量产生影响。利用 BIM 技术的可视化和模拟化特点,在建筑信息模型中导入各专业管线数据,快速模拟检测是否会出现碰撞,并自动形成冲突报告,便于及时发现冲突位置并妥善处理,可降低后期设计与施工变更的概率,更好地保证机电工程的施工质量。

(2)施工技术仿真。

施工技术对高速公路机电工程的施工质量有直接影响,所以做好施工技术管理工作至关重要。应用BIM技术展开施工技术仿真模拟,基于规范标准展开专业化的计算,确保所应用的施工技术符合设计要求,保证施工技术应用规范,可更好地控制机电工程施工质量。

第 9 章 公路工程施工技术管理

9.1 概 述

1. 公路工程施工技术管理的概念

企业所有的技术组织管理工作的总称就是技术管理。公路工程技术管理,根据合同条款和技术规范,通过一定的组织系统,把规定的程序作为参照,运用各种有效和必要的方法,促使工程满足质量标准的要求,能够在一定程度上实现设计目标,进行必要的管理活动。它所进行的管理活动大多与技术保障、技术数据、技术文件相关,一般情况下,编制方案、施工过程中日常技术管理、工程测量管理、工程试验管理、工程变更管理、工程技术档案管理等工作都包含在其中。

施工技术管理在一定程度上决定着企业的经济效益、企业信誉乃至企业存亡,所以一定要重视技术管理工作。想要把技术管理工作做好,应该尊重科学,按照科学的要求来进行施工;在保障质量的情况下,应该将技术管理工作与经济效益相结合;同时应贯彻落实国家的技术发展政策,让它可以在公路施工中发挥最大作用。

2. 公路工程施工技术管理要点

以下以路面工程施工为例进行说明。

（1）施工材料的选择。

公路路面在整个施工过程中是一个很重要的阶段,所以在施工开始前必须选择好原材料。在原材料的选择方面,一般考虑以下几个方面的因素:当地的地质;气候特点;测量荷载;交通量;公路施工所处的区域。

①选择符合要求的沥青作为路面原材料。

沥青路面施工是指采用多种体积各有差异的集料、矿石材料和沥青等不同材料进行拌和,再进行充分的加热,使得搅拌料的温度进一步提高,最后借助当代先进的摊铺工艺进行压实处理。

②选择水泥混凝土作为路面原材料。

水泥混凝土具有诸多优势,如原料容易获得、成本较低、承载力大,具有良好的耐磨性和抗冻性。其物理性能和化学性能也能满足国家规定标准,在公路施工中有着广泛应用。在挑选路面原材料时,施工单位务必要严把质量关,确保出厂的路面水泥混凝土强度符合要求,且要核实质量检验报告单和出厂合格证。

(2) 路面施工技术。

①施工流程。

路面工程的施工流程如下:进行施工路段的测量工作;清理所要施工路段的杂物与垃圾;对路段进行土料的填充、压实工作;前期施工的设备机械全部到位;使用相应的施工设备。在路面的施工过程中,通常所使用的设备一般都比较大,如平地机、装载机、推土机、压路机、摊铺机、搅拌机等。

②施工测量。

一般在路面施工正式开展前,首要的工作就是对工程路段的数据测量和放线,而且要使用中线来固定好主要的控制桩,接着通过中线桩位固定路基的边缘段桩位,在施工期间,施工人员不能改动所有桩位的标准,尤其是对原始控制点的固定。

③布土。

布土在整个施工的过程中也是很重要的一个步骤。施工单位在施工中一定要充分考虑并且把握填土的厚度和用量。同时,施工单位还应该控制卸土车之间的相对距离,随后一定要进行整平土层的工作,在机械平整的同时,还可以辅助人工平整,但是一定要注意在平整的过程中,严格控制土料的厚度,以及保证土料中不混入其他杂物。

④路基的压实。

路基的压实极为关键,若密实度不能保证,则在冬季可能会出现土体回缩现象,或被地下水侵入发生不规则沉降。碾压机械体积通常较大,需提前记录机械的碾压强度等信息,在试运行后,根据路基压实度最终确定碾压遍数。公路等级不同,对压实度也有着不同的要求,实际施工中需根据公路用途和工程要求而定。

⑤路面的压实。

在对路面填土、平整之后,就要进行路面的压实工作,现今的压路设备已与过去不同,现在的压路机大多都是大吨位的,在碾压的过程中所起效果更好。目前,我国一级公路与其他公路的路面压实度通常不得低于95%,并且通常也是根据一级公路与其他公路验收标准进行验收的。

9.2 技术管理的基础工作

9.2.1 建立技术管理组织系统及管理制度

1. 组织系统

(1) 企业组织系统。

企业设总工程师和技术管理部门,对各工程项目的技术管理工作实行集中统一领导,通过各项管理活动,对各工程项目在施工全过程中的技术要求,包括现代化施工水平、施工技术难点等进行预测、预控,对施工技术力量进行综合协调平衡。充分发挥企业整体的技术优势,对高难度的技术问题组织攻关,以保证各项目的施工活动正常、有效地进行。

(2) 项目组织结构。

项目经理部设项目总工程师和负责项目施工全过程技术管理职能的机构,针对具体工程项目的技术需要开展工作。该机构的职能人员来自企业技术管理部门,在业务上受企业技术管理部门的指导。参与项目施工的作业层施工队的项目技术负责人和单位工程技术负责人,在业务上受该项目的施工技术管理机构领导。项目总工程师、施工队项目技术负责人和单位工程技术负责人,在项目施工期间应保持相对稳定。

2. 管理制度

公路工程施工具有分散、多变和内容繁杂等特点,难以进行连续的规律性强的技术管理。然而,建立健全严格的技术管理制度,把整个企业的技术管理工作科学地组织起来,使技术活动无论在室内还是作业现场,都有明确的目标、具体的内容和严格的检查制度,从而增强技术活动的可操作性和可检验性,保证管理工作有章可循,这对于有条不紊、有目的地开展技术工作,建立正常的生产技术秩序都有很重要的意义。

管理制度的内容取决于施工管理体制和管理水平,难于形成统一的标准或规定。根据在施工过程中通常开展的技术活动,主要应建立以下几种管理制度。

(1) 图纸会审制度。

图纸会审是一项极其严肃和重要的技术工作,认真做好图纸会审,对于减少施工图纸中的差错,保证和提高工程质量有重要作用。搞好图纸会审工作,要求参加会审的人员应熟悉图纸。各专业技术人员在领到施工图纸后必须认真全面地了解图纸,搞清设计图纸及技术标准的规定要求,还要熟悉工艺流程和结构特点等重要环节。

(2) 施工日记和施工记录制度。

施工日记是在整个施工阶段,对施工活动(包括施工组织管理和施工技术)和施工现场情况变化的综合性记录。从开始施工时,就应以单位工程技术负责人为主,全体技术人员参与,按单位工程分别记录,直至工程竣工。施工日记应逐日记录,不允许中断,必须保证其完整。在工程竣工验收时,施工日记是质量评定的一项重要依据。施工日记在工程竣工后,由承包单位列入技术档案保存。

施工记录是按工程施工技术规范及验收规范中规定填写的各种记录,是检验施工操作和工程质量是否符合设计要求的原始数据,其中有些记录(如隐蔽工程、地质钻孔资料等)须经有关各方签证后方可生效。作为技术资料,在工程完工时,应交建设单位列入工程技术档案保存。

(3) 技术交底制度。

工程施工前必须进行技术交底,交底记录作为施工管理的原始技术资料。交底内容包括合同有关条款、设计图、设计文件规定的技术标准、施工技术规范和质量要求、施工进度和总工期、使用的施工方法和材质要求等。

施工阶段技术交底的方式、要求与内容见表9.1。

表 9.1　施工阶段技术交底的方式、要求与内容

技术交底方式	(1) 技术交底应按不同层次、不同要求和不同方式进行,应使所有参与施工的人员掌握所从事工作的内容、操作方法和技术要求; (2) 项目经理部的技术交底由项目经理组织,项目总工程师主持实施; (3) 工长(技术负责人)负责组织向本责任区内的班组交底; (4) 对于分包工程,项目经理部应向分包单位详细地就承包合同中有关技术管理、质量要求、工程监理和竣工验收办法以及合同中规定的双方应承担的法律责任等内容进行全面交底
技术交底内容	(1) 承包合同中有关施工技术管理和监理办法,合同条款规定的法律、经济责任和工期; (2) 设计文件、施工图及说明要点等内容; (3) 分部、分项工程的施工特点,质量要求; (4) 施工技术方案; (5) 工程合同技术规范、使用的工法或工艺操作规程; (6) 材料的特性、技术要求和节约措施; (7) 施工措施; (8) 安全、环保方案; (9) 各单位在施工过程中的协调配合、机械设备组合、交叉作业及注意事项; (10) 试验工程项目的技术标准和采用的规程; (11) 适应工程内容的科研项目、"四新"项目等先进技术推广应用的技术要求

(4) 测量管理制度。

施工阶段测量管理内容见表 9.2。

表 9.2　施工阶段测量管理内容

测量复核签认制的规定	(1) 在测量工作的各个程序中实行双检制; (2) 各工点、工序范围内的测量工作,测量组应自检复核签认,分工衔接上的测量工作,由测量队或测量组进行互检复核和签认; (3) 项目测量队组织对控制网点和测量组设置的施工用桩及重大工程的放样进行复核测量,经项目技术部门主管现场检查签认,总工程师审核签认合格后,报驻地监理工程师审批认可; (4) 项目经理部总工和技术部门负责人要对测量队、组执行测量复核签认情况进行检查,并做好检查记录

续表

测量记录与资料管理的规定	（1）测量记录与资料必须分类整理、妥善保管，作为竣工文件的组成部分归档； （2）控制测量、每项单位工程施工测量必须分别使用单项测量记录本； （3）一切原始观测值和记录项目在现场记录清楚，不得涂改，不得凭记忆补记、补绘； （4）记录中不准连环更改，不合格时应重测； （5）测量队、组应设专人管理原始记录和资料，建立台账，及时收集，按控制测量、单位工程分项整理立卷； （6）内业计算前应核查外业资料，核对计算数据

（5）"四新"试验制度。

"四新"试验是指新材料、新结构、新工艺、新技术实验。正式施工前，在做好技术准备工作的基础上，要进行和通过有关试验。

（6）材料、构（配）件检验制度。

凡用于施工的原料、材料、构（配）件等物资，必须由供应部门提供合格证明文件。对于那些没有合格证明文件，或虽有证明文件，但技术领导或质量管理单位认为有必要时，在使用前应按规定程序进行抽查、复验，证明合格后，才能使用。

为了做好材料、构（配）件的检验工作，施工企业及各个项目经理部都应根据需要，建立和健全实验、试验机构，配备试验人员，充实仪器设备。严格按照国家有关的试验操作规定，对各种材料进行试验，为工程选定各种合格优质的原材料，提供各种施工配合比作为施工的依据。

凡初次使用的材料、结构件或特殊材料、代用材料，必须经过试验的鉴定，并制定操作规程，经上级领导批准后，才能正式用于施工或推广应用。

（7）安全施工制度。

公路项目施工的特点是点多面广且流动面大、工种多，常年露天作业，深水和高空作业、立体交叉作业多，因此不安全因素多。安全工作要以预防为主，克服麻痹思想，重视劳动保护，提高企业施工队伍的安全意识，真正做到"安全生产，人人有责"。

（8）工程验收制度。

工程验收是检查评定工程质量的重要一环。在施工过程中，除按有关质量标准逐项检查操作质量外，还必须根据公路工程的施工特点，对隐蔽工程、结构工程和竣工工程进行工程产品验收。

(9) 变更设计制度。

施工图的修改权为设计单位及项目设计者所拥有,施工单位只应按施工图进行施工。未经设计单位及项目设计负责人允许,施工单位无权修改设计。

若施工方提出工程变更,施工方需要向监理方提出工程变更要求,监理方确定合理性和可行性,提出对进度和费用相应变化的建议并向业主方提交,业主方依据审批权限批准并通知设计方出设计变更文件,交总监签发工程变更通知后方可实施。

若设计方提出设计变更要求,应由监理方确定变更的可行性并对进度和费用向业主方提交审核意见,业主方依据审批权限批准,并通知设计方签发设计变更文件,交总监签发工程变更通知后方可实施。

若监理方提出变更,应由监理工程师提出变更,应列明进度及费用意见,业主方依据审批权限批准,并通知设计方出设计变更文件,交总监签发工程变更通知后方可实施。

(10) 工程质量检验评定制度。

①各工序施工完毕后应按《公路工程质量检验评定标准 第一册 土建工程》(JTG F80/1—2017)进行质量评定,及时填写工序质量评定表,检查项目、实测项目填写齐全,签字手续完备。

②部位工程完成后及时汇总各工序质量评定表,填写部位质量评定表,计算部位合格率,签字手续完备。

③单位工程完成后及时汇总各部位质量评定表,填写单位工程质量评定表,由施工主要技术负责人签字,加盖单位印章作为竣工验收和质量监督部门核定质量等级的依据之一。

(11) 技术总结制度。

工程完工后,项目经理部应及时组织有关人员编写工程技术总结,科研课题、"四新"项目的负责人,在课题或项目完成后应及时撰写专题报告和学术论文。

(12) 技术档案制度。

基本建设档案资料是指在整个建设过程中形成的、应当归档的文件,包括基本项目的提出、调研、可行性研究、评估、决策、计划、勘测、设计、施工、调试、生产准备、竣工、测试生产等工作活动中形成的文字材料、图纸、图表、计算材料、声像材料等形式与载体的文件材料。

9.2.2 技术负责制

企业一般实行四级技术负责制,企业设企业总工程师,项目经理部设项目总工程师,施工队设主任工程师,单位工程设单位工程技术负责人。实行技术工作的统一领导和分级管理,推行责任制。

1. 企业总工程师

企业总工程师是企业经理在技术管理工作和推动技术进步方面的助手,在企业经理的领导下,对企业的技术工作负全面责任。

2. 项目总工程师

项目总工程师是项目施工现场的技术总负责人,业务上受企业总工程师的直接领导,在项目经理的具体领导下,对该项目的技术工作全面负责,其主要职责如下。

①全面负责工程项目的技术工作和技术管理工作。

②贯彻执行国家的技术政策和上级提出的技术标准规范、验收规范和技术管理制度。

③领导编制工程项目的总体施工组织设计,组织重大施工方案的制定和技术攻关项目的实施,审定重要的技术文件,处理重大质量事故、安全事故。

④领导工程竣工验收和总结工作。

3. 主任工程师

施工队主任工程师是工程队长在技术管理、推行技术进步和现代化管理等方面的助手,是施工队技术管理的负责人,对工程队的技术工作负全面责任。其主要职责如下。

①全面负责单位工程的技术工作和技术管理工作。

②主持编制和审定单位工程的施工组织设计,以及施工组织方案的制定工作。

③参加单位工程的图纸会审和技术交底。

④组织技术人员学习和贯彻各项技术政策、技术标准、技术规范、规程和各项技术管理制度。

⑤组织制定质量保证和安全技术措施,主持单位工程的质量检查,处理施工

技术、施工质量和安全问题。

⑥负责单位工程的技术总结,汇总竣工资料、原始技术凭证,做到工完资料清。

⑦领导技术学习和技术练兵。

4. 单位工程技术负责人

单位工程技术负责人是施工队主任工程师在技术管理方面的助手,在施工队长的领导下,合理安排施工顺序,具体指导作业班组按施工图的设计要求组织施工,其主要责任如下:

①开工前参与施工预算编制、审定工作,工程竣工后参与工程结算工作。

②参与编制施工组织设计并贯彻执行。

③负责所管理工程的图纸审查,向工人进行必要的技术交底。

④负责技术复核,如中线、高程、坐标的测量与复核。

⑤贯彻执行各项专业技术标准,严格遵守操作规程、施工规范及质量验收标准。

⑥负责材料试验准备工作,如原材料试验及混凝土等混合料的试配。

⑦向上级提供技术档案的全部资料并整理施工技术总结及绘制竣工图。

⑧参加质量检查活动及竣工验收工作。

5. 共性的职责

各级技术管理机构的职责和业务范围有所不同,都存在以下几方面的共性职责。

①各级技术管理机构都要深入实际,调查研究,总结和推广先进经验,为工程项目的顺利完工创造良好条件。

②向各级领导提供必要的分析资料、技术情况、技术咨询、技术建议方案和措施,便于领导决策。

③经常检查下属各职能部门和人员贯彻执行有关技术规范和规程的情况,发现问题,及时反映。

④在各自的业务范围内,负责经常性的业务工作。

9.2.3 技术管理的标准化体系

技术标准和技术规程是技术标准化的主要内容,是组织现代化施工的重要技术保证,是组织施工和检验、评定各种筑路材料的技术性能或等级的技术依据,也是检查和评定工程质量的标准。

公路工程技术管理的主要技术标准有《公路工程质量检验评定标准第一册 土建工程》(JTG F80/1—2017)、《公路工程竣(交)工验收办法》等,还有筑路材料及半成品的技术标准和相应的检验标准,各种结构技术设计标准及技术规定等。这些技术标准大多都是较高层次的行业规定,施工企业在组织施工和生产中必须认真贯彻遵守。

技术规程是技术标准的具体化、规程化。这些技术规程包括:工艺规程,规定产品生产的步骤和方法;操作规程,主要规定工人操作方法和使用工具设备的注意事项;设备维修的检修规程,规定设备维护检修的方法和要求;安全技术规程,规定施工生产过程中应遵守的安全要求、注意事项等。

技术标准和规程标准分国家标准、部级标准和企业标准3级。后者必须依据和遵循前者的标准要求,且是对前者的具体化和补充。

标准和规程是在一定历史条件与技术经济条件下工程实践的总结。它不是一成不变的,必然要随着生产力的发展、技术水平的提高,每隔一定时期进行必要的补充、修订和完善,以适应施工生产的技术管理需要。

贯彻执行技术标准与规程的基本要求包括:组织施工人员学习各种有关的标准与规程,要求他们熟悉和掌握这些标准与规程,加强技术监督和检查;将技术标准和规程做必要分解和具体化。如对工程质量标准和操作规程,从原材料开始到每道工序、半成品和成品,在每一个具体工种的施工生产过程中进行分解,制定出具体的要求,以便执行者明白技术标准和规程所要达到的目标,更好地执行。

9.2.4　收集信息和开展科学技术研究

随着科学技术和社会生产力的发展,现代化大生产的生产力要素构成已经不仅仅是劳动力、简单工具和生产资料,生产要素的内涵发生了重大变化。技术和管理作为智力型生产力要素,在生产形成过程中起着越来越重要的作用。因此,要高质量、高速度、高效益地完成工程项目的建设,必须依靠科学技术的进步。技术进步的内涵和内容,已由单纯对技术成果的开发与管理发展为"全面技术进步"的概念。在具体实施过程中,就是通过大量占用企业内外及国内外的信息资料,密切结合本企业的施工实际,以提高企业施工效益和社会信誉为总目标,针对工程项目实施过程中存在的各种问题,不断进行科学的分析、试验和研究,提出行之有效的技术方法、手段和措施,积极指导和运用于施工实际,使技术进步的巨大作用,在工程项目建设中得到更大的发挥。因此,这是一项全面的、长期的和准备性的技术管理工作,要促进这项工作积极地开展,有效的办法就是建立固定的组织和制定明确的制度,有计划地开展活动,定期检查总结,使这项技术管理工作真正贯穿整个技术活动。

对于科技信息,必须重视信息资源,建立信息系统,组织交流。科技信息交流主要涉及有关资料的收集、整理和报道等。科技信息的获取方式,可采用人工和计算机检索、参观学习等,对于生产中的关键问题,可按专题系统收集资料,组织小型研讨会、专题讲座、现场交流等。

技术文件是根据施工的需要在施工过程中产生的,是技术管理的重要手段和对象。技术文件的内容十分丰富,主要包括各种施工图纸和说明书、各种技术标准以及施工中的记录、签证材料等有关的技术档案。技术文件的管理,应根据实际需要建立和健全专职管理机构。施工企业应建立技术档案资料室,项目经理部应做好装订、归档、保管、借用和保密等环节,以保证技术文件的完整性、正确性和及时性,满足施工生产和科学研究的需要。

9.3 施工技术管理

9.3.1 施工准备阶段的技术管理

施工前的技术准备工作是为了创造有利的施工条件,保证施工任务以顺利完成。其主要工作内容及基本任务是了解和分析建设工程特点、进度要求,摸清施工的客观条件,编制施工组织设计,合理部署和全面规划施工力量,制定合理的施工方案,充分、及时地从技术、物资、人力和组织等方面为工程施工创造一切必要的条件,使施工过程连续地、均衡地、有节奏地进行,保证工程在规定期限内交付使用,同时使工程施工在保证质量的前提下,做到提高劳动生产率和降低工程成本。在施工准备的诸项工作之中,以网络计划技术为手段的施工组织设计的编制应列为中心内容。

施工组织设计既是指导一个工程项目进行施工准备和施工的基本技术经济文件,又是企业做好项目之间动态平衡的依据。根据各工程项目的施工组织设计,企业可在人力和物力、时间和空间、技术和施工组织上做出全面合理的安排,最大限度地满足人力、财力、物资、机械等在项目之间的合理流动，达到在动态中实现平衡的目的。项目动态管理加快了各项工作的节奏，施工组织设计的编制也应适应动态管理的需要。为此，应采取以下两项措施。

①加强施工组织设计编制的组织工作。在工程承包合同签约以后，及时组织编制施工组织设计。大型工程项目由企业总工程师领导，企业技术管理部门具体组织，项目经理部及参加施工作业层有关人员具体编写。中小型项目由项目总工程师组织项目经理部技术管理机构和参加施工的作业层有关人员一起编写。为了加快编制进度，由组织编制者将编写内容列出提纲，对参加编写的人员明确分工，落实责任到人，限定时间完成，再由主编汇总整理，组织讨论，修改定稿。编制过程中尽可能将文稿录入计算机，采用专用软件处理，最后将成果送技术管理部门审核。大型工程项目的施工组织设计报企业总工程师审定，企业经理批准。中小型项目由项目总工程师审定，项目经理批准。

②管理标准化。施工组织设计的编制依据、编写格式、基本内容和编写审批程序应有统一规定，实行标准化管理。编制时尽可能采用图表形式，为组织集体编写创造条件。施工组织设计的编写内容包括工程概况、工程施工任务量、施工综合进度控制计划、施工资源安排、重点工程的施工方案和技术组织措施、工程质量管理和安全施工措施、施工总平面图布置、物资供应管理、预计存在的问题等。

9.3.2 施工过程中的技术管理

施工过程中的技术管理也即施工现场技术管理，是施工技术管理的主要内容。项目经理部为了实现质量、工期、成本、安全的预定目标，做好现场文明施工，必须加强施工过程的技术管理，其主要内容如下。

①搞好图纸会审，坚持按图施工。

②编制并优化施工方案或施工措施，包括施工技术组织、降低成本措施、合理化建议等。

严格按照施工组织设计和施工方案的各项要求组织施工，做好技术交流，认真执行规范和规程，保证施工质量和施工安全。

③及时检查施工进度和计划执行情况并根据实际变化有效地调整资源使用计划，确保工程按期完成。

④认真做好施工记录和隐蔽工程检查记录。

⑤做好施工技术资料的积累和整理，确保与施工进度保持同步。

在项目动态管理过程中,施工节奏快,工序施工周期短,人员流动频繁。因此,各种施工记录和隐蔽工程检查记录以及一切施工技术资料的积累必须及时,与施工进度保持同步。在施工过程中,记好施工日志,按规定填写各种交工技术表格,由各有关人员签证认可,并办理质量评定验收手续。对于每个分部工程,一旦施工完毕,必须及时将施工结果的真实情况记录在案。为此,项目经理部应结合网络计划节点考核,同时考核施工技术资料的积累是否与工程进度保持同步。企业管理部门也应定期组织人员到各项目施工现场巡回跟踪,检查和督促这项工作的开展情况。

在施工过程中推行技术系统目标控制管理,对于顺利完成各项技术管理工作是非常有效的。技术系统目标管理是方针目标管理在技术系统管理中的具体应用。其要求从技术管理、质量管理、安全技术、试验检测、计量管理、技术进步等方面,将方针目标层层展开,抓住主要控制环节,制定实施对策并明确责任单位和完成日期。其核心是用现代化的管理技术与方法实行目标预控,体现管理的先导性和规范性。其措施和方法是从基础工作入手,进行全过程与全员的控制并通过层层相关的"计划—执行—检查—总结"循环运作,在动态中逐个实现分解的具体目标,从而在项目实施过程中保证总目标的最终实现。

9.3.3 竣工验收阶段的技术管理

竣工验收是工程施工的最后一个环节,是全面考核施工成果、检验施工质量的重要技术管理阶段。它开展的主要工作如下。

①组织试验人员进行以试通车为主的全面实验检查。

②按单位工程组织预验收,填报竣工报告。

③整理交工报告,编写技术总结。

④向业主及监理工程师办理竣工验收和交工技术文件归档。

竣工验收阶段时间短,工作量大。因此,在该阶段应特别重视做好交工资料的收集和整理并与工程完工尽可能同步,保证迅速交工。

交工技术资料的整理有两项内容:将平时积累的资料审查整理,检查有无错项和遗漏,使之成为一套完整齐全、先后有序、真实可靠、质量达标的竣工资料;竣工图的绘制。由施工企业负责绘制的竣工图有两种情况。一种是按原图施工没有变动的,只要在原施工图上加盖"竣工图"章后,即作为竣工图归档。这种情况比较简单,工作量不大。另一种情况是在施工中仅作一般性设计变更,则要求在施工图上说明修改的部位,并附上设计变更文件,或直接在施工图上修改,再加盖"竣工图"章。作为竣工图,这种情况的工作量较大。为了减少工作量,提高功效,缩短绘制时间,可采用刻有"此处有修改,见××号设计变更联络笺"和"此处有修改,见×月×日技术签证"的印章,并印在施工图的修改部位附近,再填上联络笺字号或技术签证日期,最后再加盖"竣工图"章。

为了抓紧抓好交工验收及竣工验收工作,作业层和项目经理部必须在工程竣工后一定时间(一般是1个月)内,将交工技术资料和竣工图整理装订成册,送交项目监理工程师审核,在一个月内与业主办理手续并返回技术资料一份,送交企业综合档案室存档。这一工作应视为施工进度控制网络计划延伸的最后一个节点,列入节点考核内容。

9.3.4 机电安装施工技术管理

机电工程是指在土建工程施工完成后,所开展的电气、通信等工程,任何一个环节施工质量不达标都会影响整体工程项目的正常投入运行。如今,很多施工单位在机电安装中都缺乏规范性技术管理,从而造成了一系列的安全隐患,严重时会产生安装事故问题。所以,要针对机电安装施工技术问题,采取针对性的技术管理方案,保证机电安装工程可以顺利完工。

1. 机电安装施工技术管理措施

(1) 电气系统配套方案。

机电安装工程施工中要完善用电体系和线路敷设体系,确保电气系统配套方案的可实施性。做好电气系统配套工作是安装设备的前提,也是保证质量、安全的重要举措。在制定电气配套方案中,要从工程整体方面出发,考虑可能产生技术问题的因素。结合现场施工条件,组建技术管理小组,对现场施工环境、设计方案、人员组织进行合理调配,已经查处的影响因素提前编制预警方案,减少对整个电气系统的影响。机电安装工程施工中,难免会产生一些意外情况,所以技术管理人员要不断学习新理念、新技术,提高自身的临时应变能力,具体问题具体分析,合理调整电气配套方案,避免发生火灾、触电的安全事故。

(2) 电气管线敷设管理。

在机电设备安装中,做好线路、管材敷设工作尤为重要,管材主要是作为套管使用,如PVC管、绝缘管等,在选择阻燃性材料时,要严格控制预埋线路数量,尽可能减少线路交叉,交叉部位要用阻燃绝缘管隔离,尽可能保证每个线路的独立性,加强管道固定工作。在安装接线盒时,要结合电气线路系统设计方案,在现场标注出接线盒的安装部位,提前预留。电气管线安装中可以选择PVC管,再喷涂一层黏合剂,保证表面的黏附性。管线连接部位要足够紧密、封闭,不得出现松动情况,如果管线出现了变形、受压情况,要立刻更换。避雷设备会直接影响电力系统安全,所以要重点检查避雷装置衔接部位是否有错焊、漏焊等问题。

(3) 给排水管理。

给排水机电设备安装中,要保证水泵等设备可以有效运行,四周有足够空间排热,管路不出现渗漏情况。在给排水设备安装中,要对施工图纸展开全面审核,每个安装部位都要进行质量检查,施工中所涉及的管材、半成品要提前展开试验,提出质量检测报告,在技术条件、经济条件允许的基础上,尽可能选择新型环保产品。在给排水管道安装中,要根据设计方案设置管道预埋槽,做好现场施工管理工作。设计方案与实际施工相矛盾时,如给排水管道转弯处过多,要立刻停工与设计部门、业主协商,在各个参建单位提出解决方案后再进行施工。

2. 机电安装施工技术管理要点

(1) 螺栓连接。

机电设备安装要使用大量的螺栓、螺母,主要是起到固定作用。设备固定连接中,要控制螺栓紧固力度,如果拧紧力过大,会增加整体刚性,缺乏连接部位缓冲,容易产生机械金属疲劳、承重墙损坏等情况,反而会增加零部件松动概率,甚至出现设备坠落事故。如果螺栓紧固力不足,而机电设备运行中会产生振动,频率相同会出现共振情况,增加设备运行噪声,甚至会造成连接部位折断。电气系统安装中,螺栓螺母都是由金属材料制成的,具有导电性和电热效应,一旦压接不紧会加剧发热情况,严重时会产生短路。

(2) 母线安装。

母线故障会直接影响整个电气系统,所以在母线运输、管理中要做好防腐、防碰撞工作。母线到达施工现场后,要集中放置在干燥区域,不得出现受潮、锈蚀等情况,保持母线表面的光泽度、平展性。如果施工现场温度较高,则母线过渡接头不得采用铜铝质材料,母线施工中不得拖拉硬拽,避免线芯折断。完成母线安装后,和设备连接部位不得产生拉扯应力,各个连接部位要足够紧实,避免出现漏电、短路、断路等情况。

(3) 弱电系统。

弱电系统是电气系统的重要组成部分,机电设备在运行中不同设备的电力传输功率不同,所以,要将电气系统划分为强电系统、弱电系统。弱电系统与消防系统、监控系统、通信系统连接,在进行机电安装工程管理中,要对弱电系统进行检查测试,试运行合格后再投入使用。如果强电、弱电系统同时接地,二者之间至少要保持 2.5 m 间隔,避免强、弱电功率不同造成信号干扰。强电缆、弱电缆要分开管理,做好防腐、防破损工作,弱电线路尽可能走井道,保持线路平衡,避免交叉。

参 考 文 献

[1] 艾建杰,罗清波.公路工程施工技术[M].重庆:重庆大学出版社,2020.
[2] 安国庆.公路交通工程安全设施施工技术探讨[J].工程建设与设计,2019(6):137-138.
[3] 曹国雄,孙江涛,李昌荣.公路工程及交通安全设施施工与管理[M].武汉:华中科技大学出版社,2021.
[4] 冯少杰,高辉,孙成银.公路桥梁隧道施工与工程管理[M].长春:吉林科学技术出版社,2021.
[5] 曲元梅,高培山,杨万忠.桥涵工程施工工作页[M].成都:西南交通大学出版社,2022.
[6] 广东省交通运输厅.广东省公路工程施工标准化指南 第七分册 机电工程[M].北京:人民交通出版社,2021.
[7] 杭争强,张运山,刘小飞.道路桥梁工程施工与养护维修技术[M].武汉:华中科技大学出版社,2021.
[8] 郝铭.公路工程施工技术与质量控制[M].北京:北京工业大学出版社,2019.
[9] 黄明昊.公路施工安全管理措施研究[D].石家庄:石家庄铁道大学,2019.
[10] 霍晓辉.关于公路工程施工技术管理及控制的分析探讨[J].工程建设与设计,2018(22):211-212.
[11] 贾东光.建筑机电安装施工技术管理研究[J].中国设备工程,2020(10):183-185.
[12] 中华人民共和国交通运输部.公路水泥混凝土路面施工技术细则:JTG/T F30—2014[S].北京:人民交通出版社,2014.
[13] 康建.谈公路工程施工安全管理[J].工程建设与设计,2018(24):222-223.
[14] 李刚,宁尚勇,林智.公路桥梁工程施工与项目管理[M].武汉:华中科技大学出版社,2022.
[15] 李海贤,杨兴志,赵永钢.公路工程施工与项目管理[M].长春:吉林科学

技术出版社,2021.

[16] 李翔.公路隧道施工安全管理技术应用研究[J].运输经理世界,2023(14):95-97.

[17] 林立宽.公路工程施工技术研究[M].长春:吉林科学技术出版社,2021.

[18] 刘荣欣.公路隧道施工质量管理的重点分析[J].运输经理世界,2022(17):95-97.

[19] 刘诗瀚.高速公路机电工程质量控制要点[J].广东公路交通,2020,46(4):36-38.

[20] 刘相龙,高文彬.公路桥梁施工组织与养护管理[M].北京:中国原子能出版社,2020.

[21] 刘壮志.公路工程施工管理与应用探究[M].北京:北京工业大学出版社,2021.

[22] 罗春德,尹雪云,李文兴.公路桥梁工程施工技术与养护管理[M].长春:吉林科学技术出版社,2022.

[23] 罗国成.填石路基施工技术在公路工程中的应用[J].工程建设与设计,2021(9):157-158+161.

[24] 罗国富,宋阳,刘爱萍.公路工程施工与管理[M].长春:吉林科学技术出版社,2022.

[25] 马波,陈大学,黄裕群.公路工程施工技术与管理研究[M].北京:文化发展出版社,2021.

[26] 朴志海,赵龙海,郑慧君.道路交通与路基路面工程[M].重庆:重庆大学出版社,2020.

[27] 任传林,王轶君,薛飞.公路工程施工技术[M].长春:吉林科学技术出版社,2019.

[28] 史建峰,陆总兵,李诚.公路工程与项目管理[M].北京:九州出版社,2018.

[29] 王超,江浩,郑泽海,等.公路桥梁工程施工技术与管理[M].北京:中国石化出版社,2022.

[30] 王道远.隧道施工技术[M].北京:中国水利水电出版社,2020.

[31] 王海彦,赵凯.隧道工程[M].北京:中国铁道出版社,2023.

[32] 王奎生,罗鸿,武文婕.公路工程管理[M].长春:吉林科学技术出版社,2019.

[33] 王磊.公路工程施工与建设[M].长春:吉林科学技术出版社,2021.

[34] 王庆磊,崔蓬勃.隧道工程施工[M].北京:化学工业出版社,2021.

[35] 王伟骏.公路机电工程施工质量管理方法研究[J].运输经理世界,2023(27):146-148.

[36] 王秀敏,葛宁.公路工程施工组织与管理[M].天津:天津大学出版社,2018.

[37] 王燕云.城市道路绿化施工技术及管理研究[J].中国建筑金属结构,2023,22(4):186-188.

[38] 温茂彩,胡建新,龙芳玲.桥梁工程施工与加固改造技术[M].武汉:华中科技大学出版社,2021.

[39] 吴大勇,赵战丰,王栋.公路隧道施工与安全技术研究[M].北京:北京工业大学出版社,2021.

[40] 胥婷,华实,林渡.BIM技术在高速公路机电工程中的应用[J].运输经理世界,2022(8):161-163.

[41] 徐秀维,张爱芳.道路工程施工技术[M].北京:化学工业出版社,2021.

[42] 袁志平.公路隧道洞口工程施工技术分析[J].工程建设与设计,2017(2):125-126.

[43] 张震宇.隧道施工[M].成都:电子科技大学出版社,2019.

[44] 郑霜杰.桥梁工程施工技术[M].武汉:华中科技大学出版社,2018.

[45] 中华人民共和国交通运输部.公路工程技术标准:JTG B01—2014[S].北京:人民交通出版社,2014.

[46] 中华人民共和国交通运输部.公路工程质量检验评定标准 第一册 土建工程:JTG F80/1—2017[S].北京:人民交通出版社,2017.

[47] 中华人民共和国交通运输部.公路路基施工技术规范:JTG/T 3610—2019[S].北京:人民交通出版社,2019.

[48] 中华人民共和国交通运输部.公路桥涵施工技术规范:JTG/T 3650—2020[S].北京:人民交通出版社,2020.

[49] 中华人民共和国交通运输部.公路隧道施工技术规范:JTG/T 3660—2020[S].北京:人民交通出版社,2020.

后　　记

　　随着国家大力发展经济，运输业变得尤为重要，公路工程和公路桥梁建设占据了很大的比例。随着中央明确将加快交通运输发展作为事关国民经济全局的战略性和紧迫性任务，公路工程建设迎来了大发展的历史机遇。

　　21世纪以来，我国大力支持互联网技术和科技创新。在这一政策的推动下，运输业的规模日益庞大，现有的交通网络已不能适应运输业的发展，现实的需求促进公路建设项目不断增加。随着公路建设技术的日趋成熟，公路建设的质量也得到了较大完善，理论结合实践使我国公路施工技术取得较大的发展。

　　同时，现代公路工程建设的复杂性和综合性使得工程建设实践中出现了很多需要解决的问题，管理方法不断推陈出新。因此，必须在实践中研究和采用现代化的新理论，应用新方法和手段，以问题为导向，不断总结经验教训，提高公路工程项目的管理水平。